I0041392

Єе

MANUEL CRIMINEL

DES JUGES DE PAIX.

Niort. — Imprimerie de Robin et Cie.

MANUEL CRIMINEL

DES

JUGES DE PAIX,

CONSIDÉRÉS

COMME OFFICIERS DE POLICE JUDICIAIRE AUXILIAIRES DU PROCUREUR
DU ROI, ET COMME DÉLÉGUÉS DU JUGE D'INSTRUCTION,

Par M. F. DUVERGER,

Juge d'Instruction près le Tribunal de première Instance de Niort,

AUTEUR DU MANUEL DES JUGES D'INSTRUCTION.

Deuxième Édition.

PARIS,

VIDECOQ, LIBRAIRE, PLACE DU PANTHÉON, 6.

NIORT,

ROBIN ET Cie, LIBRAIRES-ÉDITEURS,

RUE DES HALLES, 50.

1841.

Le concours des Juges de paix pour la recherche des crimes et des délits, et pour l'instruction des procédures criminelles, est fréquent et d'un grand intérêt.

Comme auxiliaires du Procureur du roi, ou comme délégués du Juge d'instruction, les Juges de paix fournissent une carrière où ils rencontrent incessamment des aspérités que le zèle seul, à défaut de l'expérience et du savoir, ne pourrait aplanir.

A la vérité, toutes les fois qu'il se présente à eux un sujet d'hésitation, un obstacle qui embarrasse ou qui entrave absolument leur marche, ils peuvent recourir soit au Procureur du roi, soit au Juge d'instruction. Mais pourra-t-on toujours leur donner, en temps utile, la solution, les éclaircissemens, ou la direction qu'ils auraient besoin de recevoir ? Les Juges de paix, dépourvus d'indicateurs et de guides, ne seront-ils pas trop souvent exposés à procéder incompétemment, à négliger des actes de leur ressort, et enfin à édifier des procédures irrégulières ou incomplètes?

Pénétrés du sentiment de leurs devoirs, les Juges de paix auront sans doute la ferme volonté de se prémunir par l'étude contre toutes les difficultés, et de se préparer ainsi des élémens de succès.

Mais nos lois leur ont imparti tant d'attributions diverses, ils sont chargés de soins si multipliés, qu'il leur reste peu de loisirs à consacrer à la lecture des auteurs.

D'un autre côté, les notions qu'il leur serait nécessaire de recueillir sur le droit criminel sont disséminées dans de nombreux volumes, qui manquent à la plupart d'entre eux.

Enfin, il est des préceptes traditionnels, que l'on chercherait vainement dans les ouvrages publiés jusqu'à ce jour...

Plus d'une fois, ces considérations nous ont fait regretter l'inexistence d'un livre spécial, qui réunît les enseignemens de la pratique aux règles de la théorie; qui mît à la portée des Juges de paix les principes et les exemples dont la connaissance leur est indispensable pour bien remplir leurs fonctions d'officiers de police judiciaire, sous le double rapport où nous les envisageons. Ce livre, nous nous sommes déterminé à l'entreprendre...

Nous nous sommes aidé de la législation criminelle, de la jurisprudence de la Cour de cassation, des circulaires du Ministre de la justice et autres instructions, des ouvrages de droit criminel les plus accrédités, enfin, des remarques que nous avons eu occasion de faire dans l'exercice de nos fonctions...

Après avoir ainsi exposé l'objet de ce livre, lorsque nous en avons publié la première édition (au mois de juillet 1835), nous exprimions la persuasion que notre travail ne serait pas sans utilité. Les suffrages flatteurs dont notre Manuel a été honoré, et l'accueil empressé que lui ont fait MM. les Juges de paix, en nous prouvant que nous n'avions pas trop présumé de notre œuvre, nous imposaient l'obligation de ne rien négliger pour l'améliorer encore, autant qu'il nous serait possible. Nous nous sommes appliqué à remplir cette tâche.

Niort, le 1er mars 1841.

ERRATA.

———

Page 28, note 3, ligne 3, au lieu de *tribuna*, lisez : *tribunal*.

—— 36, note 2, ligne 6, au lieu de *de quelle manière*, lisez : *de quelque manière*.

—— 52, note 2, ligne 2, au lieu de *et qu'un*, lisez : *et lorsqu'un*.

—— 52, note 2, ligne 6, au lieu de *et sont*, lisez : *et qui sont*.

—— 101, ligne 25, au lieu de *répressions*, lisez : *répression*.

—— 108, ligne 15, au lieu de *prévenir les additions*, lisez : *prévenir non seulement les additions*.

Page 111, ligne 21, au lieu de *et s'il y a*, lisez : *et que s'il y a*.

—— 112, ligne 3, au lieu de *quand à*, lisez : *quant à*.

—— 113, ligne 5, au lieu de *ou se rend*, lisez : *ou s'il se rend*.

—— 113, ligne 6, au lieu de *par l'une*, lisez : *par l'un*.

—— 155, note 2, ligne 5, au lieu de *mais en*, lisez : *mais encore en*.

—— 163, ligne 7, avant les mots *leur titre*, ajoutez : *il spécifiera*.

—— 164, note 2, ligne 11, au lieu de *c'est*, lisez : *ce sont*.

—— 169, note 3, ligne 4, au lieu de *et ne rien*, lisez : *et pour ne rien*.

—— 172, note 1, ligne 1, au lieu de *vérifier la hauteur*, lisez : *vérifier quelle est la hauteur*.

Page 173, note 4, ligne 1, au lieu de *différer à*, lisez : *différer de*.

—— 237, note 5, ligne 5, au lieu de *seulement d'officier*, lisez : *seulement celle d'officier*.

Page 241, ligne 2, au lieu de *lieux*, lisez : *lieu*.

—— 361, ligne 21, au lieu de *auxiliaire*, lisez : *auxiliaires*.

MANUEL CRIMINEL

DES

JUGES DE PAIX.

CHAPITRE PREMIER.

DISPOSITIONS GÉNÉRALES ET PRÉLIMINAIRES.

1. La législation criminelle comprend les lois pénales et les lois d'instruction ou de procédure criminelle.

Gardiennes de la sûreté publique et protectrices des droits individuels, les lois pénales ont pour but de prévenir et de réprimer tout acte, tout manquement, de nature à troubler l'ordre social, ou à froisser des intérêts privés.

Les lois de la procédure criminelle distinguent les juridictions, indiquent les tribunaux chargés d'apprécier les faits incriminés, et tracent les règles à suivre pour préparer une juste application des peines encourues.

1

2. Faire ce que défendent, ne pas faire ce qu'ordonnent les lois qui ont pour objet le maintien de l'ordre social et la tranquillité publique, est un délit (1).

Il résulte de cette définition que nul délit ne peut être poursuivi s'il n'avait pas été prévu par une loi pénale (2) promulguée (3) avant qu'il fût commis (4); telles sont, en effet, les dispositions formelles de l'article 4 du Code pénal, et de l'article 364 du Code d'Instruction criminelle, qui répètent les articles 2 et 3 du Code du 3 brumaire an IV.

Aucun citoyen ne peut être puni que d'une peine légale; il ne doit pas être laissé dans l'incertitude sur ce qui est ou n'est pas punissable (5); il ne peut être pour-

(1) *V. Code du 3 brumaire an IV*, art. 1er.

(2) Par *loi*, il faut entendre un acte émané des trois pouvoirs, c'est-à-dire du Roi et des deux Chambres. Une ordonnance royale, ou un arrêté administratif, non fondés sur une loi, ne peuvent jamais servir de base à des poursuites et à des condamnations.

(3) Les lois pénales sont obligatoires le lendemain du jour de leur publication au chef-lieu du département. *V.* ordonnances royales des 27 novembre 1816 et 18 janvier 1817, et *Code civil*, art 1er.

(4) Il n'y a d'exception à cette règle que pour le cas où la loi pénale existante au moment du crime ou délit est plus sévère et plus rigoureuse que ne l'est le *Code* en vigueur au moment de la poursuite ou du jugement. Dans le cas de concours de plusieurs dispositions pénales, c'est toujours la plus douce qui doit être suivie, quelle que soit la date de sa promulgation, soit pour la qualification du fait, soit pour calculer les délais de la prescription. *V.* Arrêts de la Cour de cassation des 19 février et 1er octobre 1813.

Au surplus, il faut remarquer que les lois de compétence et d'instruction sont applicables, sans effet rétroactif, aux faits antérieurs. Le principe de la non-rétroactivité ne s'applique qu'au fond du droit ou à la peine. *V.* Arr. cass. des 24 juin 1813 et 10 mai 1822.

(5) Aucune peine ne peut être applicable qu'en vertu d'une loi exécutée à la lettre.

Les peines ne peuvent être établies par des expressions équivoques; si une loi présente des doutes dans son expression, elle doit être entendue dans le sens le plus généreux et le plus moral. *V.* Arr. cass. du 19 octobre 1821.

suivi pour un acte qu'il a pu, de bonne foi, supposer au moins indifférent, puisque la loi n'y attachait aucune peine.

Si le fait n'est pas défendu par la loi, disait l'orateur du Gouvernement, en présentant les motifs du Code d'Instruction criminelle, son auteur ne peut être puni, *et dès-lors on ne doit pas le poursuivre*. Quelque mauvaise que soit l'action, sous le rapport moral, le coupable ne sera condamné qu'au tribunal de l'opinion publique.

3. Le mot délit, dans son acception générique, exprime toute infraction, tout manquement à la loi pénale, toute action ou toute omission d'action, d'où résulte une atteinte directe à la sûreté des personnes ou des propriétés, en un mot, une violation de droits ou une violation de devoirs (1).

Le législateur l'a employé ainsi, comme expression collective, dans plusieurs articles du Code d'Instruction criminelle. Il arrive souvent à ceux qui écrivent sur le droit criminel de s'en servir pareillement d'une manière absolue, dans un sens complexe.

Mais, dans le langage précis de nos lois pénales, les faits qui sont frappés de peines publiques sont divisés en trois classes, conformément à l'article 1er du Code pénal.

Cet article qualifie :

Contravention, l'infraction que les lois punissent de peines de simple police, c'est-à-dire d'une amende de quinze francs et au-dessous, ou d'un emprisonnement de

(1) Il suit de notre définition qu'on peut se constituer en délit; 1o par *commission*, c'est-à-dire en commettant un acte formellement défendu par la loi : presque tous les délits ont ce caractère; 2o par *omission*, c'est-à-dire en omettant de faire ce que la loi ordonne : nous renvoyons pour des exemples au *Code pénal*, art. 234, 235, 236, 430, 432 ;- 471, nos 1, 3, 5, 7, 8; - 475, nos 2, 3, 12.

cinq jours et au-dessous , qu'il y ait ou non confiscation des choses saisies, et quelle qu'en soit la valeur (1);

Délit (2), l'infraction que les lois punissent de peines correctionnelles : c'est-à-dire d'une amende de seize francs et au-dessus ; d'un emprisonnement qui ne peut être moindre de cinq jours, sauf le cas de circonstances atténuantes (3), ni excéder cinq ans, sauf le cas de la récidive (4) ; enfin de l'interdiction à temps de certains droits civiques, civils ou de famille (5);

Crime, l'infraction que les lois punissent de peines afflictives ou infamantes , ou de peines infamantes seulement (6).

Or, les peines afflictives et infamantes sont : la mort ; — les travaux forcés à perpétuité ; — la déportation ; — les travaux forcés à temps ; — la détention ; — la réclusion (7).

Les peines seulement infamantes sont : le bannissement ; — la dégradation civique (8).

4. La loi ne réprime pas uniquement des faits consommés , ou du moins on ne pourrait pas établir comme règle la proposition contraire , dans sa généralité.

Quoique les lois ne puissent pas punir l'intention, il

---

(1) *V. Cod. d'Inst. crim.*, art. 137. — *Cod. pén.*, art. 464 et suiv.

D'après la nature et le but de notre travail, nous ne devrons pas nous occuper des contraventions, mais seulement des crimes et délits, et de la procédure qui s'y rapporte.

(2) Ce n'est qu'à partir de l'émission du Code pénal de 1810, que le mot délit doit être entendu dans ce sens restrictif. Cette remarque est essentielle pour l'explication des articles des lois antérieures où ce mot se trouve employé.

(3) *V.* art. 463 du *Cod pén.*

(4) *V.* art. 59 , *Ibid.*

(5) *V.* art. 9 , 40, 41 , 42 , *Ibid.*

(6) *V.* art. 6 , *Ibid.*

(7) *V.* art. 7 , *Ibid.*

(8) *V.* art. 8 , *Ibid.*

n'en est pas moins vrai qu'une action qui est le commencement d'un délit, et qui prouve la volonté de le commettre, mérite un châtiment.

Aussi, suivant l'ancienne jurisprudence, lorsque la tentative avait été manifestée *par des actes prochains,* elle était punie comme le crime.

De même, dans notre législation actuelle, il suffit, à l'égard de certains *délits,* positivement déterminés (1), et à l'égard des *crimes,* avec les seules exceptions portées dans les art. 179, 317, 361 et 365 du Code pénal, qu'il y ait eu tentative *manifestée par un commencement d'exécution, qui n'ait été suspendue ou qui n'ait manqué son effet que par des circonstances indépendantes de la volonté de son auteur* (2), pour motiver et justifier un châtiment égal à celui du crime ou délit accompli (3).

5. Il importe de bien fixer les principes de cette matière délicate.

Celui qui conçoit le dessein d'un crime n'est pas encore coupable aux yeux de la loi ; la morale l'accuse et le condamne ; mais la société ne peut lui demander compte de ses pensées et de ses projets ; l'ordre public ne peut être troublé que par des faits ; les faits seuls peuvent être poursuivis et punis par les tribunaux. Celui qui a voulu exécuter un projet criminel n'est pas encore coupable, quoiqu'il n'en ait été empêché que par un événement indépendant de sa volonté, s'il n'y a eu, de sa part, *aucun fait* pour en réaliser ou commencer l'exécution. Le crime est, en effet, demeuré dans sa pensée, et la

---

(1) *V.* art. 179, 388, 401, 403, 414, 415 du *Cod. pén.*

(2) Il faut la réunion de toutes ces circonstances pour caractériser une tentative punissable. *V.* Arr. cass. des 6 et 26 juillet 1811, 9 janvier 1812, 29 octobre 1813 et 18 avril 1834.

(3) *V.* art. 2 et 3 du *Cod. pén.*

pensée n'est justiciable que du tribunal intérieur de la conscience.

L'exécution eût-elle même été commencée par des actes préparatoires, si elle a été arrêtée par le repentir, avant le fait principal qui devait former le corps du délit, elle ne constituera pas le délit. L'intérêt public a voulu que la loi fît grâce à celui qui avait été retenu sur le bord du crime par un sentiment libre et spontané.

Les criminalistes distinguent trois sortes de tentatives, trois degrés de commencement d'exécution.

1° Si tout ce qui devait être fait pour opérer une violation de droits, ou une infraction, a été fait; si l'individu a employé tous les moyens suffisans pour parvenir au but punissable qu'il s'était proposé, et que le succès, et la suite qu'il a voulu donner à ses efforts ne dépendissent pas de lui, mais seulement de circonstances purement fortuites; alors son entreprise est entièrement finie, et le délit est parfait.

Exemple : Un voleur s'est introduit dans une maison habitée ; il s'est emparé de divers objets ; il emporte son butin : mais au moment où il va franchir le seuil, il est arrêté par le propriétaire ou par la police.

Le crime est parfait quant à l'acte intentionnel ; cependant il n'y a eu que tentative, en résultat, parce que le vol n'a pas été consommé au profit du voleur, même pour un temps, puisque l'objet du vol, bien que déplacé, n'est pas entièrement sorti de la possession du propriétaire.

2° Si l'action principale qui constitue essentiellement le crime ou le délit n'a été que commencée ; si l'individu n'a pas continué l'accomplissement de cette action parce que des circonstances fortuites, indépendantes de sa volonté, sont survenues et l'ont empêché ; alors il n'y a que commencement d'exécution: le délit a été abordé par des actes prochains.

C'est la tentative proprement dite.

Exemple: Le voleur, qui a pénétré furtivement dans une maison, a déjà ouvert une armoire qu'il se propose de piller: il est surpris et arrêté.

3° Si ce ne sont que les actes préparatoires de l'action principale qui ont été faits, mais que l'action principale n'ait encore reçu aucun commencement d'exécution; s'il est possible que l'individu se désiste de son plan, de son projet; si rien n'assure qu'il aurait persévéré dans son intention criminelle, persévérance qui, dans le doute, ne doit pas être présumée; alors il n'y a qu'entreprise préparée : le délit aura été tenté par des moyens éloignés.

Il n'y aura, à proprement parler, dans ce cas, que tentative de tentative.

Exemple: Un voleur projette d'escalader des clôtures, de pénétrer dans l'intérieur d'une maison, à l'aide de divers moyens; il ne peut mettre son dessein à exécution que la nuit; caché dans les environs du lieu qu'il médite d'exploiter, il attend le moment propice; il est découvert et arrêté muni d'une échelle, de fausses clefs, d'un marteau, de ciseaux en fer, etc. Tout dénote ses mauvaises intentions: mais rien ne prouve encore qu'un repentir salutaire ne l'aurait pas retenu, que le danger ou les conséquences de son entreprise ne l'auraient pas intimidé, et ne l'y auraient pas fait renoncer spontanément.

Dans ce dernier cas, la loi pénale ne sévira donc point, dans l'appréhension de mulcter injustement un individu dont la culpabilité n'est pas entière et évidemment démontrée. Tandis que, dans les deux premiers cas, si toutes les circonstances constitutives et caractéristiques de la tentative sont réunies, le doute n'est plus possible: il y aura châtiment, parce qu'il y a déjà un coupable, *qui a commis le délit autant qu'il était en lui de le commettre.*

6. La considération suprême du bien public , et la nécessité de préserver la société de grands troubles , ont
fait fléchir le principe , que la loi n'atteint que les actes
extérieurs , et ont déterminé le législateur à décerner des
peines en matière de complots contre le Roi et sa famille
et contre la sûreté de l'Etat , abstraction faite de l'exécution. Ainsi, la seule résolution d'agir concertée , la proposition , même non agréée , de former un complot, sont
punissables (1).

7. La simple menace de commettre un crime ne constitue pas la tentative , tant qu'elle reste isolée de tout acte
extérieur d'exécution. Mais la menace de commettre certains crimes, si elle a été faite par écrit ou sous condition ,
étant de nature à troubler la société , à raison de l'inquié-
tude qu'elle est susceptible de jeter dans l'esprit des citoyens , qu'elle pourrait forcer , par la terreur , à faire
des sacrifices pour racheter leur propriété , ou pour sauver leur vie , a le caractère de délit ou de crime , et entraîne des peines (2).

8. Le Code pénal de 1810, révisé et réformé par la
loi du 28 avril 1832, embrasse toutes les parties de notre
droit pénal français ; il forme le droit commun en cette
matière.

Il ne contient point la nomenclature complète de tous
les crimes , délits et contraventions que répriment nos
lois pénales. Ainsi , il ne s'applique pas, en général, aux
infractions militaires (3), et il maintient formellement (4),

---

(1) *V.* art. 89 et 90 du *Cod. pén.*
(2) *V.* art. 305 à 308 et 436 du *Cod. pén.*
(3) *V.* art. 5 , *Ibid.*
(4) *V.* art. 484 , *Ibid.*

pour les matières qu'il n'a pas réglées (1), les lois et réglemens particuliers qui les régissent.

Mais ce Code, laissant à part les crimes et délits *extraordinaires*, c'est-à-dire qui sont soumis à une juridiction exceptionnelle, et à des formes particulières d'instruction et de jugement, ou qui doivent essentiellement
faire l'objet de lois spéciales, prévoit, définit et punit
les crimes et délits *ordinaires*, ou de droit commun,
c'est-à-dire qui appartiennent à la juridiction ordinaire ;
les faits d'ordre général qui troublent plus intimement et
plus fréquemment la société ; ceux qui sont plus spécialement l'objet des recherches de la police judiciaire.

Dans la législation de 1791, les crimes étaient définis
et punis par loi du 25 septembre = 6 octobre 1791, les
délits de police municipale et de police correctionnelle par
la loi du 19 = 22 juillet de la même année, sous des titres
distincts.

Le Code des délits et des peines du 3 brumaire an IV,
s'occupa séparément des crimes et des contraventions : il
renvoya, pour les délits de police correctionnelle, aux
lois existantes sur cette matière non encore révisées.

Le Code pénal de 1810, qui nous régit, modifié qu'il
est par la loi du 28 avril 1832, n'a point admis les mêmes
divisions. Son quatrième livre est consacré aux contraventions ; le troisième renferme promiscûment les défi-
nitions et les peines des crimes et des délits.

Cet ordre de classement a l'avantage de présenter cha-

(1) L'on regarde comme non réglés par le Code pénal, et les délits dont
il ne traite point, et ceux à l'égard desquels il ne renferme que quelques
dispositions éparses et détachées, qui ne forment pas un système complet
de législation. *V.* Avis du Conseil d'État du 8 février 1812. — Arr. cass.
des 19 février 1813, 22 mars 1816 et 20 février 1829.

Tels sont les faits dont s'occupent les lois et réglemens militaires, maritimes, universitaires ; les lois rurales, des eaux, bois et forêts ; les lois de la
fiscalité ou des administrations, etc.

que fait punissable sous ses divers aspects, avec les diverses modifications que les circonstances de son accomplissement peuvent lui faire subir, en l'aggravant ou l'atténuant, en l'élevant au rang des crimes ou le réduisant à la proportion des simples délits.

Mais on n'y trouve pas le rapport de correspondance avec les degrés de juridiction établis par le Code d'Instruction criminelle. C'est un inconvénient regrettable, qui peut jeter quelque confusion dans les esprits, pour la reconnaissance des compétences, l'appréciation des faits et l'application des peines.

Par exemple, et pour nous renfermer dans notre sujet, les auxiliaires du procureur du roi ne sont, en général, aptes à rechercher, à constater que les faits constitutifs de crimes (1); ce n'est que par exception qu'ils peuvent procéder en cas de délits (2).

Il eût été utile et commode pour eux de n'avoir à consulter qu'une partie spéciale du Code pénal, pour connaître de quels faits ils sont positivement appelés à s'occuper, comme officiers auxiliaires de police judiciaire; tandis qu'il leur faut, pour définir leurs pouvoirs, calculer, sur les bases de l'art. 1er de ce Code, les peines applicables au fait à rechercher ou à constater, ce qu'il n'est pas toujours facile d'apprécier dans les premiers momens.

Nous chercherons à remédier aux inconvéniens de la distribution de la loi, en donnant, dans un appendice, la nomenclature distincte mais rapprochée des crimes et délits communs, sans nous écarter de la classification du législateur (3).

(1) *V.* art. 32, 49 du *Cod. d'Inst. crim.*
(2) *V.* art. 46, *Ibid.* — ci-après n° 55.
(3) *V.* à la fin du Manuel, *Appendice*, § 1er.
Il ne faudra pas oublier que les indications sommaires de cet appendice ne doivent être considérées que comme un moyen de faciliter l'intelligence du

9. Les faits constitutifs de crimes ou de délits peuvent être envisagés sous un double rapport : quant à la qualification qui appartient aux agens, et quant à l'appréciation morale des faits en eux-mêmes.

On distingue les personnes punissables en *auteurs* et *complices*. Les uns et les autres sont passibles des mêmes peines, sauf les cas où la loi aurait disposé autrement (1).

L'*auteur* est celui qui a consommé l'exécution du crime ou délit. On appelle *co-auteurs*, ceux qui ont participé ensemble et de concert, d'une manière active, à la perpétration du crime ou du délit.

Le *complice*, ou co-auteur par complicité, est celui qui a excité à commettre le crime ou délit, ou qui en a favorisé l'exécution en connaissance de cause.

Il n'y a point de complicité sans fait principal, ni, en général, de complicité punissable, si le fait principal ne constitue pas un crime ou un délit (2).

système pénal, de familiariser les juges de paix avec la série des faits constitutifs des crimes qu'ils ont mission absolue de rechercher et de constater. C'est toujours au texte même du Code pénal, ou de toute autre loi répressive, s'il y a lieu, qu'il faut recourir, pour bien apprécier les faits punissables, et pour se former une juste idée des élémens et des circonstances qui leur assignent le caractère de crimes ou de délits.

(1) *V.* art. 59, 63, 67, 99, 317, 365, 380 du *Cod. pén.*

Les complices peuvent éviter la peine ou la faire atténuer dans les cas prévus par les art. 63, 100, 108, 114, 116, 138, 190, 213, 284, 285, 288, 441 du *Cod. pén.*

Un complice peut être condamné, et doit donc être poursuivi, quoique le principal auteur soit inconnu, absent, mort, ou déclaré non coupable. *V.* Arr. cass. des 6 et 24 mars 1812, 8 et 23 avril 1813, 21 avril et 6 mai 1815, 19 août 1819 et 3 juin 1830.

Le complice d'une tentative punissable doit être puni des mêmes peines que l'auteur de la tentative, quand bien même il n'aurait pas participé au commencement d'exécution de la tentative, s'il avait aidé et favorisé sciemment, dans les faits préparatoires de la tentative criminelle, celui qui en est reconnu coupable. *V.* Arr. cass. des 6 février et 16 juin 1812.

(2) *V.* Arr. cass. du 14 janvier 1820. — Dans un autre sens, Arr. cass. du 15 avril 1825. — *Cod. pén.*, art. 380.

10. Les caractères généraux de la complicité pour les divers crimes et délits sont déterminés par les art. 60, 61, 62, 63, 285, 293 du Code pénal, et par les art. 1, 2, 3, 6, 7 de la loi du 17 mai 1819.

Sont punissables comme complices d'une action qualifiée crime ou délit, ceux qui, par dons, promesses, menaces, abus d'autorité ou de pouvoir, machinations ou artifices coupables, auront provoqué à cette action, ou donné des instructions pour la commettre (1);

Ceux qui auront procuré des armes, des instrumens, ou tout autre moyen qui aura servi à l'action, *sachant qu'ils devaient y servir;*

Ceux qui auront, *avec connaissance*, aidé ou assisté l'auteur ou les auteurs de l'action, dans les faits qui l'auront préparée ou facilitée, et dans ceux qui l'auront consommée (2);

Ceux qui, *connaissant* la conduite criminelle des mal-

---

(1) Le simple conseil, la simple provocation de commettre un crime ou un délit, non accompagnés d'instructions sur les moyens à employer pour le commettre en effet, ne constituent pas un fait de complicité. *V.* Arr. cass. des 24 novembre 1809 et 3 septembre 1812.

(2) *V.* art. 60 du *Cod. pén.*

On ne peut donc pas être réputé complice par cela seul qu'on a été présent à l'exécution d'un crime ; qu'on n'a pas empêché de le commettre ; qu'on ne s'est pas opposé à son exécution. La complicité ne peut résulter que d'une coopération quelconque, telle que la loi l'a déterminée. *V.* Arr. cass. du 13 mars 1812.

En d'autres termes, la loi ne fait dépendre la complicité que d'actes *positifs*, et elle exclut par conséquent les faits purement *négatifs*. *V.* Arr. cass. des 30 novembre 1810 et 13 mars 1812.

Mais celui qui a aidé l'auteur d'un délit ou d'un crime, dans le moment même de la perpétration, ne fût-ce qu'en éloignant les obstacles, ou même en faisant sentinelle autour du lieu du délit, est réputé co-auteur, ou auteur de complicité.

Il est même à remarquer qu'un vol commis de cette manière, est bien évidemment un vol commis par deux personnes, attendu que, dans ce cas, les deux personnes coopèrent au fait même du vol. *V.* Arr. cass. du 9 avril 1813.

faiteurs exerçant des brigandages ou des violences contre la sûreté de l'Etat, la paix publique, les personnes ou les propriétés, leur fournissent *volontairement et habituellement* logement, lieu de retraite ou de réunion (1);

Ceux qui *sciemment* auront recélé, en tout ou en partie, des choses enlevées, détournées ou obtenues à l'aide d'un crime ou d'un délit (2);

Ceux qui, par des discours publics, écrits imprimés, auront provoqué à commettre un crime ou un délit (3).

11. Les caractères spéciaux de la complicité pour certains crimes, sont définis par les articles 96, 202, 203, 206, 217, 238, 239, 240, 241, 349, 350, 380, 403 du Code pénal (4).

12. On distingue encore dans un crime ou délit sa *matérialité* et sa *moralité*, c'est-à-dire le fait en lui-même

---

(1) *V.* art. 61 du *Cod. pén.*

Le simple fait d'avoir favorisé l'évasion d'un délinquant ne constitue pas la complicité. *V.* Arr. cass. du 24 prairial an V.

(2) *V.* art. 62, 63 du *Cod. pén.*

Nous pensons, avec MM. LEGRAVEREND, BOURGUIGNON, DALLOZ, CHAUVEAU et HÉLIE, que la femme qui aurait recélé des objets volés par son mari, *seulement pour le soustraire* à des poursuites, et non pour s'approprier les objets ou en tirer avantage, ne devrait pas être considérée comme coupable de complicité, et comme sujette à l'application de l'article 63 du Code pénal.

(3) *V.* art. 285, 293 du *Cod. pén.* — Art. 1, 2, 3, 6, 7 de la loi du 17 mai 1819.

L'excitation *non publique* au délit, si elle n'est accompagnée de dons, promesses, menaces, artifices, etc., ne constitue pas une complicité. *V.* Arr. cass. des 24 novembre 1809 et 5 septembre 1812.

(4) La complicité ne peut être vérifiée que par un genre de preuve au cas d'adultère. *V.* art. 388 du *Cod. pén.*

Observation générale: La complicité s'inférant de circonstances très diverses, chacun des faits qui la constituent doit être soigneusement énoncé et constaté dans les procès-verbaux d'instruction : la complicité ne doit jamais être déclarée par abstraction.

qui viole la loi, et l'intention coupable de l'auteur de ce fait (1).

Nulle action ne peut être punie, lorsqu'elle n'est pas le résultat d'une *volonté intelligente et libre* de violer la loi (2).

Aussi, le prévenu qui aurait été en état de démence (3) au moment de l'action (4), celui qui aurait été entraîné

(1) n ..e peut y avoir lieu à condamnation que sur un fait déclaré par la loi crime ou dent, et commis avec une intention criminelle : — Ainsi, d'après les art. 362 et 365 du *Cod. d'Inst. crim.*, les Cours d'assises ne sont autorisées à condamner les accusés que lorsqu'ils sont reconnus, par le jury, coupables d'un fait qualifié crime ou délit par la loi ; — le mot coupable est une expression complexe qui déclare tout à la fois que le fait de l'accusation est constant, que l'accusé en est l'auteur, et qu'il l'a commis avec une intention criminelle ; — là où ces trois circonstances ne sont pas réunies, il ne peut pas y avoir de culpabili: . *V.* Arr. cass. du 6 mai 1812.

Cependant les tribunaux ne peuvent acquitter les coupables d'un délit, sous prétexte de bonne foi ou d'ignorance des lois. *V.* Arr. cass. des 30 juillet 1807, 15 février 1811 et 6 juillet 1827.

Le fait matériel de contravention aux réglemens de la police locale, de contravention aux lois sur les douanes, sur les contributions indirectes, sur les octrois, sur l'enregistrement, aux lois fiscales, suffit, à la différence des affaires criminelles, pour donner lieu à l'application de la peine, sans qu'on puisse avoir égard à la bonne foi ou au défaut d'intention et de volonté du prévenu. *V.* Arr. cass. des 1er thermidor an XII, 12 floréal an XIII, 21 février 1806, 5 novembre 1807, 8 novembre 1811, 2 et 3 mars 1809, 31 janvier 1812 et 31 mai 1822.

(2) Notre règle souffre exception : Il est des cas où la loi punit quoiqu'il n'apparaisse pas d'une volonté libre de délinquer. Ce sont ceux où la maladresse, l'imprudence, l'inattention, la négligence ou l'inobservation des réglemens, a produit envers des personnes de funestes accidens. La faute alors est appréciée par le résultat, par le dommage causé, et l'homicide ou les coups et blessures entraînent une peine ; mais cette peine est mesurée avec un tempérament d'indulgence. *V.* art. 319, 320 du *Cod. pén.*

(3) Dans le sens de l'article 64 du Code pénal, l'expression *démence* comprend la *démence* proprement dite, la *fureur*, l'*imbécillité* et la *folie*. Si l'on prétendait que le prévenu a eu des intervalles lucides, la présomption qu'il était dérangé au temps de l'action subsisterait en sa faveur jusqu'à ce que l'accusation eût prouvé le contraire.

(4) Si la démence était survenue depuis l'action, il y aurait lieu de se borner à constater les faits et de suspendre les poursuites contre le prévenu, sauf à les reprendre, s'il convenait, plus tard, de le faire.

par une force irrésistible (1), ou par la nécessité actuelle de la légitime défense de soi-même ou d'autrui (2), ne sont pas sujets à l'application de la loi pénale ; leur fait ne constitue ni crime, ni délit (3).

Quelquefois, tout en reconnaissant l'existence d'un délit et la nécessité d'un châtiment, la loi permet aux juges d'admettre des excuses, qui n'effacent point entièrement la peine, mais qui du moins ont l'effet de l'atténuer (4).

Aucune excuse n'est admissible qu'autant qu'elle est spécifiée par la loi (5).

Le législateur ne pouvait réunir dans un même cadre les diverses excuses qu'il considérait comme *légales* ; il a dû les disséminer, en les rapprochant de chaque genre de délit qui peut donner lieu à des poursuites.

13. Ce qui détermine le caractère d'un fait incriminé, ce qui en fait ressortir la moralité, ce sont les circonstances qui l'ont précédé, accompagné ou suivi.

---

(1) Il faut entendre, par ces termes, la volonté de la loi ou de l'autorité légitime (art. 327 du *Cod. pén.*), ou une force majeure. La seule crainte révérencielle n'absout pas.

La condition de force majeure est essentielle. On serait coupable si l'on avait commis un délit d'après un simple ordre d'un particulier à qui l'on devait des égards ; si, par exemple, un domestique avait volé d'après l'ordre de son maître, ou un fils d'après l'ordre de son père. *V.* Arr. cass. des 14 août 1807 et 8 novembre 1811.

(2) *V.* art. 528 et 529 du *Cod. pén.*

(3) *V.* art. 64, 327 et suiv., *Ibid.*

(4) *V.* art. 521 et suiv., *Ibid.*

(5) *V.* art. 65, *Ibid.*

L'ivresse n'excuse pas en matière criminelle, au moins en général.

Cependant, à notre avis, l'impartialité qui est le premier devoir des officiers de police judiciaire leur fait une obligation de vérifier et de constater, s'il y a lieu, l'ivresse alléguée par le prévenu, avec ses circonstances, pour qu'un malheureux ne soit pas privé du seul moyen de salut, peut-être, qu'il aura à développer devant les juges ou les jurés, libres appréciateurs des circonstances atténuantes.

Les circonstances sont *atténuantes*, et entraînent la suppression ou une modération de la peine ; ou elles sont *aggravantes*, et changent le plus souvent la nature de l'action, la faisant passer de la classe des simples délits dans celle des crimes ; elles déterminent la juridiction des tribunaux de répression , et influent sensiblement sur l'application des peines , dont elles provoquent l'extension (1).

14. Les circonstances, en général, concernent (2) :

Les personnes : La justice criminelle , essentiellement distributive, a souvent égard à l'état, à l'âge, au sexe, à la qualité, à la moralité de l'inculpé, et même de la personne offensée.

A l'état : Ainsi, les insensés, les furieux, ne peuvent être déclarés coupables (3).

A l'âge : Les enfans âgés de moins de seize ans accomplis, au moment du crime ou délit, sont exempts de peines, lorsqu'il a été jugé (4) qu'ils ont agi sans discernement, c'est-à-dire sans connaissance de la nature, et, par suite, des résultats possibles de l'action (5).

---

(1) Bien que cela paraisse contradictoire dans les termes, des circonstances aggravantes et atténuantes peuvent se rencontrer simultanément dans la même cause. Par exemple, un vol accompagné des circonstances aggravantes d'escalade, d'effraction, de récidive, peut néanmoins être accompagné aussi de circonstances atténuantes. (Paroles de M. le Garde-des-sceaux, dans la discussion de l'art. 4 de la loi du 28 avril 1832.)

(2) Nous donnerons des développemens étendus à cette matière importante, qui doit fixer l'attention des juges de paix, chacune des circonstances que nous allons énumérer et expliquer devant être soigneusement relevée et constatée dans les procès-verbaux d'instruction.

(3) *V.* art. 64 du *Cod. pén.*

(4) La circonstance de l'âge influe sur le jugement, mais elle n'empêche pas les poursuites, et par conséquent ne dispense nullement de la constatation des faits, et de l'arrestation des prévenus.

(5) *V.* art. 66 du *Cod. pén.*

Lors même qu'un enfant serait déclaré avoir agi avec discernement, son âge influe sur la peine à infliger. La loi suppose que le coupable, quoique sachant bien qu'il faisait mal, n'était pas en état de sentir, à cause de l'inexpérience de son âge, toute l'étendue de la faute qu'il commettait, ni de discerner toute la rigueur de la peine qu'il allait encourir (1).

Souvent l'âge introduit une exception de juridiction en faveur des enfans (2).

L'attentat à la pudeur, le viol, le rapt, commis envers un enfant, sont punis plus sévèrement (3).

La minorité du ravisseur est pour lui une circonstance atténuante (4).

Par respect pour la vieillesse, par égard pour sa débilité, la loi modère aussi la peine, lorsque le coupable est âgé de soixante-dix ans, au moment du jugement (5).

Au sexe : En cas d'enlèvement de mineur, si la personne ainsi enlevée ou détournée est une *fille* au-dessous de seize ans, cette circonstance entraîne une aggravation de peine (6).

A la qualité : Les insultes sont plus graves quand elles sont adressées à un fonctionnaire public, en sa qualité de fonctionnaire, à l'occasion de ses fonctions, et à raison encore de la dignité du fonctionnaire (7).

Les fonctionnaires, de leur côté, sont plus rigoureusement punis, quand ils commettent des crimes ou délits (8),

(1) *V.* art. 67, 69 du *Cod. pén.*
(2) *V.* art. 68, *Ibid.*
(3) *V.* art. 331, 332, 356, *Ibid.*
(4) *V.* art. 356, *Ibid.*
(5) *V.* art. 70, 71, 72, *Ibid.*
(6) *V.* art. 355, *Ibid.*
(7) *V.* art. 222 et suiv., 263, *Ibid.*
(8) *V.* art. 80, 81, 94, 111, 115, 145, 146, 174, 198, 243, 251, 404, 432, 462, *Ibid.*

par la raison que l'ordre est plus manifestement troublé,
lorsque ceux que la loi a préposés pour le maintenir sont
les premiers à l'enfreindre.

A la parenté ou affinité : Ce motif de considération
efface quelquefois le délit, et réduit les plaignans à se
pourvoir par la voie civile ; c'est ce qui arrive au cas de
vol entre époux, entre ascendans et descendans, ou alliés
au même degré (1). Il atténue le délit aux cas des articles
248 et 380 du Code pénal ; il l'aggrave et le rend inexcu-
sable aux cas des articles 299, 312, 317, 323 et 334 du
même Code.

Les rapports de parenté, et d'autres relations civiles, sont
une cause d'aggravation dans plusieurs circonstances (2).

Les mêmes rapports donnent lieu envers certaines personnes à un recours pour les frais de procès, et pour les
dommages-intérêts de la partie lésée : c'est ce qu'on appelle la *responsabilité civile* (3).

A la condition : L'état social relatif des personnes
influe encore sur le caractère du fait : ainsi, le vol est
plus grave si ce sont des domestiques ou des gens de
service à gages qui l'ont commis envers leur maître, ou
envers des personnes qui se trouvaient dans sa maison ;
si c'est un ouvrier, compagnon ou apprenti qui a volé
dans la maison ou dans l'atelier de son maître ; si le vol

---

(1) *V.* art. 380 du *Cod. pén.*

Mais, s'il y avait eu bris de scellés ou faux pour arriver au vol, ces crimes
ne seraient pas excusés, quoique le vol n'eût préjudicié qu'à un parent.
V. Arr. cass. des 22 juillet 1817, 13 octobre 1818, et 17 décembre 1829.

Remarquez que le bénéfice de l'art. 380 du Code pénal ne s'applique pas
aux complices des personnes qui se trouvent dans le cas de cet article.

Les soustractions frauduleuses commises par l'enfant naturel au préjudice
des père, mère, ou autres ascendans de ses père et mère, donnent lieu à
l'action publique. V. Arr. cass. du 10 juin 1813.

(2) *V.* art. 333, 334, 350, 355, 386, 408, 443 du *Cod. pén.*

(3) *V.* art. 73, 74 du *Cod. pén.* — Art. 1382 à 1386 du *Cod. civ.*

a été commis par un individu travaillant habituellement dans la maison où il aura volé ; si un aubergiste, hôtelier, voiturier, batelier, ou leurs préposés, ont volé des choses qui leur étaient confiées à ce titre (1). Toutes ces personnes commandaient une confiance nécessaire ; l'abus qu'elles en ont fait mérite un châtiment exemplaire.

A la moralité : Comme la société doit s'armer plus fortement contre ceux qui menacent davantage l'ordre public, les vagabonds, les mendians, les gens sans aveu subissent, en cas de crimes ou délits, une peine plus élevée (2) ; la loi sévit rigoureusement contre les chefs de bandes, les provocateurs de désordres ; elle accorde quelqu'indulgence au repentir, aux aveux et révélations, à la faiblesse des prévenus qui n'ont fait que céder à un funeste entraînement (3).

15. L'INTENTION : En général, il n'y a ni crime ni délit sans dol ou mauvaise intention (4).

Le délit aura donc plus ou moins de gravité, suivant que le coupable aura manifesté une intention plus ou moins perverse, ou qu'il n'y aura rien à lui reprocher sous ce rapport.

Ainsi, celui qui aura fait usage, sans le savoir, de fausse monnaie ou d'un écrit faux, n'aura encouru aucune peine (5).

L'officier public qui aura délivré *sciemment* une feuille de route sous des noms supposés, sera puni sévèrement (6).

Ainsi, l'homicide qui est l'effet d'un accident involon-

(1) *V.* art. 386, 408 du *Cod. pén.*
(2) *V.* art. 279, 281, *Ibid.*
(3) *V.* art. 96, 100, 108, 138, 144, 165, 267, 268, 441, 442, *Ibid.*
(4) *V.* n° 12, et n° 165, aux notes.
(5) *V.* art. 163 du *Cod. pén.*
(6) *V.* art. 156, 158, *Ibid.*

taire, sans imprudence ni négligence, n'est pas punissable (1), non plus que celui qui a été commis pour obéir à la loi ou à l'autorité légitime, ou dans le cas de légitime défense (2).

Au contraire, l'auteur encourt le dernier supplice, si l'homicide a été commis volontairement avec préméditation ou de guet-apens (3), ou s'il a été précédé, accompagné ou suivi d'un autre crime ou délit (4).

Les coups et blessures sont punis bien plus sévèrement, si le délit a été commis avec préméditation ou de guet-apens (5).

Les recéleurs d'objets provenant d'un crime ou d'un délit sont punis plus ou moins rigoureusement selon qu'ils sont ou non convaincus d'avoir eu connaissance, au moment du recèlement, des circonstances aggravantes du méfait (6).

Le bigame pourra être innocenté, s'il prouve qu'il croyait, de bonne foi, son premier mariage dissous, quand il a contracté le second (7).

(1) *V*. art. 295, 319 du *Cod. pén.*

Il y aurait lieu à appliquer les peines du meurtre, quand bien même la personne homicidée ne serait pas celle que le meurtrier avait *l'intention* de tuer. *V*. arr. cass. du 31 janvier 1835.

(2) *V*. art. 327 et suiv. du *Cod. pén.*

(3) *V*. art. 296, 302, *Ibid.*

La *préméditation* consiste dans le dessein formé, avant l'action, d'attenter à la personne d'un individu déterminé, ou même de celui qui sera trouvé ou rencontré, quand même ce dessein serait dépendant de quelque circonstance ou de quelque condition. Art. 297 du *Cod. pén.*

Le *guet-apens* consiste à attendre, plus ou moins de temps, dans un ou divers lieux, un individu, soit pour lui donner la mort, soit pour exercer sur lui des actes de violence. Art. 298 du *Cod. pén.*

(4) *V*. art 304, *Ibid.*

(5) *V*. art. 310, 311, *Ibid.*

(6) *V*. art. 63, *Ibid.*

(7) Cependant la simple possibilité de cette bonne foi ne doit pas empêcher de poursuivre le prévenu de bigamie. *V*. Arr. cass. du 13 avril 1815.

16. Le temps: La loi réprime par des peines plus graves l'infraction qui aurait été commise la nuit (1), parce qu'en général elle punit plus rigoureusement les crimes dont il est moins facile de se garantir et de reconnaître les auteurs (2).

D'un autre côté, cette circonstance de temps sert quelquefois à excuser certains faits : par exemple, des blessures faites, un homicide commis, en repoussant pendant la nuit une escalade ou une effraction quelconque (3).

L'injure acquiert un caractère de gravité lorsqu'elle a été faite ou proférée envers un magistrat, un fonctionnaire, un particulier chargé d'un service public, durant le temps qu'ils remplissaient leurs fonctions (4).

17. Le lieu: Une infraction peut devenir plus considérable, à raison du lieu où elle a été commise.

C'est ainsi que, pour assurer la libre circulation du

---

(1) La Cour de cassation a jugé par plusieurs arrêts, notamment les 12 février et 25 juillet 1813, et 4 juillet 1823, que, dans le sens des lois pénales, la *nuit est le temps compris entre le coucher et le lever du soleil ;* qu'ainsi un vol commis dans cet intervalle est atteint de la circonstance aggravante de la nuit, par la raison que s'il en était autrement il n'y aurait rien de fixe : le crépuscule, l'aurore, la lune, l'éclairage des rues, serviraient de prétexte à des décisions contradictoires et arbitraires.

Mais on doit, dans les procédures, indiquer, autant que possible, l'heure à laquelle le crime ou le délit a été commis, et ne pas s'en tenir à indiquer que c'est avant le lever ou après le coucher du soleil, parce que le prévenu peut contester ce point, et qu'il importe de trouver dans les actes judiciaires la plus grande précision, comme tous les moyens de dissiper les doutes, d'écarter des prétentions erronées ou spécieuses.

(2) *V.* art. 581 à 586 du *Cod. pén.*

La gravité des crimes qui attentent à la propriété se compose non seulement du préjudice qu'ils causent et de l'intention qui les produit, mais encore de la difficulté de s'en garantir. *V.* Arr. cass. du 28 janvier 1809.

(3) *V.* art. 329 du *Cod. pén.*

(4) *V.* art. 222, 223, 224, 228, 230, 262, 263 du *Cod. pén.* — Art. 6 de la loi du 25 mars 1822.

commerce, et parce qu'il importe spécialement de protéger les voyageurs, les vols commis sur les chemins publics (1) emportent toujours une peine afflictive et infamante (2).

Il y a aussi une différence notable entre le simple vol et ceux qui seraient commis dans des archives, greffes et dépôts publics (3), dans les bibliothèques publiques, qui sont assimilées aux dépôts publics (4), dans les édifices consacrés aux cultes (5), dans les maisons habitées (6)

---

(1) Les mots *chemins publics* s'entendent des chemins allant de ville à ville ou de village à village. *V*. Arr. cass. des 2 mai 1811 et 20 juillet 1819.

Sont assimilés aux vols sur les chemins publics, ceux qui sont commis sur les fleuves, rivières et canaux navigables. *V*. Arr. cass. du 10 septembre 1813.

Ne sont pas regardés comme grands-chemins ou chemins publics, les routes et rues dans les villes, bourgs, faubourgs et villages. *V*. Déclaration u 5 février 1731, art. 5. — Loi du 20 décembre 1815, art. 12. — Arr. cass. du 6 avril 1815.

(2) *V*. art. 383 du *Cod. pén.*

(3) *V*. art. 255, *Ibid.*

(4) *V*. Arr. cass. des 9 avril 1813, 25 mars 1819 et 5 août 1819.

(5) *V*. art. 386 du *Cod. pén.*

(6) Est réputé *Maison habitée*, tout bâtiment, logement, loge ou cabane, même mobile, qui, sans être actuellement habité, est destiné à l'habitation, et tout ce qui en dépend, comme cours, basses-cours, granges, écuries, édifices qui y sont renfermés, quel qu'en soit l'usage, et quand même ils auraient une clôture particulière dans la clôture ou enceinte générale. Art. 390 du *Cod. pén.*

Il importe peu que la maison où a été commis le vol fût habitée soit par l'accusé, soit par la personne volée, ou par toute autre, et que le voleur s'y fût introduit du consentement ou à l'insu de la personne volée. *V*. Arr. cass. des 24 juin et 8 juillet 1813.

Le vol commis dans un jardin attenant à une maison habitée, est considéré comme commis dans la maison. Les termes de l'art. 390 du Code pénal énumérant les dépendances de maison habitée ne sont que démonstratifs. *V*. Arr. cass. des 18 juin 1812 et 16 avril 1813.

Une dépendance de destination ne suffit pas pour donner à une cave ou à un autre bâtiment le caractère de bâtiment dépendant d'une maison habitée; il faut de plus que ce bâtiment soit renfermé dans la clôture générale, ou matériellement lié à la maison, ou, s'il n'y est attenant sans solution de ou servant à l'habitation, les dépendances de ces maisons, les parcs ou enclos (1).

La destruction des animaux d'autrui est passible de peines plus ou moins fortes , selon le lieu où l'animal a été tué (2).

L'outrage envers les magistrats , les fonctionnaires et les agens de la force publique , acquiert un plus haut degré de gravité par le lieu où il a été commis (3).

Il en est de même des entraves apportées au libre exercice des cultes , et de l'outrage envers les objets d'un culte (4).

18. Le mode : La manière dont l'infraction a été commise peut également la rendre plus condamnable , si elle annonce une plus grande préméditation ou plus d'audace. C'est par ce motif que le vol commis avec

---

continuité, qu'il en soit assez rapproché pour être réputé sous la surveillance et sous la défense de celui qui habite la maison au service de laquelle ce bâtiment est destiné. Dans ce dernier cas, le vol commis dans le bâtiment dépendant pourrait être vu et entendu par le propriétaire, l'exciter à des moyens de résistance , et compromettre ainsi sa sûreté; le vol serait donc accompagné d'une circonstance aggravante. *V.* Arr. cass. du 30 mai 1812.

(1) Art. 381 , 384 , 386 du *Cod. pén.*

Est réputé *parc* ou *enclos*, tout terrain environné de fossés, de pieux, de claies, de planches, de haies vives ou sèches, ou de murs, de quelqu'espèce de matériaux que ce soit , quelles que soient la hauteur, la profondeur, la vétusté, la dégradation de ces diverses clôtures, quand il n'y aurait pas de porte fermant à clef ou autrement, ou quand la porte serait à claire-voie , ou ouverte habituellement. Art. 391 du *Cod. pén.*

Les parcs mobiles destinés à contenir du bétail dans la campagne , de quelque matière qu'ils soient faits , sont aussi réputés *enclos;* et lorsqu'ils tiennent aux cabanes mobiles ou autres abris destinés aux gardiens, ils sont réputés dépendans de maison habitée. Art. 392 du *Cod. pén.*

V. art. 381 , 384 , 386 , *Ibid.*

(2) *V.* art. 453 , *Ibid.*

(3) *V.* art. 222 , 223 , 228 , *Ibid.*

(4) *V.* art. 261 , 262 , *Ibid.*

violence (1), ou par des gens porteurs d'armes (2) apparentes ou cachées, avec usage ou seulement menace de faire usage des armes (3) ; ou à l'aide d'escalade (4),

(1) Quand même les violences n'auraient été exercées qu'en prenant la fuite. *V*. Arr. cass. du 18 décembre 1812.

Envelopper la tête de la personne volée, pour l'empêcher de reconnaître, ou d'appeler du secours, c'est user de violences. *V*. Arr. cass. du 8 janvier 1813.

(2) Sont compris dans le mot *armes*, toutes machines, tous instrumens ou ustensiles tranchans, perçans ou contondans. — Les couteaux et ciseaux de poche, les cannes simples, ne sont réputés armes qu'autant qu'il en aura été fait usage pour tuer, blesser ou frapper. Art. 101 du *Cod. pén.*

Par le mot *instrument* employé dans l'art. 101 du Code pénal, on entend généralement tout ce qui est employé pour produire l'effet prévu par cet article ; ainsi, des pierres, des bâtons, sont des instrumens contondans. *V*. Arr. cass. du 9 juin 1808. — La seconde partie du même article est explicative et non limitative : les canifs, poinçons, stylets, compas, etc., sont des armes lorsqu'il en a été fait usage pour frapper, blesser ou tuer. Il en serait de même d'une branche d'arbre dont on se serait servi comme d'une massue, de pierres, etc. *V*. Arr. cass. des 9 avril 1812, 20 août 1812, 8 juillet 1813, 3 octobre 1817 et 30 avril 1824.

On doit réputer rassemblement armé, le rassemblement d'hommes armés de bâtons. *V*. Arr. cass. du 16 février 1832.

(3) Un bâton est réputé arme, dans le sens de l'art. 381 n° 5 du Code pénal ; s'il a été fait menace d'en frapper, cette menace constitue une violence. *V*. Arr. cass. du 18 mai 1820.

Le voleur qui met le couteau sur la gorge d'un habitant d'une maison, pour le forcer à dire où est son argent, commet un vol avec armes. *V*. Arr. cass. du 18 mai 1810.

(4) Est qualifiée *escalade*, toute *entrée* dans les maisons, bâtimens, cours, basses-cours, édifices quelconques, jardins, parcs et enclos, exécutée par-dessus les murs, portes, toitures ou toute autre clôture ; — L'entrée par une ouverture souterraine, autre que celle qui a été établie pour servir d'entrée, est une circonstance de même gravité que l'escalade. Art. 397 du *Cod. pén.*

Il y a escalade, si le voleur, pour s'introduire dans la maison, passe par une fenêtre qu'il trouve ouverte, lors même que cette fenêtre étant peu élevée le voleur n'a besoin que d'une simple enjambée pour s'introduire dans la maison. *V*. Arr. cass. des 7 novembre 1811 et 18 juin 1813.

Pour qu'il y ait escalade, il faut que le voleur se soit introduit dans la maison. *V*. Arr. cass. du 21 octobre 1813.

d'effraction (1), de bris de scellé, assimilé à l'effraction (2), de fausses clefs (3); ou avec l'emploi de faux titres de fonctionnaire public, d'officier civil ou militaire, de l'uniforme ou du costume de ce fonctionnaire ou de cet officier; enfin, en faisant usage d'un faux ordre de l'autorité publique; le vol, disons-nous, commis à l'aide de ces moyens, a divers degrés de gravité, selon les circonstances (4).

(1) Est qualifié *effraction*, tout forcement, rupture, dégradation, démolition, enlèvement de murs, toits, planches, portes, fenêtres, serrures, cadenas, ou autres ustensiles ou instrumens servant à fermer ou à empêcher le passage, et de toute espèce de clôture, qu'elle qu'elle soit. Art. 393 du *Cod. pén.*

Les effractions sont extérieures ou intérieures. Art. 394 du *Cod. pén.*

Les effractions *extérieures* sont celles à l'aide desquelles *on peut s'introduire* dans les maisons, cours, basses-cours, enclos ou dépendances, ou dans les appartemens ou logemens particuliers. Art. 395 du *Cod. pén.*

Les effractions *intérieures* sont celles qui, *après l'introduction* dans les lieux mentionnés en l'article précédent, sont faites aux portes ou clôtures du dedans, ainsi qu'aux armoires ou autres meubles fermés. — Est compris dans la classe des simples effractions intérieures, le simple enlèvement des caisses, boîtes, ballots sous toile et corde, et autres meubles fermés, qui contiennent des effets quelconques, bien que l'effraction n'ait pas été faite sur le lieu. Art. 396 du *Cod. pén.*

(2) *V.* art. 255 du *Cod. pén.*

(3) Sont qualifiés *fausses clefs*, tous crochets, rossignols, passe-partout, clefs imitées, contrefaites ou altérées, ou qui n'ont pas été destinées par le propriétaire, locataire, aubergiste ou logeur, aux serrures, cadenas ou autres fermetures quelconques auxquelles le coupable les aura employées. Art. 398 du *Cod. pén.*

En matière de vol, on entend par fausse clef, non seulement celle qui a été contrefaite, mais encore toute clef dont le voleur fait méchamment usage, pour ouvrir une porte différente de celle qu'elle est destinée à ouvrir. *V.* Arr. cass. du 5 nivôse an XII.

Lorsqu'une clef est égarée et que le propriétaire en fait faire une autre, la clef égarée perd sa destination à l'égard du propriétaire, et devient fausse clef dans les mains du tiers qui en fait usage. *V.* Arr. cass. des 18 juillet 1811, 16 décembre 1825 et 19 mai 1836.

(4) *V.* art. 381 et suiv. du *Cod. pén.*

Le Code pénal offre d'autres exemples d'aggravation tirés du mode (1).

19. LA MATIÈRE: Parce qu'il en résulte quelquefois un dommage plus considérable, et que l'ordre social est plus directement et plus profondément blessé.

C'est pourquoi la fabrication de fausses pièces d'or ou d'argent est plus punie que celle de fausse monnaie de billon (2); le faux en écriture privée est moins puni que le faux dans les effets de commerce ou dans les actes publics (3); le faux témoignage est plus grave en matière criminelle qu'en matière civile (4); en cas de pillage, la nature des objets sur lesquels il a été exercé influe pareillement sur l'infliction de la peine (5).

20. LA QUANTITÉ OU QUOTITÉ: Avant la loi du 28 avril 1832, les peines ne pouvaient être modifiées en cas de circonstances atténuantes, conformément à l'article 463 du Code pénal, qu'autant que le préjudice causé n'excédait pas vingt-cinq francs.

Le même principe existe encore dans l'article 72 de la loi du 15 avril 1829 sur la pêche fluviale.

Dans le cas de fabrication d'une fausse feuille de route ou de falsification d'une feuille de route véritable, la quotité des sommes touchées, sur ce titre, détermine la fixation de la peine (6); il en est de même quant aux soustractions de deniers faites par un dépositaire ou comptable public (7).

---

(1) *V*. art. 212, 251, 252, 241, 303, 305, 307, 344 du *Cod. pén.*
(2) *V*. art. 152, 153, *Ibid.*
(3) *V*. art. 139 et suiv., *Ibid.*
(4) *V*. art. 361 et suiv., *Ibid.*
(5) *V*. art. 440, 442, *Ibid.*
(6) *V*. art. 156, *Ibid.*
(7) *V*. art. 169 à 172, *Ibid.*

Celui qui a abattu méchamment ou frauduleusement des arbres appartenant à autrui, voit aggraver sa peine à raison du nombre des arbres abattus (1).

21. L'ÉVÉNEMENT: Suivant les circonstances, et surtout quand on ne peut aisément pénétrer l'intention, l'événement concourt à fixer le caractère de gravité du crime ou délit.

C'est ainsi que la loi punit plus sévèrement les violences qui ont été suivies d'effusion de sang, ou qui ont rendu le blessé incapable de travail personnel pendant plus de vingt jours, ou qui ont entraîné la mort, même contre l'intention de leur auteur (2).

L'événement influe encore sur la fixation de la peine, en cas de provocation au désordre par des ecclésiastiques (3), en cas d'arrestation illégale (4) et d'exposition d'enfant (5), en cas de délits par imprudence, par maladresse, etc. (6).

22. LE NOMBRE DES INCULPÉS OU PRÉVENUS: Il devient une circonstance aggravante, attendu qu'il importe d'empêcher les attroupemens et les associations de malfaiteurs (7).

L'intérêt du Gouvernement exige qu'il surveille les réunions de citoyens, et le nombre des personnes qui se rassemblent habituellement dans les mêmes lieux indique quand la surveillance est devenue nécessaire (8).

(1) *V*. art. 445, 446 du *Cod. pén.*
(2) *V*. art. 251, 255, 309, 316, *Ibid.*
(3) *V*. art. 205, 206, 208, *Ibid.*
(4) *V*. art. 342, 343, *Ibid.*
(5) *V*. art. 351, *Ibid.*
(6) *V*. art. 319, 320, *Ibid.*
(7) *V*. art. 96, 210, 381, 385, 386, 440, *Ibid.*
(8) *V*. art. 291, *Ibid.* — Loi du 10 avril 1834.

23. La récidive : Celui qui délinque itérativement, soit en commettant une infraction de même nature que celle pour laquelle il a déjà été puni, soit en commettant une infraction d'un genre différent (1), annonce des habitudes vicieuses et un fond de perversité, ou au moins de faiblesse non moins dangereuse pour le corps social que la perversité; il prouve que la peine qu'il a subie était insuffisante et inefficace. Par cette raison, la récidive d'une contravention est quelquefois imputée à délit, et la récidive d'un délit est imputée quelquefois à crime; en outre, la récidive donne toujours lieu à une aggravation de peine, à moins que des circonstances atténuantes ne militent en faveur du coupable (2).

Il ne peut y avoir récidive sans une première condamnation (3).

24. Le cumul des crimes et délits : Les malfaiteurs qui, pour l'exécution de leurs crimes, emploient des tortures, ou commettent des actes de barbarie, sont punissables comme coupables d'assassinat (4); le meurtre emporte la peine de mort lorsqu'il a été précédé, accompagné ou suivi d'un autre crime, ou lorsqu'il a eu pour objet soit de préparer, faciliter ou exécuter un *délit*, soit de favoriser la fuite ou d'assurer l'impunité des auteurs ou complices de ce délit (5).

---

(1) L'art. 56 du Code pénal soumet à la peine de la récidive quiconque ayant été condamné pour un crime, aura commis un second crime, et ne dit rien de la nécessité d'un rapport d'identité entre la nature du premier fait et celle du second. Les articles 57 et 58 n'exigent pas non plus cette identité.

(2) *V.* art. 56, 57, 58, 199, 200, 463, 478 du *Cod. pén.*

(3) Argument des art. 56 et suiv. du *Cod. pén.* — *V.* Arr. cass. du 27 février 1818.

Il n'importe par quel tribuna ait été prononcée la première peine, par application des lois pénales ordinaires. *V.* Arr. cass. du 9 novembre 1829.

(4) *V.* art. 303 du *Cod. pén.*

(5) *V.* art. 304, *Ibid.*

Ce concours de circonstances, qui s'aggravent réciproquement, est d'une nature si effrayante, qu'une peine inférieure ne suffirait pas pour tranquilliser la société.

25. L'Accumulation des circonstances aggravantes : Dans un même fait peuvent se trouver réunies plusieurs des circonstances aggravantes énumérées précédemment ; toutes et chacune doivent être recueillies, vérifiées et constatées avec soin (1).

Par exemple, un vol domestique peut avoir été commis avec violence, fausses clefs, effraction, etc. La peine du vol domestique change dans ce cas.

26. Tout crime ou délit peut être l'objet d'une action criminelle ou publique (2) ; il peut aussi en résulter une action civile ou privée.

L'action publique a pour but la punition des atteintes portées à l'ordre social ; elle n'appartient qu'aux fonctionnaires auxquels elle est confiée par la loi, c'est-à-dire, en ce qui concerne la police judiciaire, aux Cours royales, aux procureurs-généraux et aux procureurs du roi, dans tous les cas ; aux juges d'instruction et aux officiers de de police auxiliaires, seulement en cas de flagrant délit ou de réquisition d'un chef de maison (3).

L'action civile a pour objet la réparation pécuniaire du dommage que le crime ou délit a causé ; elle peut être exercée par tous ceux qui ont souffert de ce dommage (4).

(1) *V*. art. 381 et suiv. du *Cod. pén.*
(2) *V*. néanmoins, n° 29, les exceptions au droit d'initiative.
(3) *V*. art. 8, 9, 22, 48, 49, 50, 59, 217, 235 du *Cod. d'Inst. crim.*
(4) *V*. art. 4, 5, 6 du Code du 3 brumaire an IV. — Art. 1er du *Cod. d'Inst. crim.*
Cependant, par exception, les délits d'usure, et les contraventions à la marque d'or ou d'argent ne peuvent être poursuivis que par le ministère public. *V*. Loi du 3 septembre 1807. — Arr. cass. du 25 avril 1811.

27. Pour que l'action publique soit exercée, il n'est pas de rigueur que l'infraction à la loi ait été commise en France (1).

Il n'importe pas non plus que le crime ou délit commis en France, l'ait été par un Français ou par un étranger. En règle générale, les lois de police, ce qui comprend les lois criminelles, obligent tous ceux qui se trouvent sur le territoire qu'elles régissent (2).

Néanmoins les ambassadeurs des puissances étrangères et les personnes de leur suite sont, en général, affranchis de la juridiction de nos tribunaux, et leur domicile est impénétrable (3). Il en est de même des parlementaires (4), non des consuls (5).

En vertu de l'article 75 de la constitution de l'an VIII (6), les agens du Gouvernement, pour les faits commis dans l'exercice de leurs fonctions, *hors le cas de flagrant délit* (7), ne peuvent être poursuivis, mis sous le coup de mandats, arrêtés ni interrogés, sans une autorisation préalable (8); ce qui n'empêche pas de cons-

---

(1) *V.* art. 5, 6, 7 du *Cod. d'Inst. crim.*
Les crimes successifs commencés en France et continués à l'Etranger peuvent être poursuivis et jugés en France. *V.* Arr. cass. des 23 fructidor an XIII, 18 avril et 21 novembre 1806.

(2) *V.* art. 3 du *Cod. civ.*

(3) *V.* Loi du 13 ventôse an II.
Les juges de France ne pourraient pas non plus instruire contre les gens de mer étrangers qui commettraient des délits *les uns envers les autres, à bord de leurs bâtimens*, dans un port, dans une rade, dans une baie française. *V.* avis du Conseil d'Etat du 28 octobre 1806.

(4) *V.* Arr. cass. du 29 thermidor an VIII.

(5) *V.* MERLIN, *Rép.*, au mot *Consul Français.* — Arr. Cour roy. d'Aix du 14 août 1829.

(6) La Charte de 1830 promet une législation nouvelle.

(7) *V.* art. 121 du *Cod. pén.*

(8) L'autorisation doit être personelle et individuelle. *V.* Arr. cass. du 21 mai 1807.

tater, en la forme ordinaire, les faits qui les concernent, sauf à ne pas atteindre leur personne provisoirement (1).

Les délits et crimes que commettraient des juges, d'autres magistrats ou officiers de justice, et les délits correctionnels dont se rendraient coupables de grands officiers de la légion-d'honneur, des généraux, prélats, juges des cours supérieures et préfets, sont répressibles d'après un mode spécial (2).

Les élèves des colléges, mineurs de seize ans, sont assujettis à la juridiction de l'Université, pour leurs contraventions et délits commis dans l'intérieur de ces maisons (3).

28. L'action publique pour suppression d'état (4) ne peut être poursuivie qu'après le jugement définitif de la question d'état prononcé par les tribunaux civils (5).

Les poursuites criminelles ne peuvent, non plus, être commencées avant une décision civile, à raison d'un délit, lorsque ce délit suppose nécessairement l'existence d'un fait civil qui ne peut être prouvé par témoins : tel serait le délit de violation de dépôt, si le fait du dépôt n'était pas prouvé en justice civile (6); tel serait le crime de faux serment, s'il n'était pas intervenu un jugement

---

(1) *V.* art. 3 du décret du 9 août 1806.

(2) *V.* art. 479 à 503 du *Cod. d'Inst. crim.* — Décret du 6 juillet 1810. — Loi du 20 avril 1810.

(3) *V.* art. 76 du décret du 15 novembre 1811.

(4) Non pas celle en suppression de personnes. *V.* Arr. cass. des 26 septembre 1813, 12 décembre 1823 et 8 avril 1826.

(5) *V.* art. 326, 327 du *Cod. civ.* — Arr. cass. des 2 mars 1809 et 3 mars 1813.

(6) *V.* art. 408 du *Cod. pén.* — Arr. cass. des 5 septembre 1812, 17 juin 1813, 5 mai 1815, 10 avril 1819 et 26 septembre 1823.

Toutefois, ce principe ne s'applique pas aux dépositaires publics. *V.* art. 1950 du *Cod. civ.*

au civil, sur la réalité de l'obligation repoussée par le serment (1), etc.

29. Des considérations politiques ou morales ont fait décider, en premier lieu, que quelques actes répréhensibles sous certains rapports, tels que la soustraction entre parens et le recèlement d'un parent criminel, ne seraient point passibles de l'action publique (2) ; en second lieu, que quelques délits n'en seraient passibles qu'autant que la partie lésée en aurait provoqué l'exercice : tels sont l'adultère (3) ; le rapt, dans le cas où le ravisseur a épousé la fille enlevée (4) ; les manquemens, retards ou fraudes des fournisseurs de l'armée dans leur service (5) ; les crimes commis à l'Etranger par un Français contre un Français (6) ; l'injure et la diffamation envers certaines personnes (7) ; les délits de chasse sur le terrain d'autrui, en temps non prohibé, et la pêche dans les eaux des particuliers, dans un temps et d'une manière non défendus (8) ; les délits de contrefaçon (9) ; les contraventions aux lois des administrations des contributions indirectes et des douanes.

30. Mais, quand un particulier a porté sa plainte et

(1) *V*. Arr. cass. du 5 septembre 1812.
(2) *V*. art. 248 et 380 du *Cod. pén.*
(3) *V*. art. 336, 339, *Ibid.*
(4) *V*. art. 357, *Ibid.* — Art. 180 du *Cod. civ.*
(5) *V*. art. 433 du *Cod. pén.*
(6) *V*. art. 7 du *Cod. d'Inst. crim.*
(7) *V*. Loi du 26 mai 1819, art. 2, 3, 4, 5. — Loi du 25 mars 1822, art. 15, 16, 17.
(8) *V*. Loi du 30 avril 1790, art. 8. — Loi du 15 avril 1829, art. 65, 67. — Arr. cass. des 10 juillet 1807, 12 février 1808, 13 juillet 1810 et 22 juin 1815.
La poursuite d'office est permise en matière de pêche fluviale. *V*. Arr. cass. du 17 octobre 1838.
(9) *V*. Loi du 19 juillet 1793, art. 3.

provoqué l'exercice de l'action publique, il ne peut plus en arrêter le cours, la renonciation à l'action civile ne pouvant arrêter ni suspendre l'exercice de l'action publique (1).

Toutefois, cette règle souffre exception dans le cas d'adultère. Le mari, qui seul avait le droit de demander réparation de son injure, doit rester maître, en reprenant sa femme, de renoncer à une triste satisfaction ; il ne doit pas lui être refusé de prévenir l'explosion d'un scandale dont la honte rejaillit sur lui (2).

Il y a aussi exception pour les procès à l'occasion des fraudes dénoncées par les administrations des contributions indirectes et des douanes : ces régies étant autorisées par la loi à transiger sur le fait de la contravention, ont, en conséquence, la faculté d'empêcher qu'il soit donné suite aux procès-verbaux qui s'y rapportent (3).

31. L'action publique s'éteint par la mort du prévenu, par la prescription (4), par l'amnistie, qui est une grâce anticipée, enfin, par l'absolution ou par l'acquittement de la personne jugée, devenus définitifs (5).

---

(1) *V*. art. 4 du *Cod. d'Inst. crim.* — Art. 2046 du *Cod. civ.*

La restitution faite, par l'escroc, des sommes dont il s'est emparé par dol et à l'aide d'un crédit imaginaire, n'empêche pas qu'il y ait bien escroquerie punissable ; et, dès lors, qu'il y ait lieu à l'action publique. *V*. Arr. cass. du 6 septembre 1811. — Mêmes principes en cas de restitution d'une chose volée, et en général à l'égard de tous crimes et délits.

(2) Argument de l'art. 337 du *Cod. pén.* — *V*. Arr. cass. du 7 août 1823. Dans ce cas, le retrait de la plainte profite au complice.

(3) *V*. nᵒ 29.

(4) *V*. art. 2 du *Cod. d'Inst. crim.*

(5) *V*. art. 460, *Ibid.*

L'*acquittement* est la conséquence de la déclaration de non culpabilité d'un fait qualifié crime ou délit par la loi pénale. L'*absolution* est la suite d'une déclaration que le fait reconnu commis par la personne poursuivie, ne constitue ni crime ni délit.

32. La mort du prévenu, qui éteint l'action publique par rapport à lui, la laisse subsister contre les complices, parce que ni l'existence ni la condamnation du prévenu ne sont nécessaires pour la poursuite des complices (1).

33. La prescription fait acquérir au prévenu ou accusé la libération de toute peine, et l'affranchit de toutes recherches et poursuites. La prescription acquise doit même, en droit criminel, être suppléée d'office, c'est-à-dire que le bénéfice en doit être appliqué, sans qu'il soit besoin qu'elle ait été invoquée par ceux à qui elle profite (2).

Il n'y a plus aujourd'hui de délits imprescriptibles, puisque le Code n'en excepte aucun.

La prescription s'opère, s'il s'agit d'un crime, par dix ans écoulés à dater du jour où le crime a été commis; et, en cas qu'il ait été fait dans cet intervalle des actes d'instruction ou de poursuite, non suivis de jugement, par dix ans à compter du dernier acte (3).

S'il s'agit d'un délit, le temps de la prescription est de trois ans, dans les mêmes termes que pour les crimes (4).

Il est des délits dans lesquels l'infraction se continue pendant un certain laps de temps. Par exemple, il y a continuité de l'infraction, dans la détention arbitraire, jusqu'à l'élargissement du détenu, et dans le rapt, jusqu'à la restitution du mineur. Pour ces délits, que l'on nomme

---

(1) *V.* Décret du 26 messidor an II. — Arr. cass. des 14 août 1807, 27 mai 1808, 23 avril 1813, 21 avril 1815, 19 août 1819, 13 août 1829 et 3 juin 1830.

(2) *V.* Arr. cass. des 27 février 1807, 12 août 1808 et 9 mai 1812. — Arr. Cour d'Orléans du 3 avril 1830.

(3) *V.* art. 637 du *Cod. d'Inst. crim.*

(4) *V.* art. 638, *Ibid.*

successifs, la prescription ne court qu'à dater du jour où leur effet a cessé (1).

Lorsque le délit est *complexe*, c'est-à-dire qu'il résulte de plusieurs faits distincts, comme l'habitude d'usure, la prescription ne court pas à dater de chacun des faits pris isolément, mais seulement à dater du délit même (2).

Du reste, ces règles ne concernent point les délits régis par des lois spéciales : on y applique les prescriptions déterminées par ces lois.

Par exemple, les délits forestiers se prescrivent par trois mois, lorsque les contrevenans sont connus, et par six mois, s'ils sont inconnus (3) ; les délits de pêche, suivant les circonstances, par un ou par trois mois (4) ; les délits ruraux et de chasse, par un mois (5) ; les délits commis par la voie de la presse, ou par tout autre moyen de publication, se prescrivent par six mois, à compter du fait de publication qui donnerait lieu à la poursuite, et, dans le cas d'un commencement de poursuite, par un an, à partir du dernier acte d'instruction (6).

Mais on rentre dans le droit commun, lorsque la loi pénale spéciale ne s'est pas occupée de prescription (7).

---

(1) Le crime de bigamie n'est point un délit successif qui se perpétue et se renouvelle pendant toute la durée du second mariage ; il est prescriptible à partir du jour du second mariage qui constitue la bigamie. *V*. Arr. cass. des 5 septembre 1812, 29 avril 1815, 4 juillet 1816 et 30 décembre 1819.

L'usage d'une pièce fausse est un crime successif, tant qu'il n'y a pas, de la part du coupable, manifestation de la volonté de ne plus se servir de la pièce fausse. *V*. Arr. cass. du 24 juin 1813.

(2) *V*. Arr. cass. des 4 août 1820 et 15 juin 1821.

(3) *V*. art 185 du *Code forestier*.

(4) *V*. art. 62 de la loi du 15 avril 1829, sur la pêche fluviale.

(5) *V*. loi du 30 avril 1790, art. 12. — Loi du 18 septembre 1791, tit. I, sect. VII, art. 8.

(6) *V*. loi du 26 mai 1819, art. 29.

(7) *V*. Arr. cass. du 1ᵉʳ juin 1829.

34. L'amnistie, dont l'effet est le même que celui des lettres d'abolition générale usitées dans notre ancien droit, rend superflues toutes recherches et poursuites relativement aux fraits auxquels elle s'applique, parce qu'elle relève leurs auteurs de toute peine (1).

L'amnistie est générale ou particulière, absolue ou conditionnelle. Elle est générale, lorsqu'elle s'étend à tous les individus qui ont pris part à l'espèce de délit pour lequel elle est accordée. Elle est particulière, lorsqu'elle ne comprend pas tous les coupables et qu'elle en excepte quelques-uns (2). Elle est absolue, lorsque, pour en jouir, on n'est assujetti à aucune condition. Elle est conditionnelle, lorsque, pour en profiter, il faut remplir certaine condition. L'amnistie étant une mesure extraordinaire, une exception à des lois d'ordre public, on a établi les règles suivantes : On ne doit appliquer l'amnistie que lorsque le délinquant a satisfait à toutes les conditions prescrites par l'acte qui l'accorde ; elle est restreinte au délit indiqué par le même acte ; elle ne s'étend pas aux délits postérieurs ; elle ne fait pas acquérir au délinquant les objets qu'il s'est appropriés par son délit.

(1) L'amnistie diffère de la grâce en ce que l'effet de la grâce est limité à la remise de tout ou partie des peines ; tandis que l'amnistie emporte abolition des délits, des poursuites et des condamnations, tellement que ces délits sont, sauf l'action civile des tiers, comme s'ils n'avaient jamais existé. *V.* Arr. cass. du 11 juin 1825.

L'amnistie empêcherait les poursuites, malgré la renonciation de l'amnistié à profiter de cet acte de clémence. *V.* Arr. cass. du 10 juin 1831.

(2) L'amnistie, comme la grâce, ne reçoit d'application qu'à ceux qui s'y trouvent nominativement désignés ; d'où suit qu'elle ne s'appliquerait pas aux complices, si elle n'avait compris dans sa disposition que les auteurs du délit amnistié. *V.* Arr. cass. du 4 août 1827.

A moins que l'amnistie ne portât sur les *choses* et non sur les *personnes*, auquel cas elle s'appliquerait à tous ceux qui auraient participé, de quelle manière que ce fût, au fait amnistié.

35. Enfin, avons-nous dit, l'action publique s'éteint par l'absolution ou par l'acquittement.

Telle est la disposition de l'article 360 du Code d'Instruction criminelle : « Toute personne acquittée légalement, ne pourra plus être reprise ni accusée à raison du même fait (1). »

36. Supposons l'action publique encore existante.

Un délit, un crime, a été commis ; des lois ont été violées ; un coupable est à poursuivre, à punir : mais ce coupable où est-il ? quel est-il ? Pour que le magistrat chargé de la vindicte publique puisse agir, puisse poursuivre la punition du fait criminel, il faut, avant tout, constater ce fait, en trouver l'auteur, rassembler les preuves qui établissent sa culpabilité.

Ainsi, la répression de tout crime, et de la plupart des délits (2), exige l'exercice de deux sortes d'actes essentiellement différens, et qui se suivent immédiatement : la recherche et la constatation du délit, l'accusation et le jugement. Le premier appartient à la police, le second à la justice (3).

37. La loi a défini ainsi la police et ses attributions :

(1) Il en est de l'exception de la chose jugée comme de la prescription : elle doit être suppléée par le juge.

Le prévenu ne peut y renoncer. *V.* Arr. cass. du 12 juillet 1806.

Mais cette exception ne profite pas aux complices non *jugés*. *V.* Arr. cass. du 13 prairial an XII.

(2) Lorsqu'il s'agit d'un simple délit correctionnel, que l'auteur est désigné, que les témoins sont indiqués par la plainte ou par la dénonciation, par l'avis, ou par le procès-verbal de la gendarmerie, des agens ou des officiers de police, une information préliminaire écrite n'est pas indispensable comme au cas de crime. La justice peut être saisie directement ; l'instruction orale, qui se fait à l'audience, suffit pour préparer le jugement. *V.* art. 181, 182, 505 du *Cod. d'Inst. crim.*

(3) *V.* art. 15 du *Cod.* du 3 brumaire an IV.

la police est instituée pour maintenir l'ordre public, la liberté, la propriété, la sûreté individuelle : son caractère principal est la vigilance ; la société, considérée en masse, est l'objet de sa sollicitude.

Elle se divise en police administrative ou préventive, et en police judiciaire ou répressive (1).

58. La police administrative a pour objet le maintien habituel de l'ordre public, dans chaque lieu et dans chaque partie de l'administration générale ; elle tend principalement à prévenir les délits (2).

La police judiciaire recherche les délits que la police administrative n'a pu empêcher de commettre, en rassemble les preuves, et en livre les auteurs aux tribunaux chargés par la loi de les punir (3).

Tant qu'un projet reste enseveli dans le cœur de celui qui l'a formé, tant qu'aucun acte extérieur, aucun écrit, aucune parole, ne l'a manifesté au dehors, il n'est encore qu'une pensée, et personne n'a le droit d'en demander compte.

Il est cependant vrai que des hommes exercés de longue main à surveiller les méchans, et à pénétrer leurs intentions les plus secrètes, préviennent souvent bien des crimes, par une prévoyance utile, et par des mesures salutaires ; c'est là un des premiers objets de la police administrative.

Un autre résultat d'une bonne police administrative, est que l'homme se trouve enveloppé dès le premier pas qu'il fait pour consommer son crime.

Au moment où un crime se commet, ou vient de se commettre, l'action de la justice commence.

(1) *V.* art. 16, 17, 18 du *Cod.* du 3 brumaire an IV.
(2) *V.* art. 19, *Ibid.*
(3) *V.* art. 20, *Ibid.* — Art. 8 du *Cod. d'Inst. crim.*

C'est alors que la police judiciaire peut et doit se montrer. Il n'y a pas un moment à perdre ; le moindre retard ferait disparaître le coupable et les traces du crime. Il faut donc que les agens de police judiciaire veillent sans cesse, et que leur activité jamais ne se ralentisse (1).

Toutefois, la police judiciaire ne doit se produire que lorsqu'elle est informée par des voies légales. Son immixtion prématurée souillerait la justice, et dégénérerait en espionnage et en inquisition.

Les voies légales, à cet égard, sont : la clameur publique, l'avis donné par un fonctionnaire, la plainte ou la dénonciation.

39. Dès qu'un fait, dénoncé par l'une de ces voies, a les apparences d'un crime ou d'un délit, la police judiciaire doit s'en saisir, et commencer immédiatement ses investigations.

Si la justice ne peut condamner que pour une infraction prouvée, il suffit à la police qu'une infraction soit

---

(1) La police administrative surveille plus qu'elle ne poursuit ; ceux qu'elle observe ne sont point encore reconnus coupables ; elle leur ôte avec sagesse, et souvent à leur insu, les occasions de le devenir ; quelquefois même elle semble disparaître, quand elle s'est bien assurée que le mal ne peut franchir certaines limites.

— Mais plus elle se montre circonspecte, plus la police judiciaire doit ensuite déployer d'ardeur et d'inflexibilité. Celle-ci s'attache au crime déjà commis : elle dévoile toutes les circonstances qui le caractérisent ; elle en recherche, sans acception de personnes, les auteurs et les complices ; elle les suit sans relâche jusqu'au dernier asile où la justice les saisit. *V.* Circulaire du Ministre de la justice du 11 mai 1815.

Les officiers de police judiciaire doivent mettre tous leurs soins à tarir la source des crimes, en ne laissant aucun délit impuni. A la première annonce du crime, ils mettront tout leur zèle à recueillir les renseignemens qui peuvent le faire connaître ; ils agiront avec célérité ; une prompte justice déconcerte le crime, effraie le coupable, que la lenteur encourage. *V.* Circ. du Ministre de la justice du 25 brumaire an IX.

probable, ou seulement possible, dans le fait dénoncé, pour exciter sa sollicitude et son action.

En matière criminelle, le scandale d'un fait vrai ou faux produit entre les citoyens une fermentation contraire à leur repos; il faut la détruire, soit en rendant constant à leurs yeux que l'ordre n'a point été troublé, soit en mettant sur-le-champ la justice à portée de prononcer la punition convenable.

La police judiciaire enregistre les faits punissables à quelque juridiction qu'ils appartiennent, ordinaire ou extraordinaire, sauf à renvoyer les procédures à qui de droit (1).

Il y a lieu à recherches, à instruction, même dans les cas favorables où des excuses militeraient en faveur du prévenu. Les motifs d'atténuer la peine qui peuvent exister à l'avantage d'un individu, ne changent rien au caractère propre et primitif du fait (2).

L'inculpé prétendrait-il qu'il s'est trouvé dans ces circonstances propices où la loi rejette l'odieux de l'acte sur la nécessité qui en pressait l'auteur (3), ou bien élèverait-il des questions préjudicielles (4)? L'instruction n'en devra

---

(1) Ainsi, elle constaterait, par exemple, des crimes ou délits commis par des militaires ou par des marins au service de l'Etat, quoique les coupables fussent justiciables des conseils de guerre ou des tribunaux maritimes, non des tribunaux ordinaires.

(2) *V.* art. 68, 319, 320, 321 et suiv. du *Cod. pén.* — Arr. cass. du 23 février 1813.

(3) *V.* art. 327 à 350 du *Cod. pén.*

(4) Les questions préjudicielles sont, en général, des exceptions civiles dirigées contre l'action publique; telles sont les exceptions: 1º de propriété ou de possession légitime, au cas de vol; 2º de réclamation ou de vérification d'état, au cas d'usurpation ou de suppression d'état; 3º de dénégation et de preuve de dépôt, au cas de violation de dépôt; 4º de nullité de mariage, au cas de bigamie; etc.

Lorsque l'accusé oppose pour exception que son crime est *prescrit*, qu'il est *amnistié*, ou qu'il y a *chose jugée*, il soulève moins une question *préjudicielle* qu'une question *préalable*, qui ne nécessite pas une décision de la part d'une juridiction autre que celle qui doit connaître du crime.

pas moins être suivie dans les formes ordinaires, quant aux investigations et au constat, sauf à user des ménagemens permis : la police n'a pas mission d'apprécier péremptoirement la moralité des faits, de proclamer la volonté sévère ou miséricordieuse de la loi (1).

Mais, s'il est réservé à la justice de peser les faits dans leur ensemble, dans toute leur portée, pour leur faire une juste application des lois pénales, pour absoudre, pour punir avec la mesure d'indulgence ou de rigueur que l'équité et l'intérêt de la société réclament, il est donné à la police judiciaire de faciliter l'exactitude de cette appréciation des faits et de cette pondération des peines, en éclairant les voies de la justice.

Ce but ne serait pas atteint si l'officier de police judiciaire se bornait à recueillir des faits nus, à réunir des preuves équivoques ou incomplètes.

Il doit, en opérant dans le cercle de ses attributions, connaître, prévoir et constater tout ce qu'il importera de savoir aux juges qui prononceront sur la réalité et la moralité des faits incriminés.

Il envisagera donc ces faits sous toutes leurs faces et dans tous leurs rapports ; rien de ce qui est utile à découvrir, à consigner dans l'instruction, n'échappera à sa vigilance et à sa sagacité : les détails les plus minutieux, s'ils ont la moindre importance, et les circonstances en apparence les plus futiles, si elles peuvent jeter quelques lumières sur le procès, ou exercer une influence quelconque sur le jugement, trouveront place dans ses procès-verbaux.

Est-il besoin de rappeler que la plus scrupuleuse

___

(1) L'excusabilité d'un crime ou d'un délit ne change point la compétence des juges qui doivent en connaître ; les faits d'excuse ne peuvent pas être tenus pour constans dans l'instruction préjudiciaire. *V.* Arr. cass. du 25 février 1815.

impartialité doit présider à toutes les opérations de l'officier de police judiciaire?

Si la société lui prescrit la rigoureuse obligation d'employer tous ses efforts à la recherche du crime, elle lui impose le devoir bien plus impérieux encore d'user de tous ses moyens pour découvrir l'innocence, et pour lui épargner une injuste et flétrissante persécution (1).

Exempt de passion, comme la loi, l'officier de police judiciaire n'écoutera ni les excitations de la haine, ni les séductions de l'amitié, ni l'esprit de parti : impassible dans l'accomplissement de ses devoirs, inaccessible à la crainte comme à la faveur, sans dureté comme sans faiblesse, il ne déviera jamais de la ligne qu'une conscience droite lui aura tracée.

Il instruira toujours à charge et à décharge, sans se préoccuper des résultats : sans s'alarmer des peines réservées aux coupables, pour lesquels il ne s'abandonnera point à une pitié intempestive ; sans s'inquiéter de l'absolution possible des prévenus, dont il ne compromettra jamais volontairement l'innocence, mais dont il ne ménagera jamais l'acquittement que par la loyauté de ses procédures (2).

La tâche de l'officier de police judiciaire est large et difficile. Mais celui qui n'aura rien négligé pour se mettre

(1) L'action de la police sur chaque citoyen doit être assez prompte et assez sûre pour qu'aucun d'eux ne puisse l'éluder ; elle doit faire en sorte que rien ne lui échappe ; mais son action doit être assez modérée pour ne pas blesser l'individu qu'elle atteint. Il ne faut pas qu'il ait à regretter l'institution d'un pouvoir constitué pour son avantage, et que les précautions prises en sa faveur soient plus insupportables que les maux dont elles doivent l'affranchir. *V.* Loi en forme d'instruction du 29 septembre 1791.

(2) Toute procédure doit être conduite dans un esprit de bonne foi, qui écarte, autant qu'il est possible, les embarras et les subtilités de pure forme, pour rechercher constamment et uniquement la vérité. *V.* Loi en forme d'instruction du 29 septembre 1791.

à la hauteur de ses fonctions ; pour se pénétrer de tout ce qui s'y rapporte, et qui pourra, avec sécurité, se rendre le témoignage d'avoir fait sans réserve, en toute occasion, ce que son ministère exigeait de lui ; celui-là trouvera la plus douce des récompenses dans la satisfaction d'un devoir religieusement rempli.

Quelles sont les attributions des juges de paix pour concourir à l'œuvre de la police judiciaire ? Quelles opérations leur sont confiées par la loi, ou peuvent leur être déléguées par les magistrats investis de la plénitude du droit d'instruction des procédures criminelles ? Il est temps de les définir et de les expliquer : le Chapitre II déterminera la compétence, les Chapitres suivans contiendront séparément les détails d'application.

CHAPITRE II.

=

DE LA COMPÉTENCE.

40. Le poids de la police judiciaire pesait presque en totalité sur les juges de paix, suivant le Code criminel de 1791 ; ils furent successivement allégés par celui du 3 brumaire an IV, et par la loi du 7 pluviôse an IX.

Le Code d'Instruction criminelle a classé les juges de paix au nombre des officiers de police judiciaire (1) ; il les a rangés parmi les auxiliaires du procureur du roi (2) ; enfin, il les a chargés de recevoir les délégations du juge d'instruction et d'autres magistrats (3). Nous allons rappeler et expliquer leurs attributions sous ces divers rapports.

41. Comme officiers de police judiciaire, les juges de paix ont à remplir toutes les obligation qui, en général, sont imposées aux fonctionnaires publics et agens revêtus de cette simple qualité.

A ce titre, dès que, dans l'exercice de leurs fonctions,

---

(1) *V.* art. 9 du *Cod. d'Inst. crim.*
(2) *V.* art. 48, 49, 52, *Ibid.*
(3) *V.* art. 83, 84, 283, *Ibid.*

ils acquièrent la connaissance d'un crime ou d'un délit, ils sont tenus d'en donner avis sur le champ au procureur du roi près le tribunal dans le ressort duquel ce crime a été commis, ou dans le ressort duquel le prévenu pourrait être trouvé, c'est-à-dire saisi, et de transmettre à ce magistrat tous les renseignemens, procès-verbaux et actes qui y sont relatifs (1).

S'il s'agissait d'une simple contravention, le juge de paix qui en aurait acquis la connaissance devrait en informer le maire, l'adjoint ou le commissaire de police, qui remplit les fonctions du ministère public près le tribunal de simple police (2).

42. Les juges de paix sont, pour l'exercice de la police judiciaire, les auxiliaires du procureur du roi de leur arrondissement (3).

En cette qualité, ils reçoivent les dénonciations des crimes et des délits commis dans les lieux où ils exercent leurs fonctions habituelles (4).

Ils peuvent recevoir, suivant les mêmes règles, les plaintes qui leur seraient présentées.

Un doute à cet égard s'était élevé dans quelques esprits. Il provenait de ce que l'article 63 du Code d'Instruction criminelle, qui définit les plaintes, est placé au chapitre du juge d'instruction; l'on supposait que ce magistrat seul était autorisé à recevoir ces sortes d'actes.

Mais l'article 64 du même Code dispose que les plaintes qui auraient été adressées au procureur du roi, et celles qui auraient été présentées aux officiers auxiliaires, seront

---

(1) *V*. art. 29 du *Cod. d'Instruction crim.* — Art. 4 de la loi du 7 pluviôse an IX.

(2) *V*. art. 11 et suiv., 139 et suiv. du *Cod. d'Inst. crim.* — *V*. nos **44**, **45**.

(3) *V*. art. 48, *Ibid.*

(4) *V*. art. 48, *Ibid.*

transmises par le procureur du roi au juge d'instruction,
avec son réquisitoire.

Il résulte donc virtuellement de cet article que le procureur du roi et ses auxiliaires ont qualité pour recevoir
les plaintes, comme ils ont mission de recevoir les dénonciations.

Ils sont également autorisés à recevoir les déclarations
des plaignans qu'ils entendent se rendre parties civiles, et
leurs désistemens, s'il y a lieu.

43. M. Levasseur (1), sur ces mots de l'article 48 du
Code d'Instruction criminelle, *dans les lieux où ils exercent
leurs fonctions habituelles*, enseigne qu'il faut entendre
celles ordinaires de la justice de paix; d'où il résulte que
cette compétence existe pour toute l'étendue du canton,
et qu'elle est renfermée dans les limites du même territoire. Ainsi, un juge de paix ne pourrait pas recevoir
valablement la plainte ou la dénonciation d'un crime ou
d'un délit commis hors de son canton.

M. Carnot (2) explique autrement le sens de cet article. Il estime que le juge de paix, non plus qu'un maire,
ou un commissaire de police, ne pourrait recevoir la
plainte ou la dénonciation d'un crime commis hors *du
lieu* où il exerce habituellement ses fonctions, c'est-à-dire
hors de sa résidence; tandis qu'il suffit, suivant sa remarque, pour autoriser le procureur du roi ou le juge
d'instruction à recevoir la dénonciation ou la plainte, que
le crime ou le délit ait été commis dans leur arrondissement, ou que le prévenu y fasse sa résidence habituelle
ou momentanée (3).

(1) *V. Manuel des Juges de paix*, p. 204. — Art. 50 du *Code* du 5 brumaire an IV.

(2) *V.* CARNOT, *de l'Inst. crim.*, t. 1, p. 267, 501.

(3) *V.* art. 22 et 63 du *Cod. d'Inst. crim.*

Nous admettons de préférence l'opinion de M. Levasseur (1).

On conçoit qu'un maire et un commissaire de police ne puissent pas s'occuper de ce qui s'est passé hors de leur résidence, parce que leur juridiction ne s'étend pas plus loin.

Mais pourquoi en serait-il de même à l'égard du juge de paix, qui a un ressort, en général, plus étendu que les limites de la commune où il a fixé son habitation ?

Pourquoi restreindre, sans nécessité, les moyens d'arriver plus promptement, et peut-être plus sûrement à la connaissance de faits qui doivent éveiller la sollicitude des officiers de police judiciaire de tous les degrés ?

La loi n'a employé aucune expression restrictive de la juridiction ordinaire des juges de paix ; elle n'a parlé ni de leur résidence, ni du chef-lieu de canton, ni enfin d'une commune particulière, d'un lieu unique où l'infraction aurait dû être commise pour qu'ils fussent compétens.

En s'en tenant à la lettre de l'article 48 du Code d'Instruction criminelle, le juge de paix, qui exerce ses fonctions habituelles dans tout son canton, dont il lui est permis d'habiter indifféremment quelque partie que ce soit (2), peut donc recevoir, partout où il se trouve sur son territoire, les plaintes et les dénonciations pour ce qui concerne tout son canton, comme le juge d'instruction et le procureur du roi pour ce qui regarde tout leur arrondissement.

Les règles tracées par le Code d'Instruction criminelle ont pour but une prompte et bonne justice : on sera dans le vrai, si l'on interprète dans cette intention celles de ses dispositions qui paraîtraient obscures.

(1) *V.* en ce sens, SCHENCK, *Traité du Minist. pub.*, t. II, p. 97, 126. — DE MOLÈNES, *des Fonctions d'Officier de Police judiciaire*, p. 13.

(3) *V.* art. 8 de la loi du 28 floréal an X.

Il est au surplus à remarquer qu'au n° 8 de ses observations sur l'article 48 du Code d'Instruction criminelle,
M. Carnot déclare que ce serait prendre *trop judaïque-
ment* les termes de la loi, que de vouloir en restreindre
ainsi la disposition à l'égard des officiers de gendarmerie.
« Ne peut-on pas dire, ajoute-t-il aussitôt, que si la résidence habituelle d'un gendarme est le lieu où se trouve
établie sa brigade, la nature de ses fonctions doit faire
considérer comme sa véritable résidence toute l'étendue
du territoire soumis à sa surveillance, puisque son service
exige qu'il soit continuellement en tournée sur les routes
de son arrondissement? »

Mais un juge de paix, s'il ne se déplace pas continuellement, se transporte du moins fréquemment dans toutes
les parties de son canton, pour l'exercice des fonctions
de sa charge ; et, puisque le juge de paix exerce ses fonctions dans tout son ressort, il pourrait paraître aussi,
suivant l'idée de M. Carnot, résider dans toute l'étendue
du territoire soumis à sa juridiction. Il y aurait donc même
raison de décider, partant même solution.

Finissons par une remarque décisive : Comment le
juge de paix serait-il incompétent pour recevoir des dénonciations ou des plaintes à l'occasion de faits qu'il serait
de son droit et de son devoir de constater (1)?

44. Si la dénonciation ou la plainte avait pour objet
un crime ou un délit commis hors de son canton, le juge
de paix devrait renvoyer le dénonciateur ou le plaignant
à se pourvoir devant qui de droit, et informer sur-le-
champ le procureur du roi de ce qu'il aurait appris et
déterminé.

La Cour de cassation a décidé qu'une procédure, ins-

_____

(1) *V.* au surplus, n°ˢ 46, 47, 55.

truite sur une plainte qui aurait été reçue par un officier de police judiciaire incompétent, ne pourrait pas être annulée par ce motif (1). Mais ce n'est pas à dire que l'on doive enfreindre, sans des motifs graves, les principes de la compétence.

45. Les dénonciations et les plaintes pour crimes ou délits sont les seules que doive recevoir le juge de paix (2).

Celles qui sont relatives aux contraventions de police doivent être adressées aux commissaires de police, maires ou adjoints (3) : toutes les fois, en effet, que le juge de paix pourrait avoir à prononcer sur son siége, il ne doit pas s'immiscer dans les poursuites.

Si la dénonciation portait sur un délit rural ou forestier, de la nature de ceux qui sont mentionnés dans l'article 16 du Code d'Instruction criminelle, et de la compétence du tribunal correctionnel, il y aurait lieu encore de renvoyer devant le commissaire de police, le maire ou l'adjoint, pour que l'un de ces officiers le constatât, comme il est dit dans les articles 15 et 16 de ce Code, et qu'il transmît ensuite la dénonciation, son procès-verbal et les pièces au procureur du roi, en conformité de l'article 53 du même Code.

46. Les obligations imposées aux juges de paix, par l'article 29 du Code d'Instruction criminelle, sont communes à toutes les autorités constituées, à tous les fonctionnaires publics.

Cet article 29, dit M. Carré (4), prescrit l'envoi de

---

(1) *V.* Art. du 8 prairial an XI.

(2) *V.* art. 48 du *Cod. d'Inst. crim.*

(3) *V.* art. 11, *Ibid.*

(4) *V.* CARRÉ, *Droit français dans ses rapports avec la juridiction des Juges de paix,* t. IV, p. 296.

l'avis seulement au procureur du roi, et ne dit pas qu'il pourra être fait aux officiers auxiliaires, ce qui serait un circuit inutile, puisqu'eux-mêmes auraient à le transmettre à ce magistrat.

M. Carnot (1), sur le même article, écrit que la loi exige que l'avis soit donné au procureur du roi ; et il fait remarquer que s'il était donné à un auxiliaire, il faudrait que celui-ci le transmît lui-même, ce qui entraînerait des longueurs inutiles et souvent préjudiciables.

Mais M. Levasseur va plus loin : il décide que l'avis ne peut être donné qu'au procureur du roi, et ne peut être reçu par le juge de paix (2).

Il est mieux, en général, que le fonctionnaire, qui se trouve dans le cas de donner avis d'un crime ou d'un délit, corresponde lui-même directement avec le procureur du roi, conformément aux dispositions de l'article 29 du Code d'Instruction criminelle.

Si pourtant ce fonctionnaire, par quelque motif que ce fût, prétendait donner l'avis au juge de paix seul, et déclarait ne vouloir pas en référer au procureur du roi, le juge de paix devrait-il fermer l'oreille aux renseignemens qui lui parviendraient de la sorte, et repousser un avis donné autrement que la loi ne l'a indiqué ? ou, si l'avis, les procès-verbaux et les pièces à conviction avaient été envoyés au juge de paix, devrait-il, pourrait-il s'abstenir de les recevoir ? Non, sans doute : ses refus, son abstention, ne feraient qu'accroître les inconvéniens de la fausse démarche du fonctionnaire qui aurait ignoré ou méconnu les dispositions de la loi.

Le point essentiel est que l'avis et les pièces arrivent sans retard au procureur du roi.

(1) *V.* CARNOT, *de l'Inst. crim.*, t. I, p. 218.
(2) *V.* LEVASSEUR, *Manuel des Juges de paix*, p. 216.

On conçoit que le juge de paix, s'il n'y a pas urgence ou péril en la demeure, et s'il n'éprouve aucune résistance de la part du fonctionnaire qui donne l'avis, fasse connaître la règle et invite à la suivre. Mais admettons que la disposition de l'article 29 du Code d'Instruction criminelle n'est que démonstrative : reconnaissons que le juge de paix pourra toujours servir d'intermédiaire, et s'employer à faire parvenir plus diligemment au procureur du roi la connaissance d'un crime ou d'un délit dénoncé.

Il y a plus : si l'avis avait pour objet un crime flagrant, il serait très avantageux que le juge de paix le reçût en même temps qu'il serait donné au procureur du roi, puisque, dans ce cas, le juge de paix serait compétent, comme le procureur du roi, et aurait les mêmes droits que lui, pour faire, dans son canton, les premiers actes de recherches (1).

47. En général, le procureur du roi et les officiers de police auxiliaires n'ont que le droit de rechercher les crimes et les délits, et d'en poursuivre les auteurs ; le juge d'instruction seul a mission de les constater (2).

Néanmoins, dans des circonstances graves et urgentes, comme le plus léger retard pourrait faire disparaître des indices souvent fugitifs, que le juge d'instruction, éloigné ou empêché dans les premiers momens, s'efforcerait vainement de reproduire dans la suite, la loi a voulu que le procureur du roi et ses auxiliaires pussent alors faire des actes de constat, comme le juge d'instruction.

En son absence, ils peuvent, ils doivent faire, dans ces circonstances pressantes, tous les actes qui compétent au juge d'instruction ; rien de ce qui peut servir à préparer

---

(1) *V*. art. 49 du *Cod. d'Inst. crim.*
(2) *V*. art. 8, 22, 32, 46, 47, 59, 60, 61, *Ibid.*

la conviction du coupable n'étant alors interdit au procureur du roi et à ses auxiliaires : ils sont donc autorisés
par la loi à se transporter sur les lieux, et à procéder à
une instruction qui, bien que sommaire, n'en doit pas
moins réunir tous les élémens de la preuve judiciaire.

Ce droit dérive pour les officiers de police auxiliaires
de l'article 49 du Code d'Instruction criminelle, qui porte
que dans le cas de flagrant délit, ou dans le cas de réquisition de la part d'un chef de maison, ils dresseront les
procès-verbaux, recevront les déclarations des témoins,
feront les visites et les actes qui sont, aux dits cas, de la
compétence du procureur du roi ; le tout dans les formes
et suivant les règles établies au chapitre des procureurs
du roi (1).

Remarquez néanmoins qu'il faut, même dans ces circonstances extraordinaires, pour que le juge de paix,
comme officier de police auxiliaire, soit compétent : 1° que
l'infraction ait été commise dans son canton, ou que le
prévenu y ait sa résidence, soit habituelle, soit momentanée, ou qu'il y ait été trouvé (2), parce que nul officier
ne peut opérer valablement hors du territoire de sa juri-

(1) *V*. ch. V. — Art. 32, 46 du *Cod. d'Inst. crim.*
(2) *V*. art. 23, 48, *Ibid.*
Pour le cas où un canton est divisé en plusieurs arrondissemens, et qu'un
Juge de paix et ses suppléans sont empêchés, il faut suivre, par analogie, les
dispositions de l'article 12 du Code d'Instruction criminelle, et se reporter à
celles des articles 52, 53 et 54 du Code du 3 brumaire an IV, qui feraient
encore règle, et sont ainsi conçues :

Art. 52 : Dans les cantons où il existe plusieurs Juges de paix, l'administration du département assigne à chacun d'eux un arrondissement particulier.

Art. 53 : Ces arrondissemens, en ce qui concerne la police judiciaire, ne
limitent ni ne circonscrivent leurs pouvoirs respectifs, mais indiquent seulement les termes dans lesquels chacun d'eux est plus spécialement astreint
à un exercice constant et régulier de ses fonctions.

Art. 54 : Lorsque entre plusieurs Juges de paix d'un même canton il s'en
trouve un légitimement empêché, celui de l'arrondissement le plus voisin
est personnellement tenu de le suppléer...

diction (1) ; 2° en cas de flagrant délit, que le fait soit de nature à emporter une peine afflictive ou infamante (2) ; 3° et, s'il s'agit d'un crime non flagrant ou d'un simple délit, qu'il ait été requis de le constater par le chef de la maison dans l'intérieur de laquelle le crime ou délit a été commis (3).

48. Comme le juge de paix est compétent, soit parce que l'infraction a été commise dans son canton, soit parce que le prévenu y demeure ou y a été arrêté, et à raison encore de ce que divers officiers de police partagent avec lui les mêmes droits dans une même localité (4), il peut arriver que plusieurs officiers auxiliaires d'un seul ou de différens cantons s'occupent à la fois du même fait; auquel d'entre eux, dans cette concurrence, appartiendra-t-il de suivre les opérations et de dresser les procès-verbaux?

Pour les poursuites, le procureur du roi du lieu du délit a la préférence sur celui de la résidence de l'inculpé, et ce dernier l'obtient sur celui du lieu de l'arrestation (5).

Mais quant aux recherches, quant au constat des faits, nous pensons que, sans s'enquérir à quel tribunal restera définitivement l'instruction, l'officier de police auxiliaire à qui il incombe de faire quelques actes, dans les premiers momens, doit y procéder, pour ce qui le concerne, et adresser toutes les pièces au procureur du roi de son arrondissement.

Si divers officiers auxiliaires concourent dans le même lieu, comme ils ont, en vertu de la loi, un droit égal, celui d'entre eux qui a procédé le premier doit continuer.

---

(1) Pour exception à cette règle, *V.* art. 464 du *Cod. d'Inst. crim.* — N° 130.
(2) *V.* art. 32 du *Cod. d'Inst. crim.* — Art. 5 de la loi du 7 pluviôse an IX.
(3) *V.* art. 46 du *Cod. d'Inst. crim.*
(4) *V.* art. 48 et 50, *Ibid.*
(5) *V.* art. 77, 78, 79 du *Code* du 3 brumaire an IV.

Cependant, le juge de paix étant, en général, le plus expérimenté des officiers de police auxiliaires d'une localité, le plus versé dans les opérations judiciaires et dans la rédaction des procès-verbaux, comme il est le plus élevé en dignité, à raison de ses fonctions ordinaires, il serait convenable, selon nous, que la direction des recherches lui fût abandonnée, quand bien même il ne serait pas en droit de l'exiger, ainsi que le pense M. Carnot (1).

49. Dans le cas de concurrence entre le procureur du roi et les officiers de police auxiliaires, le procureur du roi fait les actes attachés à la police judiciaire; s'il a été devancé, il peut continuer la procédure ou autoriser à la suivre l'officier qui l'aurait commencée (2).

Même hors le cas de concurrence, le procureur du roi exerçant son ministère en conformité des articles 32 et 46 du Code d'Instruction criminelle, peut, s'il le juge nécessaire, charger un officier de police auxiliaire de partie des actes de sa compétence (3); le juge de paix qui serait ainsi délégué doit mentionner dans ses actes la délégation qui lui aurait été faite.

Par exception aux règles ordinaires de rapports de hiérarchie et de ressort, le juge de paix peut même, en ce cas, être requis par le procureur du roi d'un autre arrondissement de remplir les fonctions dont ce magistrat

---

(1) *V.* CARNOT, *de l'Inst. crim.*, t. I, p. 140, 273.

M. BERRIAT SAINT-PRIX (procureur du roi à Tours), *Instruction sur la Police judiciaire*, p. 9, en partageant notre opinion, la fortifie par une raison qu'il regarde, à bon droit, comme décisive à l'égard des officiers municipaux : C'est que les pouvoirs du juge de paix s'étendant sur tout un canton, il peut ainsi continuer l'information dans une autre commune que celle où elle a commencé; faculté interdite aux maires, adjoints et commissaires de police, et qui est d'un avantage immense dans beaucoup d'affaires.

(2) *V.* art. 51 du *Cod. d'Inst. crim.*

(3) *V.* art. 52, *Ibid.*

est lui-même chargé, à part le droit de décerner les mandats d'amener et de dépôt (1).

L'officier de police requis serait tenu, dit M. Carnot, d'obtempérer à la réquisition, car elle équivaut au moins à l'avis dont s'occupe l'article 29 du Code d'Instruction criminelle, et un pareil avis suffit pour mettre l'officier de police qui l'a reçu dans l'obligation de se transporter sur les lieux, pour constater le corps du délit, aux termes de l'article 32 du même Code (2).

A ce motif de M. Carnot nous en ajouterons un plus directement tiré de la loi : droit et devoir sont corrélatifs ; dès que l'article 283 du Code d'Instruction criminelle autorise le procureur du roi à déléguer un officier de police auxiliaire, même hors de son ressort, il intime virtuellement à celui-ci l'injonction d'obtempérer à la réquisition, et il lui en impose l'obligation.

50. Nulle concurrence ne peut s'établir entre les officiers de police judiciaire auxiliaires et le juge d'instruction, puisque, le juge d'instruction étant présent, le procureur du roi lui-même perd le droit d'instruire, et ne conserve plus que celui de requérir.

Toutes les fois, en effet, que le juge d'instruction, investi de la plénitude du pouvoir afin de constater les délits ou les crimes, et d'en rassembler les preuves, se trouve à portée d'agir, le motif de l'exception faite par rapport au procureur du roi et à ses auxiliaires cesse, et par conséquent il est naturel qu'il procède lui-même.

51. Etant appelés à remplir toutes les fonctions décrites au chapitre *des procureurs du roi*, les juges de paix comme officiers auxiliaires, ont qualité, au cas de l'article 44 du

---

(1) *V*. art. 283 *du Cod. d'Inst. crim.*

(2) *V.* CARNOT, *de l'Inst. crim.*, t. I, p. 240.

Code d'Instruction criminelle, pour constater, à part toute plainte ou dénonciation de crime, les morts violentes dont la cause est suspecte, et les morts accidentelles ou subites dont la cause est inconnue, ce que l'on appelle, dans la pratique, faire les *levées de corps;* un crime étant présumable ou possible, il y a dans ce cas une sorte de flagrant délit.

Le juge de paix, dans le canton duquel le cadavre est trouvé, doit immédiatement se transporter sur les lieux, pour constater l'état de la personne décédée, et prendre tous les renseignemens (1), quand bien même il y aurait quelque raison de soupçonner que la personne dont le corps est trouvé aurait été homicidée dans un autre canton, ou dans un autre arrondissement : car il a été jugé par la Cour de cassation, que, dans cette occurrence, la connaissance de l'homicide appartient au juge du lieu où le cadavre a été relevé (2).

52. Les juges de paix, procédant comme officiers de police judiciaire, ont le droit de requérir (3) directement la force publique (4).

La force publique se compose de la gendarmerie, de la troupe de ligne, de la garde nationale, des gardes champêtres et forestiers et des employés des régies, tels que les préposés de la partie active des douanes (5).

---

(1) *V*. ch. IX.

(2) *V*. Arr. cass. du 20 floréal an XIII.

(3) Les autorités civiles ont le droit de *requérir*, mais non d'*ordonner* ni d'*enjoindre*.

Elles peuvent indiquer les mesures d'exécution ; mais elles ne doivent s'immiscer, en aucune manière, dans les opérations militaires, dont la direction appartient au chef de la force armée. *V*. Loi du 28 germinal an VI, art. 137, 138. — Ordonnance royale du 29 octobre 1820, art. 52, 57, 59.

(4) *V*. art. 25, 99, 106, 108 du *Cod. d'Inst. crim*. — Art. 48 du *Code* du 3 brumaire an IV.

(5) *V*. Loi du 3 août 1791.—Loi du 9 floréal an XI, art. 18.—Décret du 11 juin 1806, art. 3 et 4.—Art. 1er et 93 de la loi du 22 mars 1831, sur la garde nationale.

Les réquisitions sont adressées à l'officier qui commande un corps, ou partie d'un corps de la force publique; et, en cas de refus, à l'officier sous les ordres duquel est immédiatement placé celui qui n'a pas obtempéré à ces réquisitions (1).

Quant à la gendarmerie, les magistrats ont la faculté d'adresser leurs réquisitions soit au lieutenant commandant la gendarmerie de l'arrondissement, soit directement au brigadier du lieu où la réquisition doit s'exécuter (2).

Les réquisitions doivent être faites par écrit (3), à moins qu'il n'y ait urgence, et sauf le cas des articles 99 et 108 du Code d'Instruction criminelle; elles doivent être datées et signées (4), énoncer la loi qui les autorise (5), le motif, l'ordre, le jugement, etc., en vertu duquel on requiert (6).

---

(1) *V.* Loi du 3 août 1791. — Loi du 28 germinal an VI, art. 137 et suiv. — Ordonnance du 29 octobre 1820, art. 53.

(2) Le ministre de la guerre l'a décidé ainsi, sur les observations du ministre de la justice, et d'après les art. 53, 58 et 64 de l'ordonnance du 29 octobre 1820. — Circulaire du procureur-général de Poitiers, du 15 décembre 1827.

(3) *V.* Loi du 28 germinal an VI, art. 147. — Ordonnance du 29 octobre 1820, art. 58.

(4) *V.* art. 58 de l'ordonnance du 29 octobre 1820.

(5) Les officiers de police judiciaire rempliront cette formalité, en citant dans leurs réquisitoires l'art. 25 du *Cod. d'Inst. crim.*

(6) *V.* art. 56 de l'ordonnance du 29 octobre 1820.

Cette ordonnance, art. 58, donne un modèle de réquisition; la loi du 26 juillet 1791, art. 22, en avait aussi donné un. Voici celui que nous proposons, et qui nous paraît devoir suffire le plus ordinairement:

« Nous, Juge de paix du canton de   , agissant comme
« officier de police judicaire auxiliaire de M. le procureur du roi, requérons,
« en vertu de l'art. 25 du Code d'Instruction criminelle, le sieur N......, com-
« mandant de la force publique de   , de nous prêter secours
« de la gendarmerie, *ou* de la troupe de ligne, *ou* de la garde nationale sous
ses ordres, pour *(donner ici les motifs de l'emploi de la force publique.)*

        « Fait à   , le

            Sceau.   *Signature.*

53. La loi charge , en quelque sorte exclusivement, les juges d'instruction de donner les mandats d'amener et de dépôt. Néanmoins, dans les cas prévus par les articles 40, 41 et 46 du Code d'Instruction criminelle, le procureur du roi et les officiers de police auxiliaires peuvent faire saisir le prévenu , s'il est présent, ou décerner contre lui un mandat d'amener, s'il est absent. Dans le cas de l'article 34 du même Code , ils peuvent décerner le mandat de dépôt.

Mais ce serait, de leur part, commettre un excès de pouvoir et s'exposer à être considérés comme coupables de détention arbitraire, que de lancer des mandats d'amener ou de dépôt, hors les cas ci-dessus, d'après les plaintes , dénonciations ou procès-verbaux qui leur sont remis.

54. Lorsque les officiers de police auxiliaires se sont dessaisis, par l'envoi des pièces au procureur du roi, ils ne peuvent plus entendre de témoins, ni faire aucun acte d'instruction , s'ils n'en sont expressément chargés par une commission du juge d'instruction : les fonctions de la police judiciaire doivent cesser au moment où l'action de la justice commence (1).

55. Nous venons de rappeler les dispositions du Code d'Instruction criminelle constitutives du pouvoir des juges de paix comme officiers de police auxiliaires du procureur du roi; nous avons vu qu'à ce titre leur droit de participer à l'instruction des procédures ne s'étend strictement qu'aux cas de flagrant délit ou réputés tels , autant que le fait serait de nature à emporter une peine afflictive ou

---

(1) *V.* Arr. cass. des 12 nivôse an VIII, 7 ventôse an X, 10 germinal an XI et 15 floréal an XII. — Circul. du Ministre de la justice du 29 floréal an IX.
Néanmoins, quant aux charges nouvelles qui surviendraient, *V.* art 246, 247, 248 du Code d'Instruction criminelle.

infamante, et au cas de réquisition d'un chef de maison, pour toutes sortes de crimes ou de délits.

Au-delà de ces limites étroites assignées à leur compétence, auraient-ils encore quelque droit, par eux-mêmes, pour faire valablement des actes d'instruction, ou devraient-ils totalement s'abstenir? En termes plus précis : aux cas de crimes non flagrans ou de simples délits correctionnels, les juges de paix, comme auxiliaires du procureur du roi, comme investis des mêmes droits que lui, par les articles 48 et 49 du Code d'Instruction criminelle, pourraient-ils procéder, verbaliser et faire arrêter les prévenus?

Cette question a embarrassé et divisé les criminalistes les plus influens. C'est un devoir pour nous de reproduire ici succinctement leurs opinions, de prendre part à cette grave discussion, et de chercher une solution qui, malgré les restrictions apparentes des textes, satisfasse aux besoins du service de la police judiciaire.

Peu de temps après l'émission du Code d'Instruction criminelle, M. Bourguignon (1) écrivait que, hors le cas de flagrant délit défini par les articles 32, 40, 41 de ce Code, et le cas de réquisition mentionné dans l'article 46, le procureur du roi doit s'abstenir de faire personnellement des actes d'instruction, et se conformer rigoureusement à l'article 47, c'est-à-dire requérir seulement l'action du juge d'instruction; — qu'il en est de même des officiers de police auxiliaires, qui doivent se borner, conformément à l'article 54, à renvoyer au procureur du roi les plaintes ou dénonciations relatives à de simples délits correctionnels, autres que ceux qui sont désignés dans l'article 16 (2), sans *entreprendre eux-mêmes aucune procédure.*

---

(1) *V. Manuel d'Inst. crim.*, t. 1, p. 109, 133, 137 et suiv.
(2) *V.* no 45.

Vers la même époque, M. Carnot (1) émettait une doctrine différente, dans laquelle il a persisté depuis.

Définissant le flagrant délit, avec l'article 41 du Code d'Instruction criminelle isolé des articles 32 et 40 du même Code, il estime que le procureur du roi et ses auxiliaires auraient pouvoir d'instruire, même sur un simple délit correctionnel, pourvu qu'il fût flagrant.

Après avoir retracé les devoirs du procureur du roi et de ses auxiliaires, en cas de prévention de *crime flagrant*, ou de réquisition d'un chef de maison, les seuls où il avait dit que ces officiers dussent agir, et se transporter sur les lieux, M. Carnot ajoute : « Comme l'attribution n'est donnée au procureur du roi, dans le cas de flagrant délit, que dans la crainte de voir dépérir les preuves, il doit se borner à dresser les procès-verbaux, à interroger le prévenu, à faire au besoin des visites domiciliaires, et à recevoir les déclarations des personnes présentes ; il n'est autorisé à décerner aucun mandat contre le prévenu ; il peut seulement donner l'ordre de son arrestation provisoire, et le faire conduire devant le juge d'instruction. Il peut décerner le mandat de dépôt, mentionné à l'article 34 du Code d'Instruction criminelle, si le cas le requiert. »

Enfin, relativement à la délivrance du mandat d'amener, en cas de flagrant délit, tout en reconnaissant que l'article 40 du Code d'Instruction criminelle n'est applicable au procureur du roi que lorsque le fait peut emporter une peine afflictive ou infamante, M. Carnot poursuit : « Mais quand, par suite des renseignemens pris sur les lieux, *le délit* dénoncé comme un *crime* ne pourrait emporter que la peine de l'emprisonnement, le procureur du roi n'en serait pas moins autorisé à s'assurer de la per-

_____

(1) *V.* Carnot, *de l'Inst. crim.*, t. I, p. 229 et suiv., 247 et suiv.

sonne du prévenu surpris en flagrant délit, puisqu'en pareil cas la même faculté est accordée aux gardes forestiers, et même aux gardes champêtres. — Cela ne peut faire la matière d'un doute, lorsque le prévenu est surpris en flagrant délit ; mais si le prévenu était absent, et que pour s'assurer de sa personne il fallût recourir à la voie du mandat, cette mesure serait interdite au procureur du roi, comme elle l'est au simple garde. »

La même doctrine, que le procureur du roi et ses auxiliaires, dépourvus du droit de décerner, en général, le mandat d'amener, auraient pourtant la faculté de faire arrêter provisoirement les prévenus, pour être conduits devant le juge d'instruction, a été consacrée par le ministre de la justice, et se trouve rappelée dans le passage suivant d'une circulaire du procureur-général de Poitiers, du 15 juin 1812 : « — Les officiers auxiliaires, non plus que le procureur du roi, ne peuvent décerner de mandat d'amener ou de dépôt, que dans les cas de flagrant délit ou assimilés au flagrant délit, et lorsque le fait est de nature à emporter une peine afflictive ou infamante ; néanmoins, quoique le délit ne soit pas de nature à emporter peine afflictive ou infamante, s'il est flagrant, s'il doit être puni d'un emprisonnement, si le prévenu n'est pas domicilié dans l'arrondissement, et s'il est à craindre qu'en le laissant échapper il soit difficile de le retrouver, pour lui faire subir la peine qu'il a méritée, tout officier de police judiciaire peut le faire saisir et traduire devant le juge d'instruction, afin qu'il puisse être de suite procédé contre lui conformément aux dispositions du Code d'instruction criminelle. L'article 16 du Code autorise les gardes champêtres et forestiers à arrêter, et à conduire devant le juge compétent, tout individu surpris en flagrant délit, ou poursuivi par la clameur publique, lorsque le délit emporte seulement la peine d'emprisonnement; les officiers de police judiciaire d'un ordre supérieur ont nécessairement la même faculté, ainsi que l'a décidé Son Excellence le grand-juge, par une instruction qu'il m'a adressée le 15 novembre 1811. »

A l'appui de cette décision, l'on pourrait invoquer les articles 125 et 126 de la loi du 28 germinal an VI, répétés dans les articles 179, 180 et 186 de l'ordonnance du 29 octobre 1820, sur l'organisation de la gendarmerie ; d'après lesquels la gendarmerie doit, sans qu'il soit besoin de réquisition de la police judiciaire, rechercher et poursuivre les malfaiteurs ; — saisir toutes personnes surprises en flagrant délit, poursuivies par la clameur publique, ou trouvées avec des armes ensanglantées ou d'autres indices faisant présumer le crime ; — arrêter les contrebandiers, tous individus coupables de rébellion, ou faisant partie d'attroupemens séditieux ; — saisir tous ceux qui troubleraient la tranquillité publique, en portant atteinte à l'exercice d'un culte, en exerçant des violences contre les personnes ou les propriétés ; les dévastateurs de bois ou de récoltes ; — arrêter ceux qui coupent ou dégradent les arbres des routes, ou détériorent les monumens qui s'y trouvent; ceux qui, par négligence, maladresse, ou de toute autre manière, auraient blessé quelqu'un, ou commis quelques dégats sur les routes, dans les rues ou voies publiques; les mendians, les personnes qui tiennent des jeux de hasard, etc...; sauf à conduire les personnes ainsi arrêtées devant l'officier de police judiciaire le plus à proximité, et à lui faire le dépôt des armes, effets, papiers et autres pièces de conviction.

Or, ce que la gendarmerie peut faire spontanément, elle le peut, à n'en pas douter, sur l'invitation ou la réquisition d'un officier de police judiciaire, qui, incompétent pour statuer, renverrait devant le juge d'instruction.

Les auteurs de la Thémis (1) ont écrit avec beaucoup de force sur cette question, en réponse à un passage de M. Legraverend, dans son livre *des Lacunes et des Besoins de la Législation française en matière politique et en matière criminelle*. Voici leur argumentation : « Il (M. Legraverend) traite, en passant, la question de savoir si l'arrestation, autorisée en flagrant *délit*, doit s'entendre exclusivement du *crime* flagrant, c'est-à-dire seulement lorsqu'il s'agit d'un fait de nature à entraîner peine afflictive ou infamante, et il n'hésite pas à se prononcer pour l'affirmative, se fondant sur les articles 32 et 40 du Code d'Instruction criminelle et sur l'ordonnance du roi du 29 octobre 1820, relative au service de la gendarmerie. Mais, quelque défiance que nous devions avoir de nous-mêmes en combattant un auteur qui peut faire autorité en matière criminelle, nous ne balançons pas à penser qu'il est tombé dans une erreur manifeste. D'abord, quant à l'ordonnance citée, il est facile de se convaincre que dans plusieurs cas où il n'y a point de *crime* flagrant (2), elle autorise et même prescrit l'arrestation, notamment des individus inculpés de vagabondage et de mendicité, faits qui ne constituent que de simples délits. Le Code d'Instruction criminelle n'est pas plus favorable au système de l'auteur ; l'article 49 se réfère aux articles 32 et suivans. Or, que disent ces articles ? Que le procureur du roi peut et doit faire les premiers actes d'instruction dans des cas prévus. Il faut, pour que ces dispositions soient applicables, non seulement qu'il y ait flagrant délit, mais encore, à moins qu'il n'y ait réquisition de la part d'un chef de maison, que le fait soit de nature à entraîner peine afflictive ou infamante.

(1) *Thémis* ou *Bibliothèque du Jurisconsulte*, t. VIII, p. 8 et 9.
(2) *V.* art. 179, 180, 186 de l'ordonnance du 29 octobre 1820.

« Le texte même des articles 32 et 40 indique bien que les mots flagrant délit, dans leur acception légale, comme dans leur acception ordinaire, s'appliquent au délit comme au crime flagrant, puisque ne voulant autoriser le procureur du roi à instruire que dans ce dernier cas, le législateur exige la réunion d'une double circonstance: 1° le flagrant délit; 2° la gravité du fait.

« Mais s'en suit-il qu'un individu surpris en flagrant délit, ne puisse pas être immédiatement arrêté sans mandat, si le fait n'entraîne qu'une peine correctionnelle? Est-il possible d'admettre, raisonnablement, qu'un individu sera surpris au moment où il commet, sans circonstance aggravante, un délit grave, par exemple un vol d'une somme considérable, où il a encore sur lui la somme ou les objets volés, et que personne ne pourrait l'arrêter sans mandat? Nous ne craignons pas de dire que l'arrestation provisoire, dans ce cas, est non seulement un droit, mais même un devoir: au surplus, il existe dans le Code d'Instruction criminelle une disposition formelle à cet égard. L'article 16 autorise les gardes champêtres et forestiers à arrêter tout individu surpris en flagrant délit, lorsque ce délit emporte la peine *d'emprisonnement*. On voit donc que la loi ne restreint pas au cas où il s'agit d'un fait de nature à emporter peine afflictive ou infamante, le droit d'arrestation de l'individu surpris en flagrant délit (1). »

M. de Molènes (2) donne à notre question une solution semblable. Voici sa discussion: « Que, hors le cas de

(1) On verra tout-à-l'heure M. Legraverend partager cette opinion, qui a été consacrée par arrêt de la Cour de cassation du 30 mai 1823.

(2) *De l'Humanité dans les lois crim.*, p. 31, et *des Fonctions d'Offic. de pol. jud.*, p. 70.

V. dans le même sens, Massabiau, *Manuel du Procureur du roi*, t. II, p. 232, et Foucart, *Élémens de droit pub. et administ.*, t. I, p. 186.

flagrant délit, des indices graves d'un crime soient découverts, si l'inculpé est présent, les officiers de police judiciaire ou les agens de la force publique auront-ils la folie de ne pas s'assurer de sa personne et de lui donner le temps de disparaître ? Non sans doute. Le Code est muet à cet égard ; mais il ne contient pas plus de défense que d'autorisation ; c'est une de ses lacunes. La nécessité, l'intérêt de la société parlent ; et, dans l'usage universel, ils sont toujours, sur ce point, écoutés avec raison. On saisit l'inculpé et on le conduit au procureur du roi. — Ce que fait ainsi l'usage au surplus, était ordonné formellement par l'article 5 de la loi du 7 pluviôse an IX, article qui n'a été abrogé ni expressément ni implicitement par le Code d'Instruction criminelle, et qui est ainsi conçu : « Outre les cas spécifiés dans le précédent article (c'est-« à-dire les cas de flagrant délit et de clameur publique), « les juges de paix et les officiers de gendarmerie sont « autorisés, quand un délit emportant peine afflictive « aura été commis, et qu'il y aura des indices contre un « prévenu, de le faire conduire devant le substitut du « commissaire près le tribunal criminel. »

Dans une instruction fort remarquable, adressée à ses auxiliaires, M. Jacquinot-Pampelune, alors procureur du roi du tribunal de la Seine, s'est exprimé ainsi : « Quoique la loi ne semble vous charger, Messieurs, de dresser des procès-verbaux qu'en cas de crime et de flagrant délit, cependant l'usage, introduit par la nécessité, est que vous en dressiez aussi hors le cas de flagrant délit, et même quand il s'agit seulement d'un fait correctionnel; si vos procès-verbaux, dans ce cas, paraissent n'avoir pas la même force, ils servent souvent au moins de renseignemens. Il arrive souvent d'ailleurs qu'un fait qui, dans le principe, n'a paru que purement correctionnel, est reconnu véritable crime, par la preuve des circonstances

aggravantes , qui avaient échappé aux premières recherches ; il est donc essentiel que , *dans tous les cas* , vos
procès-verbaux soient rédigés avec le même soin... — Un
crime , un délit , vous est-il déféré , vous devez vous
transporter sans retard sur les lieux.... » Suit le détail de
toutes les formalités prescrites par les articles 32 et suivans du Code d'Instruction criminelle , y compris le
mandat d'amener (1).

M. Legraverend (2) s'exprime en ces termes , sur la
même matière : « Si le délit flagrant ou réputé tel , donne
au procureur du roi et à ses auxiliaires , le droit de faire ,
dans le premier moment , tous les actes d'instruction ,
qui sont , dans les autres cas , réservés aux juges instruc-
teurs , il est à remarquer que cette attribution n'a lieu
que pour les crimes qui sont de nature à emporter peine
afflictive ou infamante : ainsi il faut que la gravité du fait
concourre avec la circonstance du flagrant délit , pour
déterminer la compétence du procureur du roi et de ses
auxiliaires. Le grand intérêt qu'a la société à la répression
des *crimes* , et le danger qu'il y aurait à en laisser péri-
cliter les preuves et les indices , lorsqu'il est possible de
les recueillir et de les constater ; à laisser les prévenus en
liberté quand on peut de suite s'assurer de leur personne ; à leur offrir la facilité de faire disparaître les objets qui les accusent , quand on peut s'emparer de ces
objets , ont éveillé la sollicitude du législateur , et l'ont
déterminé à faire , en pareil cas , une exception aux principes d'après lesquels sont actuellement divisés les pouvoirs des procureurs du roi et des juges d'instruction ;
mais cette exception ne s'étend pas aux simples *délits ;*
quoique flagrans ou réputés tels , ils ne peuvent fournir

(1) *V.* Instruction du procureur du roi de la Seine, p. 54, 55 et suiv.
(2) *V. Lég. crim.*, au chap. du flagrant délit, t. I, p. 184.

aux procureurs du roi ou à leurs auxiliaires l'occasion de faire les actes attribués aux juges d'instruction ; on revient alors à la règle commune (1). »

L'auteur ajoute, en note: « Ces règles, fondées sur le texte des articles du Code d'Instruction criminelle, ont été rappelées expressément dans une ordonnance du roi du 29 octobre 1820, relative au service de la gendarmerie, et insérée au Bulletin des lois (*V*. la section V de cette ordonnance); et quoique des auteurs aient professé une doctrine contraire (*V*. M. Carnot sur l'art. 32 et sur l'art. 40), et que quelques procureurs-généraux et ordinaires de Sa Majesté aient cru pouvoir autoriser ou prescrire une marche différente, en appliquant aux simples délits la définition du *flagrant délit*, il faut s'en tenir à la distinction qui vient d'être établie: elle est conforme au Code, aux Ordonnances royales et au système général de la législation. »

Cependant M. Legraverend écrivait quelques pages plus haut (2): « On sait que, hors le cas de flagrant délit, ou de réquisition de la part d'un chef de maison, et hors le cas aussi où il s'agit de délits forestiers et de contraventions de police, *en général*, les officiers de police auxiliaires ne sont pas chargés de constater directement les délits, *sauf, toutefois, le cas où il y aurait urgence et péril en la demeure*; *ce qui donne alors, en quelque sorte, à l'affaire, le caractère de flagrant. délit.* » Et plus loin (3): « Les dispositions de la loi relatives au *flagrant délit* sont de nature à faire naître des questions assez

_____

(1) Ceci ne s'applique pas aux cas prévus par l'art. 46 du Code d'instruction criminelle, qui accorde, dans son hypothèse, même extension de droits pour *crimes* et *délits*, que pour les flagrans délits dont s'occupe l'art. 32.

(2) *V*. LEGRAVEREND, *Lég. crim.*, t. 1, p. 181.

(3) *V*. LEGRAVEREND, *Ibid.*, t. 1, p. 191, 192, chap. du flagrant délit, à la fin.

délicates, et à offrir dans l'exécution des difficultés réelles.
On sent que le législateur, en faisant, dans le cas de flagrant délit, une exception aux règles qui doivent ordinairement être suivies pour l'arrestation des citoyens, a
voulu prévenir l'abus qu'on pourrait faire de cette exception, en la restreignant dans des limites étroites, et qu'il
a voulu concilier, autant que possible, les moyens que
réclame la raison pour protéger la sûreté et la tranquillité
publique, avec les principes sacrés de la liberté individuelle. Cette sage circonspection du législateur peut toutefois laisser les fonctionnaires et les citoyens dans un
état pénible d'incertitude relativement à leurs droits et à
leurs devoirs; il est, en effet, assez difficile de distinguer,
dans le premier instant où se commet un fait punissable,
si ce fait a les caractères d'un crime, ou seulement ceux
d'un délit; et de s'assurer tout d'abord s'il emporte peine
afflictive ou infamante : ce sont cependant ces caractères
seuls du fait qui peuvent conférer aux magistrats des
pouvoirs extraordinaires: ce sont ces caractères qui peuvent autoriser les dépositaires de la force publique et les
simples citoyens à arrêter les prévenus sans mandat de
justice, dans le cas de *flagrant délit.* — Dans le doute,
il faut adopter le parti le plus favorable à la liberté des
citoyens; on est sûr de se diriger d'après les termes et
l'esprit de la loi, qui n'a pas voulu que, pour des contraventions ou des délits peu importans, on pût à chaque
instant être arrêté par le premier venu; — cependant,
comme, indépendamment de la police judiciaire qui recherche les coupables, et de la justice qui les punit, la
police administrative doit avoir une action constante
pour les prévenir; que rien ne serait moins propre à atteindre ce but que de laisser librement et volontairement
commettre sous ses yeux des délits graves, qui n'emportent toutefois que des peines correctionnelles; qu'enfin

l'intérêt public doit aussi être pris en considération dans la manière d'exécuter les lois qui sont faites pour le bien de tous, il est évident que l'on ne pourrait pas rechercher comme coupable d'arrestation arbitraire et illégale, l'officier de police judiciaire ou administrative, l'agent de la force publique, qui, pour dissiper une rixe et en prévenir les suites fâcheuses, saisirait ou ferait saisir les délinquans, pour les conduire devant le juge d'instruction, ou le procureur du roi ou ses auxiliaires. Il est évident qu'on ne pourrait pas poursuivre le citoyen qui en agirait ainsi à l'égard d'un filou qu'il surprendrait la main dans sa poche, ou à l'égard de l'auteur d'un vol simple, qui serait surpris sur le fait (1) : dans le premier cas, il s'agit d'une mesure nécessaire de police, sans laquelle la société tout entière serait continuellement menacée ; et, dans le second, on exerce un droit sacré de défense, de conservation personnelle, qui n'est pas seulement autorisé, mais qui est prescrit par la raison comme par la nature, et dont la loi ne peut pas vouloir arrêter et punir l'usage, parce qu'elle ne réprime, elle ne punit, que ce qui est injuste et répréhensible (2). »

Postérieurement, M. Bourguignon (3), persistant dans l'avis qu'il avait émis tout d'abord (4), s'attache à combattre la doctrine de l'instruction de M. le procureur du roi de la Seine ; il la repousse comme formellement rejetée par le législateur, et comme se trouvant en pleine contradiction avec les articles 32, 46, 47, 87, 88 du Code d'Instruction criminelle. Il analyse le procès-verbal du

(1) *V.* art. 106 du *Cod. d'Inst. crim.*

(2) M. BOURGUIGNON, *Jurisp. des Cod. crim.*, t. I, p. 235, 236, adopte ces explications, et cite un arrêt de la Cour de cassation du 30 mai 1823, dans le même sens.

(3) *V. Jurisp. des Cod. crim.*, t. I, p. 118 et suiv.

(4) *V. Manuel d'Inst. crim*, t. I, p. 109, 153, 157.

Conseil d'Etat, où, après des discussions lumineuses, il fut reconnu que le procureur du roi ne peut être juge et partie ; que chargé de poursuivre, il ne peut faire l'instruction, qui appartient au ministère du juge ; que son pouvoir, selon l'expression de M. Cambacérès, s'arrête à la porte des citoyens, et que là commence l'action de la justice ; que ce ne fut que par exception, et à raison de l'urgence, que le procureur du roi et ses auxiliaires furent admis à faire une instruction provisoire, dans le cas des articles 32 et 46 du Code d'Instruction criminelle, procédure que le juge d'instruction peut régulariser, refaire ou s'approprier, suivant l'article 60 du même Code.·

M. Bourguignon cite un arrêt de la Cour de cassation du 5 août 1813, qui a jugé que la chambre du conseil d'un tribunal de première instance avait eu raison de déclarer nulle une instruction faite par un procureur du roi seul, ne s'agissant pas d'un flagrant délit ni d'un fait réputé tel.

Il cite enfin la section V de l'ordonnance du 29 octobre 1820, dont l'article 155 porte : « Les officiers de gendarmerie sont tenus de renvoyer sans délai à notre procureur royal, les dénonciations et les plaintes qu'ils ont reçues comme officiers de police auxiliaires: leur compétence ne s'étend pas au-delà: ils ne peuvent faire aucune instruction préliminaire que dans le cas de flagrant délit, ou, que s'agissant d'un crime ou délit, même non flagrant, commis dans l'intérieur d'une maison, les chefs de cette maison les requièrent de le constater : » et l'article 157 : « Toute infraction qui, par sa nature, est seulement punissable de peines correctionnelles, *ne peut constituer un flagrant délit* ; les officiers de gendarmerie ne sont point autorisés à faire des instructions préliminaires pour la recherche de ces infractions. —

Le flagrant délit doit être un véritable crime, c'est-à-dire une infraction contre laquelle une peine afflictive ou infamante est prononcée (1). »

M. Dalloz (2) partage le sentiment de M. Bourguignon. Il suit, dit-il, des expressions de l'article 32 du Code d'Instruction criminelle, que le délit correctionnel même flagrant, ou réputé tel, ne peut être constaté par le procureur du roi ou ses auxiliaires ; les termes de la loi ne permettent pas de pousser jusque là l'exception à la règle commune.

En dernier lieu, M. Carré (3), après avoir circonscrit la compétence des juges de paix dans les termes des articles 32 et 46 du Code d'Instruction criminelle, ajoute : « Cependant M. Legraverend (4) estime que, hors ces cas, les officiers de police auxiliaires peuvent constater les crimes et délits, lorsqu'il y a urgence ou péril dans la demeure, parce que cette circonstance donne, en quelque sorte, à l'affaire le caractère de flagrant délit.

(1) Remarquez que les art. 135, 157 de l'ordonnance, en restreignant le droit des officiers de gendarmerie pour instruire, ne dérogent pas au droit d'arrestation résultant pour eux des art. 175, 179, 180 et 186 relatés plus haut.

(2) *V.* DALLOZ, *Rép.*, au mot *Instruction criminelle*, t. IX, p. 495. — Dans le même sens, BOITARD, *Leçons sur le Code d'Inst. crim.*, p. 80, 91.

(3) *V.* CARRÉ, *Droit français...*, t. IV, p. 519, 520.

(4) *V.* LEGRAVEREND, *Lég. crim.*, t. I, p. 181, à la note.

A la suite de cette note, 5me édition, p. 177, t. I, M. DUVERGIER a écrit : « M. BOURGUIGNON ne partage point cette opinion, qui ajoute, dit-il, à la loi, et conduit par conséquent à l'arbitraire. M. LEGRAVEREND repousse ce reproche dans une note qu'il a laissée manuscrite : il fait remarquer qu'il a été au contraire le premier à repousser l'extension arbitraire qu'on a voulu donner aux art. 32 et 40 du Code d'instruction criminelle ; — que s'il rappelle comme un fait que les officiers de police judiciaire auxiliaires constatent les délits qui laissent des traces après eux, lorsqu'il y a urgence et péril en la demeure, il est évident qu'on ne doit pas isoler cette observation de la définition qu'il donne du flagrant délit ; et qu'enfin l'ordonnance du 29 octobre 1820, art. 175 et 179, charge les gendarmes de dresser des procès-verbaux, pour constater les crimes et délits, dans les cas indiqués. »

M. Bourguignon ne partage point cette opinion (1), qui,
dit-il, ajoute à la loi et par conséquent conduit à l'arbitraire. Nous répondrons, à l'appui de l'opinion de
M. Legraverend, que l'on n'a point à redouter les abus
de l'arbitraire, lorsqu'il y a vraiment urgence à consta-
tater le corps d'une infraction et à en saisir les traces,
qui pourraient échapper dans l'intervalle qui s'écou-
lerait entre l'avis donné par l'officier de police au procureur du roi, et la présence de ce magistrat (2), ou
l'envoi d'une délégation qu'il donnerait à un officier auxiliaire, afin de procéder à sa place ; le cas d'urgence nous
semble régulariser les actes, qui, en toute autre circonstance, auraient été incompétemment dressés. »

Toutes ces citations prouvent que, malgré leur désir
de faire prévaloir les règles d'une légalité stricte et absolue, des écrivains éminemment recommandables ont
ressenti l'inconvénient de retenir indéfiniment le bras
des officiers de police judiciaire, dès que ces règles viendraient l'entraver au préjudice de la chose publique.

En résultat, se fondant sur cette grave considération,
débattue au Conseil d'Etat, que le procureur du roi,
partie poursuivante, ne peut être chargé de l'instruction,
qui doit être réservée au ministère du juge ; et encore
sur l'interprétation résultant des articles 155, 157 de
l'ordonnance du 29 octobre 1820 ; enfin, sur le texte
même des articles 32 et 46 du Code d'Instruction criminelle, qui font exception au droit commun, M. Legraverend dans son explication des principes généraux du
flagrant délit, et MM. Bourguignon et Dalloz resserrent

---

(1) *V.* BOURGUIGNON, *Jurisp. des Cod. crim.*, t. I, p. 255, 256, et, dans le
même sens, DALLOZ, *Rép.*, au mot *Instruction criminelle*, t. IX, p. 494.

(2) Il aurait fallu dire... *du juge d'instruction* : si l'officier de police auxiliaire
n'était pas compétent, le procureur du roi ne le serait pas davantage, et ne
pourrait ni se transporter seul, ni déléguer.

étroitement les pouvoirs du procureur du roi, et par conséquent les pouvoirs de ses auxiliaires, dans le cercle infranchissable pour eux décrit par ces articles 32 et 46, doctrine qui est rigoureusement conforme à la lettre nue du texte cité.

M. le procureur du roi de la Seine, faisant l'exception aussi large que la règle, admet, sans distinction, le pouvoir d'instruire et de faire arrêter, dans tous les cas, en faveur du procureur du roi et de ses auxiliaires, ce qui nous semble exagéré.

Enfin, M. Carré admet un tempérament qui étendrait l'exception, tout en maintenant la règle, et qui permettrait au procureur du roi et à ses auxiliaires d'agir, au défaut du juge d'instruction, dans tous les cas d'urgence, pour lesquels il y aurait péril en la demeure, quelles que fussent la nature du fait et la peine encourue.

Cette interprétation de la loi peut paraître moins libérale envers les individus que celle qui est adoptée par MM. Bourguignon, Legraverend, Dalloz et Boitard; mais elle est plus conforme aux intérêts et aux besoins de la société. D'ailleurs, l'opinion de M. Carré, à laquelle nous nous rangeons, et qui est généralement suivie dans la pratique, se justifie et se confirme par l'autorité de M. Legraverend lui-même, de MM. Carnot, Foucart, De Molènes, Massabiau, des auteurs de la Thémis, des instructions du ministre de la justice, des procureurs-généraux et procureurs du roi, par les textes des articles 16 du Code d'Instruction criminelle, 175, 179, 180 et 186 de l'ordonnance du 29 octobre 1820, 5 de la loi du 7 pluviose an IX, 17 de la loi du 18 pluviose an IX, et par l'arrêt de la Cour de cassation du 30 mai 1823.

M. Armand Dalloz, en accueillant cette dernière solution, dans son Dictionnaire de Jurisprudence, au mot *Instruction criminelle*, n° 98, s'exprime ainsi : « La lettre de la loi semble être pour la première opinion ; la pratique et la raison sociale sont pour la seconde.... M. Legraverend lui-même semble adopter le tempérament qu'admet M. Carré... Cette concession prouve que la raison de M. Legraverend se débattait contre le texte inintelligent de l'article 32 du Code d'Instruction criminelle. »

Au surplus, nous ajouterons quelques réflexions, à l'appui des motifs déjà déduits en faveur de l'avis auquel nous accordons la préférence.

Les officiers de police judiciaire sont les sentinelles avancées de la justice ; chacun d'eux a son rang à garder, son poste à occuper, sa mission à remplir ; tous concourent, en se prêtant une mutuelle assistance, aux mêmes fins : la découverte de la vérité.

Surveillant de l'ordre public, le procureur du roi recueille les renseignemens, recherche et poursuit. Et comme son regard ne peut se porter à la fois sur tous les points et s'étendre incessamment jusqu'aux dernières limites de son ressort, des auxiliaires lui ont été donnés, pour le suppléer au besoin.

Un fait punissable est-il dénoncé, découvert ? il s'agit de le constater, de l'apurer, de le prouver ; c'est la tâche du juge d'instruction.

Ainsi, en général, le procureur du roi et ses auxiliaires recherchent et ne constatent pas ; à eux la surveillance, la poursuite ; au juge l'instruction : voilà le principe.

Or, ce principe n'est pas inflexible : une loi qui domine tout, la nécessité, a fait comprendre qu'il était souvent utile, quelquefois indispensable qu'il fût modifié. De là, les exceptions introduites par les articles 32 et 46 du Code d'Instruction criminelle. Si les circonstances sont graves et pressantes, le procureur du roi et ses auxiliaires seront investis momentanément des pouvoirs du juge d'instruction.

Mais', hors les cas spécifiés par les articles 32 et 46 du Code d'Instruction criminelle, si quelque nécessité imprévue se faisait sentir, si l'intérêt de la société exigeait que les limites de l'exception fussent dépassées, faudrait-il cependant s'y renfermer, aux risques de ce qu'il pourrait en advenir ? Pourrait-on dire : périsse la vérité, plutôt qu'une conséquence logique rigoureusement déduite ? Nous ne saurions l'admettre, sans que nous voulions prétendre que les règles de la loi soient illusoires, et qu'elles doivent être arbitrairement violées.

Gardons-nous d'une circonspection trop méticuleuse, et d'une facilité excessive.

D'une part, on craint l'arbitraire. Ah ! sans doute, l'arbitraire est chose détestable.

Mais les magistrats ont-ils donc une conscience inerte ? sont-ils, après tout, abandonnés sans frein aux fougues capricieuses d'une volonté dont les écarts seraient exempts de toute répression ? ne sont-ils pas sous la surveillance continuelle de supérieurs attentifs ? ne sont-ils pas justiciables de l'opinion publique, dont nul ne peut braver impunément la censure et l'autorité ? enfin, peuvent-ils ignorer qu'ils s'exposeraient, en faisant de l'arbitraire, en délinquant, à la prise à partie, aux poursuites des individus dont ils auraient malicieusement méconnu les droits et froissé les intérêts ?

D'un autre côté, une sollicitude inquiète et ombrageuse ne calculerait pas les perturbations qui pourraient résulter, pour l'administration de la justice, d'un déplacement fréquent et désordonné des pouvoirs.

Il faut des garanties pour les prévenus, parce qu'ils sont provisoirement réputés innocens ; il en faut aussi pour la société qu'ils sont inculpés d'avoir blessée : c'est à la prudence à exclure les abus.

« Les fonctions de la police judiciaire sont délicates ;

si les principes en sont constans, leur application, du moins, est modifiée par mille circonstances qui échappent à la prévoyance des lois, et ces fonctions ont besoin, pour s'exercer, d'une sorte de latitude de confiance. » Ainsi s'exprimait la loi en forme d'instruction du 29 septembre 1791.

Ajoutez, avec M. Legraverend (1), que « l'intérêt public doit être pris en considération dans la manière d'exécuter les lois qui sont faites pour le bien de tous. »

Ces maximes nous serviront de point de départ.

Un crime a été commis; ignoré pendant quelque temps, il est enfin découvert; mais il n'est plus flagrant. Cependant les traces, à demi-effacées, en sont encore saisissables; le corps du délit n'est pas encore entièrement détruit; les preuves, qui dépérissent rapidement, ne sont pas totalement évanouies; les pièces de conviction peuvent encore être appréhendées; du reste, il n'y a pas un moment à perdre; et, si l'on ne se hâte, elles vont être soustraites, car l'éveil a été donné au coupable : qu'il faille attendre pendant quelques jours (2) l'arrivée du juge d'instruction, ou une délégation de ce magistrat, et l'officier de police auxiliaire qui était sur les lieux, réduit à l'impuissance d'agir en temps opportun, n'aura plus qu'à répéter l'avis stérile d'un forfait dénué de preuves, et dont l'auteur aura disparu.

Ou bien encore, le domicile d'un citoyen a été violé; un délit a jeté la désolation dans l'intérieur d'une famille; un attroupement séditieux, un vol considérable, des violences envers les personnes ou les propriétés, des

(1) *V.* LEGRAVEREND, *Lég. crim.*, t. I, p. 192.

(2) Nous disons à dessein *quelques jours* : car il est des chefs-lieux d'arrondissemens très éloignés de quelques points de leur territoire, avec lesquels les communications sont généralement difficiles, et souvent interrompues tout-à-fait.

actes attentoires à la liberté des cultes, auront mis en émoi toute une contrée, soulevé une indignation qui menace d'éclater et d'occasionner les plus graves désordres : l'officier de police devra rester inactif, dans le premier cas, s'il n'est requis par le chef de famille d'interposer une autorité protectrice ; il sera sans force, dans les derniers : les preuves que lui seul pouvait utilement recueillir échapperont à la justice ; peut-être les circonstances aggravantes qui devaient élever le fait de la proportion d'un simple délit à celle d'un crime, auront été dissimulées et n'apparaîtront plus ultérieurement.

Il y a plus : dans ces divers cas, des hommes redoutés pour leurs méfaits ou pour leurs emportemens, mais domiciliés ; des hommes sans asile, et dont la présence instantanée et précaire est un danger sur le sol qu'ils foulent, garderont leur pernicieuse liberté, en présence de l'officier de police judiciaire désarmé ; ou ils pourront s'assurer, par la fuite, une impunité scandaleuse et déplorable.

Ainsi le voudraient les formes ; ainsi faudrait-il conclure des dispositions des articles 32, 40, 41 et 46 du Code d'Instruction criminelle, interprétés qu'ils seraient par une logique trop abstraite.

Les formalités sont salutaires de leur nature, car elles renferment des principes d'ordre : ici elles seraient funestes.

Aussi n'est-ce pas dans ce sens borné que nous pensons qu'elles doivent être comprises et suivies ; et personne, sans doute, en présence des hypothèses que nous venons de proposer pour exemples, ne soutiendrait que le droit strict dût mettre un obstacle aux actes que commandent la raison et la nature des choses.

Assurément, si un officier de police judiciaire avait rédigé des procès-verbaux de constat, recueilli des preuves, saisi les instrumens ou les produits du crime ou du délit; s'il avait délivré la société de la présence inquiétante d'un homme redoutable, accablé par des indices accusateurs trop pressans pour qu'il pût paraître complétement innocent, et qu'il l'eût fait conduire devant le juge d'instruction chargé de statuer provisoirement ; cet officier de police judiciaire n'aurait pas mérité le blâme ; il n'aurait pas encouru la peine réservée à l'arbitraire, car la loi ne réprime et ne punit que ce qui est injuste et répréhensible, selon les expressions de M. Legraverend. Nous ajoutons qu'il n'aurait fait que remplir un devoir.

Peut-être, comme le fait remarquer l'instruction de M. le procureur du roi de la Seine, les procès-verbaux de l'officier de police auxiliaire feront-ils moins de foi que s'il eût agi en vertu de pouvoirs mieux définis et à l'abri de toute discussion; mais les choses matérielles qu'il aura saisies subsisteront ; et, pour le reste, il aura conservé au juge d'instruction les élémens d'une procédure régulière, qui deviendra d'autant plus exacte et d'autant plus complète qu'elle aura été préparée. D'ailleurs, ceux qui auront à juger sur ces premières procédures, tiendront compte à l'officier de police auxiliaire des difficultés de la position où il se sera trouvé ; ils apprécieront le mérite de ses diligences, la loyauté de sa conduite, la véracité de ses procès-verbaux ; leur conscience prononcera ensuite. Après tout, ce n'est pas de ce qui sera jugé sur ses actes que doit s'occuper l'officier de police judiciaire, mais de faire consciencieusement son devoir en toute occasion.

Nous estimons donc, en dernière analyse, que hors le cas de *crime flagrant* (1), et de crime ou délit commis dans l'intérieur d'une maison, dont le chef aurait fait

(1) *V.* art. 32 du *Cod. d'Inst. crim.*

une réquisition afin de constat (1), les juges de paix, en leur qualité d'officiers de police auxiliaires, devraient, *en général*, s'abstenir de tous actes d'instruction, et se borner à recueillir des renseignemens, à recevoir les dénonciations ou les plaintes, et à informer sur-le-champ le procureur du roi, en lui envoyant les pièces qui leur seraient parvenues (2).

Mais, s'il y avait urgence, péril en la demeure, impossibilité d'obtenir à temps une délégation du juge d'instruction, ou d'espérer l'arrivée prompte de ce magistrat; soit qu'il s'agît d'un crime *non flagrant*, soit qu'il s'agît d'un *délit flagrant ou non*, le juge de paix serait autorisé, selon nous, par son caractère d'officier de police judiciaire, à constater les faits ; à entendre les personnes présentes sur les lieux, qui auraient des déclarations à faire, et qui pourraient peut-être, en cas de simple délit présumé, révéler des circonstances aggravantes; à interroger le prévenu ; à saisir les instrumens du crime ou du délit, ou à les mettre sous le scellé, s'il y avait lieu. Il devrait, dans cette occurrence, opérer comme dans les cas ordinaires de flagrant délit, suivant les règles tracées par l'article 32 du Code d'Instruction criminelle, que nous expliquerons plus loin, et dresser des procès-verbaux de ses opérations.

Toutefois, il devrait s'abstenir de visites domiciliaires, *autant que possible*, et ne jamais passer outre, *s'il rencontrait de l'opposition*.

Il ne pourrait décerner des mandats d'*aucune sorte*.

Si le prévenu, domicilié dans l'arrondissement, était un repris de justice, un homme mal famé, dont la présence serait redoutée ou dangereuse dans la localité;

(1) *V*. art. 46 du *Cod. d'Inst. crim.*
(2) *V*. art. 29, 48, 54, 64, *Ibid.*

si, s'agissant d'un crime non flagrant, ou d'un délit flagrant, il y avait à présumer que le prévenu, fortement chargé, tentât de se soustraire par la fuite à un juste châtiment : ou encore, si le prévenu était un vagabond, un homme sans ressources, sans aveu et sans domicile; s'il y avait lieu de craindre qu'il ne disparût avant qu'un mandat du juge d'instruction pût l'atteindre ; dans ces divers cas, le juge de paix pourrait faire saisir le prévenu par la gendarmerie, et le faire conduire devant le juge d'instruction, en même temps qu'il enverrait les procédures au procureur du roi.

Au reste, nous insistons pour recommander aux juges de paix, que dans ces circonstances extraordinaires et exceptionnelles, ils prennent pour règle de leur conduite une extrême prudence, à l'égard surtout de l'arrestation des personnes compromises ; et que, dans le doute, ils se décident toujours, comme le conseille M. Legraverend, en faveur de la liberté des citoyens qui auraient le malheur d'être inculpés.

56. Les juges de paix participent encore à l'instruction des procédures criminelles en ce qu'ils peuvent recevoir et doivent exécuter les commissions rogatoires qui leur sont adressées ou déférées par le juge d'instruction, ou de la part d'autres officiers ou magistrats remplissant des fonctions analogues ; et, dans ce cas, ils peuvent faire, en se conformant à l'acte qui les délègue, tout ce qui serait de la compétence du juge d'instruction, sans pouvoir néanmoins prononcer de condamnations, ni décerner de mandats, comme nous l'expliquerons plus bas.

La *commission rogatoire* est un acte au moyen duquel un magistrat charge ou requiert un autre magistrat, ou un officier de police judiciaire, de recevoir la déclaration d'un témoin éloigné, de prendre l'interrogatoire d'un prévenu, de constater un fait, enfin de procéder à une opération quelconque.

Les articles 52, 83, 84, 90, 237, 283, 303 du Code d'Instruction criminelle énoncent des cas de commissions rogatoires; mais ces articles ne sont pas limitatifs.

Le juge d'instruction pourrait, par exemple, commettre un juge de paix pour faire les visites, perquisitions et autres procédures mentionnées dans les articles 35 à 39, 87 à 90 du Code d'Instruction criminelle.

En effet, le droit de délégation tient essentiellement aux règles générales de la procédure criminelle (1).

57. Le juge d'instruction ne pourrait cependant déléguer à un juge de paix le pouvoir de décerner les mandats *d'amener*, *de dépôt* et *d'arrêt*, nulle loi ne l'y autorisant, et l'article 283 du Code d'Instruction criminelle le lui défendant implicitement; d'où la conséquence que le juge de paix auquel un tel pouvoir aurait été illégalement conféré, devrait s'abstenir d'en faire usage.

---

(1) « Quelques magistrats ont cru, d'après les art. 83 et 84 du Code d'Instruction criminelle, que le juge d'instruction ne pouvait déléguer la faculté de recevoir les dépositions de témoins résidant hors de son canton ou de son arrondissement, qu'autant que ces témoins étaient dans l'impossibilité de comparaître devant lui, et que cette impossibilité était constatée par un certificat d'officier de santé : c'est une erreur. Le droit de déléguer tient aux règles générales de la procédure criminelle; il est d'ailleurs rappelé par plusieurs dispositions du Code d'Instruction. Les art. 83 et 84 ne sont pas limitatifs, mais ils indiquent, dans un cas particulier, la marche à suivre par le juge instructeur, lorsqu'il est obligé de déléguer une partie de ses fonctions; et il doit s'y conformer exactement dans tous les autres cas où il peut y avoir lieu de déléguer. Ces cas sont très fréquens : le juge d'instruction ne doit se déplacer que dans des circonstances graves ou urgentes; il doit aussi éviter, autant que possible, de faire citer devant lui des témoins éloignés... » — Circ. du Ministre de la justice, des 23 septembre 1812 et 9 avril 1825.

Le juge de paix lui-même peut déléguer dans certaines circonstances. *V.* nos 150, 250.

Mais le droit de décerner le mandat de *comparution*
peut-il être délégué?

L'article 283 du Code d'Instruction criminelle ne le
défend pas, et semble, par son silence, l'avoir permis.
D'ailleurs, cette mesure, en elle-même, n'a rien de
rigoureux, puisqu'un tel mandat n'est autre chose qu'une
citation à comparaître. Nous ne voyons pas d'inconvénient à ce que le juge de paix, commis pour interroger
un prévenu, soit pourvu des moyens de le faire comparaître, ou de le mettre en demeure d'obéir à la justice et
de venir présenter sa défense. Tel est l'effet du mandat
de comparution; tel ne serait pas celui d'un simple
avertissement, qui pourrait être négligé impunément,
tandis que la désobéissance au mandat de comparution
déterminerait le juge d'instruction à décerner le mandat
d'amener, conformément à l'article 91 du Code d'Instruction criminelle (1).

58. Il ne sera pas hors de propos de nous occuper
ici d'une autre question, relative au mandat de dépôt:

---

(1) Relativement au mandat de comparution, il faut consulter les art. 95,
96, 97 du *Code d'Instruction criminelle.*
En voici la forme :

MANDAT DE COMPARUTION.

Nous, N*** , juge de paix du canton de , arrondissement de , département de , agissant en vertu
de la commission rogatoire de M. , juge d'instruction de ,
en date du , mandons et ordonnons à tous huissiers ou agens de
la force publique, de citer à comparaître devant nous, en notre cabinet,
à , le nommé , profession d , demeurant
à , le à heure du , à
l'effet d'y être interrogé et entendu sur les faits à lui imputés, et de lui déclarer que, faute de ce faire, il sera contre lui décerné mandat d'amener.
    Fait à , le

        Sceau.   *Signature.*

au cas de l'article 86 du Code d'Instruction criminelle, le juge de paix délégué aurait-il qualité pour décerner le mandat de dépôt ?

M. Legraverend (1) lui accorde ce droit ; M. Carnot (2) est du même avis, se fondant sur ce que l'article 86 se sert de l'expression générique *le juge* (3).

M. Bourguignon (4) et M. Carré (5) pensent que le juge de paix doit se borner à constater la fausseté de l'excuse, par un procès-verbal, qui doit servir de base à un mandat de dépôt, et à l'amende que le juge d'instruction prononcera, sur les réquisitions du procureur du roi. M. Carré se détermine par la considération que tout mandat de dépôt suppose la rétention de celui contre lequel il est donné dans le lieu où se trouve le juge devant lequel il aurait à comparaître, qui est ici le juge d'instruction.

Nous nous rangeons à l'avis de MM. Bourguignon et Carré. Nous ajouterons : il est reconnu que le juge d'instruction ne pourrait pas déléguer le droit de lancer le mandat de dépôt ; si la loi eût voulu permettre au juge de paix, qui n'exerce ici que des fonctions étrangères, de décerner ce mandat, elle l'eût exprimé formellement, comme elle avait dit, article 49, qu'elle lui accordait tous les pouvoirs du procureur du roi au cas de flagrant délit, sans exception de la faculté nécessaire de décerner les mandats de dépôt et d'amener, autorisés par les articles 34 et 40.

(1) *V.* Legraverend, *Lég. crim.*, t. I, p. 500.

(2) *V.* Carnot, *de l'Inst. crim.*, t. I, p. 571.

(3) Art. 86 du *Cod. d'Inst. crim.* : « Si le témoin... n'était pas dans l'impossibilité de comparaître..., le *juge* décernera mandat de dépôt, tant contre le témoin que contre l'officier de santé qui aura délivré le certificat... (attestant la maladie ou incapacité de comparaître.) »

(4) *V.* Bourguignon, *Jurisp. des Cod. crim.*, t. I, p. 194.

(5) *V.* Carré, *Droit français...*, t. IV, p. 561.

Ici, il n'y a pas urgence à ce que le témoin et l'officier de santé soient incarcérés ; il convient donc de s'en remettre à la prudence du juge d'instruction, pour la délivrance du mandat de dépôt : d'autant plus que ce magistrat, qui est juge de la conduite du témoin et de l'officier de santé, pourrait ne pas la qualifier comme le juge de paix, et la trouver excusable.

59. L'ordre hiérarchique des juridictions doit être observé ponctuellement à l'égard des commissions rogatoires.

Ainsi, un juge de paix ne peut être commis *directement* que par le juge d'instruction de son arrondissement (1), par le conseiller délégué de la chambre d'accusation du ressort (2), ou par les présidens des Cours d'assises (3) ; de même qu'il ne peut recevoir de réquisitions que du procureur du roi de son arrondissement, ou du procureur-général du ressort (4).

Il n'est appelé que *médiatement* (5) à remplir les commissions rogatoires des juges d'instruction des autres arrondissemens, des officiers rapporteurs près les conseils de guerre, ou des magistrats des Cours où il ne ressortit pas, autres que les présidens des Cours d'assises.

Si ces commissions lui parvenaient autrement que par l'intermédiaire du juge d'instruction de son arrondissement, elles ne seraient pas valablement données ; le juge de paix serait sans pouvoir légal ; son devoir serait d'informer sur-le-champ le procureur du roi, pour qu'il relevât l'irrégularité, et la fît réparer.

(1) *V*. art. 83, 84 du *Cod. d'Inst. crim.*
(2) *V*. art. 283, *Ibid.*
(3) *V*. art. 303, *Ibid.*
(4) *V*. art. 52, 274, 279, *Ibid.* — *V*. néanmoins art. 283 du même *Code.* — Nº 49.
(5) *V*. art. 84 du *Cod. d'Inst. crim.*

60. Toutes les attributions faites au juge de paix sont communes à ses suppléans, qui, à son défaut, ont qualité, suivant l'ordre de leur nomination, pour opérer dans toutes les circonstances où il serait compétent.

Il est arrivé pourtant que des juges de paix, se trouvant malades au moment où des commissions rogatoires leur parvenaient, se soient crus obligés d'en différer l'exécution jusqu'à leur rétablissement, quoiqu'ils eussent des suppléans, retard qui pouvait avoir des inconvéniens majeurs.

L'hésitation provenait de ce que le Code d'Instruction criminelle n'ayant pas parlé des suppléans des juges de paix, comme il avait désigné expressément au nombre des officiers de police judiciaire les adjoints des maires (1), on supposait que la loi avait interdit aux juges suppléans les fonctions de la police judiciaire.

Bien plus, l'article 144 du Code d'Instruction criminelle, qui confie au maire les fonctions du ministère public près le tribunal de simple police, l'autorise à se faire remplacer par son adjoint; tandis que l'article 141 dispose : « que le juge de paix connait *seul* des affaires attribuées à son tribunal. » De là un second motif de croire à l'exclusion des suppléans.

M. Paillet, dans ses notes sur notre article 141, rapporte que M. Hautefeuille, à la page 107 de son Traité de procédure criminelle, professe que le juge de paix ne peut être remplacé par son suppléant, dans les matières de police. L'annotateur rejette, avec raison, selon nous, cette opinion.

L'article 2 de la loi du 29 ventôse an IX, disposait ainsi : « Le juge de paix remplira *seul* les fonctions.... » C'est que l'article 1er de cette loi supprimait les assesseurs, qui assistaient précédemment le juge de paix : mais l'article 3 remplaçait les assesseurs par des suppléans, qui, en cas de maladie, d'absence, ou autre empêchement du juge de paix, étaient chargés de remplir ses fonctions.

Le mot *seul* de l'article 2 de la loi du 29 ventôse an IX, et de l'article 141 du Code d'Instruction criminelle, signifie donc uniquement que le juge de paix, exerçant ses fonctions, ne doit pas être assisté de suppléans (1).

Sous l'empire de la loi du 29 ventôse an IX, la Cour de cassation décidait que le juge de paix pouvait, comme juge de police, être remplacé par un de ses suppléans, en cas de maladie, d'absence, ou d'empêchement (2).

Notre question a été préjugée dans le même sens par la Cour de cassation, le 7 novembre 1821, par arrêt qui décide que les suppléans des juges de paix ne sont pas exempts du service des jurés, « à moins qu'ils n'aient rempli, dans les affaires à juger, les fonctions d'officiers de police judiciaire. »

Enfin, un autre arrêt de la même Cour, du 30 septembre 1831, vient à l'appui, en déclarant les suppléans des juges de paix exempts du service de la garde nationale, « attendu qu'ils peuvent être appelés à chaque instant à remplir les fonctions d'officiers de police judiciaire, et à requérir la force publique. »

Tenons donc pour certain que le premier suppléant, et, à défaut de celui-ci, le second suppléant, remplace, *de droit*, le juge de paix absent, malade, ou autrement empêché, soit que le juge de paix ait à opérer comme officier de police auxiliaire, d'après les dispositions de la loi, soit qu'il ait à remplir une commission rogatoire,

(1) *V.* dans ce sens, SIREY, t. XVII, IIme partie, p. 246.
(2) *V.* Arr. cass. des 2 frimaire an XIV et 7 juillet 1809.

et quand bien même cette commission ne s'en expliquerait pas.

Lorsqu'un suppléant remplace un juge de paix, la cause de l'empêchement n'a pas besoin d'être indiquée, parce que la présomption de droit est pour l'empêchement légitime (1); mais le suppléant doit exprimer dans ses actes qu'il n'agit que pour cause de l'empêchement du juge de paix, car il n'appartient à personne de substituer arbitrairement un juge à celui que la loi avait donné; et, d'autre part, les actes judiciaires doivent porter en eux-mêmes la preuve de leur légalité (2).

61. Le juge de paix procédant *publiquement* à une instruction judiciaire aurait le droit d'appliquer les articles 504 et 505 du Code d'Instruction criminelle contre ceux des assistans qui donneraient des signes d'approbation ou d'improbation, qui exciteraient du tumulte, qui l'outrageraient ou qui se porteraient envers lui à des voies de fait.

Mais il est pour cela de condition essentielle que l'instruction soit *publique.*

Si le juge avait, par irrégularité, toléré la présence d'étrangers à des actes ou à des opérations qui, de leur nature, doivent être secrets, et que quelques-uns des assistans s'écartasssent du respect que l'on doit aux organes de la loi, le juge, étant lui-même la cause première de cette irrévérence, ne pourrait pas user contre eux du droit d'arrestation, qui est donné pour maintenir l'ordre dans les audiences publiques. Il ne pourrait, en cette circonstance, qu'expulser les perturbateurs, dresser procès-verbal des délits qu'ils auraient commis, et en provoquer la poursuite dans les formes usitées.

---

(1) *V.* Arr. cass. du 6 avril 1819.
(2) *V.* FAVARD DE L'ANGLADE, *Rép.*, au mot *Justice de paix*, t. III, p. 193.

62. Le juge de paix opérant dans les termes de sa compétence, comme elle a été précédemment définie, devra-t-il toujours être assisté de son greffier?

Cette question doit être divisée.

Le juge de paix, procédant sur délégation du juge d'instruction, a mission de recevoir des dépositions de témoins, des interrogatoires de prévenus, de faire des visites domiciliaires, ou enfin de dresser des procès-verbaux de constat.

Dans ces divers cas, il doit suivre toutes les règles établies pour le juge d'instruction lui-même; or, ce magistrat n'opère jamais sans son greffier: cela s'induit implicitement de l'article 73 du Code d'Instruction criminelle, et se trouve expressément prescrit par l'article 62 du même Code.

Que si le juge de paix agit comme officier de police judiciaire seulement, il est évident qu'à ce titre ses fonctions ne consistant qu'à informer le procureur du roi des crimes et délits dont il acquiert la connaissance, et à lui transmettre les avis ou les pièces qui seraient déposés entre ses mains (1), l'emploi du greffier n'est aucunement nécessaire.

Que si, enfin, le juge de paix agit comme officier de police auxiliaire, là se présente réellement la difficulté ou le doute.

Selon M. Carré (2), qui suit l'opinion de M. Levasseur, le juge de paix pourrait opérer seul, par la raison que d'autres officiers auxiliaires, de même que le procureur du roi, n'ont pas de greffier; ou du moins la présence du greffier ne serait-elle pas, en ce cas, absolument nécessaire (3).

---

(1) *V*. n° 41. — Art. 29 du *Cod. d'Inst. crim.*

(2) *V*. CARRÉ, *Droit français...*, t. IV, p. 346.

(3) *V*. en sens contraire, CARNOT, *de l'Inst. crim.*, t. I, p. 230. — BOURGUIGNON, *Jurisp. des Cod. crim.*, t. I, p. 170.

Une circulaire du ministre de la justice, du 11 février 1824, peut jeter quelque lumière sur la question. Cette circulaire, de l'avis du Conseil d'Etat, comité des finances, décide que le procureur du roi a le droit de se faire accompagner d'un greffier, bien qu'il n'y en ait pas d'attaché au parquet. Elle décide également que quand le procureur du roi ou le juge de paix se fait accompagner d'un greffier, celui-ci a droit à l'indemnité fixée par l'article 89 du décret du 18 juin 1811.

Ajoutons que M. Carnot (1), en rappelant que le juge d'instruction doit toujours être assisté d'un greffier, en donne pour motif que : « Le juge d'instruction ne peut pas être chargé de l'opération mécanique de la rédaction de ses procès-verbaux, car cela nuirait nécessairement à la surveillance active qu'il doit avoir, et qui exige toute l'attention dont il est capable. »

Or, ce même motif a pu déterminer le Conseil d'Etat à accorder un greffier au procureur du roi, et à allouer une taxe à ce greffier, comme à celui dont se fait accompagner le juge de paix.

Ce même motif nous paraît déterminant pour conclure qu'il est convenable que le juge de paix, procédant comme officier de police judiciaire, se fasse toujours assister de son greffier.

Au reste, à quelque titre qu'agisse le juge de paix, il est certains actes qui peuvent être reçus et donnés sans assistance du greffier : tels sont les plaintes et dénonciations, les ordonnances rendues pour faire citer des témoins, les mandats, les réquisitoires adressés à la gendarmerie, les exécutoires de taxes, etc.

63. Si le greffier était absent, malade, ou autrement

(1) *V.* CARNOT, *de l'Inst. crim.* t. J, p. 299.

empêché, le juge de paix aurait la faculté de le faire remplacer momentanément par le premier individu qui se présenterait, ayant l'âge requis, c'est-à-dire 25 ans (1), qu'il nommerait d'office. Ce greffier temporaire prêterait serment, entre les mains du juge de paix, de remplir fidèlement les fonctions qui lui seraient confiées, et il serait fait mention, au procès-verbal, de l'empêchement du greffier ordinaire, de la commission et du serment du remplaçant.

64. En leur qualité d'officiers de police judiciaire, les juges de paix sont soumis à la surveillance du procureur du roi et du procureur-général, dont ils doivent exécuter les ordres. En cas de négligence, ils sont passibles de peines de discipline. Ils peuvent être condamnés aux frais de leurs procédures annulées (2).

(1) Argument de l'art. 2, tit. IX, de la loi du 16 août 1790.
(2) *V.* art. 27, 279, 280, 281, 415 du *Cod. d'Inst. crim.* — Art. 45 de la loi du 20 avril 1810.

CHAPITRE III.

=

65. C'est dans la main du procureur du roi que se réunissent tous les renseignemens recueillis par les autres officiers de la police judiciaire ; c'est lui qui est spécialement chargé de la poursuite de tous les crimes et de tous les délits dont la connaissance appartient aux tribunaux de police correctionnelle et aux Cours d'assises (1).

Le juge de paix est, dans son canton, l'œil du procureur du roi ; sa surveillance doit être éclairée, active, continue. Il doit se mettre en mesure de connaître toutes les infractions aux lois pénales qui se commettent sur son territoire : il est bien que, dans ce but, il s'établisse des communications fréquentes entre lui et les autres officiers de police auxiliaires, maires, adjoints, commissaires de police, officiers ou sous-officiers de gendarmerie, qui résident dans son ressort.

66. Dès qu'un crime ou délit, de quelque nature ou

(1) *V.* art. 22 du *Cod. d'Inst. crim.*

de quelque gravité qu'il soit, parvient à sa connaissance, il doit en instruire le procureur du roi sur-le-champ, lors même qu'un autre fonctionnaire, également informé, aurait rempli ce devoir, et transmettre au parquet les renseignemens, procès-verbaux, actes ou pièces qui lui seraient parvenus (1).

M. Levasseur (2) a écrit, à cet égard, que le juge de paix doit informer le procureur du roi dans les vingt-quatre heures, et il a voulu faire entendre par là que l'avis doit être donné dans un bref délai.

Nous poserons pour règle, que dans les cas ordinaires, non urgens, le juge de paix doit informer le procureur du roi par le courrier le plus prochain du moment où il a eu connaissance du crime ou délit, et ne pas même attendre le courrier, s'il se présentait une occasion sûre, qui fut plus célère : comme une correspondance de la gendarmerie, etc.

Mais, dans les cas de crimes capitaux, ou d'une grande importance, il doit prévenir le procureur du roi par un exprès. La gendarmerie, sur sa réquisition, lui fournirait, à cette fin, une ordonnance ou estafette (3).

Un motif déterminant pour employer cette voie expéditive, dans toutes les circonstances assez graves pour nécessiter le transport des officiers de justice, c'est que ce serait fournir un moyen au procureur du roi et au juge d'instruction de se rendre plus incessamment sur les lieux, et, dans le cas où ils en seraient empêchés ou ne le jugeraient pas à propos, d'adresser, sans retard, au juge de paix des instructions pour la conduite des opérations qu'il aurait à faire.

(1) *V*. art. 29 du *Cod. d'Inst. crim.*
(2) *V*. *Manuel des Juges de paix*, p. 204, 222.
(3) *V*. art. 69 de l'Ordonnance royale du 29 octobre 1820, sur le service de la gendarmerie.

67. Les avis de crimes ou délits, que le juge de paix adresse au procureur du roi, doivent nécessairement contenir :

1° La nature, la gravité, l'importance et, autant que possible, les circonstances du crime ou du délit; de quelle manière et à quelle heure la connaissance en a été acquise;

2° Le jour, l'heure, le lieu, la commune où il a été commis;

3° Les noms, prénoms, professions et demeures des personnes lésées;

4° Les noms, prénoms, surnoms, professions et demeures des prévenus et des complices, s'ils sont connus et arrêtés; et, dans le cas contraire, leurs signalemens au moins, si leurs noms et domiciles sont inconnus, pour faciliter leur arrestation; enfin, la mention expresse de l'arrestation ou de la non-arrestation des auteurs et complices du crime ou délit;

5° La nomenclature des pièces de conviction qui auraient été saisies (1);

6° Les noms, prénoms, surnoms, professions, lieux d'habitation et communes des témoins, et, s'il est possible, l'indication des faits sur lesquels chacun d'eux doit déposer;

7° Tous autres renseignemens qui auraient été recueillis; les dispositions faites par le juge de paix, les recherches qu'il aurait commencées, etc.

Le procureur du roi a besoin de toutes ces données, pour se faire une idée exacte du fait et pour rédiger son réquisitoire au juge d'instruction; le juge d'instruction

---

(1) Ces pièces sont envoyées avec le prévenu, s'il est arrêté, en même temps que l'avis, à moins qu'il ne soit nécessaire de les retenir sur les lieux, pour éclairer les premières opérations.

lui-même sera, par ce moyen, mis en mesure de commencer immédiatement une information, et de décerner
tels mandats qu'il appartiendra.

68. Ce serait donc, de la part du juge de paix, ne
pas remplir complétement ses obligations, que de se
borner à écrire, comme cela arrive quelquefois: « Je
suis averti qu'un journalier a commis un vol, à........, chez
N......, fermier, qui était absent, mais dont les domestiques pourront donner des détails, » ou autres généralités
aussi vagues.

On ne peut poursuivre que pour des faits précis, qu'à
l'encontre de personnes distinctement désignées, comme
évidemment on ne peut informer qu'avec des noms de
témoins clairement établis.

C'est relativement aux prévenus surtout qu'on ne saurait donner des explications trop exactes et trop détaillées.
Les méprises, en cette matière, auraient de déplorables
résultats : il serait douloureux d'avoir poursuivi, ou d'a-
voir frappé de mandats, un individu innocent, qui, sur
une désignation négligée et vicieuse, aurait été confondu
avec le véritable coupable.

69. Si le juge de paix n'avait pas à sa portée, dans le
premier moment, tous les renseignemens dont nous venons de parler, cela ne le dispenserait pas d'instruire sur-
le-champ le procureur du roi; mais il devrait expliquer
l'insuffisance des documens par lui transmis, et annoncer
les diligences qu'il aurait commencées pour arriver à
la connaissance de plus amples détails.

Autrement, le procureur du roi, pouvant croire à
l'inexactitude du juge de paix, se verrait forcé d'entamer,
au détriment de ses autres occupations, une correspondance expresse, afin d'acquérir les documens qu'il lui est

indispensable de posséder pour prendre un parti, et qu'il n'aurait pas dû avoir la peine de demander.

70. Dans le cas même où le juge de paix est appelé à opérer sans retard, il n'est pas dispensé de donner avis sur-le-champ au procureur du roi et du fait et de ses diligences.

En effet, le procureur du roi peut juger utile de se rendre lui-même sur les lieux, et de requérir le transport du juge d'instruction. D'ailleurs, l'obligation où il est de tenir le procureur-général constamment informé de tous les crimes ou délits qui se commettent dans l'arrondissement, rend nécessaire qu'il en soit instruit lui-même le plus promptement possible.

71. Il est bien entendu que si le fait devait donner lieu, en ce qui concerne le juge de paix, à des procès-verbaux qu'il pût envoyer en même temps que l'avis, il serait superflu que la lettre d'envoi répétât les renseignemens contenus dans les procès-verbaux.

72. Enfin, il est de règle générale que toutes les lettres d'avis ou de renseignemens du juge de paix au procureur du roi doivent être *spéciales*, c'est-à-dire qu'il faut éviter de confondre dans une même lettre des objets différens.

La raison en est que les lettres doivent, le plus souvent, rester annexées aux dossiers des affaires qu'elles concernent, au moins pendant l'instruction. Si donc une même lettre se rapportait à deux ou à plusieurs dossiers à la fois, il y aurait embarras pour l'annexe, ou nécessité de copier les passages à séparer, ce qui entraînerait, pour le procureur du roi, surcroît de travail et perte de temps.

CHAPITRE IV.

==

73. Il existe, quant aux principes, des dissemblances entre la dénonciation et la plainte ; mais ces deux sortes d'actes ont aussi des rapports de parité, surtout dans la forme de leur rédaction : ce dernier motif nous a déterminé à les comprendre dans un même chapitre.

74. La *dénonciation* est l'action de déclarer à la justice un crime ou un délit, en désignant ou sans désigner l'auteur ou les auteurs de ce crime ou délit.

75. On distingue deux sortes de dénonciations :
1° *La dénonciation officielle :* C'est l'avis dont nous avons déjà parlé dans le chapitre précédent, et qu'est *tenu* de donner au procureur du roi, sur-le-champ, tout fonctionnaire ou officier public, toute autorité constituée, qui, dans l'exercice de ses fonctions, acquiert la connaissance d'un crime ou d'un délit (1).

---

(1) *V.* art. 29 du *Cod. d'Inst. crim.* — Art. 85 et suiv. du *Cod.* du 3 brumaire an IV.

Lorsque c'est hors de l'exercice de ses fonctions qu'une autorité constituée, un fonctionnaire ou officier public, acquiert la connaissance d'un crime ou d'un délit, il n'est tenu, en général, d'en donner avis au procureur du roi que lorsqu'il a été témoin : hors de cet exercice, en effet, les fonctionnaires et officiers publics rentrent dans la classe des simples citoyens. Mais lorsque c'est dans l'exercice de leurs fonctions qu'ils ont acquis cette connaissance, rien ne peut les dispenser d'en donner avis.

Remarquez qu'à cet égard les fonctions du juge de paix, comme officier de police judiciaire auxiliaire du procureur du roi, sont permanentes.

2° *La dénonciation civique* ou *privée*. Cette seconde espèce peut se diviser ainsi : *Dénonciation commandée par la loi*, et *dénonciation volontaire*.

La *dénonciation civique* que nous qualifions *dénonciation commandée par la loi*, est l'avis qu'est pareillement tenue de donner au procureur du roi, toute personne qui aura été témoin d'un attentat, soit contre la sûreté publique, soit contre la vie ou la propriété d'un individu (1).

C'est, ici, la circonstance d'avoir été témoin qui a déterminé l'injonction de la loi à l'égard d'un simple particulier, tandis que pour les personnes publiques il suffit qu'elles aient acquis la connaissance du fait dans l'exercice de leurs fonctions.

Au surplus, la loi n'impose aux fonctionnaires et aux citoyens qu'une obligation morale, dont l'infraction n'entraîne aucune peine. Cependant, nous estimons que les fonctionnaires, s'ils négligeaient l'accomplissement d'un

_____

(1) *V*. art. 30 du *Cod. d'Inst. crim.* — Art. 78 et suiv. du *Cod.* du 3 brumaire an IV.

devoir qui importe essentiellement à la société, ne seraient pas à l'abri de réprimandes.

La *dénonciation civique volontaire* est celle que nous
avons indiquée par la définition générique de la dénonciation (1), et que peuvent faire les citoyens toutes les fois
qu'ils ont acquis, de quelque manière que ce soit, la
connaissance d'un crime ou d'un délit.

76. Tout individu a qualité pour dénoncer une action criminelle, même sans avoir un intérêt direct ou
personnel à la répression du fait qu'il dénonce ; même
lorsque, lésé par le délit, il aurait transigé avec le coupable, pour ses intérêts civils.

77. Mais il n'est pas permis de faire des dénonciations sous des noms empruntés ou supposés, ni par lettres anonymes. Il faut que le dénonciateur s'avoue et
soit une personne connue ; la dénonciation faite par une
personne inconnue devrait être assimilée à une dénonciation anonyme (2).

78. Si le dénonciateur était noté d'infamie (3), on ne
devrait pas asseoir une procédure sur sa dénonciation ;
on devrait la regarder seulement comme un mémoire,

---

(1) *V*. nᵒ 74.

On comptait précédemment, en troisième lieu, la *dénonciation forcée*, qui
était prescrite, avec la sanction d'une peine, par les art. 103 à 108, 136 et
suiv., 144 et suiv. du Code pénal, abrogés par la loi du 28 avril 1832.

Quelqu'intérêt qu'ait la société à la répression des crimes contre la sûreté
de l'État ou contre la paix publique, la non-révélation de ces attentats n'est
plus punissable. Le législateur ne veut plus faire violence à la délicatesse
et à la conscience des citoyens ; il s'en remet à leur prudence et à leur
patriotisme.

(2) *V*. art. 31 du *Cod. d'Inst. crim.* — Art. 88 du *Code* du 3 brumaire an IV.

(3) *V*. art. 28 du *Cod. pén.*

comme un simple renseignement, et s'informer diligemment des faits qu'elle contient.

79. Les magistrats qui reçoivent les dénonciations doivent, au reste, examiner la nature des dénonciations et la qualité des dénonciateurs, à cause de l'obligation où ils peuvent être de nommer ceux-ci (1) ; ils prennent à cet égard les précautions qu'ils jugent convenables, soit pour prévenir les prises à partie, soit pour éviter les désaveux.

80. Le Code d'Instruction criminelle ni aucune autre loi ne prescrivent au dénonciateur de donner caution. Ainsi, on ne peut l'exiger de lui, sauf à avertir le procureur du roi, lorsque le dénonciateur paraît être suspect, et ne pas offrir une garantie suffisante, pour que le magistrat du ministère public puisse prendre des renseignemens sur le fondement de la dénonciation, avant d'agir.

81. La dénonciation officielle, et l'avis à donner au procureur du roi, dans le cas des articles 29 et 30 du Code d'Instruction criminelle, peuvent être verbaux ou contenus dans une simple lettre (2).

82. La dénonciation proprement dite doit, ainsi que la plainte, être rédigée conformément à l'article 31 du Code d'Instruction criminelle : nous nous en expliquerons plus bas (3).

---

(1) *V.* art. 358 du *Cod. d'Inst. crim.*

(2) Les fonctionnaires qui dénoncent les crimes ou délits dont ils acquièrent la connaissance dans l'exercice de leurs fonctions, ne sont pas tenus de remplir les formalités que la loi impose aux dénonciations faites par des particuliers. *V.* Arr. cass. du 8 messidor an XIII.

(3) *V.* nos 92 et suiv.

83. L'action résultant d'un dommage causé par un crime, ou par un délit, se nomme *plainte ;* son objet est de constater le grief de la partie qui se prétend lésée (1).

84. Pour dénoncer un crime, ou un délit, il suffit d'en avoir connaissance ; tandis que pour être admis à rendre plainte, il faut avoir tout à la fois un *intérêt direct et un droit formé* à constater le délit, lorsqu'il existe, et à en poursuivre la réparation (2).

Un intérêt direct : c'est-à-dire il faut que le délit blesse le plaignant dans sa personne ou dans ses biens, ou qu'il atteigne des personnes dont la sûreté lui est aussi chère que la sienne propre. Ainsi, le père peut rendre plainte du délit commis envers son fils ; le mari, du délit commis envers sa femme (3) ; le tuteur, du délit commis au

(1) *V.* art. 63 du *Cod. d'Inst. crim.* — Loi du 16-29 septembre 1791, Ire partie, tit. V. — Art. 94 et suiv. du *Code* du 3 brumaire an IV.

Toute plainte renferme une dénonciation.

La *plainte* diffère de la *dénonciation*, comme l'espèce diffère du genre.

La loi du 16-29 septembre 1791 nomme la plainte : *dénonciation d'un tort personnel, ou plainte.*

(2) Il faut que la personne qui rend plainte contre les auteurs ou complices du crime ou délit soit capable d'exercer ses droits, de contracter, et de s'obliger sur ses biens. En désignant un tel individu comme coupable, elle contracte l'obligation de lui faire réparation du dommage qu'il aurait essuyé par une fausse indication.

La femme mariée ne peut, sans l'autorisation de son mari, intenter un procès criminel : *V.* Arr. cass. du 1er juillet 1808 ; elle ne serait donc pas admissible à rendre plainte sans cette autorisation : *V.* Arr. cass. du 30 juin 1808. Elle n'y était pas admise non plus, en général, dans notre ancien droit.

Un mineur, un interdit, un mort civilement ne peuvent porter plainte personnellement ; leur tuteur ou curateur le peut seulement pour eux.

Mais un mineur émancipé peut se plaindre sans autorisation.

L'interdiction légale (art. 29 du *Cod. pén.*), n'empêche pas de rendre plainte. *V.* Arr. cass. du 6 novembre 1817.

Les étrangers peuvent porter plainte des délits commis envers eux en France, même par des étrangers. *V.* Arr. cass. du 22 juin 1826.

(3) *V.* Arr. cass. du 14 germinal an XIII.

préjudice de son mineur ; le maître, du délit commis envers son domestique ou son ouvrier, lorsque ce délit
peut nuire au maître (1).

On n'a jamais douté que l'héritier de la personne homicidée puisse aussi rendre plainte et se porter partie
civile : le père, la mère, la veuve et les enfans de celui
qui a péri victime d'un homicide, le peuvent également,
dans tous les cas, parce qu'ils sont considérés comme
personnellement *lésés* par la perte qu'ils éprouvent d'un
enfant, d'un époux, ou d'un père.

Un droit formé : c'est-à-dire qu'il ne suffit pas que le
crime ou délit puisse un jour être nuisible au plaignant ;
il faut encore que le préjudice soit réel, actuel, et que,
dès ce moment, il en ressente les effets.

85. Le juge ne devrait donc pas recevoir une plainte
fondée sur des faits qui ne regardent et n'intéressent point
les parties. Mais la plainte pourrait, en ce cas, être retenue comme dénonciation.

86. On ne devrait pas recevoir la plainte de celui qui
aurait déjà poursuivi, par la voie civile, la répression
du dommage que le fait incriminé lui aurait causé, à
moins que la partie n'eût découvert que postérieurement
à l'introduction de son action civile les caractères criminels des circonstances qui fondent son action devant
les juges de répressions.

Le plaignant, qui s'est désisté, ne peut faire revivre
sa plainte, après l'exercice d'une action publique (2).

87. Plusieurs personnes peuvent rendre plainte,

---

(1) *V.* Arr. cass. du 26 vendémiaire an XIII.
(2) *V.* Arr. Cour de Paris, du 22 juillet 1813.

conjointement ou séparément, pour un même fait, contre un ou plusieurs individus, lorsque chacune d'elles se prétend lésée par le même crime ou délit.

88. Il peut arriver qu'un plaignant soit à l'instant exposé à la plainte récriminatoire de celui dont il se plaignait. Cette seconde plainte doit être reçue comme la première, sauf à être procédé sur le tout, ensemble ou séparément, suivant que les faits réciproquement reprochés sont connexes ou ne le sont pas.

89. « Il ne faut pas, écrit M. Levasseur (1), accueillir indistinctement, et sans examen, toutes sortes de plaintes; par exemple, on ne doit pas recevoir celle d'une personne vile, surtout si elle est dirigée contre des hommes estimés, ni celle des vagabonds ou gens sans aveu; ni d'un père contre son fils, ou réciproquement; ni des époux l'un contre l'autre, ou des frères et sœurs entre eux; sauf au ministère public, en ce cas, à se conduire suivant les règles de la prudence. Il ne faut pas non plus recevoir la dénonciation d'un homme de néant, et notoirement insolvable, ou du moins agir sans précaution en vertu d'une pareille dénonciation; car, si elle se trouvait calomnieuse, le ministère public pourrait s'exposer à la prise à partie, et à répondre, en son nom, des dommages-intérêts qui seraient dus à l'accusé. »

Ces conseils sont fort sages : mais il ne faudrait pas les entendre d'une manière trop absolue, et dans un sens trop restrictif. Il convient d'en rapprocher les instructions données par M. le procureur du roi de la Seine à ses auxiliaires. Ce magistrat s'exprime ainsi (2): « Hors

(1) *V. Manuel des Juges de paix*, p. 17.
(2) *V.* Instruction du procureur du roi de la Seine, p. 49.

le cas où *très évidemment* la dénonciation ou la plainte
n'énoncerait aucun fait réputé crime ou délit,. l'officier
de police est tenu de la recevoir ; refuser serait un véritable déni de justice (1). S'il est douteux que les faits ar-
ticulés contiennent un délit, c'est à la justice seule qu'il
appartient de lever ce doute. L'officier de police ne peut
donc pas refuser la plainte ou la dénonciation, sous le
prétexte que le caractère du fait est douteux ; il le peut
encore moins, sous le prétexte que la preuve serait
impossible. »

Ce n'est qu'avec une extrême réserve que l'on peut
repousser une plainte ; parce que recevoir une plainte,
ce n'est pas se constituer dans l'indispensable nécessité
d'y donner suite (2). Dans les cas embarrassans, les juges de paix feront sagement d'en référer au procureur du
roi, avant d'entreprendre aucunes poursuites, s'il n'y a
urgence.

90. Le dénonciateur ou le plaignant, dont la déclaration serait repoussée mal à propos, aurait le droit d'invoquer les remontrances du procureur général, et de
solliciter de lui un ordre à l'officier de police judiciaire
de recevoir la plainte ou la dénonciation, et d'y donner
suite.

91. Mais il conviendrait de rappeler, à l'occasion,
aux parties plaignantes pour *simples délits*, qui ne justi-
fieraient pas de leur indigence, qu'il fut jugé par la Cour
de cassation, le 8 décembre 1826, que lorsque la plainte

_____

(1) On ne pourrait, dit M. CARNOT, *de l'Inst. crim.*, t. I, p. 507, refuser
de recevoir la plainte, sous le prétexte qu'il n'en résulterait pas *des indices
suffisans de la culpabilité du prévenu*; on ne peut en faire refus qu'au seul cas
où les faits ne paraîtraient *constitutifs* de crime ni de délit *punissable*.

(2) *V*. n° 91. — Arr. cass. du 5 décembre 1826.

porte sur un délit qui n'intéresse pas l'ordre public, et que le plaignant ne déclare pas se rendre partie civile, le procureur du roi n'est pas tenu d'en faire la poursuite, et qu'il ne doit pas surcharger ainsi le trésor public de frais inutiles.

Au surplus, on devrait avertir les plaignans pour délits correctionnels, qu'iis ont droit de faire citer directement, devant le tribunal correctionnel, les prévenus et les témoins (1).

92. Les dénonciations et les plaintes peuvent être conçues en forme de requête, ou être rédigées en forme de procès-verbaux, par l'officier à qui elles sont adressées (2).

Il faut donc que la partie remette la dénonciation ou la plainte toute rédigée, ou qu'elle la rédige sous les yeux de l'officier de police judiciaire ; ou enfin, que l'officier de police judiciaire la rédige lui-même, sous les yeux de la partie, et sur l'exposé qu'elle le requiert de consigner au procès-verbal (3).

93. L'officier de police judiciaire doit apporter la plus grande attention à remplir exactement les formes que la loi a prescrites pour la rédaction de cet acte : au-

(1) *V.* art. 64, 182 à 189 du *Cod. d'Inst. crim.*

(2) *V.* loi du 16-29 septembre 1791, Ire partie, tit. V et VI, et formules. — *Code* du 3 brumaire an IV, art. 87 et suiv., et formules. — *Cod. d'Inst. crim.*, art. 31, 63.

(3) *V.* art. 6, tit. III, ordonnance de 1670. — Loi en forme d'instruction du 29 septembre 1791. — Art. 31 du *Cod. d'Inst. crim.*

L'officier de police judiciaire qui reçoit la plainte ou la dénonciation ne peut se refuser à la rédiger lui-même, lorsqu'il en est requis. *V.* CARNOT, *de l'Inst. crim.*, t. I, p. 228.

La plainte rendue par les agens de l'autorité, pour injures, doit l'être dans les formes déterminées par la loi ; une simple lettre adressée au procureur du roi ne suffirait pas. *V.* Arr. cass. du 5 août 1831.

trement, il pourrait, suivant les circonstances, s'exposer à une action en prise à partie ou en dommages-intérêts (1).

La dénonciation ou la plainte doit énoncer, avec le plus de précision qu'il est possible, tous les renseignemens nécessaires sur le fait et ses circonstances, sur le lieu et le moment où il a été commis; sur les noms, prénoms, professions et demeures des témoins et des parties, afin que le procureur du roi puisse de suite juger de la compétence, et, en cas de simple délit, faire citer directement le délinquant au tribunal correctionnel, s'il voit que l'affaire n'est pas susceptible d'une instruction préalable; ou, en cas contraire, pour mettre le juge d'instruction à même d'informer.

Cependant, quoique le lieu du crime ou du délit doive, en général, être spécifié dans la dénonciation ou dans la plainte, ces actes n'en seraient pas moins réguliers si le lieu n'a point été indiqué; on sent que, dans beaucoup de circonstances, le dénonciateur ou le plaignant peut l'ignorer, comme en matière de faux en écriture, de fausse monnaie, etc. L'instruction peut suppléer d'ailleurs au défaut d'indication.

Si les auteurs ou complices du fait sont connus ou soupçonnés, il est bon qu'on les désigne ; cependant cette désignation n'est point indispensable pour la régularité de la dénonciation ou de la plainte, parce que ces actes ont moins pour objet de désigner l'auteur ou les auteurs d'un crime ou d'un délit, ce qui est le véritable caractère de l'accusation, et ce qui la distingue de la plainte, que de fixer l'attention de la justice sur le crime même, ou sur le délit, qui a été commis, et d'en provoquer la recherche, la poursuite et la répression.

(1) *V.* CARRÉ, *Droit français...,* t. IV, p. 301.

94. Lorsque l'auteur du crime ou du délit est inconnu, la dénonciation ou la plainte est dirigée contre un *quidam ;* et le juge cherche à découvrir, par les informations, quel est nominativement le coupable.

Pour faciliter l'arrestation des inculpés inconnus, les plaignans ou dénonciateurs donneront le signalement exact de leur personne et de leurs vêtemens, sans omettre les signes particuliers propres à rendre la recherche productive de résultats.

95. Si le dénonciateur ou plaignant déposait des pièces de conviction, il faudrait faire mention de la remise, au procès-verbal, et y décrire les objets déposés (1).

Si la dénonciation ou la plainte a pour objet un crime de faux, on fait signer et parapher, et l'on signe et paraphe de même, à toutes les pages, les pièces arguées de faux et les pièces de comparaison que dépose le dénonciateur ou le plaignant ; et l'on énonce l'observation de cette formalité, ou la déclaration de ne pouvoir, ne savoir, ou ne vouloir signer et parapher, de la part de la partie qui fait le dépôt (2).

96. Une partie qui porte une dénonciation, ou qui rend une plainte, ne peut se faire remplacer à cet effet que par un fondé de procuration *spéciale* (3), c'est-à-dire d'un pouvoir qui désigne le fait dénoncé et son auteur, si la dénonciation ou la plainte doit l'indiquer. Toute procuration générale, en quelques termes qu'elle fût conçue, serait insuffisante en pareil cas : car l'action qui

(1) *V.* art. 38 du *Cod. d'Inst. crim.* — Nos 155, 156, 157, 158.
(2) *V.* art. 448 et suiv. du *Cod. d'Inst. crim.*
(3) *V.* art. 31, *Ibid.*

naît d'un délit commis envers nous, ou envers les personnes dont la sûreté nous est aussi précieuse que celle
de notre propre individu, ne peut pas être confondue
avec ces intérêts purement pécuniaires, sur lesquels un
fondé de procuration générale peut être autorisé à stipu-
ler pour nous.

97. Il ne suffit pas que le procureur spécial justifie de
cette qualité devant le juge ; il faut encore que sa qualité
puisse demeurer constante et prouvée à tous ceux qui
prendront connaissance de la plainte ; et c'est pour remplir ce but que la procuration demeurera annexée (1).

98. Suivant plusieurs auteurs, cette procuration peut
être donnée sous signature privée. Suivant d'autres, elle
doit être authentique, par argument des articles 216 et
217 du Code de procédure civile.

Nous pensons qu'une procuration privée, dont la
signature serait légalisée, devrait être regardée comme
suffisante, et remplirait les intentions de la loi, qui nous
semble n'avoir voulu que conserver les intérêts de la personne dénoncée envers le dénonciateur ou le plaignant,
et mettre l'officier de police judiciaire à l'abri d'un
désaveu (2).

99. La dénonciation ou la plainte est signée, à chaque
feuillet, par l'officier qui la reçoit, par les dénonciateurs,
les plaignans ou leurs fondés de pouvoir (3), après
lecture.

---

(1) *V.* Loi du 16-29 septembre 1791. — Art. 31 du *Cod. d'Inst. crim.*
(2) M. LEVASSEUR, *Manuel des Juges de paix*, p. 204, pense que, dans ce cas,
on doit faire signer et parapher la procuration par le porteur. Cela est rationnel.
(3) *V.* art. 31 du *Cod. d'Inst. crim.*

L'usage, dit M. Levasseur (1), est de faire signer au bas de chaque page, non de chaque feuillet; il y a utilité, non nécessité. Selon M. Carré (2), il suffit que la plainte ou la dénonciation soit signée à chaque feuillet, pour prévenir toute intercallation, ce qui a été le but de la loi, et il serait inutile de signer à toutes les pages.

M. Carnot (3) croit qu'on ferait prudemment de signer et de faire signer à toutes les pages, comme cela est recommandé dans le cas de l'article 76 du Code d'Instruction criminelle. M. Legraverend (4) recommande de signer et de faire signer à toutes les pages.

Nous estimons aussi qu'il serait mieux de signer et de faire signer à toutes les pages (5) : la loi a voulu sans doute, ici comme dans le cas d'information, prévenir les additions, suppressions, ou substitutions de feuillets, mais encore les interpolations d'écritures. Cependant, comme l'article 31 du Code d'Instruction criminelle n'exige que la signature à chaque feuillet, il faut bien reconnaître qu'une plainte ou une dénonciation signée ainsi, au lieu de l'être à toutes les pages, ne saurait être arguée d'irrégularité avec succès.

Si les parties ou leurs fondés de pouvoir ne savent, ne peuvent, ou ne veulent signer, sur l'interpellation qui

---

(1) *V.* LEVASSEUR, *Manuel des Juges de paix*, p. 204, 218.

(2) *V.* CARRÉ, *Droit français...*, t. IV, p. 302. — Instruction du procureur du roi de la Seine, p. 108.

(3) *V.* CARNOT, *de l'Inst. crim.*, t. I, p. 227.

(4) *V.* LEGRAVEREND, *Lég. crim.*, t. I, p. 210.

(5) Cela se pratiquait ainsi sous l'empire de l'ordonnance de 1670, dont l'art. 4, tit. III, ne prescrivait pourtant la signature qu'à chaque feuillet. — Bien que la loi du 16-29 septembre 1791 et le Code du 3 brumaire an IV n'exigeassent la signature qu'à chaque feuillet, les formules dont ces lois étaient accompagnées indiquaient que l'on devait signer *à chaque page.*

leur en est faite, l'on consignera au procès-verbal leur déclaration, ou leur refus (1).

100. On s'est demandé quelle serait la valeur d'une plainte ou d'une dénonciation que le plaignant, le dénonciateur, ou le fondé de pouvoir agissant, ne voudrait pas signer, quoiqu'il sût et pût le faire.

D'après les articles 93 et 96 du Code du 3 brumaire an IV, la dénonciation ou la plainte était, en ce cas, regardée comme non avenue : ce qui n'empêchait pas le juge de paix de suivre d'office. Antérieurement, la loi du 29 septembre 1791 déclarait que le plaignant qui refusait de signer devait être regardé comme ne voulant pas rendre plainte (2).

Les auteurs s'accordent à décider que la plainte ou la dénonciation non signée n'obligerait pas le ministère public à poursuivre ; qu'elle devrait être regardée comme un simple avis ; qu'enfin le ministère public conserverait toute faculté d'agir d'office, pour constater l'existence et poursuivre les auteurs du crime ou du délit mentionné dans l'acte demeuré imparfait (3).

101. Il est nécessairement sous-entendu qu'il ne doit pas être fait d'interlignes ; que les renvois doivent être signés ; les mots surchargés doivent être approuvés ; enfin, les mots rayés doivent être comptés et numériquement rejetés (4).

102. L'article 31 du Code d'Instruction criminelle n'exige pas, comme les articles 90 et 97 du Code du

(1) *V.* art. 31 du *Cod. d'Inst. crim.*
(2) *V.* Loi du 16-29 septembre 1791, tit. VI, art. 5.
(3) *V.* néanmoins, n° 29.
(4) Argument de l'art. 78 du *Cod. d'Inst. crim.*

3 brumaire an **IV**, que la dénonciation ou la plainte soit *affirmée*. Cependant cette mesure, qui pourrait avoir pour résultat d'écarter des dénonciations calomnieuses ou des plaintes téméraires, méritait d'être conservée. Des auteurs enseignent formellement, d'autres donnent à entendre par les formules qui accompagnent leurs doctrines, qu'il y a toujours lieu de requérir l'affirmation.

103. Suivant M. Levasseur (1), les dénonciations peuvent être écrites sur feuilles volantes, mais il vaut mieux qu'elles le soient sur un registre, comme le prescrivait l'ordonnance de 1670.

Nous ne pensons pas que cette opinion puisse être suivie dans le système actuel de notre procédure criminelle. Tous les actes et procès-verbaux rédigés par les officiers de police doivent être envoyés en minutes, et non par extraits ni par copies, les juges ainsi que les jurés devant avoir les originaux sous les yeux, lorsque les actes doivent leur être communiqués (2). On peut sans doute copier l'acte sur un registre ; mais il faut que l'original soit établi sur feuilles volantes ou détachées, pour être adressé au procureur du roi (3).

104. Une dénonciation ou une plainte, pour *crime* ou *délit*, peut-elle être reçue ou rédigée sur papier libre, et être envoyée, en cet état, au procureur du roi ? ou faut-il que ces actes soient établis sur papier timbré, et enregistrés préablement à l'envoi ?

On lit, au Dictionnaire de l'Enregistrement, sous le

(1) *V*. Levasseur, *Manuel des Juges de paix*, p. 221.
(2) *V*. art. 59 du Décret du 18 juin 1811.
(3) *V*. art. 4, tit. V, de la loi du 16-29 septembre 1791. — Art. 281 du *Code* du 3 brumaire an IV. — Art. 275 du *Cod. d'Inst. crim.*

mot *Plainte* (1) : « Si la plainte est dans l'intérêt du plaignant, elle est assujettie au timbre et à l'enregistrement
(Instruction générale du 12 novembre 1823, n° 1102) ; »
et au Journal de l'Enregistrement (2) : « Si la plainte
n'est faite que dans l'intérêt de la société, et que le plaignant ne se constitue point partie civile, elle rentre dans
la classe des actes de vindicte publique. Tous les actes de
vindicte publique sont nommément compris dans la classe
des actes exempts de la formalité du timbre par l'article
16 de la loi du 13 brumaire an VII ; or, dans l'espèce,
la plainte ne peut être considérée sous un autre rapport..... Le plaignant peut se désister de sa plainte dans
les vingt-quatre heures, et alors les poursuites se font
d'office (articles 62 et 96 du Code du 3 brumaire an IV).
Il en est de même lorsqu'il déclare ne vouloir pas être
partie dans le procès. »

Une circulaire du ministre de la justice, du 24 septembre 1823, rappelle que les procès-verbaux et actes destinés à constater, à poursuivre, et à réprimer les *crimes*
et *délits*, sont exempts de la formalité du timbre et de l'enregistrement, lorsqu'il n'y a point de partie civile ; et,
s'il y a partie civile, les actes spéciaux faits à la requête
de cette partie, ainsi que les jugemens qui prononcent
des condamnations, sont seuls assujettis à la double formalité (3).

(1) Le mot *Dénonciation* ne se trouve pas au dictionnaire cité.
(2) *V. Journal de l'Enregistrement*, t. II, p. 493, n° 504.
(3) La circulaire ajoute : ces règles ne concernent que les délits communs,
et ne s'appliquent point aux cas prévus par les lois spéciales, ni aux *contraventions* (art. 68, 70 de la loi du 22 frimaire an VII), ni aux exploits et
notifications faits par les huissiers, gendarmes et gardes, lesquels sont visés
et enregistrés en débet, toutes les fois qu'il n'y a pas de partie poursuivante, à la requête de laquelle l'acte soit fait (art. 74 de la loi du 25 mars
1817).
V. au surplus l'ordonnance royale du 22 mai 1816, art. 51.

C'est d'après cette circulaire que fut faite l'instruction de l'administration de l'Enregistrement du 12 novembre 1823, citée plus haut. On y lit, quand à la dispense du timbre et de l'enregistrement : « Cette exception, relativement aux *crimes*, est fondée sur l'article 16 de la loi du 13 brumaire an VII, et sur l'article 70 de celle du 22 frimaire an VII, qui dispensent de ces formalités les actes, procès-verbaux et jugemens *concernant la police générale et de sûreté et la vindicte publique*. La même exception s'applique aux *délits* qui sont l'objet *de la police de sûreté et de la vindicte publique*. Ainsi, les procès-verbaux, actes et jugemens, soit en matière de *crimes*, soit en matière de *délits*, lorsqu'il n'y a pas de partie civile, sont affranchis du timbre et de l'enregistrement (1). »

Appliquons maintenant ces doctrines à la solution de notre question.

Quant aux dénonciations, il n'est pas douteux qu'elles soient exemptes du timbre et de l'enregistrement, parce qu'aux termes de l'article 16 de la loi du 13 brumaire an VII, et de l'article 70 de la loi du 22 frimaire suivant, cette immunité est acquise à tous les actes qui se rappor-

---

(1) Cette exemption comprend les procès-verbaux du procureur du roi, du juge d'instruction, des juges de paix, des commissaires de police et autres officiers de police judiciaire ; les rapports des chirurgiens, médecins et autres personnes chargées par le ministère public d'apprécier la nature du crime ou du délit ; les procès-verbaux d'enquête, les mandats d'amener et de dépôt, les ordonnances du juge d'instruction, celles rendues en la chambre du conseil, y compris celle qui détermine la nature de la poursuite, et qui règle la compétence des tribunaux, soit qu'il s'agisse de crimes ou de délits. (Même instruction de la régie de l'Enregistrement du 12 novembre 1823.)

Il faut remarquer que cette instruction est énonciative et non limitative ; que la franchise du timbre appartient, en général, à tous les actes d'instruction des procédures criminelles émanant du juge, du ministère public, ou de ses auxiliaires, sans exception des actes non compris dans l'énumération de l'instruction de la régie.

tent à la police de sûreté et à la vindicte publique, caractère qui appartient essentiellement aux dénonciations des crimes ou délits.

Quant aux plaintes, il faut distinguer si le plaignant ne se rend pas ou se rend partie civile.

Au premier cas, ce que nous venons de dire des dénonciations s'applique aux plaintes.

Que si le plaignant, au contraire, se porte partie civile, la solution doit être différente, parce qu'alors la poursuite se fait, non plus seulement dans l'intérêt de la vindicte publique, mais aussi pour assurer les droits de la partie privée, qui se prétend lésée par le fait incriminé.

Mais la plainte devra-t-elle alors être établie sur papier timbré, et être enregistrée avec déboursés, ou le visa et l'enregistrement seront-ils fournis en débet?

Cela peut faire difficulté.

En thèse générale, toute partie civile doit avancer les frais de poursuite (1), et par conséquent y faire face, à moins qu'elle n'ait justifié de son indigence (2).

Il n'y a pas lieu à avances, à consignation, en matière de *crimes* (3).

En cas de simple délit correctionnel, la partie civile indigente est dispensée de consigner (4).

D'un autre côté, la partie civile a, pour se désister, un délai de vingt-quatre heures (5); et l'on ne peut savoir, au moment de la plainte, quel parti elle prendra.

Il semblerait donc qu'en tout cas la plainte pût être

(1) *V*. art. 157, 159, 160 du décret du 18 juin 1811.

(2) Cette justification doit être faite en la forme prescrite par l'art. 420 du Code d'Instruction criminelle.

(3) Argument de l'art. 160 du décret du 18 juin 1811. — Instruction du ministre de la justice, du 30 septembre 1826, p. 19, 153.

(4) *V*. art. 159, 160 du décret précité.

(5) *V*. art. 66 du *Cod. d'Inst. crim.*

reçue sur papier libre ; mais cette solution répugne aux instructions de la régie et à la circulaire du ministre de la justice citées précédemment. Proposerait-on des distinctions ? elles n'en admettent pas.

Nous estimons que, pour éviter toutes discussions, et de peur de s'exposer à une amende, le plaignant qui veut tout d'abord se porter partie civile devra fournir sa plainte sur papier timbré.

Que s'il refuse, ou s'il était disposé à s'abstenir de la plainte sous ce prétexte, le juge de paix l'avertirait qu'il a droit de se porter partie civile par des actes subséquens, et en tout état de cause (1).

Il recevrait alors la plainte sur papier libre, le plaignant s'abstenant d'énoncer s'il entend ou non se porter partie civile (2), ou se bornant à déclarer qu'il n'entend pas se porter partie civile *quant à présent*, ou enfin qu'il se réserve de se porter partie civile ultérieurement, s'il lui convient, réserve qui est de droit, quand elle ne serait pas écrite (3).

En ce qui concerne la formalité de l'enregistrement, il n'y aurait lieu de s'en occuper qu'autant que le plaignant aurait déclaré se porter partie civile.

Et, dans ce cas, s'il y avait urgence d'envoyer la plainte, ou inconvénient à en révéler l'objet, nous pensons que le juge de paix pourrait l'adresser non enregistrée au procureur du roi, en donnant ses motifs, et sauf régularisation ultérieure.

103. Les parties ont le droit de se faire délivrer à leurs frais une copie de la dénonciation ou de la plainte (4)·

---

(1) *V*. art. 67 du *Cod. d'Inst. crim.*
(2) *V*. art. 166, *Ibid.*
(3) *V*. art. 67, *Ibid.*
(4) *V*. art. 31, *Ibid.*

106. Il nous reste quelques observations à faire relativement aux plaintes.

L'article 66 du Code d'Instruction criminelle dispose : Les plaignans ne sont réputés parties civiles (1), s'ils ne le déclarent formellement, soit par la plainte, soit par acte subséquent, ou s'ils ne prennent par l'une ou par l'autre des conclusions en dommages-intérêts; ils peuvent se départir dans les vingt-quatre heures ; dans le cas du désistement, ils ne sont pas tenus des frais, depuis qu'il aura été signifié, sans préjudice néanmoins des dommages-intérêts des prévenus, s'il y a lieu.

M. le procureur du roi de la Seine (2) recommandait à ses auxiliaires, dans l'intérêt du trésor, d'engager les plaignans à se porter parties civiles pour qu'ils eussent, en définitive, à supporter les frais des procès où ils succomberaient.

Nous pensons que l'officier de police judiciaire doit, à cet égard, se borner à constater les intentions qui lui sont manifestées par le plaignant. Si celui-ci ignorait son droit de se porter partie civile dans tous les cas, et en tout état de cause (3), ou de poursuivre directement et par lui-même, quand il s'agit d'un simple délit correctionnel (4), il serait bien de le lui faire connaître; si le plaignant déclare qu'il entend se rendre partie civile, on doit recevoir sa déclaration ; mais il nous semble qu'il ne serait pas convenable, parce qu'il serait en quelque sorte insidieux, d'influencer sa détermination, aux risques des reproches que pourrait élever la partie dans la suite, si ses espérances étaient déçues.

---

(1) La partie civile est ainsi appelée parce qu'elle ne peut poursuivre que l'intérêt civil, sans conclure à la peine.

(2) *V.* son Instruction, p. 109.

(3) *V.* art. 67 du *Cod. d'Inst. crim.*

(4) *V.* art. 64, 182, *Ibid.*

107. L'étranger plaignant, qui veut se porter partie civile, est tenu de fournir caution pour le paiement des frais et dommages-intérêts résultant du procès, à moins qu'il ne possède, en France, des immeubles d'une valeur suffisante pour assurer ce paiement (1).

Il en serait de même du Français qui se serait expatrié, ou de la Française qui aurait épousé un étranger (2).

108. Toute partie civile qui ne demeure pas dans l'arrondissement communal où se fait l'instruction est tenue d'y élire domicile, par acte passé au greffe du tribunal, sinon elle ne pourrait opposer le défaut de signification des actes qui auraient dû lui être signifiés aux termes de la loi (3).

C'est un avis que l'officier de police judiciaire, en recevant la plainte, doit donner au plaignant qui déclare se porter partie civile.

109. En matière de police simple ou correctionnelle, la partie civile qui n'aura pas justifié de son indigence (4) sera tenue, avant toutes poursuites, de déposer au greffe, ou entre les mains du receveur de l'enregistrement, la somme présumée nécessaire pour les frais de la procédure (5).

Le juge de paix, en transmettant la plainte, indiquerait au procureur du roi, le cas échéant, si la partie civile a ou non consigné.

---

(1) Les Suisses sont exceptés, d'après les traités passés entre leur pays et la France. — *V*. Arr. cass. du 9 avril 1807.

(2) *V*. art. 17, 19 du *Cod. civ.*

(3) *V*. art. 68 du *Cod. d'Inst. crim.*

(4) *V*. art. 420, *Ibid.*

(5) *V*. art. 157, 159, 160 du décret du 18 juin 1811. — N° 340.

110. La plainte ne prend date que du moment où elle est reçue par l'officier de police judiciaire ; l'acte de réception, ou le procès-verbal dressé devant cet officier, doit toujours rappeler la date du jour et de l'heure. Cette mention est surtout de la plus haute importance pour le plaignant qui s'est porté partie civile, puisque la loi ne lui accorde que vingt-quatre heures pour se départir (1). L'officier de police serait donc répréhensible, s'il négligeait de constater, de fixer irrévocablement et avec une scrupuleuse exactitude, la date et l'heure de l'acte de plainte.

111. Si la plainte ou la dénonciation est présentée toute rédigée, le juge de paix a le soin de la signer et de la faire signer à toutes les pages (2) ; il y fait annexer, quand il y a lieu, la procuration du représentant du dénonciateur ou du plaignant (3), après l'avoir signée et paraphée, fait signer et parapher, pour garantie d'identité (4), et il écrit au pied de la plainte ou de la dénonciation :

La présente plainte (5), signée de ⸻ (6), nous a été présentée le ⸻, à ⸻ heure (7), par le sieur ⸻ (8), lequel nous a affirmé, sur notre réquisition, que les faits

(1) *V*. art. 66 du *Cod. d'Inst. crim.*

(2) *V*. art. 31, *Ibid.* — N° 99.

(3) *V*. N°s 96, 97, 98.

(4) Argument des art. 448 et suiv., 453, 457 du *Cod. d'Inst. crim.*

(5) *Ou* dénonciation.

(6) Prénoms, nom, qualité et demeure de la personne qui dépose la plainte ou la dénonciation.

(7) du matin *ou* du soir.

(8) Quand il y a lieu, on ajoute : tant en son nom que comme fondé de procuration, (*ou seulement*, comme fondé de procuration) de (prénoms, nom, qualité et de la personne lésée ou dénonciatrice), la dite procuration du ⸻ etc., annexée à la plainte (*ou* dénonciation) prémentionnée, après avoir été signée et paraphée tant par nous que par le dit N***.

sont exactement tels qu'ils les a exposés dans sa plainte (1).
En conséquence, nous avons nous-même signé, à toutes les pages, et lui avons donné acte de la remise qu'il
nous a faite de ladite plainte (2).

A   , le   , heure

Le juge de paix du canton de

Signature.

112. Si la partie n'a pas rédigé à l'avance ou ne
rédige pas la plainte ou dénonciation; si, au contraire,
elle requiert l'officier de police judiciaire de la rédiger,
celui-ci en dresse procès-verbal, en cette forme :

L'an   , le   , heure   (3), devant nous
    (4), juge de paix du canton de   , arrondisse-
ment de   , département de   , étant à   , et
procédant comme officier de police judiciaire auxiliaire
de M. le procureur du roi de   , s'est présenté   (5),
lequel nous a exposé   (6); ledit   nous a déclaré

(1) *Ou* dénonciation.
(2) *Ou* dénonciation.
Si des pièces de conviction sont remises; si un prévenu est livré, il en est
fait mention. De même, s'il s'agit d'un cas de flagrant délit (*V.* nos 116,
117) ou autrement urgent, et que des témoins aient été amenés, le juge
énonce que, par un procès-verbal séparé (*V.* n° 174), il les a entendus ou
il va les entendre dans leurs déclarations, avec assistance du greffier. *V.* la
formule, au n° 112.
(3) Du matin *ou* du soir.
(4) Prénoms et nom du juge de paix.
(5) Prénoms, nom, qualité et demeure du comparant.
On ajoute, s'il y a lieu : agissant comme fondé de pouvoir de (prénoms,
nom, qualité et demeure du constituant , suivant procuration spéciale (date
et nature de la procuration), que nous avons signée et paraphée et fait signer
et parapher par le dit   , et qui demeurera annexée au présent procès-verbal.
(6) Énoncer les faits avec toutes leurs circonstances, et en donnant toutes
les indications nécessaires pour poursuivre et pour informer. *V.* nos 93, 94.

qu'il dénonce ces faits dans l'intérêt public (1), et il nous a indiqué pour témoins : 1°, 2°, 3° (2) ; il nous a représenté et remis pour servir à conviction   (3), etc.

Lecture faite, ledit   (4) a affirmé, sur notre réquisition, que les faits qu'il a déclarés sont véritables, et a signé avec nous, à toutes les pages.

A   , le   , heure

Signatures.

113. Dans l'ancienne pratique, lorsque, d'après une plainte ou dénonciation, le juge estimait qu'il dût descendre sur les lieux, il ordonnait son transport, à la suite du procès-verbal de dénonciation ou de plainte (5).

Mais la Cour de cassation a jugé qu'il n'est plus nécessaire de rendre d'ordonnance de transport (6). C'est dès lors une formalité superflue, qui fait perdre du temps en de vaines écritures. Le juge n'a pas besoin d'ordonner ce qu'il doit exécuter lui-même avec la plus grande diligence.

114. Les officiers de police auxiliaires doivent envoyer, sans délai, au procureur du roi, les dénonciations, plaintes, procès-verbaux, et tous autres actes qu'ils ont faits ou reçus dans les cas de leur compétence (7).

---

(1) *Ou que*, lésé par ces faits, il en porte plainte, et se rend, *ou ne se* rend pas partie civile.

(2) Désignation des témoins. Si le juge de paix ne doit pas entendre luimême ces témoins sur-le-champ, il ne saurait les indiquer d'une manière trop claire. *V*. n° 67, § 6.

(3) Les objets remis sont décrits, scellés et retenus, conformément aux art. 55, 37, 38, 453 du Code d'Instruction criminelle. *V*. n°s 155, 156, 157, 158.

(4) *Ès nom*, si c'est un fondé de pouvoir.

(5) *V*. les formules de la loi du 29 septembre 1791. — Art. 108 du *Code* du 3 brumaire an IV.

(6) *V*. Arr. cass. du 5 floréal an III.

(7) *V*. art. 53 et 64 du *Cod. d'Inst. crim.*

Même à l'occasion des dénonciations ou de plaintes pour crimes ou délits autres que ceux qu'ils sont directement chargés de constater, les officiers de police auxiliaires doivent transmettre au procureur du roi, aussi sans délai, les dénonciations qui leur auront été faites, ou les plaintes qui leur auront été présentées, avec tous les renseignemens qu'ils auraient reçus ou recueillis et les pièces de conviction qui leur auraient été remises (1).

(1) *V.* art. 54 et 64 du *Cod. d'Inst. crim.* — *V.* en outre, n° 103.

Si le plaignant veut se désister, dans les vingt-quatre heures de la date de la plainte, comme l'article 66 du Code d'Instruction criminelle lui en donne le droit, il peut se présenter devant le juge de paix, qui reçoit ou qui rédige son désistement, avec les mêmes formalités exigées pour la réception ou pour la rédaction de la plainte.

Mais cet acte ne dispense pas le plaignant de faire signifier son désistement à la personne contre qui la plainte avait été portée. *V.* Art. 66 du *Cod. d'Inst. crim.*

Malgré l'abandon que la partie civile fait de ses prétentions personnelles, malgré la rétractation de la plainte, cet acte pouvant valoir comme dénonciation, ou au moins comme avis, le juge de paix doit toujours le faire parvenir au procureur du roi, sauf à joindre aux autres pièces le désistement et tous les renseignemens que les circonstances ou la conduite des parties auront rendus nécessaires.

CHAPITRE V.

==

DU FLAGRANT DÉLIT.

115. Les juges de paix, comme officiers de police judiciaire, ont à remplir, dans le cas de flagrant délit, une mission difficile et de haute importance. Si la loi leur confie alors de larges pouvoirs, puisqu'elle les investit de tous les droits qu'elle attribue en cette occurrence aux procureurs du roi, aussi est-ce alors surtout qu'elle attend d'eux le déploiement d'un zèle énergique et éclairé.

Cette matière doit être soigneusement étudiée par les juges de paix. Elle comporte des détails divers et très étendus. Quant à la division, à l'ordre et à l'ensemble, suivant notre travail, de ces détails que nous allons développer et expliquer successivement, nous renvoyons, pour abréger, à notre table sommaire en ce qui concerne le présent chapitre; au moyen de cette table, on pourra embrasser à la fois toutes les parties du sujet dont nous allons nous occuper.

116. Le mot *flagrant délit*, conservé du vieux langage français, et dérivé du latin FLAGRANS, *ardent, encore* *brûlant*, est une expression figurée, qui désigne un crime dont l'auteur est pris sur le fait, ou qui vient d'être commis, ou dont le corps de délit est encore exposé à tous les regards.

« Le cas de *flagrant délit*, d'après Jousse, est lorsqu'un crime vient de se commettre et que le corps du délit est exposé à la vue de tout le monde : comme lorsqu'une maison vient d'être incendiée, un mur percé, ou qu'un homme vient d'être tué ou blessé, ou s'il arrive une émotion populaire.....; tous les témoins sont encore sur les lieux.... »

« Le *flagrant délit*, d'après Serpillon et Rousseau de la Combe, c'est quand le cas est notoire ; que le crime a été commis en présence du peuple : par exemple, un voleur qui a été surpris volant et dérobant dans le lieu où le vol a été fait, ou qui a été trouvé saisi de la chose volée ; un assassin qui a été pris dans l'action, ou vu dans le lieu où le meurtre a été commis, avec une épée à la main, lui ensanglanté ou son épée. »

L'article 41 du Code d'Instruction criminelle a renfermé les mêmes idées dans cette définition concise : « Le délit qui se commet actuellement, ou qui vient de se commettre, est un flagrant délit. »

Qui se commet actuellement : c'est-à-dire au moment même où l'officier de police judiciaire a l'oreille frappée de la tentative qui s'exécute, et peut prendre l'auteur sur le fait.

Ces termes supposent donc que le délit se commet encore quand le magistrat survient, en sorte qu'il trouve le prévenu occupé soit à commencer, soit à consommer la perpétration du crime. Cela doit se présenter très rarement, car le moment du crime n'est pas permanent comme son effet. L'assassinat, par exemple, se commet par le coup mortel qui est porté à la victime ; quand même la mort serait tardive ; l'incendie se commet en mettant le feu, quand même l'effet s'en prolongerait pendant plusieurs heures, ou pendant quelques jours.

Ou qui vient de se commettre : La loi, à la différence du premier cas, suppose ici que le délit est consommé ; mais elle ne détermine aucun temps passé lequel il ne pourrait être considéré comme flagrant délit. Tout dépend nécessairement des circonstances.

Cependant il faut croire que la loi a entendu parler d'un crime commis dans un temps peu éloigné, d'un crime tout récent, dont le premier effet subsiste, dont le corps de délit, encore intact, est facile à reconnaître et à constater, parce que les vestiges périssables n'ont pas disparu, les signes consécutifs du délit sont entiers, les traces du crime frappent les regards du public, rien n'ayant encore été changé de ce qui existait au moment de la consommation. Telles seraient, entr'autres, les circonstances dont parlent Jousse, Serpillon et Rousseau de la Combe.

Les témoins, dit Jousse, sont encore sur les lieux. Ajoutons que le coupable ne s'est peut-être pas encore éloigné ; que le trouble de son âme se manifeste peut-être dans l'altération de ses traits, dans l'incertitude de sa contenance, dans l'obstination de son silence, ou dans le désordre de ses discours, et peut le dénoncer aux yeux du magistrat.

117. Aux termes de l'article 41 du Code d'Instruction criminelle, sont aussi *réputés flagrant délit*, le cas où le prévenu est poursuivi par la *clameur publique* (1), et celui où le prévenu est trouvé saisi d'effets, armes,

___

(1) C'est-à-dire quand le cri général accuse tel individu du crime qui vient d'être commis.

instrumens ou papiers faisant présumer qu'il est auteur ou complice, pourvu que ce soit dans un temps voisin du délit (1).

L'officier de police judiciaire doit se tenir en garde sur la clameur publique; examiner les causes qui l'ont fait naître; considérer si la malveillance ne l'a pas excitée ou préparée, ou bien s'il s'agit, au contraire, d'une acclamation spontanée, comme est celle de citoyens inopinément assemblés aux cris poussés par la victime, étrangers à toute passion, et sans intérêt à calomnier.

Il ne faut pas confondre la *clameur publique* avec la *notoriété publique*, qui n'est qu'une rumeur qui s'élève, ou un bruit qui se répand d'ordinaire quelque temps après la consommation du crime. Cette notoriété publique peut et doit même éveiller l'attention des magistrats, et leur suffire pour commencer une information, mais elle ne constituerait pas le *flagrant délit*, dans le sens de la loi.

Pour qu'un individu soit réputé en flagrant délit à raison des objets dont il est saisi, il faut que les effets, armes, instrumens ou papiers le désignent comme auteur ou complice du délit qui se commet actuellement, ou qui vient de se commettre, il faut que ces soupçons, ces indices, se rattachent *spécialement* à un fait *déterminé*, et que la saisie soit effectuée *dans un temps voisin du délit.*

Comment interprétera-t-on ces termes *dans un temps voisin du délit?* On avait proposé de fixer ce laps de temps à vingt-quatre heures. Mais il fut reconnu que ce temps devait varier suivant les circonstances.

La seule explication que l'on puisse donner généralement sur ce point, dit M. Carré (2), c'est que la loi doit

---

(1) *V.* art. 63 du *Code* du 3 brumaire an IV. — Loi en forme d'instruction du 29 septembre 1791.

(2) *V.* CARRÉ, *Droit français...*, t. IV, p. 515 et 516.

s'entendre d'un temps assez rapproché de l'instant où le crime a été commis, pour que l'on ait une forte présomption que les effets saisis en la possession de la personne ne sont point passés des mains d'une autre dans les siennes, ou y sont passés dans un intervalle de temps assez court, pour qu'il ne soit pas permis de présumer qu'elle les tienne de quelqu'un qui soit absolument étranger au crime.

118. Aussitôt qu'un juge de paix est informé d'un flagrant délit, il doit se hâter d'en donner avis au procureur du roi chargé des poursuites (1).

Il y a ici un pressant motif pour nécessiter un prompt avis : c'est que le procureur du roi et le juge d'instruction auront eux-mêmes, le plus souvent, à se transporter sur les lieux, et qu'il importe que ce soit sans perte de temps (2).

Les premiers actes de l'instruction criminelle sont, sans contredit, les plus importans ; les instans qui suivent immédiatement le crime sont précieux. Le magistrat chargé de le constater peut se pénétrer lui-même de la

(1) *V.* art. 22, 23, 24, 29 du *Cod. d'Inst. crim.* — Art. 100, 101 du *Code* du 3 brumaire an IV. — Ci-dessus, ch. III, nos 66, 67, 68.

(2) Lorsque le théâtre du flagrant délit est peu éloigné du chef-lieu d'arrondissement, et que le juge de paix peut obtenir une prompte réponse qui lui fasse connaître si le procureur du roi et le juge d'instruction se transporteront ou non, il est bien qu'il s'en tienne d'abord aux mesures préparatoires que nous allons expliquer, et qu'il conserve toutes choses entières pour le cas où le procureur du roi et le juge d'instruction voudraient procéder eux-mêmes : ainsi, la levée d'un cadavre, et plus particulièrement l'autopsie cadavérique, ne devraient pas être précipitées ; des dégradations ne devraient pas être réparées sur-le-champ ; des traces de crimes être effacées ; des objets importans à voir dans l'état où les auraient mis les auteurs du crime ne devraient pas être changés de situation ; *à moins qu'il n'y eût nécessité pressante d'opérer sans retard, et qu'on n'eût pas les moyens de conserver les choses dans leur état primitif.* — *V.* no 252.

nature du crime ; il peut voir lui-même dans quelles circonstances , de quelle manière , avec quels instrumens le crime a été commis : si ses yeux ne peuvent pas lui procurer cette certitude , son esprit peut au moins mieux s'imaginer comment le crime s'est accompli, quand il est sur les lieux, que quand il doit se fier aux dépositions de personnes moins habituées et moins exercées à examiner de tels faits , qui ne voient pas tout , qui n'observent que les grandes choses et tout ce qui frappe fortement l'esprit, qui ne s'occupent pas d'entrer dans l'examen des circonstances de détail, circonstances qui influent si fréquemment sur le corps de délit, sur la prévention , sur l'imputation, sur la conviction, ou même sur la décharge.

C'est dans le premier moment du délit que la vérité tout entière se manifeste. Le plaignant , dans l'émotion causée par le tort qu'il vient d'éprouver, les témoins, dans l'indignation dont le fait les pénètre , s'expliquent avec franchise et véracité. La justice n'est pas encore entravée par les conseils d'une pitié mal entendue, par les sollicitations, et par une foule de considérations préjudiciables à la société. Le temps effaçant bientôt les premières impressions produites par le délit, si le fait n'était pas promptement constaté, il serait à craindre qu'on ne cherchât par la suite ou à le déguiser , ou au moins à l'atténuer, en en dissimulant ou dénaturant les circonstances.

Après avoir donné avis du crime , dès qu'ils en auront eu connaissance , les officiers de police auxiliaires ne sont pas dispensés par là de le constater, d'en suivre les traces, d'en rechercher les auteurs ou leurs complices, de les faire arrêter, et de recueillir tous les documens propres à éclairer la justice, lesquels pourraient disparaître si on négligeait de les rassembler dans le premier moment.

Ainsi , sans attendre le procureur du roi et le juge

d'instruction, qui, d'ailleurs, pourraient être empêchés ou retenus par d'autres opérations, le juge de paix, dès qu'il a l'oreille frappée d'une tentative de crime, ou d'un crime, qui se commet ou qui vient de se commettre, doit descendre sur les lieux, sans aucun retard, pour y procéder à une information préliminaire.

119. Le juge de paix se transportant pour constater un flagrant délit se fait accompagner de son greffier, dans tous les cas (1), et d'un huissier, suivant les circonstances.

Généralement, l'assistance de la force armée lui sera nécessaire, et il ne manquera pas de s'en faire escorter (2).

Toutes les fois que le juge de paix est accompagné de la gendarmerie, le ministère d'un huissier cesse d'être indispensable, parce que les gendarmes, en leur qualité d'agens de la force publique, ont capacité pour faire les actes des huissiers dans les procédures criminelles. Il y a plus : on devrait les y employer de préférence, dans l'intérêt du trésor, car il n'est alloué aucune taxe aux agens de la force publique à raison des citations, notifications et significations dont ils sont chargés par les officiers de police judiciaire (3).

120. Comme ses procès-verbaux devront être faits et rédigés en la présence et revêtus de la signature du commissaire de police de la commune dans laquelle le crime aura été commis, ou du maire, ou de l'adjoint du maire, ou de deux citoyens domiciliés dans la même commune, à moins qu'il n'y eût pas possibilité de se procurer

(1) *V.* n° 62.
(2) *V.* n° 52.
(3) *V.* art. 72 du décret du 18 juin 1811. — N° 271.

des témoins tout de suite (1), le juge de paix prendra ses mesures pour se faire assister comme la loi le prescrit. En cas d'empêchement, il devrait passer outre, mais il constatera l'impossibilité où il aura été de se procurer le concours des personnes que nous venons de désigner.

Ce n'est pas ici une vaine formalité qu'exige la loi. Elle veut tranquilliser le prévenu contre toute appréhension de partialité dans les recherches, ou de fausse interprétation de sa conduite; elle veut s'assurer, en même temps, que rien ne sera négligé pour que la vindicte publique soit satisfaite.

Cependant M. Levasseur (2) pose cette question : l'article 42 du Code d'Instruction criminelle qui prescrit au procureur du roi d'appeler à son procès-verbal le commissaire de police, le maire, l'adjoint, ou deux témoins, est-il applicable au juge de paix ? Non, répond-il, s'il est accompagné de son greffier : parce que le juge de paix accompagné de son greffier, qui rédige des actes, n'a pas besoin d'autres témoins pour les rendre authentiques. M. Levasseur, un peu plus loin, considère encore les témoins exigés par l'article 42 du Code d'Instruction criminelle comme des témoins instrumentaires.

Nous pensons que c'est là une erreur. L'article 42 du Code d'Instruction criminelle n'a pas en vue l'authencité des actes autant que de donner, comme nous l'avons dit, un gage de sécurité au prévenu, pour le rassurer en présence de l'officier de police judiciaire, et lui garantir d'autant plus qu'il n'a à craindre aucun acte de partialité.

Notre article répugne à toute idée de témoins instrumentaires, puisqu'il n'enjoint d'appeler ces témoins,

_____

(1) *V.* art. 42 du *Cod. d'Inst. crim.*
(2) *V.* LEVASSEUR, *Manuel des Juges de paix*, p. 225.

qu'autant qu'il y aurait possibilité de se les procurer *tout de suite*.

D'un autre côté, l'article 49 du Code d'Instruction criminelle impose au juge de paix l'obligation de suivre les formes et les règles établies au chapitre du procureur du roi, dès lors celles de l'article 42.

Enfin, aussi bien que le procureur du roi, le juge d'instruction qui opère lui-même, et toujours avec un greffier (1); est obligé de se conformer aux dispositions de l'article 42 du Code d'Instruction criminelle (2); à plus forte raison, le juge de paix, officier auxiliaire, doit-il ne pas s'en écarter.

121. Le juge de paix a la faculté de se faire assister, au besoin, de manouvriers : comme lorsqu'il s'agit de fouiller un terrain, d'exhumer un cadavre, de franger un mur, d'ouvrir des portes, d'enlever des ferremens, des cloisons, etc. (3).

122. Il ne devrait pas négliger d'employer des gens de l'art, toutes les fois qu'il s'agit d'apprécier les circonstances d'un crime dont la connaissance appartient plus particulièrement à certaines professions (4).

C'est ainsi que, dans les cas de faux matériel, de vol avec effraction, avec escalade, ou à l'aide de fausses clefs, le juge de paix devrait se faire assister d'experts écrivains, de maçons, charpentiers, menuisiers, serruriers, etc. C'est ainsi que, dans les cas de blessures, de viol, d'empoisonnement, il devrait appeler des médecins

(1) *V*. art. 62 du *Cod. d'Inst. crim.*

(2) *V*. art. 59, *Ibid*.

(3) *V*. art. 103 du *Code* du 3 brumaire an IV. — Art. 43 du *Cod. d'Inst. crim.* — Art. 20, 134 du décret du 18 juin 1811.

(4) *V*. art. 43, 44 du *Cod. d'Inst. crim.*

ou des officiers de santé, des chimistes ou des pharmaciens, pour exprimer dans leur rapport non seulement ce
qui existe, mais les causes qui peuvent y avoir donné lieu,
la nature des poisons, le temps que pourra durer la maladie ou l'incapacité de travail, etc.

123. S'il s'agit d'une mort violente, d'une mort dont
la cause soit inconnue et suspecte (1), le juge de paix ne
peut pas se dispenser de se faire assister d'un ou de
deux (2) officiers de santé, qui feront leur rapport sur les
causes de la mort et sur l'état du cadavre : l'article 44 du
Code d'Instruction criminelle est impératif à cet égard (3).

Il faut nécessairement un homme de l'art pour apprécier les circonstances d'un pareil événement : souvent
elles ne peuvent être expliquées que par l'ouverture du
cadavre, ou par les procédés qu'un officier de santé bien
versé dans l'anatomie peut seul employer.

Les rapports des officiers de santé, dans ce cas, sont
de la plus grande importance, et fournissent ordinairement, quand ils sont bien faits, les moyens les plus décisifs, soit à charge, soit à décharge : le juge de paix doit

---

(1) *V*. art. 104 du *Code* du 3 brumaire an IV.

(2) Il est prudent d'en appeler deux, si le temps et les circonstances le
permettent ; mais il y aurait abus et frais frustratoires à en appeler un plus
grand nombre sans nécessité.

Cette remarque est commune à tous les experts.

(3) Dans ce cas, le cadavre ne peut être inhumé qu'après la clôture du
procès-verbal. *V*. art. 103 du *Code* du 3 brumaire an IV.

Notre article 44 ne parle que du cas où il s'agit d'une mort violente, ou
d'une mort dont la cause est inconnue et suspecte, et non pas des cas de
blessures graves. Cependant, comme les blessures peuvent être ou absolument, ou relativement, ou accidentellement mortelles ; comme, en tout
cas, elles donnent lieu à des peines criminelles ou correctionnelles, il est
nécessaire de les constater de la même manière que l'homicide. Cet article
est alors applicable, parce que ses dispositions sont démonstratives et non
pas restrictives.

donc avoir la plus grande attention d'appeler, sans aucun retard, les officiers de santé les plus instruits, pour cette opération souvent aussi délicate que difficile.

124. Peut-on appeler indifféremment des docteurs-médecins ou chirurgiens, ou des officiers de santé.

Quand il s'agit de discuter devant un tribunal un point de médecine légale, on doit préférer les docteurs-médecins.

Mais, pour les opérations de constat et d'instruction, s'il est bien d'appeler de préférence les hommes que leur grade doit faire présumer les plus capables, cependant, à leur défaut, et en cas d'éloignement ou d'urgence, l'officier de police judiciaire peut, sans nul doute, employer les simples officiers de santé. C'est même de la dénomination générique *d'officiers de santé* que s'est servie la loi, dans l'article 44 du Code d'Instruction criminelle, comme pour dissiper toutes les incertitudes sur ce point.

125. L'officier de police judiciaire qui se trouve dans le cas de se faire assister d'experts, ou d'officiers de santé, doit les faire appeler sur un simple avertissement (1), ou par simple lettre, sans citation, employer

(1) Cet avertissement est écrit sur papier libre, et remis sans frais, par un agent de police, un garde champêtre, ou un gendarme. *V.* Instruction sur les frais de justice criminelle du 50 septembre 1826, p. 57.

Il doit énoncer la qualité de l'officier qui le fait donner ; les nom, profession et demeure de celui à qui il est adressé ; le lieu où ce dernier devra se transporter ; la nature de l'opération ; la date : ces renseignemens pouvant être nécessaires lors de la vérification de l'état de frais ou mémoire auquel il devra être ultérieurement annexé, pour en motiver le paiement. Il est rédigé dans cette forme :

Nous, N*** , juge de paix du canton de , arrondissement de , département de , agissant comme officier de police autant que possible ceux qui se trouvent sur les lieux où il doit opérer, et faire choix d'hommes expérimentés (1).

126. Le manouvrier, ou l'expert, qui refuserait de déférer à l'avertissement, ou d'obtempérer à une réquisition, serait-il passible d'une peine?

On trouve dans le Code pénal (2) ces dispositions : Seront punis d'amende, depuis six francs jusqu'à dix francs inclusivement, — ceux qui, le pouvant, auront refusé ou négligé de faire les travaux, le service, ou de prêter le secours dont ils auront été requis, dans les circonstances d'accidens, tumultes, naufrage, inondation, incendie, ou autres calamités, ainsi que dans le cas de brigandages, pillages, *flagrant délit*, clameur publique, ou d'exécution judiciaire (3).

M. Carnot (4) fait remarquer, à ce sujet, qu'il n'y a contravention punissable que dans la réunion des trois circonstances : 1° qu'il y ait eu *réquisition;* 2° que le cas fût *urgent;* 3° qu'on *ait pu rendre* le service pour lequel

judiciaire auxiliaire de M. le procureur du roi, requérons M.   *(profession)*, demeurant à   , de se transporter de suite auprès de nous, à   , aux fins de nous assister dans la constatation d'un   *(l'espèce du crime)*, et de procéder à toutes les opérations qui seront jugées nécessaires *(au cas que le juge de paix ne puisse les indiquer.)*
        Fait à   , le
        Sceau.   *. Signature. .*

Le juge de paix atteste, au pied du réquisitoire, les opérations qui ont été faites par l'expert, et le temps qui y a été employé, ou ce qu'a fait l'officier de santé, lorsque leur ministère est épuisé. *V*. n° 328.

Si l'on craignait d'éprouver de la résistance de la part de la personne appelée, on ferait bien d'employer la citation, qui, étant plus solennelle, vaincrait mieux, sans doute, les répugnances. *V*. n° 126.

(1) *V*. les circulaires du ministre de la justice des 23 septembre et 30 décembre 1812. — Instruction du 30 septembre 1826, p. 37.

(2) *V*. art. 475 du *Cod. pén.*

(3) *V*. art. 106 du *Cod. d'Inst. crim.*

(4) *V. Commentaire du Cod. pén.*, t. II, p. 529.

on était requis. Il ajoute que ces dispositions du Code pénal ne reçoivent application qu'aux simples particuliers,
non revêtus d'aucun caractère public, et qu'elles n'ont
rien de commun avec les articles 234 et 236 du même
Code, qui sont *spéciaux* pour les commandans, officiers
et sous-officiers de la force publique, et pour les témoins et les jurés, en cas de refus d'un service légalement dû.

Nous estimons que le manouvrier ou l'artisan qui,
après avoir négligé de déférer à une invitation, refuserait d'obtempérer à la réquisition qui lui serait signifiée
par un huissier, ou par un agent de la force publique,
au cas de flagrant délit, et dont le refus aurait été constaté soit par ses réponses sur la citation, soit par procès-
verbal de l'officier de police judiciaire, encourrait les
peines portées par le Code pénal, s'il n'avait pas eu de
légitime empêchement pour se dispenser d'exécuter les
travaux manuels, ou de rendre les services corporels
qui étaient réclamés de lui.

Dans le cas où un simple particulier, un manouvrier,
ou un artisan manifesterait de l'éloignement pour prêter
son assistance, il conviendrait de lui faire connaître la
disposition du Code pénal prémentionnée. Si son concours était indispensable, il faudrait le mettre en demeure
par une sommation en forme, constater le refus, et envoyer les pièces au procureur du roi, qui prendrait les
mesures convenables pour faire infliger la punition èdic-
tée par la loi.

Relativement aux experts ou aux officiers de santé, qui
sont appelés pour un travail intellectuel, pour exprimer un avis, et en quelque sorte pour rendre un jugement, la solution de notre question doit-elle aussi être
affirmative?

On a pensé que la position des experts étant analogue

à celle des témoins, ils devaient être, en cas de refus de leur concours, punis des peines infligées aux témoins récalcitrans (1).

Mais la loi, qui a prononcé nommément contre les témoins, est muette à l'égard des experts, et n'a nulle part établi d'assimilation entre les uns et les autres. Les experts peuvent être remplacés, tandis qu'on ne peut pas toujours suppléer aux témoins d'un crime. Les témoins rendent compte d'un fait dont ils doivent la révélation qu'eux seuls peuvent faire ; les experts, qui peuvent être suppléés, sont pour ainsi dire constitués juges, et cette fonction, qu'ils peuvent rejeter en matière civile (2), ne peut leur être imposée en matière criminelle ; car il serait bizarre que l'on pût user de contrainte, pour obtenir une décision, envers ceux qui ont besoin d'une entière liberté d'esprit pour délibérer leur opinion ; ce serait détruire à l'avance toute la confiance que doit obtenir le rapport des experts. D'ailleurs, outre que la position des témoins et celle des experts ne sont pas identiques, des peines ne peuvent jamais être prononcées par analogie d'un cas à un autre.

Ainsi, quelqu'inconvénient qu'il puisse résulter du refus d'un expert, ou d'un officier de santé, appelé pour faire un rapport, le juge de paix ne pourrait opposer à ce refus que des moyens de persuasion, l'obligation où ils sont de prêter leurs secours réclamés au nom de la société n'étant que morale : et, s'il ne pouvait vaincre la résistance qu'il rencontrerait, il devrait, sans retard, aviser à se pourvoir d'autres personnes propres à bien remplir la mission à confier.

127. Avant d'opérer, les experts et les officiers de

---

(1) *V.* no 280. — Art. 80 du *Cod. d'Inst. crim.*
(2) *V.* art. 316 du *Cod. de procéd. civ.*

santé (1) auront, sans distinction, à prêter serment, entre les mains du juge de paix, *de faire leur rapport et de
donner leur avis en leur honneur et conscience*, et il sera fait
mention au procès-verbal de l'accomplissement de cette
formalité (2).

Autrement, leur rapport n'aurait pas toute l'authenti-
cité nécessaire, et ne pourrait servir que de simple renseignement.

128. Suivant M. Levasseur (3), pour que les rapports des experts ou gens de l'art fassent foi en justice,
il faut qu'ils soient faits en vertu d'une ordonnance du
juge, et, dans le cas même de flagrant délit, l'officier qui
opère doit ordonner la visite.

Il suffit, selon nous, que l'officier de police judiciaire
donne une réquisition aux experts, ou aux officiers de
santé; qu'il prenne leur serment; qu'il les mette à l'œuvre; qu'il reçoive leur rapport; enfin, qu'il mentionne
le tout au procès-verbal qu'il leur fait signer (4) : la loi
n'exige rien de plus

Au reste, quelque confiance qu'inspirent les experts,

(1) Non pas les manouvriers ou artisans, qui n'auraient qu'à se livrer à un
travail purement corporel, et qui n'auraient pas d'avis à donner.

(2) *V.* art 44 du *Cod. d'Inst. crim.* — N° 175.

Quant à la forme intrinsèque du serment, la loi n'en a déterminé spécialement aucune. Il suffit qu'il apparaisse du procès-verbal que l'expert a fait le
serment de remplir fidèlement les fonctions qui lui sont confiées. *V.* Arr.
cass. des 16 avril 1807 et 16 juillet 1829. Mais une promesse, déclaration ou
affirmation, qui ne serait pas faite sous la religion du serment, serait insuffisante. *V.* Arr. cass. du 13 août 1811. — Chaque expert doit prêter son
serment suivant les rites de sa religion. *V.* Arr. cass. des 28 mars 1810 et
12 juillet 1810.

Lorsqu'il résulte de la procédure que les experts ont prêté *le serment en tel
cas requis*, il y a preuve suffisante qu'ils ont prêté le serment prescrit par
l'art. 44 du Code d'Instruction criminelle. *V.* Arr. cass. du 16 janvier 1856.

(3) V. *Manuel des Juges de paix*, p. 238.

(4) *V.* n° 175.

le magistrat doit assister à toutes leurs opérations, les surveiller, les diriger, au besoin, et exiger que tout soit fait avec la plus scrupuleuse exactitude.

Si les experts viennent à se trouver d'avis contraires dans leur rapport, l'officier de police judiciaire en doit nommer d'office un troisième, qui fera une nouvelle visite avec l'assistance des deux premiers.

129. Le juge de paix agissant au cas de flagrant délit (1) doit, avons-nous dit (2), descendre sur les lieux, sans perte de temps. Il se rendra de suite au domicile du prévenu, s'il est nécessaire d'y faire des recherches (3).

Cela ne peut faire matière à difficulté, si les lieux sont volontairement ouverts à cet officier de police judiciaire, s'il y est appelé, ou s'il est autorisé à y pénétrer, soit par le propriétaire, soit par le prévenu.

Mais supposons que le juge de paix ait à s'introduire d'autorité dans une maison : dans quels lieux et dans quel temps pourra-t-il légalement exercer ses investigations ?

Si, par exception à la règle que *la police doit s'arrêter à la porte des citoyens*, la loi autorise même les officiers auxiliaires à franchir le seuil du domicile, au cas de flagrant délit, et à l'égard d'un prévenu, toujours est-il qu'à l'occasion d'un crime ou délit qu'ils auraient mission de constater ils ne pourraient pénétrer chez des tiers, mais seulement chez le prévenu et dans ses divers domiciles, s'il en a plusieurs.

130. En cas que le prévenu ait l'un de ses domiciles hors du canton, MM. Carré et Bourguignon ne balancent pas à penser que le juge de paix, par application de l'ar-

(1) *V.* art. 32, 41, 46, 49 du *Cod. d'Inst. crim.*
(2) *V.* n° 118.
(3) *V.* art. 56 du *Cod. d'Inst. crim.*

ticle 283 du Code d'Instruction criminelle, pourrait com-mettre un autre auxiliaire, pour procéder à la visite, et que l'urgence justifierait cette mesure (1).

Il a plus : l'article 464 du Code d'Instruction criminelle autorise formellement le juge de paix à continuer, hors de son ressort, les visites nécessaires chez les personnes soupçonnées d'avoir fabriqué, introduit, distribué de faux papiers royaux, de faux billets de la Banque de France ou des Banques des départemens ; et la même disposition a lieu pour les crimes de fausse monnaie et de contrefac-tion des sceaux de l'Etat.

131. Que si, en général, on ne peut s'introduire chez des tiers, on aurait néanmoins le droit de perquisition chez les complices du prévenu suffisamment reconnus ou indiqués : car ils sont punissables comme lui, et dès-lors ils sont sujets aux mêmes investigations (2).

132. Il en serait de même à l'égard des individus signalés par la clameur publique comme recéleurs de la personne du prévenu, des instrumens ou des produits du crime, parce que le recel constitue complicité (3), et qu'ici il y aurait encore une sorte de flagrant délit (4).

133. Au juge d'instruction seul, ou à son délégué, appartient le droit d'étendre les recherches, ou de faire de plus amples visites (5).

---

(1) *V.* CARRÉ, *Droit français...*, t. IV, p. 334. — BOURGUIGNON, *Jurisp. des Cod. crim.*, t. I, p. 144. — Art. 110 du *Cod.* du 3 brumaire an IV.

(2) *V.* nos 9, 10, 11. — Art. 59 et suiv. du *Cod. pén.*

(3) *V.* art. 61, 62, 63 du *Cod. pén.*

(4) Si le prévenu est arrêté, le juge de paix doit le faire conduire dans tous les lieux qu'il visite. *V.* nos 144, 150. — Art. 39 du *Cod. d'Inst. crim.*

(5) *V.* art. 87, 88, 90 du *Cod. d'Inst. crim.* — Ci-après, ch. XI.

M. Levasseur enseigne pourtant qu'au cas de flagrant délit il est si important de ne pas perdre un instant, que l'on peut passer par-dessus les formes ordinaires et pénétrer dans la maison des particuliers, soit pour y saisir le prévenu, soit pour y rechercher les pièces de conviction (1).

Cette doctrine trop large, si on l'étendait au-delà de ce que nous venons de dire dans les numéros précédens, serait subversive des principes et attentatoire à l'inviolabilité des domiciles. Nous pensons que l'officier de police judiciaire qui, dans ce cas, se mettrait arbitrairement au-dessus des formes de la loi, commettrait un abus de pouvoir, et s'exposerait aux peines portées par l'article 184 du Code pénal (2).

Il faut donc que l'officier de police judiciaire auxiliaire, tant qu'il n'agit qu'en vertu de ses propres pouvoirs, et sans délégation du juge d'instruction, se renferme dans les limites de son droit, telles que nous les avons tracées.

S'il soupçonnait, dans une maison étrangère au prévenu ou à ses complices, l'existence d'effets utiles à l'instruction et dont l'enlèvement serait à craindre, le juge de paix, à défaut d'avoir l'assentiment du propriétaire de cette maison pour y pénétrer, devrait s'en interdire l'entrée; il ne pourrait que la faire investir par la force publique, instruire le procureur du roi, et attendre l'arrivée du juge d'instruction, ou une délégation de ce magistrat (3).

Remarquez toutefois que si, au lieu d'un simple soupçon de l'existence de pièces suspectes dans une maison tierce, le juge de paix, au moment où il procède, était

---

(1) *V.* LEVASSEUR, *Manuel des Juges de paix*, p. 232.
(2) *V.* art. 155, 157, 162 de l'Ordonnance royale du 29 octobre 1820.
(3) Argument de l'art. 163 de l'Ordonnance royale du 29 octobre 1820.

informé que des pièces de conviction viennent d'être transportées dans une maison, dans un lieu quelconque, il serait autorisé à s'y rendre de suite : cette circonstance serait caractéristique du flagrant délit, et rangerait le fait dans les cas que nous avons indiqués plus haut, sous les numéros 131 et 132.

134. Si un crime ou délit avait été commis dans les palais, châteaux, maisons royales ou leurs dépendances, l'officier de police judiciaire pourrait-il y pénétrer pour constater ces infractions ?

Une ordonnance royale du 20 août 1817, articles 3 et 4, veut : 1° que le gouverneur, ou celui à qui, en son absence, appartient la surveillance, requière le transport du juge d'instruction, du procureur du roi ou du juge de paix, et lui remette le prévenu ou les prévenus, s'ils sont arrêtés ; 2° que, si le transport de ces fonctionnaires a lieu d'office, ils se présentent au gouverneur, qui doit leur donner tous accès et facilités.

Cette ordonnance ne distingue point entre les cas de flagrant délit et autres.

135. Il en est autrement à l'égard des établissemens d'instruction publique appartenant à l'Université. Hors le cas de flagrant délit, d'incendie, ou de secours demandés à l'intérieur, aucun officier de police ou de justice ne peut s'introduire dans ces établissemens, pour constater le corps de délit, ou pour l'exécution d'un mandat d'amener ou d'arrêt dirigé contre les membres ou élèves, s'il n'en a l'autorisation spéciale, par écrit, du procureur-général, de l'un de ses substituts, ou du procureur du roi (1).

(1) *V.* art. 157 du Décret du 15 novembre 1811, concernant le régime de l'Université.

Le juge de paix, comme officier auxiliaire, ne pourrait donc passer outre, hors les cas prévus, qu'autant qu'il agirait en vertu d'ordres précis, ou d'une délégation spéciale du procureur du roi, ou d'une délégation du juge d'instruction, expressément requise par le procureur du roi.

136. Quant au temps dans lequel pourraient se faire les visites domiciliaires, l'article 76 de la loi du 22 frimaire an VIII, encore en vigueur, dispose : « La maison de toute personne habitant le territoire français est un asile inviolable. *Pendant la nuit*, nul n'a le droit d'y entrer, que dans le cas d'incendie, d'inondation ou de réclamation faite de l'intérieur de la maison. »

Si donc l'utilité d'une visite domiciliaire commence le jour, on peut et l'on doit y procéder *de suite* (1), et continuer les opérations même pendant la nuit; car ce n'est que l'introduction pendant la nuit qui est prohibée.

Mais, si cette utilité d'une visite commence la nuit, il faut attendre le point du jour pour l'exécuter, sauf à faire provisoirement, et sans perte de temps, investir la maison par la force armée, durant le reste de la nuit, si l'on craint l'évasion du prévenu, ou l'enlèvement des pièces de conviction (2).

L'infraction de ces dispositions exposerait l'officier de police judiciaire à l'application des peines portées par l'article 184 du Code pénal (3).

---

(1) *V.* art. 36 du *Cod. d'Inst. crim.*

(2) *V.* Circulaire du ministre de la justice du 23 germinal an IV. — Art. 185 de l'Ordonnance du 29 octobre 1820.

(3) M. DE MOLÈNES, *des Fonct. d'Offic. de police judiciaire*, p. 99, 102, 129, prétend qu'en cas de flagrant délit, on peut commencer des visites domiciliaires *même la nuit*, quoique cela fût interdit hors le cas de flagrant délit. Cette distinction, que n'a pas faite la loi, ne nous paraît pas fondée.

137. Il y a cependant exception relativement aux auberges, cabarets, cafés, boutiques et autres maisons ouvertes au public, dans lesquelles il est permis d'entrer jusqu'à l'heure où elles doivent être fermées, d'après les réglemens publics, pour y faire des recherches judiciaires (1). Les officiers de police judiciaire ont même le droit de pénétrer à toute heure dans les maisons de jeux de hasard et dans les maisons de débauche, mais seulement sur la désignation qui leur en aurait été donnée par deux citoyens domiciliés (2).

138. Au surplus, qu'est-ce que la nuit, dans le sens de l'article 76 de la loi du 22 frimaire an VIII?

C'est, depuis le 1ᵉʳ octobre jusqu'au 31 mars, *de six heures du soir à six heures du matin;* et, depuis le 1ᵉʳ avril jusqu'au 30 septembre, *de neuf heures du soir à quatre heures du matin* (3).

Suivant M. Carnot (4), cette interprétation et les défenses qui en résultent sembleraient contrarier le texte de l'article 36 du Code d'Instruction criminelle, qui intime de se transporter *de suite,* sans distinction de temps.

Mais, quand le Code d'Instruction criminelle fut élaboré, la distinction préexistait et n'avait plus besoin d'être formulée. D'ailleurs, une disposition de loi particulière, comme le Code d'Instruction criminelle, pouvait-elle abroger un article de l'acte constitutionnel? Si le législateur avait pu et voulu faire cette abrogation,

---

(1) *V.* art. 9 de la loi du 19 juillet 1791. — Art. 129 de la loi du 28 germinal an VI. — Arr. cass. des 12 novembre 1829 et 19 novembre 1829.

(2) *V.* art. 10 de la loi du 19 juillet 1791.—Décret du 14 septembre 1792.

(3) *V.* Décret du 4 août 1806. — Art. 1037 du *Cod. de procéd. civ.* — Art. 184 de l'Ordonnance royale du 29 octobre 1820.

(4) *V. De l'Inst. crim.*, t. I, p. 241.

ne s'en serait-il pas formellement expliqué? Dans le
doute, le système le plus favorable à la liberté devrait
prévaloir.

139. Le temps qui s'écoulera jusqu'à ce que l'entrée
soit libre ne sera pas entièrement perdu pour un juge
de paix vigilant. Il l'emploiera à disposer ses opérations,
à s'entourer de renseignemens, à appeler auprès de lui
les personnes dont les secours lui seraient nécessaires.
Sa surveillance attentive à l'extérieur préviendra toute
évasion, suivra toutes les démarches de l'intérieur, et
empêchera toute disparition de pièces et de personnes;
elle tiendra en échec les fauteurs du crime ou du recel,
et peut-être, déconcertant leur audace et leurs ruses,
en leur imprimant la crainte d'une arrestation inévi-
table, ou en les frappant de la certitude de perquisitions rigoureuses et exactes, elle leur fera perdre l'es-
pérance de rien soustraire aux investigations de la police
judiciaire.

Dans le cas où le coupable ne serait pas connu tout
d'abord, le juge de paix devra s'assurer si des soupçons
ne s'élèvent point contre quelqu'un, et recueillir les motifs qui font naître ces soupçons; s'informer si, à l'heure
présumée où le délit a été commis, des individus ont été
aperçus dans les environs du lieu où il l'a été; prendre,
autant que possible, leur signalement; retenir exactement les noms, professions, demeures de toutes les personnes qui seraient désignées comme pouvant donner des
éclaircissemens soit sur le fait lui-même, soit sur les
circonstances qui l'entourent, en désignant les points sur
lesquels chaque témoin semble plus particulièrement en
état d'informer la justice.

140. Le juge de paix, dès son arrivée, doit défendre

que qui que ce soit sorte de la maison, ou s'éloigne du lieu, jusqu'à la clôture de son procès-verbal (1).

Cette disposition est fondée sur plusieurs motifs. Le premier est de conserver des témoins précieux qu'on ne pourrait peut-être plus trouver si on ne les empêchait de s'éloigner : l'expérience prouve que les personnes que la curiosité avait arrêtées sur le lieu d'un crime sont écartées généralement par la peur de se trouver impliquées dans l'affaire, dès qu'elles aperçoivent les officiers de justice, et qu'une fois éloignées, soit par indifférence, soit par répugnance, soit encore dans la crainte d'être détournés de leurs occupations, ou de s'exposer à des inimitiés, loin de venir offrir leur témoignage à la justice, elles s'efforcent de rester inconnues.

La seconde raison est de ne point laisser échapper quelque complice du délit, quelquefois le coupable lui-même, qui chercherait à se confondre dans la foule, pour être moins remarqué, et qui pourrait profiter d'un moment d'inattention pour prendre la fuite.

Enfin, il importe d'empêcher que l'indiscrétion ou la connivence ne trahissent le secret des opérations.

141. Le pouvoir de faire emprisonner donné à l'officier de police judiciaire en cette circonstance, est une suite des mêmes considérations : celui qui s'esquive, après la défense, est suspect ; d'ailleurs, toute personne doit son témoignage à la justice sur les faits qui se sont passés sous ses yeux (2).

Tout contrevenant à la défense de s'éloigner de la maison ou du lieu où il s'agit d'opérer sera, s'il peut

(1) *V.* art. 54 du *Cod. d'Inst. crim.* — Art. 107 du *Code* du 3 brumaire an IV.
(2) *V.* Loi en forme d'instruction du 29 septembre 1791.

être saisi, déposé dans une maison d'arrêt, sur mandat (1) de l'officier de police judiciaire (2).

Le juge de paix, dans ce cas, doit informer immédiatement le procureur du roi, afin qu'il fasse des diligences auprès du juge d'instruction, pour l'application de la peine prononcée par la loi (3).

142. Pour que le mandat soit exécutoire, il doit être dressé dans la forme prescrite par l'article 95 du Code d'Instruction criminelle : c'est-à-dire il faut que le prévenu y soit nommé ou désigné le plus clairement qu'il sera possible, et que le mandat soit signé de celui qui l'a décerné et muni de son sceau (4).

Quant à l'exécution, il faut se conformer aux dispositions des articles 97, 98 et 99 du même Code.

Les mandats de toute espèce sont mis à exécution par les huissiers, et, à leur défaut, par les gendarmes, ou par les agens de police (5) : remise du mandat est faite à celui qui doit l'exécuter.

143. Au surplus, le mandat doit être individuel, c'est-à-dire spécial pour chaque personne arrêtée (6); en voici la forme :

(1) C'est ici la seule circonstance où un officier de police auxiliaire ait le droit de décerner un mandat de dépôt. M. LEVASSEUR, *Manuel des Juges de paix*, p. 209, fait erreur en retraçant ce que, selon lui, devrait observer le juge de paix qui décernerait un mandat de dépôt *contre un prévenu*, au cas de flagrant délit, puisque le juge de paix ne peut jamais lancer de mandat de dépôt *contre un prévenu*.

(2) *V.* art. 34 du *Cod. d'Inst. crim.*

(3) *V. Ibid.*

(4) L'inobservation de ces formalités entraînerait, contre le juge de paix, l'application de l'art. 112 du Code d'Inst. crim.

(5) *V.* art. 77 du Décret du 18 juin 1811. — Art. 6 du Décret du 7 avril 1813. — Art. 67 de l'Ordonnance royale du 29 octobre 1820.

(6) *V.* art. 201 de l'Ordonnance royale du 29 octobre 1820. — Instruction du ministre de la justice du 30 septembre 1826, n 71.

MANDAT DE DÉPOT.

Nous   (1), juge de paix du canton de   , arrondissement de   , département de   , agissant comme officier de police judiciaire auxiliaire de M. le procureur du roi, et procédant en cas de flagrant délit,

Mandons et ordonnons à tous huissiers ou agens de la force publique, de conduire à la maison d'arrêt de   (2), le nommé   (3), que nous avons fait arrêter, pour avoir contrevenu à ce que nous avions défendu conformément à l'article 34 du Code d'Instruction criminelle;

Enjoignons au gardien de ladite maison d'arrêt, de le recevoir et retenir en dépôt jusqu'à nouvel ordre;

Requérons tous dépositaires de la force publique de prêter main-forte, en cas de nécessité et de réquisition, pour l'exécution du présent mandat.

Fait à   , le

Sceau.   *Signature.*

144. Le juge de paix fera saisir le prévenu présent (4), contre lequel il existerait des indices graves, et l'interpellera d'assister à toutes ses opérations, en personne ou par un fondé de pouvoir (5).

---

(1) Prénoms et nom du juge de paix.

(2) Du chef-lieu de l'arrondissement dans lequel opère le juge de paix.

(3) Prénoms, nom, qualité, profession, lieu d'habitation et commune de la personne arrêtée.

(4) Le juge peut, au cas de flagrant délit, faire arrêter sur un simple ordre verbal. *V.* art. 59, 40 du *Cod. d'Inst. crim.*

Si le prévenu avait domicile (*V.* n° 147. — Art. 40 du *Cod. d'Inst. crim.*), on ne le ferait pas arrêter sur la plainte ou dénonciation seule; on se bornerait à défendre qu'il s'éloignât, et en cas de contravention on le ferait arrêter. *V.* art. 34 du *Cod. d'Inst. crim.*

(5) *V.* art. 109 du *Code* du 3 brumaire an IV. — Art. 40 du *Cod. d'Inst. crim.*

145. Dans cette circonstance, toute procuration est valable, même une procuration verbale, moyennant qu'elle soit consignée au procès-verbal (1).

146. Il est bien entendu que le prévenu qui refuserait, comme la loi lui en accorde ou lui en laisse la faculté, d'assister aux opérations du juge de paix, devrait être retenu et gardé à vue, s'il avait été arrêté.

On devrait veiller à ce que le prévenu ne jetât ou ne détruisît des pièces de conviction ou des objets suspects; à ce qu'il ne communiquât avec personne; vérifier sans délai les relations qui pourraient exister entre lui et les personnes avec qui il aurait prié de le laisser communiquer.

147. Si le prévenu n'est pas présent, le juge de paix décernera contre lui un mandat d'amener (2).

Mais il faut, pour autoriser cet acte, le concours des trois circonstances suivantes : 1° qu'il y ait flagrant délit; 2° que le fait soit de nature à emporter une peine afflictive ou infamante; 3° qu'il existe des *indices graves:* d'ailleurs la dénonciation ni la plainte seule ne constitue pas une présomption suffisante pour lancer un mandat d'amener contre un individu *ayant domicile* (3).

Ce n'est pas restrictivement des indices du crime que parle la loi, mais aussi et principalement de ceux de la *culpabilité* du prévenu, et d'indices assez positifs pour le faire présumer coupable : ces indices doivent être d'au-

---

(1) *V.* Loi en forme d'instruction du 29 septembre 1791.

(2) *V.* art. 40 du *Cod. d'Inst. crim.*

(5) *V.* loi en forme d'instruction du 29 septembre 1791. — Art. 40 du *Cod. d'Inst. crim.* — Circulaire du ministre de la justice du 10 février 1819.

En matière criminelle, on entend par domicile toute demeure habituelle.

Il suit de l'art. 40 du Code d'Instruction criminelle que la dénonciation ou la plainte suffit pour faire arrêter les *vagabonds* ou *gens sans aveu.*

tant plus graves que la plainte porte sur une personne *domiciliée*, ou sur un individu qui jouit d'une bonne réputation.

148. Ce que nous avons dit relativement à la forme , à la mise à exécution et à l'individualité du mandat de dépôt (1) s'applique également au mandat d'amener (2).

Nous ajouterons une observation : il n'y a pas de méprise à craindre pour le cas où nous avons vu que le juge de paix peut décerner le mandat de dépôt, puisqu'alors il fait arrêter des personnes présentes et qu'il peut lui-même reconnaître ou faire reconnaître sur-le-champ. Mais des méprises seraient faciles à commettre dans l'arrestation d'une personne absente, dénoncée comme coupable ; et ici l'erreur serait déplorable. Pour plus de sûreté, le juge de paix ne doit pas négliger d'insérer dans son mandat, autant que possible, le signalement du prévenu, ses surnoms, au cas qu'il en ait, et toutes les indications propres à le faire distinguer de ceux qui porteraient le même nom que lui.

149. Voici, au surplus, une formule de mandat d'amener :

MANDAT D'AMENER.

Nous   (3), juge de paix du canton de   , arrondissement de   , département de   , agissant comme officier de police judiciaire auxiliaire de M. le procureur

---

(1) *V.* N°s 142, 143. — Loi en forme d'instruction du 29 septembre 1791.

(2) Toutes les fois qu'un mandat d'amener est décerné contre un militaire en activité de service, ou contre un gendarme, on doit en informer le chef du corps. *V.* Circulaire du ministre de la justice du 19 décembre 1816.

(3) Prénoms et nom du juge de paix.

du roi, et procédant en cas de flagrant délit, en vertu de l'article 40 du Code d'Instruction criminelle,

Mandons et ordonnons à tous huissiers ou agens de la force publique d'amener par-devant nous, à   , le   , et en cas d'impossibilité, de conduire devant M. le juge d'instruction, à   , en se conformant à la loi (1), le nommé   (2), prévenu de   (3),

Pour être entendu sur les imputations à lui faites, et dont il lui sera donné connaissance ;

Requérons tous dépositaires de la force publique de prêter main-forte pour l'exécution du présent mandat, en cas de nécessité et de réquisition.

A   , le

Sceau.   *Signature.*

150. Lorsque le prévenu est arrêté, toute l'instruction préliminaire doit être suivie contradictoirement avec lui (4) : de sorte que s'il avait été fait à son domicile une perquisition à laquelle il n'aurait pas été interpellé de se trouver, il pourrait tirer avantage de cette circonstance pour atténuer la confiance due à la procédure.

Le juge de paix doit donc, lorsqu'il y a refus du prévenu, en consigner la mention expresse à son procès-

---

(1) *V.* les art. 200 à 223, et notamment l'art. 219 de l'Ordonnance royale du 29 octobre 1820.

(2) Prénoms, nom, surnom, qualité, profession, lieu d'habitation, commune, et, s'il est possible, signalement du prévenu et description de ses vêtemens.

(3) S'il s'agit d'un complice, on le qualifie *prévenu par complicité de.....*

Il est d'usage de spécifier le fait incriminé et ses circonstances aggravantes ; cependant cela n'est pas de rigueur. *V.* art. 95 du *Cod. d'Inst. crim.*

(4) *Ou* avec son fondé de pouvoir. *V.* n°s 144, 145.

L'officier de police judiciaire qui négligerait d'interpeller le prévenu d'assister aux opérations agirait imprudemment, et pourrait se compromettre.

verbal, ainsi que la mention de l'interpellation qui lui aurait été faite d'assister aux opérations, ou de s'y faire représenter (1).

151. Si le prévenu n'était pas arrêté, le juge de paix serait autorisé à procéder en son absence à la recherche et à la saisie des pièces de conviction.

Et, si le prévenu était absent, il n'y aurait pas d'obligation à recevoir son mandataire pour le représenter dans la suite des opérations.

La nécessité d'interpeller le prévenu d'assister aux recherches, ou de s'y faire représenter, n'a été imposée par la loi que pour le cas où le prévenu serait *en état d'arrestation* (2).

Cependant, suivant M. Carnot (3), si la personne dénoncée se trouvait absente, et qu'il n'eût pas été lancé contre elle de mandat d'amener, le fondé de pouvoir qui se présenterait au nom du prévenu ne devrait pas être éconduit; il devrait être interpellé de signer le procès-verbal et de parapher les objets saisis, parce que, à défaut de mandat et d'une inculpation formelle, celui chez qui se ferait la visite n'aurait d'autre rapport avec la justice que celui de propriétaire de la maison visitée, et, à ce titre, il devrait prendre part à ce qui serait fait.

152. Nous avons voulu épuiser tous ces détails préliminaires, pour n'avoir pas à interrompre, par des digressions qui s'y seraient rapportées, l'exposé des opérations auxquelles doit procéder le juge de paix.

Maintenant, il a fait toutes ses dispositions; il est au

(1) *V.* art. 59 du *Cod. d'Inst. crim.*
(2) *V.* art. 39, *Ibid.*
(3) *V.* CARNOT, *de l'Inst. crim.*, t. I, p. 245, 246.

milieu ou en présence des personnes dont le concours lui est nécessaire ; il est en mesure de se livrer aux investigations que la loi lui prescrit ; rappelons les obligations qui lui restent à remplir.

Un crime qui se commet ou qui vient de se commettre appelle l'attention de la justice !

« Les juges dresseront sur-le-champ, et sans déplacer, procès-verbal de l'état auquel seront trouvées les personnes blessées, ou le corps mort, ensemble du lieu où le délit aura été commis, et de tout ce qui peut servir pour la décharge ou pour la conviction : » ainsi disposait l'ordonnance de 1670.

Sur quoi tous les auteurs font observer qu'il faut s'informer du délit avant de rechercher un coupable : par la raison qu'il faut, avant toutes choses, qu'il soit bien constant qu'un crime a été commis.

La loi en forme d'instruction du 29 septembre 1791 ordonnait, en termes exprès, que le procès-verbal fût dressé dans l'instant le plus voisin du temps auquel le crime aurait été commis, et tel est le vœu implicitement manifesté par l'article 32 du Code d'Instruction criminelle. En effet, plus cet acte suit de près l'époque où l'infraction a eu lieu, plus les renseignemens sont abondans, véridiques, et propres soit à faire connaître le fait en lui-même, soit à en désigner l'auteur (1).

Le juge de paix, qui se sera transporté sur les lieux, y dressera donc, sans différer, les procès-verbaux nécessaires à l'effet de constater le corps du délit, son état, l'état des lieux, et recevra les déclarations des personnes qui auraient été présentes, ou qui auraient des renseignemens à donner (2).

---

(1) *V*. nº 118.
(2) *V*. art. 32 du *Cod. d'Inst. crim.* — Nº 118, note 2, p. 125.

133. Mais qu'est-ce que l'on entend par ces mots : le corps du délit, son état, l'état des lieux ?

Le *corps du délit* est l'ensemble des signes extérieurs du fait, qui le constituent crime ou délit; c'est ce qui doit être prouvé, mis en évidence, pour prouver qu'il y a eu crime ou délit (1).

On nomme aussi *corps du délit* l'objet même sur lequel a frappé le délit, et qui sert à prouver matériellement son existence. Par exemple, le vol est constaté par la découverte de la chose volée ; dans le cas d'homicide, on acquiert la certitude du crime par la vue du cadavre de la victime portant des marques apparentes de blessures, des vestiges de la violence exercée sur elle. Ainsi, la chose volée et représentée, le cadavre de la personne assassinée, sont le corps du délit du vol et celui de l'assassinat.

Il n'est pas toujours nécessaire que le corps matériel du délit soit représenté ; et c'est dans ce sens que le célèbre d'Aguesseau a dit que « le *corps du délit n'est autre chose que le délit même*, dont l'existence serait établie par l'attestation de témoins dignes de foi, concordans entre eux, et persévérans dans leurs dépositions, incapables de varier, et affirmant à la justice qu'un crime a été commis. » L'absence du corps du délit *matériel* ne saurait donc arrêter l'officier de police judiciaire dans l'exécution des mesures prescrites ou autorisées par la loi.

L'état du corps du délit est la réunion des circonstances qui l'accompagnent et des indices qui le prouvent;

---

(1) On nomme *corps de délit* l'existence d'un délit prouvé ou par l'inspection actuelle de ce délit, lorsqu'il s'agit d'un fait *permanent*, c'est-à-dire dont il reste des vestiges : comme l'homicide, le vol avec effraction, l'incendie, etc.; ou par témoins, lorsqu'il s'agit d'un fait *passager*, c'est-à-dire dont il ne reste aucune trace ou vestige : comme le vol sans effraction, les injures, etc. V. JOUSSE, *Traité de la Just. crim.*, t. II, p. 19 tsuiv.

ou encore, *l'état du corps du délit* est l'ensemble des circonstances essentielles ou accessoires du crime, qui peuvent servir à la décharge ou à la conviction de celui que l'on soupçonnait en être l'auteur.

Enfin *l'état des lieux* est la description de l'endroit où le crime a été commis, indiquant tout ce que son inspection peut déceler de relatif à l'exécution du crime, comme des effractions extérieures ou intérieures, des traces d'escalade, etc.

154. Toutes les fois donc que cela peut être utile, le juge de paix décrira les lieux, leurs dispositions, leur distribution, leur situation, leurs alentours, leur proximité ou leur éloignement d'un bois, d'une grande route, d'une rivière, des habitations d'où un secours aurait pu être demandé, d'où les cris de la victime auraient pu être entendus (1).

Il en constatera l'état : Ainsi, le lieu du délit est-il une maison habitée, ou une dépendance de maison habitée, etc.? Y a-t-il eu des effractions extérieures ou intérieures, escalade, emploi de fausses clefs (2)? Les lieux permettaient-ils, à raison de l'état des fermetures ou clôtures, une introduction facile et qui dispensât de recourir à des moyens constitutifs de circonstances aggravantes? Trouve-t-on, sur le sol, des traces, des empreintes, qui soient distinctes, qui puissent être décrites fidèlement ou calquées, et qui fassent connaître le nombre, le genre, la direction des voleurs ou des assassins? Remarque-t-on des taches de sang? A-t-on pu distinguer

---

(1) Si la disposition des lieux est décisive et ne peut bien être connue par une description, on en fait dresser un plan.

(2) Ces mots *effraction*, *escalade*, *fausses clefs*, *maison habitée*, sont des termes complexes; il y a nécessité de décrire dans le plus grand détail tout ce qui peut justifier leur application. *V.* nos 17, 18, 165.

si la victime, attaquée dans un endroit, a succombé ou a été traînée dans un autre, et les traces que le trajet a laissées peuvent-elles être suivies et décrites ? En cas de crime commis dans l'intérieur d'une maison, les meubles ont-ils été dérangés, brisés ; le désordre et la confusion ont-ils été répandus à l'intérieur ou à l'extérieur ; ou bien chaque chose se trouve-t-elle dans sa place accoutumée ? Les auteurs du crime ont-ils, dans leur fuite, ou en s'é-loignant, laissé sur le terrain, ou auprès de la victime, quelques objets, papiers, armes ou instrumens ? Toutes ces circonstances tirées de la situation extérieure des lieux où le crime a été commis, et qui donnent des éclair-cissemens sur la perversité, la préméditation, la per-sévérance, les ruses et la culpabilité de l'auteur, sont précieuses à recueillir : elles seront relevées attenti-vement par le juge de paix, et devront trouver place dans son procès-verbal, où elles seront soigneusement retracées.

155. Le juge de paix se saisira des armes et de tout ce qui paraîtra avoir été destiné ou avoir servi à commet-tre le crime (1), ainsi que de tout ce qui paraîtra en avoir été le produit, en un mot, de tout ce qui pourra servir à la manifestation de la vérité ; il interpellera le prévenu, s'il est présent, de s'expliquer sur la connais-sance qu'il aurait des choses qui lui seront représentées, sur la possession qu'il en aurait eue, sur le titre et la na-ture de cette possession, sur l'usage qu'il en aurait fait ou qu'il aurait prétendu faire ; il demandera au prévenu

---

(1) Il faut avoir soin de constater si l'auteur du fait incriminé a pu trouver sur les lieux mêmes les instrumens dont il s'est servi ; s'ils étaient à sa portée ; les difficultés qu'il lui a fallu surmonter pour se les procurer, ou la facilité qu'il a eue de s'en saisir : si, au contraire, il a dû ou pu les apporter, et quelle peine il en a dû coûter.

d'expliquer l'existence des objets représentés sur le lieu
du crime, et l'état dans lequel ils se trouvent; il le
sommera de nommer la personne de qui il tenait ces
objets, ou celle qui les aurait possédés en dernier lieu,
et aurait pu en faire usage, et il vérifiera sur-le-champ
ses déclarations; il dressera du tout procès-verbal, qui
sera signé du prévenu, ou mention sera faite de son
refus (1).

Tous les objets saisis doivent être exactement décrits,
ou désignés, d'après leur nature, quotité, qualité, poids,
longueur, grosseur, largeur, et autres marques distinc-
tives. Il conviendrait même de se faire aider à cet effet,
en cas de besoin, par des experts, comme pour apprécier une marchandise volée, etc. (2).

On sent, au surplus, qu'il ne suffit pas de mentionner
les objets saisis par la seule dénomination qui les qualifie,
et qu'il importe beaucoup que leur état soit constaté.
Par exemple, si tel objet était une arme à feu, on doit la
désigner par sa dénomination propre, comme pistolet,
fusil, espingole, et en même temps expliquer si cette
arme était chargée. L'on désigne de la même manière
tout instrument piquant, tranchant ou contondant, comme
une bayonnette, une épée, un poignard, une canne à
épée ou à lance, un couteau, un bâton, un marteau, etc.
On expliquera, par rapport à un poignard, par exemple,
s'il est émoussé, teint de sang, etc. On ne doit négliger
aucun de ces détails, qui peuvent faire connaître les différentes circonstances du crime, et servir à la conviction
du coupable.

(1) *V.* art. 35 du *Cod. d'Inst. crim.*
(2) En cas d'insuffisance d'une description, et en cas d'impossibilité de
déplacement des choses qui peuvent servir à la manifestation de la vérité,
il devient utile d'en faire exécuter des dessins ou des modèles, destinés à
être présentés aux magistrats et aux jurés.

Ce sont la nature des objets saisis et leur état qui suggèrent à l'officier de police judiciaire les interpellations qu'il doit adresser au prévenu, et dont il retient procès-verbal, ainsi que des réponses qui y sont faites (1).

156. Les effets que le juge de paix doit rechercher et saisir pour servir à conviction, peuvent être de quatre sortes :

1° Les effets trouvés sur le lieu même du délit, qui pourraient en dénoncer l'auteur, ou qui sont reconnus pour avoir appartenu à l'inculpé, dans le temps même du crime, ou peu de temps avant : comme son chapeau, ses souliers, son couteau, sa tabatière, ou ses vêtemens ; ou les instrumens avec lesquels le crime a été commis : comme un poignard, un fusil, un pistolet (2), un ciseau

---

(1) M. CARRÉ, *Droit français....*, t. IV, p. 329, 330, pense que les réponses du prévenu doivent être insérées au procès-verbal même de saisie. Nous estimons qu'il vaut mieux les consigner au procès-verbal séparé de l'interrogatoire. *V.* n° 174.

(2) L'article 314 du Code pénal prononce des peines contre les fabricans, marchands et porteurs de stylets, de tromblons, ou de quelqu'espèce que ce soit d'armes prohibées par la loi ou par les réglemens d'administration publique ; et il ordonne la confiscation de ces armes.

L'officier de police qui les trouve doit non seulement les saisir, mais en rechercher les fabricans ou débitans.

Les pistolets de poche sont des armes prohibées. V. *Déclaration* du 23 mars 1728. — Décrets des 23 décembre 1805 et 12 mai 1812. — Arr. cass. du 6 août 1824. — Ordonnance royale du 23 février 1837.

L'usage et le port des fusils et pistolets à vent est interdit. Décret du 2 nivôse an XIV *ou* 23 décembre 1805.

La fabrication des poignards, dagues, bâtons et cannes soit à dard, à épée, à bayonnette ou à ferremens, a été prohibée par le Décret du 2 nivôse an XIV.

Les particuliers ne pouvant être détenteurs d'armes de guerre, il y aurait lieu de saisir les armes de cette nature que l'on rencontrerait en leur possession, conformément à l'ordonnance royale du 24 juillet 1816 ; sauf le cas, bien entendu, où les armes auraient été confiées par l'autorité elle-même, comme à un garde national, etc.

en fer, un levier; des fausses clefs, limes, cordes, matières à incendie; du poison, des mets ou liqueurs empoisonnés, etc. (1);

2° Les effets volés dont le prévenu est trouvé nanti, ou qui sont reconnus dans les mains d'un tiers à qui il les a remis, déposés ou vendus; les monnaies falsifiées, les pièces arguées de faux, ou pouvant servir à prouver le faux, etc.;

3° Les effets suspects découverts entre ses mains ou sur lui: comme des papiers, des lettres qu'il a écrites ou qui lui ont été adressées; des drogues, du poison, des matières incendiaires, des instrumens de fausse monnaie; des limes, cordes, fausses clefs, échelles de corde; des poignards, armes ou autres instrumens, etc.;

4° Enfin, les effets qui lui appartenaient légitimement, en tant qu'ils porteraient des traces du crime, ou qu'il serait démontré qu'ils ont dû servir à le commettre: s'ils sont ensanglantés, s'ils ont été déchirés ou brisés dans la lutte qu'a soutenue la victime, avant de succomber, etc.

157. C'est pour que les effets saisis puissent être facilement conservés et reconnus, qu'il en doit être

(1) S'il s'agissait de poisons, on devrait rechercher de même par qui ils auraient été vendus, et s'ils l'ont été pour servir au crime, ce qui constituerait une complicité (art. 60 du *Cod. pén.*), ou s'ils l'ont été seulement sans se conformer aux réglemens, ce qui constituerait un délit correctionnel. *V.* art. 34 et 35 de la loi du 21 germinal an XI.

Des recherches faites dans les environs du lieu du délit ont fait quelquefois découvrir des indices précieux: on a eu l'exemple qu'une bourre de fusil ou de pistolet, un morceau de papier, en apparence insignifiant, ont fait reconnaître un coupable, par leur écriture, leur contenu, ou leur matière, après rapprochement.

Dans la fameuse affaire Lecouffe, en faisant faucher le jardin inculte où l'assassinat avait été commis, on trouva l'instrument du crime, un couteau au moyen duquel on découvrit le coupable.

dressé procès-verbal, c'est-à-dire qu'il est d'obligation de les décrire, ainsi que les choses qui peuvent les contenir, et de constater leur nature, leur quantité, leur état, etc.; le tout en présence des parties lésées et des prévenus (1).

Mais la loi ne s'en tient pas à cette précaution ; elle veut que les objets saisis soient clos et cachetés, si faire se peut ; ou, s'ils ne sont pas susceptibles de recevoir des caractères d'écriture, qu'ils soient mis dans un vase ou dans un sac, sur lequel l'officier de police judiciaire attachera une bande de papier qu'il scellera de son sceau officiel (2).

Ainsi, quoique les objets saisis aient été désignés au procès-verbal, cela ne peut dispenser de les clore et de les cacheter, s'ils sont susceptibles d'être clos et cachetés, pour en assurer l'existence d'une manière invariable. Si le prévenu n'était pas présent, le magistrat n'en devrait être que plus sévère observateur des dispositions de la loi (3).

A défaut de ces marques de reconnaissance, le prévenu pourrait désavouer les pièces de conviction, et ce serait au ministère public à prouver leur identité. Cette omission pourrait nuire infiniment à la manifestation de la vérité : et c'en est assez pour engager l'officier de police judiciaire à veiller exactement à ce que la loi soit ponctuellement exécutée.

De ce que l'article 38 du Code d'Instruction criminelle n'ordonne que l'apposition du sceau du magistrat, en faut-il inférer que le prévenu ou le fondé de pouvoir ne doit pas être interpellé d'y apposer le sien? Cette forma-

(1) *V*. art. 35, 39 du *Cod. d'Inst. crim.*
(2) *V*. art. 38, *Ibid.*
(3) *V*. art. 35, 38, *Ibid.*

lité, dit M. Carnot, est sous-entendue, et résulte même
de l'article 39 du même Code (1).

158. A l'égard des papiers (2) saisis sur le prévenu, à

(1) *V.* CARNOT, *de l'Inst. crim.*, t. I, p. 244.

L'officier de police joint à son procès-verbal, autant que cela est praticable,
les objets que la loi qualifie pièces de conviction ; c'est-à-dire tout ce qui peut
avoir servi à commettre le délit, et tout ce qui en est le produit, même les
papiers de la personne inculpée, lorsqu'ils peuvent fournir des preuves contre
elle ou à sa décharge.

Si le prévenu présente quelques effets qu'il prétend faire servir à sa justification, le juge doit les comprendre dans son procès-verbal, et constater son
dire, sans examiner s'il est bien ou mal fondé, car il n'est pas le juge de ses
moyens de défense.

Les effets pouvant servir à conviction ou à décharge sont transportés au
greffe du tribunal saisi, par les voies indiquées à l'article 9 du Décret du 18
juin 1811. *V.* n° 324.

Si, parmi les objets saisis, se trouvaient des chevaux, des bêtes de somme
ou de trait, des voitures, etc., le juge de paix les ferait provisoirement conduire à la fourrière publique, s'il y en a une de désignée par l'autorité administrative (*V.* Loi du 6 octobre 1791, art. 12, tit. II) ; sinon il les mettrait en
dépôt ou en garde dans des maisons sûres, et veillerait à leur conservation
V. art. 39, 40 du Décret du 18 juin 1811. — N° 331.

Le procureur du roi ou le juge d'instruction lui indiquerait ultérieurement
le parti à prendre relativement à ces objets.

(2) Le mot *papiers* est un terme qui comprend toute sorte d'écriture, soit
qu'elle ait été livrée à l'impression, soit qu'on l'ait conservée manuscrite.

Si les papiers à explorer étaient si nombreux que leur examen prolongé
dût entraver la célérité des opérations et préjudicier à la recherche et à la
découverte de la vérité, on pourrait les mettre provisoirement sous le scellé,
et même établir une garde pour assurer leur conservation, sauf à faire le dépouillement en temps opportun.

Mais on doit s'abstenir, en général, de saisir des papiers en masse ; le
triage doit être fait, autant que possible, sans déplacement, et en présence
du prévenu, s'il est arrêté. Dans le doute, il faut attendre le juge d'instruction et garder les papiers sous scellés.

Parmi les perquisitions à faire au domicile d'un prévenu, nous distingue-
rons par des remarques particulières la visite des papiers.

L'officier de police judiciaire doit ici redoubler de vigilance et ne rien
laisser passer inaperçu. Mais qu'il se garde d'une curiosité indiscrète et coupable ; qu'il se mette à l'abri même du soupçon d'avoir voulu surprendre sans
nécessité un secret privé ou de famille.

Dès qu'au premier coup-d'œil une pièce paraît étrangère à l'objet de la son domicile ou ailleurs (1), ils doivent être signés et paraphés par le juge, par le greffier et par le prévenu, s'il est arrêté, et s'il peut ou veut le faire ; en cas de refus, il en est fait mention au procès-verbal (2).

159. La loi veut, en outre, que l'officier de police judiciaire constate le corps du délit et son état (3).

C'est surtout dans l'accomplissement de ce devoir que le juge de paix devra déployer son zèle et apporter la plus grande attention. Il fera tous ses efforts pour reconnaître la nature, l'espèce du crime ; le temps et le lieu (4) de son exécution ; les moyens à l'aide desquels il aura été

visite, ou à tout autre fait punissable, on ne doit pas la scruter : si cette pièce est un contrat, un livre de comptes, un mémoire, etc., qu'il suffise de l'avoir ouverte pour en connaître la nature.

S'il s'agit d'une lettre, voyez le timbre de la poste pour en savoir la date ; si le timbre manque ou se trouve effacé, voyez la date dans la lettre ; si vous y êtes invité, ou si cela est nécessaire, lisez la signature. Mais tenez-vous en là, toutes les fois que ces premières données seront suffisantes pour écarter toute présomption que cette lettre se rattache au fait qui est le sujet de la visite, à un crime ou à un délit.

Le ministère de l'officier de police judiciaire visitant un domicile est pénible ; qu'il ne devienne pas odieux : que l'aménité, la réserve, en même temps que la fermeté de ses procédés, rappellent incessamment au prévenu que c'est l'homme de la loi, un magistrat consciencieux, qui procède, et non l'agent d'une Inquisition passionnée et vexatoire.

(1) Les magistrats ont le droit d'exiger de l'administration des postes la remise des lettres qui lui ont été confiées et qui peuvent renfermer des indications utiles à la découverte des crimes dont ils poursuivent la répression. Arr. de la Cour d'assises d'Indre-et-Loire du 11 juin 1830.

(2) *V.* art. 37, 39 du *Cod. d'Inst. crim.*

(3) *V.* n°s 152, 153. — Art. 32 du *Cod. d'Inst. crim.*

(4) Il s'attachera à fixer de la manière la plus invariable *l'heure* et *le lieu précis* où le fait aura été commis, parce que cela importe très souvent pour la preuve soit de l'innocence, soit de la culpabilité du prévenu.

En cas d'homicide, quand le jour et l'heure de la mort ne sont pas bien connus, il faut rechercher et constater quel est le dernier moment où a été vu le défunt, et si l'on a entendu partir du lieu où gît le cadavre du bruit, des cris, ou des plaintes, qui paraissent se rapporter à l'instant de la mort.

commis; les effets matériels qui en seront résultés, et
qu'il appréciera, au besoin, avec le secours des gens de
l'art; le nombre des coupables et des complices, quels
ils sont, ce qu'ils sont devenus; enfin toutes les circonstances constitutives ou accessoires du crime (1): de telle
sorte que, par suite de ses recherches, l'on apprenne
positivement comment les faits se sont passés, et que
l'on en sache exactement tous les détails.

Le juge de paix, pour s'assurer qu'il n'omettra rien de
très important dans ses investigations, fera prudemment
de se reporter toujours, autant que possible, à la loi pénale applicable. Il trouvera dans le texte répressif les
circonstances qui caractérisent le délit, qui le constituent, qui le modifient, en l'atténuant ou en l'aggravant.

Ici chaque expression a sa portée, et indique à l'officier
de police judiciaire ce qu'il doit constater et vérifier
pour que l'instruction remplisse son objet, qui est de
mettre les juges et les jurés en position d'avoir une idée
nette et complète de la matérialité et de la moralité du
fait incriminé, de la perversité ou de l'innocence du prévenu, enfin de tout ce qui doit déterminer la mesure des
peines à appliquer.

Il serait difficile d'expliquer ou seulement d'indiquer
tout ce qu'il est nécessaire de faire relativement à chaque
espèce de crime: chaque fait est modifié par ses circonstances, et les détails sont infinis.

Mais, à l'appui des théories que nous avons dévelop-
pées jusqu'ici, et pour les élucider par des exemples,
nous exposerons rapidement les principaux actes dont
on doit s'occuper relativement aux crimes les plus graves
et les plus fréquens, abandonnant au zèle et à l'intelligence des juges de paix de suppléer, en chaque occasion,

(1) *V.* nos 13 à 23.

·les remarques qui naîtraient des faits, et les recherches que ces faits nécessiteraient, bien que nous ne les ayons pas indiquées.

160. *Crimes contre la sûreté de l'État* (1) : Dans de si graves circonstances, le procureur du roi et le juge d'instruction ne manqueront pas de se rendre sur les lieux, dès que le juge de paix aura donné avis du crime. Mais, provisoirement, le juge de paix, plus rapproché du théâtre des événemens, devra s'y transporter sans le moindre retard.

Il mettra tous ses soins à faire arrêter sur-le-champ les provocateurs, auteurs ou complices du crime : il visitera le lieu de la réunion et le domicile des prévenus, pour y saisir les papiers et correspondances révélateurs du complot, des intentions et de la conduite des prévenus, les armes, instrumens, et moyens quelconques d'exécution (2).

Il recueillera tous les renseignemens qui aideraient à suivre ultérieurement l'instruction avec succès. La discrétion, le secret, qui doivent être observés pour toutes les procédures, sont indispensables dans ce cas. Le juge de paix écartera toutes personnes inutiles à ses recherches; il mettra la plus grande circonspection dans ses investigations, et ne laissera connaître ou transpirer aucune de ses découvertes.

---

(1) *V*. art. 75 à 102 du *Cod. pén.*
La police judiciaire doit réprimer tous actes séditieux d'où pourraient naître des troubles, tous les excès contraires à l'ordre public, et déployer une juste sévérité pour confondre des machinations dont le but serait de compromettre l'existence même de l'Etat. La tranquillité intérieure de l'Etat doit être maintenue par le courage et la vigilance des magistrats. *V*. Circulaire du Ministre de la Justice du 11 mai 1815.
(2) On n'aura pas oublié de faire intervenir la force publique, pour assurer l'arrestation et la garde des prévenus, ainsi que pour la saisie et la conservation des pièces de conviction, etc.

Que s'il n'y avait pas urgence à ce qu'il procédât lui-même à toutes ces opérations, le juge de paix, pour obvier à tout péril en la demeure, avisera du moins à conserver toutes choses intactes ; il retiendra toutes personnes suspectes, et il s'opposera à l'éloignement de celles qui pourraient éclairer la justice, jusqu'à ce qu'elles aient fait leur déclaration. Il mettra, s'il y a lieu, les scellés sur les portes des appartemens et des meubles contenant des objets à examiner ou à retenir, etc. (1).

161. *Fausse monnaie* (2) : Le juge de paix s'effor-

(1) Les cris et propos séditieux (*V.* art. 86 du *Cod. pén.* — Lois des 17 mai 1819, 25 mars 1822, 29 novembre 1830) ne mettent, le plus souvent, le juge de paix que dans la nécessité de recueillir des renseignemens, pour les transmettre au procureur du roi ; il devrait, de plus, faire arrêter les prévenus, dans certains cas indiqués au n° 55.

S'il s'agissait d'affiches ou placards incendiaires, le juge de paix devrait s'en emparer, rédiger procès-verbal de saisie, les faire signer et parapher avec lui par les prévenus, et les envoyer au parquet avec les renseignemens obtenus, en les faisant suivre, selon les circonstances, des prévenus eux-mêmes. *V.* n° 55.

(2) *V.* art. 132 et suiv., 163 et suiv. du *Cod. pén.* — Art. 464 du *Cod. d'Inst. crim.*

Ce crime consiste généralement dans la contrefaction ou altération des monnaies *ayant cours légal,* et dans l'émission faite *sciemment* de pièces contrefaites ou altérées. *V.* art. 132 et suiv. du *Cod. pén.*

La grossièreté de la contrefaçon n'excuse pas. *V.* Arr. cass. du 5 octobre 1821.

Pour qu'il y ait crime de fausse monnaie, il n'est pas nécessaire qu'on ait altéré précisément l'effigie, la légende ou d'autres signes distinctifs de la véritable valeur de la monnaie ; il y a crime de fausse monnaie, par cela seul qu'on enduit d'un minéral blanc des monnaies de cuivre auxquelles on donne à peu près la ressemblance d'une monnaie d'argent de valeur supérieure. *V.* Arr. cass. des 4 juillet 1811, 9 août 1833 et 17 janvier 1835.

Le fait d'avoir doré des pièces de deux francs, dans le but de les faire passer pour des pièces de quarante francs, consitue le crime de fausse monnaie. *V.* Arr. cass. du 4 mars 1830.

Rogner la monnaie, dans l'intention de la remettre en circulation, sous cera de découvrir le lieu où sont déposées les pièces fausses déjà fabriquées, et celles qui seraient en fabrication.

Il saisira les pièces contrefaites ou altérées, mises en circulation ; il en déterminera l'espèce ; il constatera si elles sont d'or, d'argent, de billon ou de cuivre ; si elles sont au type français ou étranger ; leur titre et valeur (1) ; le nombre des pièces émises ou saisies sur les faux monnayeurs ou distributeurs, etc.

Le juge de paix saisira, en outre, tous les instrumens, ustensiles et matières qui auraient pu servir à la fabrication.

Il indiquera la part que chacun des prévenus aurait prise dans le crime. Si des révélations ont amené la découverte du fait et l'arrestation des coupables, il nommera les révélateurs.

Que s'il n'est pas parvenu à s'assurer de tous les prévenus, et principalement des auteurs de la fabrication ; s'il n'a pu arrêter qu'un simple distributeur ou qu'un agent subalterne, il essayera d'en obtenir d'utiles renseignemens, en leur représentant que la loi leur fait remise de la peine encourue, s'ils procurent l'arrestation des autres coupables (2).

Si le prévenu alléguait son ignorance ou sa bonne foi ; s'il prétendait avoir reçu pour bonnes et valables les pièces contrefaites ou altérées qu'il aurait émises, et

---

une fausse valeur, c'est la contrefaire dans le sens de la loi. *V.* Arr. cass. du 19 brumaire an X.

Les pièces *démonétisées* n'ont plus qu'une valeur purement *matérielle ;* leur falsification n'entraînerait pas les peines prononcées par la loi. *V.* Arr. cass. du 6 fructidor an XI.

(1) L'officier de police judiciaire ne manquera pas, en pareil cas, d'appeler des experts, tels que essayeurs de monnaies et de métaux, orfèvres, etc. *V.* art. 43 du *Cod. d'Inst. crim.*

(2) *V.* art. 138 du *Cod. pén.*

qu'il soutiendrait n'avoir fait que remettre en circulation, il conviendrait de vérifier immédiatement ses assertions, puisque, si le résultat de la vérification lui était favorable, il serait, dans quelques cas, à l'abri de poursuites (1).

162. *Faux en écritures* (2) : En cas de faux en écri-

(1) Le prévenu ne serait passible que d'une amende, s'il n'avait connu qu'après réception le vice de la pièce ou des pièces saisissables. *V.* art. 135 du *Cod. pén.*

Il serait exempt de toute peine, et à l'abri de toutes poursuites, s'il avait ignoré le faux. *V.* art. 163 du *Cod. pén.*

Mais il serait passible des travaux forcés à perpétuité, s'il avait eu connaissance du vice des pièces fausses, altérées, contrefaites, ou falsifiées, en les recevant et en les remettant en circulation. *V.* art. 132 du *Cod. pén.* — Arr. cass. des 21 mai 1813, et 5 octobre 1821.

(2) *V.* art. 448 à 464 du *Cod. d'Inst. crim.* — Art. 145 à 152, 163 à 165 du *Cod. pén.*

Le faux est la suppression ou l'altération frauduleuse de la vérité au préjudice d'autrui.

Il y a faux dans tout acte qui a pour objet de nuire à autrui, en altérant la vérité, en faisant passer une chose pour ce qu'elle n'est pas.

L'article 41, IIme partie, tit. II de la loi du 25 septembre 1791, portait : « Quiconque sera convaincu d'avoir, *méchamment et à dessein de nuire à autrui*, commis le crime de faux, sera puni.... »

Sous l'empire du Code pénal actuel, bien qu'il ne s'exprime pas aussi catégoriquement, c'est encore la fraude et le dessein de nuire qui impriment au faux son caractère de crime.

Pour que le faux soit dommageable et caractérisé, il n'est pas nécessaire qu'il puisse nuire immédiatement à la fortune; il suffit qu'il doive porter atteinte à l'honneur ou à la réputation. *V.* Arr. cass. du 12 novembre 1813.

Un faux commis avec mauvaise intention est punissable, bien que l'acte dans lequel on l'a commis soit nul. *V.* Arr. cass. du 20 novembre 1807. — Arr. de la Cour roy. de Metz du 18 janvier 1820.

Les cas de faux sont infiniment variés.

Le faux en écriture se divise, quant à ses caractères, en faux *matériel* et en faux *intellectuel*.

— Le faux *matériel* résulte d'une falsification ou altération, en tout ou en partie, commise sur la pièce arguée, et susceptible d'être reconnue, constatée et démontrée physiquement par une opération ou par un procédé quelconque. La fabrication d'une pièce ou d'une signature, une addition, une supprestures authentiques ou publiques, ou en écritures privées, il est de la plus grande importance d'appréhender les pièces fausses ou falsifiées, puisqu'elles contiennent ou constituent le corps du délit; puisqu'elles renferment les plus sûrs moyens de vérification, et les élémens de conviction les plus certains (1).

Lorsque des pièces fausses sont saisies, il est de rigueur qu'elles soient immédiatement signées et paraphées, à toutes les pages, par le déposant, par le prévenu, par la partie civile, en même temps que par l'officier de police judiciaire et par le greffier, après que

sion, une altération, une radiation, un grattage, une surcharge, une lacération, une substitution d'acte ou d'une disposition à une autre, un changement même dans la ponctuation d'un acte, si le sens en est changé, dénaturé, ou modifié, etc., sont autant de circonstances à l'aide desquelles le faux matériel peut être consommé.

— Le faux *intellectuel* résulte seulement de l'altération dans la substance d'un acte non falsifié matériellement, c'est-à-dire dans les dispositions constitutives de cet acte; il ne peut être reconnu à aucun signe palpable, physique et matériel.

— Ainsi, par exemple, un homme fabrique un certificat pour en faire un usage quelconque, et le signe de noms réels ou imaginaires : voilà le faux *matériel* ou *formel*.

— Un homme altère, dans un certificat vrai, une ou plusieurs dispositions de ce certificat, ou applique à un tel individu, par un changement de nom, ou de prénoms, ou de qualité, etc., ce qui était certifié à l'égard d'un autre : voilà encore le faux *matériel*.

— Au lieu de fabriquer ce certificat, au lieu d'en altérer le contenu, il s'en fait délivrer un dans lequel, par une complaisance coupable, le fonctionnaire qui a qualité pour donner cette pièce, atteste comme véritables des faits faux et controuvés : voilà le faux *intellectuel* ou *substantiel*.

— Un homme, fonctionnaire public ou simple particulier, sous prétexte de rédiger un acte convenu, en fabrique un autre et le fait signer frauduleusement de celui qui croit signer l'acte auquel il a donné son assentiment : voilà encore le faux *intellectuel*. *V.* LEGRAVEREND, *Lég. crim.*, t. I, p. 588, 589.

(1) Néanmoins la soustraction, par le prévenu, de la pièce falsifiée dans sa substance ne fait pas obstacle aux poursuites. *V.* Arr. cass. des 7 thermidor an VIII, 28 octobre 1813, 18 juin 1855 et 14 mai 1836.

l'état matériel de ces pièces aura été minutieusement décrit au procès-verbal détaillé qui en sera dressé. Les
mêmes formalités doivent être remplies quant aux pièces
de comparaison qu'on *se serait procurées* (1); pièces de
comparaison qui peuvent être authentiques ou privées,
si ces dernières sont reconnues par les parties intéres-
sées (2). En cas d'impossibilité de signer, de la part des
personnes de qui la signature est requise, il en serait fait
mention au procès-verbal, ainsi que de l'interpellation
de signer qui leur aurait été adressée (3).

Les pièces de comparaison ont pour objet de faire reconnaître soit la ressemblance de l'écriture du prévenu,
soit la dissemblance de l'écriture du plaignant, avec

_____

(1) Tous possesseurs ou dépositaires de pièces de comparaison sont tenus
de les remettre aux officiers de justice. *V.* art. 452 et suiv. du *Cod. d'Inst.
crim.*

Les registres publics et les minutes d'actes authentiques ne peuvent cependant être déplacés qu'avec certaines formalités. *V.* art. 452 et suiv. du
Cod. d'Inst. crim.

Les registres et papiers déposés au bureau de la conservation des hypothè-
ques ne peuvent jamais être déplacés, même en cas de faux, sauf à faire au
bureau même les vérifications et constatations nécessaires. — Loi du 9 messidor an III, art. 228.

(2) Les pièces sous signatures privées ne pouvant être admises comme
pièces de comparaison qu'autant qu'elles sont reconnues (*V.* art. 456 du
Cod. d'Inst. crim.), on doit préférer les pièces authentiques, et ne prendre les
premières qu'autant que les autres seraient insuffisantes. Parmi les pièces
sous signatures privées, on doit choisir ou les plus récemment écrites, ou
celles dont la date se rapproche le plus de la date de l'acte attaqué, en un
mot celles qui sont le moins susceptibles de discussion. Toutes les pièces
retenues pour servir de termes de comparaison sont mentionnées au procès-verbal.

(3) *V.* art. 526 et suiv. du *Cod.* du 3 brumaire an IV. — Art. 448, 449,
450, 455, 456 du *Cod. d'Inst. crim.*

Il faudrait aussi faire signer et parapher les pièces par les témoins à qui
elles seraient représentées. *V.* art. 457 du *Cod. d'Inst. crim.*

Mais il serait superflu de faire remplir cette formalité itérativement, chaque
fois qu'une pièce serait représentée de nouveau à une personne qui l'aurait
déjà signée et paraphée.

celle qui est arguée de faux. L'on devrait donc saisir à cette fin toutes les pièces qui se trouveraient sur le prévenu, et recueillir celles qui seraient fournies par le plaignant, sauf au prévenu son droit de discussion sur le mérite de ces pièces.

A défaut de pièces de comparaison, ou pour les compléter, le prévenu pourra être requis de produire et de former un corps d'écriture ; en cas de refus ou de silence, le procès-verbal en fera mention (1).

On peut faire former le corps d'écriture au procès-verbal de description ; mais il est plus commode d'en faire une pièce à part, qui est signée et paraphée du prévenu, de la partie civile, du juge et du greffier (2).

Au reste, le juge de paix ne doit pas s'en tenir à la description et à la saisie des pièces arguées de faux. Dans tous les cas, il devra réunir, dans l'acte spécial d'information, les preuves des circonstances morales et de fait qui pourraient avérer la matérialité du faux et l'impossibilité de l'existence des stipulations, obligations ou décharges résultant de l'acte faux ou falsifié ; de plus, il interrogera le prévenu sur les principales circonstances relatives à la cause, à la sincérité, à la confection, à l'usage des pièces saisies, etc. (3).

(1) *V*. art. 461 du *Cod. d'Inst. crim.*

(2) *V*. art. 448, *Ibid.*

(3) Les faux commis dans les passeports, les feuilles de route, les certificats (*V*. art. 153 à 162 du *Cod. pén.*), ne donnent pas lieu, en général, à l'application de peines afflictives ou infamantes ; mais ils ne doivent pas moins être constatés et signalés par le juge de paix, avec toutes leurs circonstances : et la saisie des pièces doit être opérée, comme dans les autres cas de faux.

En cas de contrefaction des sceaux de l'Etat, des billets de banque, des effets publics et des poinçons, timbres et marques (*V*. art. 139 à 144 du *Cod. pén.*), la procédure est la même que pour la fausse monnaie, et que pour le faux en écritures.

163. *Incendie* (1) : S'il s'agit d'un incendie, le juge de paix recueillera les circonstances matérielles du fait. Il décrira l'espèce, l'importance (2) des objets ou des propriétés incendiés; la nature, le nombre, la valeur des papiers brûlés. Les déclarations des propriétaires ou des voisins pourront amener d'utiles découvertes.

Le juge de paix constatera à quelle heure, dans quel endroit, de quelle manière le feu s'est manifesté; s'il est provenu d'un pur accident, d'un défaut de construction, de réparations ou d'entretien, ou de quelque imprudence, ou enfin de la malveillance.

Il s'assurera s'il n'y a pas eu antérieurement des menaces écrites ou verbales d'incendie ; s'il n'existe point quelque motif déterminant du fait : tel que la haine, la vengeance, etc.

Autant que possible, il recueillera les matières qui seraient présumées avoir servi à commettre le crime, et il les comparera, s'il y a lieu, avec celles de même nature qui se trouveraient chez la personne soupçonnée, ou qui auraient été dans sa possession.

Le juge de paix constatera si, par suite de l'incendie, il y aurait eu homicide ou blessures ; il recherchera si l'incendie n'aurait pas été pratiqué pour faire disparaître les traces d'un autre crime (3).

Enfin, il s'assurera, si faire se peut, de la personne des incendiaires (4).

(1) *V*. art. 434, 436, 439, 458 du *Cod. pén.*

Pour constituer un crime, l'incendie doit avoir été commis volontairement, par malice ou par vengeance, ou à dessein de nuire à autrui. *V*. Arr. cass. du 7 thermidor an XII.

(2) L'incendie d'un tas de bottes de chaume ne peut être considéré comme celui de récoltes en tas ou en meules. *V*. Arr. cass. du 21 décembre 1809.

(3) *V*. n° 238.

(4) L'incendie dégénérerait en un simple délit, punissable seulement d'une amende (art. 458 du *Cod. pén.*), et par conséquent n'entraînerait pas

164. *Destructions et dévastations* (1) : **Dans le cas où** soit des édifices, soit d'autres propriétés, auraient été méchamment endommagés, dévastés ou détruits, par d'autres moyens que l'incendie, on décrirait, avec un égal soin, les objets ou propriétés détruits ou dévastés ; les moyens employés ; le dommage souffert ; la cause du crime ; le nombre, la qualité de ses auteurs, et la part que chacun d'eux y aurait prise, les moteurs étant punis par la loi plus rigoureusement que les hommes qu'ils ont entraînés.

Si un homicide s'en était suivi, ou s'il en était résulté des blessures seulement, on ne manquerait pas de le constater (2).

165. *Vols* (3) : Il convient de s'enquérir tout d'abord

l'arrestation de ses auteurs (art. 131 du *Cod. d'Inst. crim.*), s'il n'avait été causé que par la vétusté, ou le vice de construction, ou le défaut d'entretien de la chose ; par négligence ou imprudence, sans intention coupable.

(1) *V.* art. 335 à 462 du *Cod. pén.*

(2) *V.* art. 304, 437, *Ibid.*

(3) *V.* art. 379 à 401, *Ibid.*

Le méfait le plus commun, le plus varié dans ses circonstances, c'est le vol. C'est à son égard surtout qu'il importe d'opérer la loi à la main, pour en bien saisir les nuances, et ne rien omettre d'intéressant dans le procès-verbal de constat.

Quiconque a *soustrait frauduleusement* une chose *qui ne lui appartient pas* est coupable de vol. *V.* art. 379 du *Cod. pén.*

Le vol dégagé de circonstances aggravantes (*V.* art. 388, 400, 401 du *Cod. pén.*) s'appelle *vol simple* : c'est un DÉLIT.

Accompagné des circonstances aggravantes déduites et définies aux articles 381 à 400 du Code pénal, ou de quelques-unes de ces circonstances seulement, il s'appelle *vol qualifié* : c'est un CRIME.

Puisque les circonstances du vol en peuvent changer la nature et la punition, on ne ne saurait être trop soigneux de bien établir tous les faits et circonstances accessoires caractéristiques de cette infraction.

L'extorsion de signatures, d'obligations, décharges ou quittances, consti-tue une sorte de vol. *V.* art. 400 du *Cod. pén.*

Le vol consiste essentiellement dans la soustraction d'une chose qui n'ap-partient pas du tout au voleur : celui qui enlève le gage qu'il avait donné ne

de la réalité de l'existence de la chose volée, si elle n'est
pas représentée : car il faut qu'il soit constant que l'objet
prétendu volé a existé, que le plaignant en a réellement
été dépouillé, avant qu'on doive rechercher s'il y a eu

commet pas un vol : *V*. Arr. cass. du 29 octobre 1812 ; non plus que celui
qui se fait restituer par violence ce qui lui est dû. *V*. Arr. cass. du 1er thermidor an XII.

Pour caractériser le vol, il faut que la soustraction ait été *frauduleuse* : *V*. Arr.
cass. du 26 octobre 1815 ; c'est-à-dire, il faut qu'il y ait eu *main-mise*, avec
fraude, ou *intention de fraude*, à *l'insu* ou *contre le gré* du propriétaire. *V*. Arr.
cass du 7 mars 1817.

Celui qui prend une chose qu'il croit ou qu'il prétend être sa propriété,
quoique son droit soit contesté, ne commet pas un vol : *V*. Arr. cass. du 17
octobre 1806 ; non plus, celui qui, étant créancier, s'empare, pour se payer,
de marchandises appartenant à son débiteur, au *vu* et *su* de celui-ci, et malgré son opposition. *V*. Arr. Cour de Paris, du 15 avril 1823.

Il en serait autrement, si le créancier avait soustrait frauduleusement des
objets pour s'indemniser : une créance ne peut légitimer un vol. *V*. Arr.
cass. du 22 décembre 1808.

Celui qui n'a pris la chose d'autrui que par erreur, croyant qu'elle lui ap-
partenait, ne commet pas un vol. *V*. Arr. cass. du 17 octobre 1806.

Il faut, pour constituer un vol, que le dessein de s'approprier le bien
d'autrui ait accompagné l'enlèvement de la chose, et non pas seulement qu'il
ait été conçu après l'enlèvement. *V*. Arr. cass. des 2 août 1816, 2 septembre
1820 et 3 février 1831.

Il y a vol de la part de celui qui, ayant trouvé un objet, nie l'avoir
trouvé, ou ne le rend pas, quoiqu'il connaisse le propriétaire : *V*. Arr. cass.
des 5 juin 1817, 16 juin 1819, 4 avril 1823, 4 mars 1825, 2 septembre 1830 ;
et de la part de celui qui s'empare de la totalité du trésor qu'il a trouvé
sur le fonds d'autrui. *V*. Arr. cass. du 18 mai 1827. — Art. 716, 717 du
Cod. civ.

La co-propriété de la chose volée n'exclut pas l'action du vol contre le
co-propriétaire qui l'a soustraite. *V*. Arr. cass. du 14 mars 1818.

Est coupable de vol, celui qui enlève furtivement, sans les payer, des
objets qu'il a achetés sous la condition de les payer lors de leur livraison.
V. Arr. cass. du 7 mai 1813.

Les peines établies contre le vol ne sont pas réduites et le crime ne peut
changer de nature, à raison de l'exiguité de l'objet volé. *V*. Arr. cass. du
17 octobre 1811.

L'absence du vol caractérisé n'empêche pas les poursuites à l'occasion
des effractions, violences, etc., dont on a fait usage pour s'emparer d'une
chose.

soustraction et quels en sont les auteurs. En un mot, il faut, avant tout, constater le corps du délit.

Le juge de paix décrira l'objet volé. S'il s'agit d'argent, il spécifiera les sommes, détaillera les espèces, etc.

Dès qu'il aura déterminé la chose volée, il recherchera dans quel lieu elle était déposée : si elle était abandonnée au dehors, sur un chemin public (1), dans un parc ou enclos (2), ou dans tout autre endroit ; si elle était renfermée dans un édifice ou dépôt public (3), dans une maison habitée ou servant à l'habitation (4), dans des dépendances de maison habitée ou servant à l'habitation (5), dans un meuble ; si elle était sous clef, ou exposée à toute appréhension.

Dans quel endroit se trouvait la personne dépouillée, au moment du vol, s'il a été commis sur elle-même (6) ?

Quels sont les moyens connus ou présumés à l'aide desquels aurait été commis le vol : a-t-on pratiqué des effractions extérieures ou intérieures (7), un bris de scellés (8),

(1) *V.* n° 17. — Art. 383 du *Cod. pén.*
(2) *V.* n° 17. — Art. 391, *Ibid.*
(3) *V.* n° 17. — Art. 255, 386, *Ibid.*
(4) *V.* n° 17. — Art. 390, *Ibid.*
(5) *V.* n° 17. — Art. 392, *Ibid.*
(6) *V.* n° 17. — Art. 383, 390, *Ibid.*
(7) *V.* n° 18. — Art. 393 à 396, *Ibid.*

Il importe de constater, de décrire et de mesurer avec soin les traces d'effraction et pesées restées sur les meubles, portes et croisées : les ustensiles et instrumens qui ont servi à les commettre pouvant être trouvés sur les inculpés, ou à leur domicile, être à leur usage habituel, à raison de leur profession, ou avoir été vus en leur possession. Si on saisit des instrumens paraissant avoir servi à commettre des effractions, on examine s'ils restent empreints de plâtre, ou de bois, ou de la couleur des portes ou des meubles, si leur état indique qu'ils aient servi à commettre des effractions. On les rapproche des empreintes restées sur les lieux, portes, croisées ou meubles. On a soin de les conserver comme pièces de conviction.

(8) *V.* n° 18. — Art. 153 du *Cod. pén.*

On constatera le nombre de scellés brisés, et sur quoi ils avaient été apposés. Si c'est le juge de paix instrumentant qui avait apposé les scellés, il les une escalade (1) ; a-t-on fait usage de fausses clefs (2)?

Le vol a-t-il été commis avant le lever ou après le coucher du soleil, c'est-à-dire la nuit ; l'a-t-il été dans le temps intermédiaire du lever au coucher du soleil, c'est-à-dire le jour (3)? A quelle heure l'a-t-il été, s'il est possible de préciser l'heure?

Le vol a-t-il pu, ou non, être commis par une seule personne? Y avait-il un seul ou plusieurs coupables (4)?

Les voleurs étaient-ils porteurs d'armes apparentes ou cachées (5), en ont-ils fait usage, ont-ils menacé d'en faire usage? Ont-ils exercé des violences envers les personnes, soit pour accomplir le crime, soit pour assurer leur fuite (6)? Ces violences ont-elles laissé des traces de bles-

---

rétablira immédiatement, au cas qu'il y ait intérêt à ce qu'il le fasse. Sinon, il préviendrait sur-le-champ l'appositeur, pour qu'il vînt les rétablir, s'il était nécessaire. Le juge de paix devrait alors, au besoin, apposer provisoirement son scellé.

(1) *V.* n° 18. — Art. 397 du *Cod. pén.*

Dans le cas d'escalade, le juge de paix devrait vérifier la hauteur du mur escaladé, la distance de la terre jusqu'à la fenêtre, ou jusqu'à l'ouverture qui se trouverait dans la maison ; de quel instrument le voleur se serait servi pour effectuer l'escalade ; si l'escalade a eu lieu à l'aide d'une échelle, ou d'une corde, ou de clous à vis, etc.

(2) *V.* n° 18. — Art. 398, 399 du *Cod. pén.*

Dans le cas de fausses clefs, il faut commencer par s'assurer qu'on ne s'est pas introduit à l'aide d'effraction ou d'escalade ; que les portes ou meubles présumés ouverts avec des fausses clefs avaient été exactement fermés soit au pêne, soit au double tour de la serrure ; enfin, que le coupable n'a pu s'introduire que par la porte indiquée.

Une perquisition chez le prévenu mettra à même de lui faire représenter les clefs dont il serait porteur ; on vérifiera si elles ont pu servir à l'introduction, en les employant aux serrures.

La seule fabrication de fausses clefs, ou l'altération de clefs, constituerait un délit à constater. Elle constituerait une complicité du crime, si elle avait été faite pour le faciliter. *V.* art. 60, 399 du *Cod. pén.* — Arr. cass. du 13 juin 1811.

(3) *V.* n° 16, aux notes. — Art. 381 et suiv. du *Cod. pén.*

(4) *V.* n° 22.

(5) *V.* n° 23.

(6) *V. Ibid.*

sures ou de contusions (1)? Ont-ils employé des tortures ou exercé des actes de barbarie pour l'exécution du crime (2)? Avaient-ils pris de faux costumes, invoqué de faux ordres de l'Autorité, usurpé les titres ou les dehors de fonctionnaires de l'Etat (3)?

Tout cela doit être relevé, décrit, constaté, sans différer (4).

Le fait et toutes ses circonstances étant vérifiés et rapportés, il faudra rechercher quels sont nominativement les coupables; quelles sont leurs qualités et professions; quels sont leurs rapports avec les plaignans (5); s'ils ont des complices (6); s'ils ont caché quelque part des objets volés, et quels sont les recéleurs (7).

On désigne les prévenus par leurs prénoms, noms, surnoms, professions et demeures; on décrit leurs vêtemens, et l'on établit minutieusement leur signalement, toutes les fois qu'on le peut (8).

---

(1) Il ne faudrait pas manquer de faire visiter de suite le blessé, par des hommes de l'art. *V.* nᵒˢ 122, 123.

(2) *V.* art. 303 du *Cod. pén.*

(3) *V.* art. 381, *Ibid.*

(4) On doit d'autant moins différer à constater les différentes circonstances spécifiées ci-dessus, que souvent les personnes volées négligent d'en conserver les traces, et que presque toujours elles se hâtent, pour leur sûreté, soit de faire changer les gardes des serrures, ce qui rend impossible l'essai des clefs, rossignols, etc., saisis chez le prévenu; soit de faire réparer les dégradations occasionnées par les effractions et escalades. Le temps lui-même efface, souvent en peu d'instans, les dégradations faites et les empreintes fugitives laissées par le coupable.

Une prompte guérison pourrait de même rendre impossible le constat des violences, blessures et contusions.

Dans ces cas, il faut suppléer par l'information ce que l'on ne peut obtenir par l'inspection du juge. *V.* nᵒˢ 159 et 184.

(5) *V.* nᵒ 14. — Art. 169 et suiv., 254 et suiv., 380, 386, 387, 399 du *Cod. pén.*

(6) *V.* nᵒˢ 10, 11.

(7) *V. Ibid.*

(8) *V.* nᵒˢ 67, 68, 148.

Le juge de paix procède ensuite, s'il y a lieu, à des visites domiciliaires, saisit les pièces de conviction, etc. (1).

166. *Pillages* (2) : Les pillages commis en réunion ou bande (3) et à force ouverte participent du vol et de la dévastation des propriétés, puisque les auteurs de ces crimes ont le plus souvent pour but autant de s'approprier le bien d'autrui, que d'empêcher que le propriétaire n'en jouisse. La procédure, dans ce cas, doit donc être suivie comme nous l'avons indiqué pour les vols et dévastations.

Ici, il importe spécialement de rechercher et de signaler quels sont les chefs, les provocateurs, et ceux des coupables qui n'ont été qu'entraînés (4).

167. *Coups et blessures* (5) : Si les coups et les bles-

---

(1) *V*. nos 55, 129 à 160, 174, et Chap. VI et VII.
Les vols dans les champs, les vols simples, les larcins et filouteries. (*V*.art. 388, 401 du *Cod. pén.* = Les *larcins* et *filouteries* ne sont que des variétés de vols. *V*. Arr. cass. du 25 septembre 1824 : = Les *larcins* et *filouteries* sont des vols exécutés, ceux-là furtivement, ceux-ci par adresse. *V*. Arr. cass. du 7 mars 1817), les abus de confiance (*V*. art. 408 du *Cod. pén.*), les escroqueries (*V*. art. 405 du même Code), ne constituent que des délits correctionnels ; mais ils ne doivent pas moins fixer l'attention du juge de paix, qui doit, suivant les circonstances (*V*. no 55), ne pas se borner à informer le procureur du roi, mais encore s'occuper de suite de constater les faits, de retenir les pièces de conviction, et d'envoyer les prévenus, *sans mandat*, par-devant le procureur du roi.

(2) *V*. art. 440 du *Cod. pén.*

(3) La Cour de cassation a jugé, le 5 avril 1832, qu'il y a *réunion* ou *bande*, dans le sens de l'article 440 du Code pénal, lorsque le crime qu'il prévoit a été commis par *trois* personnes *au moins*.

(4) *V*. art. 441, 442 du *Cod. pén.*

(5) *V*. art. 309 et suiv., 231, 232, 279 du *Cod. pén.*
Les violences envers les personnes, les coups qui n'ont pas occasionné d'accidens graves, ne constituent, en général, que de simples *délits*, relati-

sures avaient une certaine gravité (1) ; s'il en était résulté une maladie ou une incapacité de travail personnel, qui aurait duré ou qui paraîtrait devoir durer plus de vingt jours (2), le juge de paix devrait les constater par un

vement auxquels le juge de paix n'est tenu, le plus souvent, que d'informer le procureur du roi. *V*. art. 311 et 317, IIme partie, § Ier, du *Cod. pén*.

Mais le *délit* prendrait le caractère de *crime*, s'il avait été commis par un mendiant, vagabond ou repris de justice (Art. 279 du *Cod. pén*.), ou par un enfant envers ses ascendans (Art. 312, *Ibid*.), ou enfin si les violences avaient été exercées, jusqu'à effusion de sang, envers un fonctionnaire public (Art. 231, 232, *Ibid*.)

Les *simples voies de fait*, en général, ne sont pas punies par le Code pénal actuel comme par le Code du 3 brumaire an IV. *V*. Arr. cass. du 8 janvier 1813. Mais les articles 605, n° VIII, du Code du 3 brumaire an IV, et 19, n° II, tit. Ier, de la loi du 22 juillet 1791, à ce sujet, sont encore applicables. *V*. Arr. cass. des 14 avril 1821 et 30 mars 1832.

Toute violence est voie de fait, mais toute voie de fait n'est pas violence.

Les violences et voies de fait ne sont point punies par les articles 309 et 311 du Code pénal. Mais si, par l'effet des violences, une personne avait été jetée par terre, il y aurait un coup reçu dans le sens de la loi. *V*. Arr. cass. des 15 octobre 1813 et 22 août 1834.

V. Encore les articles 504, 505 du *Cod. d'Inst. crim*., et les articles 228, 230 du *Cod. pén*., qui punissent en certains cas les simples voies de fait et violences.

Un seul coup suffit pour entraîner l'application des articles 309 et 311 du *Cod. pén*. Un soufflet est un coup dans le sens de ces articles. *V*. Arr cass. des 9 décembre 1819 et 5 mars 1831.

La mutilation d'un individu pour le soustraire aux lois sur la conscription, quoique faite du consentement de cet individu, est punissable. *V*. Arr. cass. du 13 août 1813. — Art. 41 de la loi du 21 mars 1832 relative au recrutement.

(1) Il peut y avoir aggravation à raison de l'intensité des coups et blessures (*V*. art. 231, 232, 309, 316 du *Cod. pén*.), à raison de la préméditation et du guet-apens (Art. 297, 298, 310, *Ibid*.), à raison de la qualité de lapersonne blessée (Art. 231, 232, *Ibid*.), à cause des rapports existant entre le blessé et l'auteur des blessures (Art. 312, 317, *Ibid*.).

(2) Dans les vingt jours se trouvent compris celui où les violences auraient été exercées et celui de l'expiration du délai. *V*. CARNOT, *Commentaire du Cod. pén*., t. II, p. 43.

Il ne suffirait pas, pour que le fait constituât un crime, que les marques des coups subsistassent pendant plus de vingt jours. *V*. Arr. cass. du 17 décembre 1819.

Le fait ne constituerait pas un crime, et il n'y aurait pas lieu à l'applicaprocès-verbal, où il rapporterait le fait avec toutes ses circonstances. Il entendrait la personne blessée ou maltraitée ; il procéderait à une information ; enfin il ferait arrêter les coupables, et les interrogerait, en tenant note de leurs rapports avec les plaignans.

Il y aurait négligence blâmable à s'en rapporter à soi-même pour apprécier les faits, et pour en préjuger les conséquences (1). Le juge de paix devrait faire constater, dès les premiers momens, par des officiers de santé, l'état du malade ou blessé, l'espèce, l'étendue, la gravité des violences et blessures (2) ; il ferait expliquer les hommes de l'art sur les suites probables que les violences exercées pourraient entraîner, sur la durée présumable de la maladie ou de l'incapacité de travail (3).

Il saisirait les armes ou autres instrumens du crime, les papiers, et tout ce qui pourrait servir à conviction (4).

Si le prévenu alléguait n'être coupable que par imprudence ou par maladresse, sans mauvaise inten-

---

tion de l'article 309 du Code pénal, au cas où l'empêchement n'aurait duré tout juste que vingt jours. *V.* Arr. cass. du 9 juillet 1813.

Il y a incapacité de travail personnel toutes les fois que l'individu malade ne peut, sans commettre une imprudence, se livrer à son travail habituel, c'est-à-dire au travail habituel de sa profession, quoiqu'il pût se livrer à un simple travail de surveillance. *V.* Arr. cass. du 21 mars 1834.

(1) *V.* n°s 122, 123.

(2) *V.* n°s 122, 123, 255.

En médecine légale, on désigne sous le nom de *blessures*, toute altération locale d'une partie du corps, produite par un acte de violence ou par l'application d'un caustique.... Il suit de là que l'on doit rapporter aux blessures : *la contusion, la commotion, la fracture, la luxation, l'entorse, la brûlure et les plaies.*

(3) Si le blessé s'était fait visiter, on devrait appeler celui qui a fait la première visite, et recevoir son rapport. Le juge peut ensuite ordonner une seconde visite par le même expert, ou par d'autres en présence ou en l'absence du premier expert.

(4) *V.* n°s 155 et suiv.

tion (1); s'il invoquait les moyens d'excuses admis par la loi (2), il faudrait vérifier ses dires sur-le-champ, pour ne pas laisser dépérir ses preuves, et pour éviter le regret, comme le reproche fondé, d'avoir négligé les moyens de justification du prévenu, ou les motifs d'atténuation militant en sa faveur, que l'on est tenu de rechercher et de reconnaître aussi bien que sa culpabilité (3).

D'après les mêmes motifs, le juge de paix s'assurera, par le ministère des hommes de l'art, que le plaignant n'a point simulé ou prétexté la maladie dont il impute la cause au prévenu : à cet effet, il pèsera les allégations du plaignant, sa moralité, celle des témoins ; les hommes de l'art, de leur côté, tireront leurs observations des circonstances qui sont de leur ressort ; le résultat du tout sera mentionné tant dans le procès-verbal, que dans le rapport.

Au cas où les blessures auraient été faites en réunion séditieuse, avec rébellion et pillage, le juge de paix ne manquerait pas de relever cette circonstance, et de plus il devrait signaler les chefs, auteurs, provocateurs et instigateurs de ces réunions, rébellions et pillages (4).

168. *Homicide* (5) : En cas d'homicide, quelles qu'en

(1) *V.* nos 12, 15.
Alors ce ne seraient plus les art. 309 et suivans qui seraient applicables, parce que ces articles supposent expressément la *volonté* de frapper ou blesser ; ce serait l'art. 320, qui punit même l'imprudence ou la maladresse.

(2) *V.* nos 12, 15.

(3) *V.* no 39.

(4) *V.* art. 213 du *Cod. pén.*

(5) *V.* art. 295 et suiv., *Ibid.*
Le complice d'un suicide n'est pas sujet aux peines prononcées contre les homicides. *V.* Arr. cass. du 27 avril 1815.

Le fait d'avoir donné volontairement la mort à autrui, même sur son ordre ou de son consentement, constitue un homicide volontaire ou un meurtre, ou même un assassinat, s'il y a eu préméditation, et non un suicide ou un acte de complicité de suicide. *V.* Arr. cass. des 2 août 1816 et 16 novembre 1827.

soient la cause, l'espèce et les circonstances, si la victime a succombé avant l'arrivée du juge de paix, ce magistrat constatera le corps du délit, en se livrant aux recherches indiquées et en s'occupant des opérations retracées au Chapitre IX, des levées de corps, auquel nous renvoyons, pour éviter des redites (1).

Si l'homicide avait été tenté mais non consommé, et que la victime existât encore, le juge de paix devrait s'empresser de la faire visiter, et de constater ses blessures (2); de prendre ses déclarations sur les auteurs (3), le temps, le lieu, les moyens, les instrumens et circonstances du crime; sur ses causes, sa préparation et son exécution; sur les témoins, etc.

Il est de la dernière importance de confronter, s'il est possible, l'inculpé à la victime, pour s'assurer qu'elle le reconnaît indubitablement, et pour obtenir des éclaircissemens certains.

Si la victime déclarait s'être défendue, ou si des indices l'indiquaient, on retrouverait peut-être, sur les vêtemens ou sur la personne du prévenu, des traces ou marques de cette défense.

A défaut d'avoir pu recueillir les déclarations de la victime, on s'enquerra du moins auprès des personnes qui ont assisté à ses derniers momens, de ce qu'elle au-

---

(1) Si le cadavre d'une personne homicidée a disparu, ou s'il est trouvé caché, il importe de rechercher par qui il a été enlevé ou caché, parce que le recélé du cadavre d'une personne homicidée, ou d'une personne morte de suites de coups ou blessures, constitue un délit correctionnel (*V.* art. 359 du *Cod. pén.*), et peut faire supposer d'ailleurs une coopération à l'homicide ou aux blessures. *V.* n° 159.

(2) Si les blessures sont cicatrisées, il faut appeler et entendre en témoignage l'homme de l'art qui les a pansées dès l'origine.

(3) Si l'auteur du crime est inconnu, le juge demandera au blessé s'il a eu querelle avec quelqu'un, s'il a quelque ennemi capital, ou si on lui a fait auparavant des menaces de ce qui est arrivé, etc.

rait dit relativement aux auteurs du crime et à ses circonstances, et l'on cherchera à vérifier, à prouver, l'exactitude de ses indications.

Bien que ces données ne soient pas infaillibles, on comprendra qu'elles peuvent être d'un grand secours pour la recherche et la découverte de la vérité.

C'est une règle à ne jamais négliger, de confronter, toutes les fois qu'on le peut, le prévenu à la victime, ou à son cadavre, et de les lui faire reconnaître. Cette vue peut inspirer à un coupable des remords accablans, et lui arracher l'aveu qu'il laisserait échapper dans ces premières et vives émotions, avant qu'il ait eu le temps de calculer ses dangers, et de se remettre de l'agitation produite par la conscience de son crime, ou de se raffermir par l'espoir d'échapper à la conviction et d'obtenir l'impunité.

Quand bien même un aveu ne devrait pas s'en suivre, cette confrontation peut donner lieu à des observations qu'il est utile de recueillir.

Dans les cas de levées de corps ordinaires, sans indications premières des causes déterminantes de la mort, ce sont ces causes principalement que l'on constate, autant que possible, en même temps que l'état du cadavre.

Au cas de flagrant délit, au contraire, on sait presque toujours de quelle manière la mort a été donnée; quelquefois on en connaît l'auteur; le plus souvent c'est sur ce point à vérifier ou à éclaircir que portent les investigations de la police judiciaire.

Rien ne doit être négligé pour parvenir à la découverte de la vérité; mais il faut procéder avec une extrême circonspection, à raison de la gravité des conséquences. L'officier de police judiciaire ne répudiera aucun des renseignemens qui lui seront fournis, pas plus qu'il ne

les accueillera avec précipitation et sans examen : il ne
doit être ni trop crédule ni trop défiant : il doit constater les faits, consigner les déclarations, vérifier sur-
le-champ, par lui-même, ou à l'aide de témoins ou
d'experts, tout ce qui peut avoir une importance influente
ou médiocre au procès.

Tel, dont la clameur publique attribue la mort à un
assassinat, s'est peut-être suicidé. Tel feint malicieusement un empoisonnement, ou se croit mal à propos empoisonné : l'analyse des déjections sera peut-être loin de
prouver la présence du poison, la certitude d'un poison
administré (1).

L'appréciation des motifs qui auraient pu entraîner
l'inculpé à la perpétration ou à la tentative du crime, sa
conduite antérieure, ou au moment du forfait qu'on lui
impute, exténueront ou dissiperont peut-être toutes les
charges élevées contre lui.

On vérifiera donc tous les faits que le prévenu allégue-
rait pour sa défense : le défaut de volonté coupable, l'im-

---

(1) Il n'y a pas crime d'empoisonnement quand la substance administrée
n'était pas, *de sa nature* ou d'*après la préparation*, susceptible de donner la
mort. *V.* Arr. cass. des 20 novembre 1812 et 4 février 1814. — Art. 301 du
Cod. pén.

Le fait d'avoir administré des substances nuisibles, quoique non susceptibles de donner la mort, peut cependant constituer un crime ou un délit.
V. art. 317, IIme partie, du *Cod. pén.*

Il y a tentative d'empoisonnement quoique la quantité de poison administrée ne fût pas suffisante pour donner la mort : il suffit que la substance administrée fût mortifère. *V.* Arr. cass. des 26 novembre 1812 et
7 juillet 1814.

Si l'empoisonnement était constaté, il faudrait que l'officier de police s'at-
tachât à connaître par qui les poisons, les mets ou liqueurs auraient été ap-
prêtés, ou présentés avec le poison à la personne empoisonnée; si le vendeur
était autorisé à en débiter (*V.* n° 156); s'il s'est conformé aux précautions
prescrites par la loi pour le débit des matières vénéneuses ; s'il ne les a poin
vendues ou fournies pour favoriser l'empoisonnement.

prudence, la maladresse, le simple défaut d'attention, les cas d'excuses (1).

Mais on recherchera de même, avec activité, les faits qui prouveraient la perversité de l'intention, la préméditation, le guet-apens, de la part de l'inculpé (2).

On s'assurera si quelqu'autre crime ou délit n'aurait pas précédé, accompagné ou suivi l'homicide, et l'on constatera la corrélation des divers crimes ou délits entre eux (3).

Les instrumens de crime, les papiers, les pièces de conviction que l'on aura pu saisir; les observations résultant de l'état des lieux, des procès-verbaux des hommes de l'art, de l'état du prévenu, ou de ses complices, de leur interrogatoire, de l'audition des témoins sur les circonstances et les détails du fait : tels sont les élémens de preuves, les moyens de connaître la vérité, que le juge de paix devra mettre en œuvre, en décrivant et constatant avec le plus grand soin tout ce qu'il aura vu ou entendu (4).

---

(1) *V*. art. 64, 319 à 329 du *Cod. pén.*

Il est bien entendu que la preuve de l'excuse n'arrêterait pas la marche de la procédure : les officiers de police judiciaire n'ont rien à délibérer ni à décider ; c'est la fonction de la justice. *V*. n° 39.

(2) *V*. art. 295, 296, 297, 298 du *Cod. pén.* — N° 15.

(3) *V*. art. 303, 304 du *Cod. pén.*

(4) Nous nous dispenserons de prolonger nos observations sur ce sujet, parce que le Chapitre IX, nous l'avons déjà rappelé, traite au long de cette matière; d'ailleurs, le procès-verbal de constat de flagrant délit que nous proposons pour exemple met en action des règles qu'il serait superflu de répéter, la pratique en faisant ressortir l'esprit, comme elle en fait connaître l'application.

Mais nous ferons remarquer que si l'on avait enterré précipitamment la personne homicidée, pour faire disparaître les traces du crime, il faudrait faire opérer l'exhumation, afin que le cadavre pût être sans retard soumis aux investigations des hommes de l'art.

169. *Viol* (1) : L'attentat à la pudeur avec violence, le viol tenté ou commis sur une personne de l'un ou de l'autre sexe, quel que soit son âge ou son état, est un des crimes les plus odieux. Mais l'âge de la victime, son état de dépendance à l'égard du coupable, sont des circonstances qui peuvent être aggravantes (2) et que l'officier de police judiciaire doit relever dans l'instruction.

Il est à peu près toujours nécessaire que la personne offensée soit visitée par des hommes de l'art. Cette visite doit être faite dans un temps très rapproché de celui du crime : après trois jours, suivant des auteurs de médecine légale, elle serait pratiquée en pure perte. Cependant cette préfixion de délai est peut-être trop absolue : il peut vraisemblablement se présenter des cas où une visite même plus tardive pourrait procurer des preuves : comme si les violences avaient produit des désordres très graves ; si une maladie vénérienne avait été communiquée ; etc.

Des interpellations faites avec ménagement, pour ne pas blesser la pudeur, pourront procurer des renseignemens profitables.

Le désordre des vêtemens de la victime, les blessures, les contusions qui existeraient sur les diverses parties de son corps, l'état des organes sur lesquels auraient principalement porté les brutalités du coupable, les lésions qui s'y rencontreraient, seront autant de moyens de vérification à ne pas négliger.

---

(1) *V*. art. 332 du *Cod. pén.*

Tout attentat à la pudeur commis avec violence est réputé viol. *V*. Arr. cass. des 10 mars 1820 et 10 juin 1830.

L'attentat à la pudeur, consommé ou tenté avec violence, peut être un crime, encore qu'il ait eu lieu par des motifs autres que la lubricité ou l'impudicité. *V*. Arr. cass. du 14 janvier 1826.

(2) *V*. art. 331 à 335 du *Cod. pén.*

Si l'auteur du crime est connu, il sera visité au besoin, pour reconnaître s'il ne porte point sur sa personne, sur ses vêtemens, des traces de la résistance qui lui aurait été opposée. L'état même de ses parties génitales sera constaté, s'il y a lieu; car on pourrait, à l'occasion, vérifier par leur visite, si le prévenu a été dénoncé à tort, ou s'il est possible que les ravages exercés sur la victime proviennent de son fait.

La présence de taches provenant d'un écoulement vénérien, observées sur le linge ou sur les parties de la victime, peuvent être un indice accusateur ou favorable à l'égard du prévenu, suivant son état de santé parfaite ou d'infection d'une maladie virulente.

La confrontation de l'inculpé avec la personne qui se plaint pourra amener des résultats à constater et à retenir dans l'intérêt de la vérité; leur taille et leur force comparatives seront expliquées, et méritent d'être prises en considération: car elles pourraient suffire pour démentir la plainte, si la victime présumée racontait les faits d'une manière telle, qu'elles rendissent ses allégations invraisemblables, ou qu'il en résultât l'impossibilité de l'accomplissement des faits imputés.

En procédant à la recherche et à la constatation de ce crime, on devra observer la plus grande décence; on se gardera avec soin de toute obscénité dans les termes et dans les actes. Le besoin de se faire comprendre autoriserait seul à enfreindre cette règle: la nécessité de mettre la vérité dans tout son jour peut seule permettre certaines recherches. Interpeller, exprimer, ou agir, au-delà de l'indispensable, serait abusif et répréhensible (1).

---

(1) On aura bien soin surtout, en interrogeant des enfans, de donner aux questions une forme telle, qu'elles fassent dire aux enfans ce qu'ils savent, et qu'elles ne leur apprennent pas ce qu'ils ignorent.

Ces observations, du reste, s'appliquent aux faits dont nous allons nous occuper dans les numéros subséquens.

Nous pourrions nous dispenser sans doute d'ajouter relativement au viol, qu'ici, comme en tout autre cas, les déclarations de la personne lésée, les réponses du prévenu, les dépositions des témoins devront confirmer ou éclaircir ce que la visite aura fait découvrir ou laissé douteux.

170. *Avortement* (1) : Pour reconnaître s'il y a eu avortement, l'examen de la femme dont la grossesse en serait aux premiers mois promettrait peu de résultats. Il en serait autrement si la grossesse était très avancée : les signes consécutifs d'un accouchement pourraient être découverts.

Si la grossesse même était niée, on aurait à faire à ce sujet les recherches que nous indiquerons devoir être effectuées, en pareille hypothèse, pour le cas d'infanticide.

Dans une question d'avortement, on doit surtout s'attacher à découvrir la présence de l'avorton et à la démontrer, son état, son âge pouvant faire apprécier, par les seules ressources de l'art médical, les causes de son expulsion.

L'avortement étant constaté, reste à savoir s'il s'est opéré naturellement, ou s'il a été provoqué.

Le juge de paix devra appeler l'examen des hommes de l'art sur l'époque à laquelle l'avortement a eu lieu ; sur les causes à l'influence desquelles la femme a été soumise ; sur les marques de sévices qui peuvent se trouver sur le corps du fœtus ou de la mère.

---

(1) On entend par *avortement*, l'accouchement avant terme malicieusement provoqué par des alimens, des breuvages, des médicamens, des violences, ou par tout autre moyen. *V*. art. 317 du *Cod. pén.*

Si tout porte à croire que l'avortement n'est la suite d'aucune cause accidentelle, on examinera si la femme n'a point caché sa grossesse ; si elle ne s'est pas informée auprès de ses amies, ou des gens de l'art, de l'efficacité de certains moyens propres à provoquer des pertes ou à se faire avorter ; si elle ne s'est point livrée sans nécessité à des exercices violens et dangereux à son état ; si elle était malade, faible, ou d'une constitution robuste ; si elle a acheté des drogues, ou si elle les a fait acheter par des confidens ; quelle en était la dose ; si elle a préparé à l'insu de tout le monde des médicamens composés plus ou moins actifs ; si elle a fait usage de pareils médicamens sans nécessité, et sans consulter le médecin ; si elle a caché aux personnes qui l'entouraient les douleurs qu'elle aurait pu éprouver par l'usage de ces moyens énergiques, ou bien si elle s'est plainte ; si, lorsque rien n'annonçait qu'elle dût être malade, elle a fait des préparatifs qui pourraient prouver qu'elle s'attendait à l'être ; si elle s'est fait saigner secrètement et à plusieurs reprises, par différens chirurgiens, sans dire qu'elle l'avait été déjà beaucoup de fois : si elle niait avoir été saignée, on ferait chercher sur le trajet des veines, sur la vulve et sur les cuisses, s'il n'y a point de traces récentes de la lancette ou des sangsues. On s'attacherait encore à reconnaître si, pour faire prendre le change, elle n'a pas caché l'hémorragie qui suit l'avortement, et voulu rapporter les symptômes qu'elle éprouve à toute autre cause. Il est encore une foule de considérations qui n'échapperont pas à la sagacité de l'officier de police judiciaire, et qui permettent quelquefois de découvrir si l'avortement a été provoqué. Enfin, il importe beaucoup d'examiner attentivement si les médicamens que l'on regarde comme abortifs ont été conseillés ou employés dans une intention criminelle.

L'interrogatoire de la prévenue et de ses complices, l'audition des témoins, quelquefois les pièces de conviction saisies, tels que les breuvages ou autres moyens qui auraient procuré l'avortement, ou les produits expulsés, éclaireront la marche de l'officier de police judiciaire, et mettront la justice sur les traces de la vérité.

Si des présomptions portaient à croire que l'avortement est simulé, qu'on l'impute méchamment à une personne de qui l'on voudrait, par ce moyen, obtenir des dommages-intérêts, le juge de paix aurait à consulter l'expérience des hommes de l'art, à scruter profondément les faits, la conduite et la moralité de la plaignante, pour réunir les élémens d'une juste solution de cette question difficile.

171. *Exposition d'enfant* (1): Lorsqu'une femme est accusée d'avoir exposé ou fait exposer l'enfant dont elle est récemment accouchée, il peut arriver qu'elle s'excuse en disant que l'enfant était mort-né et qu'elle l'a abandonné pour sauver sa réputation. La justice, chargée d'apprécier le fait, est intéressée à savoir: 1° Si effectivement l'enfant est mort-né; 2° dans le cas où il aurait vécu, quelle a pu être l'influence du milieu dans lequel il a été délaissé; 3° jusqu'à quel point le défaut de soins, d'alimens, de vêtemens, etc., a pu contribuer à le faire périr, ou à ce qu'il fût mutilé, estropié.

Une autre question peut encore se présenter : lorsqu'on voit tout-à-coup disparaître la grossesse chez une femme que l'on croyait enceinte, et que d'ailleurs on

---

(1) *V.* art. 347 à 355 du *Cod. pén.*

L'exposition d'enfant (que dans la pratique on nomme aussi *exposition de part*, du mot latin PARTUS, *accouchement, fruit d'un accouchement*) est considérée comme crime, lorsqu'elle a entraîné la mort ou la mutilation de l'enfant délaissé. *V.* art. 351 du *Cod. pén.*

apprend, qu'un enfant a été abandonné, peut-on déterminer que celui-ci appartient à la femme dont il s'agit,
et qu'il a été exposé par elle ou par son ordre?

On s'attachera, dans ces différens cas, à établir qu'il
y a eu grossesse et accouchement; que celui-ci est récent
ou ancien; que l'époque où l'enfant est né correspond
ou ne correspond pas à celle où l'accouchement a eu lieu.
Si tout portait à croire que la femme pourrait être la
mère de l'enfant délaissé, il n'en faudrait pas encore conclure que l'exposition de part a eu lieu; cette conclusion
ne pourrait ressortir que d'une information complète.

172. *Suppression d'enfant* (1): Dans cette occurrence, on aura à résoudre les mêmes questions que dans
le cas d'exposition d'enfant, et à faire les mêmes recherches, par rapport à la femme, que pour l'infanticide.

La procédure est la même à l'occasion du crime de suppression d'enfant, que pour le crime d'infanticide (2).

173. *Infanticide* (3): Dans toute inculpation d'infanticide, de quelque manière que ce crime, malheu-

(1) *V.* art. 345 du *Cod. pén.*

La suppression d'enfant (que l'on nomme aussi dans la pratique *suppression de part* — *V.* la note précédente) a lieu lorsqu'une femme soustrait
l'enfant dont elle vient d'accoucher, et le cache, au lieu de l'exposer sur la
voie publique.

(2) La suppression de part est le premier degré de l'infanticide; c'est souvent le seul crime qui puisse être prouvé en cas d'infanticide. Car, l'accouchement étant avéré, toutes les fois que l'enfant n'est pas représenté,
quoiqu'il soit reconnu qu'il était né vivant, il est impossible, malgré les
soupçons que fait naître sa disparition, d'être convaincu que l'enfant ait été
mis à mort plutôt qu'exposé ou abandonné.

(3) *V.* art. 300, 302 du *Cod. pén.* — Nº 258.

Est qualifié infanticide le meurtre d'un enfant nouveau-né (*V.* art. 300 du
Cod. pén.) ou d'un enfant naissant.

Le meurtre d'un enfant nouveau-né constitue le crime d'infanticide, soit

reusement trop commun, ait été révélé à la police judiciaire, soit par la découverte du cadavre d'un nouveau-
né, dont la mère est ou n'est pas connue, soit par la
clameur publique, qui dénonce une femme comme étant
clandestinement accouchée, et comme ayant fait disparaître ou mis à mort son enfant, les recherches de
l'officier de police judiciaire ont pour but de constater :

1° *Par rapport à l'enfant,* sa naissance à terme ou
avant terme ; sa mort postérieure à sa naissance, et provenant d'une cause naturelle et innocente, ou causée
par négligence ou par imprudence, par omission volontaire ou par des actes de violence ;

2° *Par rapport à la femme inculpée,* un accouchement
récent dont l'époque se rapporte à celle de la naissance
de l'enfant, et des sévices par omission volontaire ou par
commission, qui démontrent la maternité et la perpétration du crime, si, en résultat, un crime a été commis.

Reprenons. A l'égard de l'enfant, le lieu et l'état où
l'enfant a été trouvé, l'examen de son cadavre, les investigations et les épreuves dont il sera parlé au numéro 258,
aideront à déterminer quels sont le genre et la cause de la
mort : si elle a été intrà-utérine ou extrà-utérine, naturelle ou violente, la suite d'un criminel abandon, d'un
odieux forfait ou de l'impossibilité de la prévenir. Les faits
recueillis relativement à la mère découvriront peut-être
entièrement la vérité, et convertiront en preuves éviden-
tes des indices, des présomptions d'abord équivoques.

qu'il ait été commis par la mère de l'enfant, soit qu'il ait été commis par
toute autre personne. *V.* Arr. cass. du 8 février 1816.

Mais, pour qu'il y ait infanticide, il faut qu'il soit établi que l'enfant était
né vivant. *V.* Arr. cass. des 22 janvier et 30 juin 1808.

Le fait d'avoir donné volontairement la mort à un enfant, plusieurs jours
après sa naissance, constitue non un infanticide mais un meurtre ou un
assassinat, suivant les circonstances. *V.* Arr. cass. du 31 décembre 1835.

Le cadavre de l'enfant étant trouvé avant que l'on connaisse la femme qui en est accouchée, le juge de paix s'enquerra si quelque fille ou veuve, si quelque femme ayant des motifs pour cacher sa grossesse, était connue pour être grosse, ou soupçonnée de l'être; si elle l'est encore, ou si elle est accouchée en secret.

Si le juge de paix obtient quelques données méritant confiance, il fera visiter, par des hommes de l'art, la femme indiquée, pour vérifier le fait de l'accouchement.

Que si la clameur publique accuse une femme d'être accouchée secrètement et d'avoir fait disparaître son enfant, ou d'avoir mis à mort un enfant non représenté, on devrait encore, si l'accusation paraît plausible, faire intervenir des hommes de l'art, et vérifier avant tout, par leur secours, le fait de l'accouchement.

Les résultats de ces vérifications sont d'ordinaire fort peu concluans, lorsqu'elles sont effectuées après les huit ou dix jours qui suivent l'accouchement; on ne devrait pas cependant désespérer de procéder avec succès au-delà de ce terme.

Il faudrait opérer avec la même exactitude, avec le même soin, soit que l'accouchement fût avoué, soit qu'il fût dénié par l'inculpée : car un aveu pourrait être ultérieurement rétracté lorsqu'il serait devenu impossible de constater les faits, dont il importe d'ailleurs que la preuve demeure acquise indépendamment de l'aveu.

La solution du problème est facilitée quelquefois par la découverte du placenta, de linges et hardes tachés de sang ou de lochies, enfin d'autres objets indicateurs, que l'on retient comme pièces de conviction. Mais ces élémens de preuve (hors la découverte du placenta) ne sont pas absolument décisifs.

Une femme pourrait avoir été délivrée d'une masse d'hydatides, de polypes, d'une concrétion sanguine, d'une môle ou débris de conception, dont la présence et l'expulsion auraient produit des phénomènes semblables à ceux qu'occasionnent la gestation et la sortie d'un enfant.

Aussi, à défaut de représentation du produit de la conception, du corps expulsé, les conclusions des hommes de l'art sont pour l'ordinaire flottantes et évasives. Cependant la justice ne peut rester dans le doute, ni se contenter de probabilités. Il est donc très intéressant de rechercher le corps dont la prévenue a été délivrée, pour dissiper toutes les incertitudes, justifier les allégations de la prévenue, ou renverser le système mensonger qu'elle aurait imaginé dans l'espoir de dissimuler l'enfantement.

Que si tout portait à croire l'accouchement réel; si, par des perquisitions faites dans le domicile de la prévenue, dans les environs du lieu de l'accouchement, ou par une rencontre fortuite, on parvenait à découvrir, où l'on avait découvert antérieurement à la visite, le corps d'un enfant nouveau-né, la représentation du cadavre à la prévenue, la supputation et le rapprochement des époques, des dates de l'accouchement et de la naissance de l'enfant, fourniraient des indices plus ou moins pressans, et peut-être de puissans moyens de conviction.

Enfin, à l'appui des conjectures ou des assertions des officiers de santé, on s'enquerra auprès des voisins, des domestiques, des personnes de la connaissance de l'inculpée, sur sa conduite habituelle, sur son état avant le jour auquel remonterait l'accouchement.

Un embonpoint extraordinaire et sa disparition subite devront être expliqués; les causes alléguées par la prévenue seront examinées. Peut-être des secours auront été demandés par elle à des hommes de l'art; des moyens

auront été employés pour déterminer l'avortement (1) ;
elle aura avoué la grossesse, l'aura cachée, ou l'aura
niée quoique apparente ; elle aura préparé les moyens
d'accoucher secrètement et de faire disparaître son enfant ; elle aura demandé des conseils, employé des complices, qui l'auront aidée, facilitée, si même ils ne l'ont
pas provoquée à commettre le crime : l'excès des précautions dont elle se sera entourée, loin de la prémunir,
comme elle y comptait, contre la honte d'être découverte, n'aura fait que trahir le secret de son inconduite
et de son infamie.

Au surplus, le fait même de l'accouchement aurait pu
avoir des témoins ; les cris de l'enfant auraient pu être
entendus.

Toutes ces particularités fixeront l'attention du juge de
paix, et feront l'objet de questions, de recherches et de
vérifications.

L'accouchement étant avéré, on en constatera le lieu,
et par-là on expliquera peut-être les intentions et les
actes de la prévenue ; on recherchera si elle est accouchée subitement, isolément, ou si elle s'est fait assister
de quelqu'un. Dans ce dernier cas, on s'informera des
circonstances de l'accouchement : s'il a été prompt et
facile, ou long et laborieux ; comment s'est présenté
l'enfant, etc.

On recherchera si les instrumens de mort présompti-
vement employés se retrouvent chez la prévenue ; si ceux
que l'on aurait rencontrés, ainsi que tous autres objets, auprès de l'enfant, ont appartenu à la prévenue,
ou ont été vus en sa possession.

La moralité de la prévenue sera explorée ; si c'est une

(1) *V.* nº 170.

fille, on remarquera si elle avait eu un premier enfant, et quel en aurait été le sort.

Enfin, l'interrogatoire de la prévenue, toujours indispensable, devra fournir quelques lumières : elle répondra sans hésiter, avec l'accent de l'innocence ; ou l'embarras, les contradictions, les imvraisemblances de ses réponses dissiperont les derniers doutes. Ces réponses consignées par écrit demeureront au procès comme une sauvegarde pour la prévenue, ou comme un témoignage accusateur qu'elle voudra vainement décliner par la suite.

Les observations, les remarques se présenteront en foule au rédacteur des procès-verbaux de constat. C'est surtout dans une matière si délicate, si obscure, qu'il importe de ne rien omettre ; c'est ici surtout qu'il serait facile de se laisser aller à de fâcheuses préventions pour ou contre l'inculpée, et que l'impartialité de l'officier de police judiciaire lui fait un devoir de ne négliger aucun fait, aucune allégation, aucune vérification à charge ou à décharge.

Il ne suffit pas de constater le fait d'un accouchement même clandestin, même nié d'abord ; il ne suffit pas de constater que l'enfant était né vivant, qu'il a vécu. Il faut encore, il faut surtout rechercher si la mort de l'enfant a été le résultat d'un crime. Le cadavre de l'enfant porterait sur lui des traces visibles, non équivoques d'une mort violente, que ce ne serait pas encore assez. L'officier de police doit recueillir avec le plus grand soin toutes les circonstances qui peuvent établir soit la culpabilité, soit l'innocence de la mère ; les charges les plus accablantes ne doivent jamais lui paraître suffisantes, tant qu'il lui reste encore quelque point, quelque circonstance à examiner ; il ne doit rien rejeter comme inutile ; il doit consigner à son procès-verbal, tous les indices, même les moins décisifs, toutes les particularités, même les plus insignifiantes en apparence, dès que la prévenue pourrait en tirer avantage. Ainsi, par exemple, il ne devrait pas négliger de faire procéder aux épreuves hydrostatiques sur le poumon, bien qu'elles n'aient rien de déterminément concluant, mais par cela seul que l'accusée pourrait avoir intérêt à en argumenter pour sa défense (1).

La mort de l'enfant peut tenir à des causes innocentes; telles seraient : 1° la longueur et la difficulté du travail de l'enfantement, à raison de la conformation de la mère ou du volume disproportionné de l'enfant, qu'une trop forte étreinte aurait fait mourir asphyxié; 2° la compression du cordon ombilical, ou son entortillement autour du col, qui peuvent déterminer les mêmes accidens; 3° une pression éprouvée par la tête de l'enfant entre les os du bassin, lors même que le travail de l'enfantement n'est pas long; 4° une hémorragie considérable produite par le décolement total ou partiel du placenta, par la rupture de la matrice ou du cordon ombilical; 5° la faiblesse de l'enfant, provenant de son immaturité ou de quelque maladie; 6° la nécessité où l'on a été de terminer brusquement l'accouchement, pour obvier au danger que courait la mère; 7° la chute de l'enfant sur un corps dur, circonstance rarement mortelle.

L'infanticide pourrait provenir d'omission volontaire de la mère.

On peut réduire à quatre chefs principaux tout ce qui est relatif à l'omission volontaire des soins à donner à l'enfant qui vient de naître : 1° L'asphyxie provenant de ce qu'on n'aurait pas mis l'enfant dans une position où il pût respirer, ou de ce qu'on ne l'aurait pas dégagé de ce qui faisait obstacle à la respiration; 2° l'hémorragie

(1) *V.* n° 258.

ombilicale à défaut de ligature du cordon ombilical ; 3° le délaissement de l'enfant dans un lieu froid et humide, ou dans un lieu trop chaud, près d'un foyer ardent, à l'action du soleil au milieu d'émanations malfaisantes, etc.; 4° l'inanition ; la privation de nourriture prolongée pouvant devenir mortelle.

Mais il faudra apprécier si la mère savait, ou si elle pouvait savoir, de quels soins avait besoin son enfant, et s'il lui était possible de les lui donner.

On s'enquerra si l'inculpée était primipare ; si elle avait ignoré sa grossesse, le moment de l'accouchement et l'accouchement lui-même ; si elle est accouchée inopinément, dans un lieu isolé, privée de toutes ressources: si, épuisée par le travail de l'enfantement, elle n'aurait point éprouvé des accidens graves, tels qu'une syncope prolongée, des convulsions qui eussent anéanti ses forces, ou qui l'eussent livrée à des mouvemens désordonnés.

L'état du cordon rompu ou coupé, le genre des lésions éprouvées par l'enfant, des secours dont il aura manqué, l'état de la mère comparé à ses allégations, permettront aux hommes de l'art de se former une opinion précise, qui sera consignée dans leur rapport.

Que si l'on avait à constater un infanticide par commission, on se rappellera que les causes violentes et criminelles qui peuvent déterminer la mort d'un nouveauné sont fort nombreuses ; les plus remarquables sont : les plaies de la tête ; les fractures des membres ou leur section complète ; la luxation des vertèbres cervicales ; la torréfaction ; l'asphyxie, résultat de l'enfouissement dans un coffre, etc. ; l'oblitération des cavités nasales et buccales, ainsi que des voies aériennes ; la submersion ; l'empoisonnement par les gaz délétères, etc.

Les manœuvres auxquelles on a plus particulièment

recours pour arracher la vie à un enfant naissant sont : l'écrasement de la tête entre les cuisses, avant que l'accouchement soit terminé ; l'acu-puncture, ou introduction d'une aiguille très déliée dans le cerveau, à travers les narines, les oreilles, les tempes, les fontanelles, les sutures, ou dans le cœur, par enfoncement au-dessous du sein gauche, dans les viscères abdominaux, par le rectum ou le bassin ; la torsion du col, après la sortie de la tête ; la détroncation ; l'étranglement avec les mains ou avec le cordon.

Les hommes de l'art auront à examiner en détail toutes ces causes.

Le juge de paix ne devra jamais manquer de leur faire constater si les sévices ont été exercés avant ou après la mort de l'enfant ; et souvent, dans la constatation des sévices eux-mêmes, on trouvera la preuve du crime, savoir : que l'enfant a vécu, et que la vie lui a été violemment arrachée (1).

174. Au cours de ses recherches, le juge de paix a obtenu des renseignemens qui l'ont aidé à reconnaître l'état des lieux, le corps du délit, les faits matériels du crime, à en saisir les indices, les instrumens, les produits, à rassembler les élémens de son procès-verbal de constat.

Mais il devra de plus recevoir, par écrit, les déclarations des personnes présentes, des parens, domestiques et voisins (2). C'est par l'information qu'il constatera, ou qu'il achèvera de constater, quels sont les auteurs du crime, quels faits sont imputables à chacun

(1) *V.* n° 258.
(2) *V.* n°s 47, 185 et suiv. — Art. 32 du *Cod. d'Inst. crim.*

d'eux (1) : en cas de simple tentative, quels discours l'ont annoncée, quels faits l'ont manifestée, par quelles causes elle a été suspendue ou elle a manqué son effet (2); en cas de complicité, quels actes ont constitué la participation au crime (3). Il fera expliquer dans le plus grand détail tous les renseignemens fournis.

En outre, le juge de paix devra interroger le prévenu, s'il est arrêté (4).

L'information et l'interrogatoire se font par actes séparés.

Le procès-verbal de constat ne doit contenir ni information ni interrogatoire, pour ne pas rendre impraticable, ou au moins difficile, l'exécution de l'article 341 du Code d'Instruction criminelle, qui défend de mettre sous les yeux des jurés les dépositions des témoins, et qui ordonne, en même temps, de leur remettre les procès-verbaux qui constatent le délit (5).

Nous nous occuperons ultérieurement, dans des chapitres spéciaux (6), de l'accomplissement des formalités prescrites par le Code d'Instruction criminelle quant aux informations et aux interrogatoires en cas de flagrant délit.

175. Lorsque le juge de paix a recueilli tous les do-

---

(1) *V.* n° 9.
(2) *V.* n° 5.
(3) *V.* n°s 10, 11.
(4) *V.* art. 40 du *Cod. d'Inst. crim.*
(5) *V.* art. 341, *Ibid.*
On lit pourtant dans le *Manuel* de LEVASSEUR, p. 225 : « Maintenant que l'on remet aux jurés toutes les pièces, il n'y a aucun inconvénient à insérer au procès-verbal de constat les déclarations des parens, voisins, domestiques, etc. » C'est là une erreur manifeste : cette doctrine serait directement en opposition avec le texte formel de l'article 341 du Code d'Instruction criminelle.
(6) *V.* Chap. VI et VII.

cumens nécessaires, ou au fur et à mesure qu'il fait ses recherches, il rédige son procès-verbal de constat.

Dans aucun cas on ne peut se dispenser de dresser procès-verbal, sous le prétexte que la preuve est impossible, ou que le prévenu est inconnu, parce que les preuves qui manquaient d'abord peuvent s'acquérir par la suite, et que le prévenu peut être découvert un jour.

Le procès-verbal doit contenir le récit fidèle de tout ce qu'a fait l'officier de police judiciaire, ou de ce qui s'est passé, de ce qui a été fait ou dit devant lui et en sa qualité.

Le premier mérite d'un procès-verbal est d'être rédigé avec clarté, précision et concision. On doit s'y servir, autant que possible, des expressions des plaignans, des dénonciateurs, des témoins, des prévenus, et employer toujours les termes techniques des experts, sauf à les traduire, au besoin, en langage vulgaire.

Le procès-verbal énoncera les prénoms et noms du juge et du greffier, la date et le lieu de l'opération, la voie par laquelle l'officier de police aura été informé ; la nature du fait qui vient de se commettre, de manière qu'il en résulte clairement si c'est un assassinat, un meurtre, un vol, un incendie, un empoisonnement, un crime consommé, ou un commencement d'exécution, ou une simple entreprise préparée (1) ; les défenses de s'éloigner faites par le juge de paix (2) ; le nom du prévenu et de ses complices, en cas qu'ils soient présens, arrêtés, ou

(1) *V*. nos 4, 50.
Les circonstances même les plus minutieuses en apparence, si elles se rattachent aux faits qui ont concouru soit à préparer, soit à faciliter, soit à consommer le crime, quand même elles ne sembleraient pas avoir assez de cohérence pour établir une preuve formelle, doivent être mentionnées dans le procès-verbal.
(2) *V*. no 140.

connus (1); l'interpellation faite au prévenu, ou aux complices présens, d'assister aux opérations (2), ou ies noms des personnes qui sont, à cette fin, chargées de leurs pouvoirs (3); les noms et qualités des personnes appelées (4); les mandats décernés (5); les pièces de conviction saisies (6); enfin les investigations du juge de paix; les résultats obtenus; les délits connexes (7) ou non connexes qui auraient été découverts, etc.

Si des experts ou des hommes de l'art ont été employés (8), le procès-verbal mentionnera leur prestation de serment (9) et contiendra leur rapport.

Le rapport des experts est le témoignage de tout ce qu'ils ont vu ou reconnu par leur visite, ainsi que de la cause qu'ils estiment avoir produit le fait, et des suites qui en peuvent résulter, suivant leurs lumières et les règles de leur art.

Les vérifications des experts ne sont qu'une partie de l'opération générale qui a pour objet de constater exactement le fait et ses circonstances, et par conséquent elles doivent être consignées dans le procès verbal de l'officier de police judiciaire. Cela se déduit des expressions de l'article 44 du Code d'Instruction criminelle, *faire leur rapport, et donner leur avis*.... Les experts peuvent

(1) *V*. nos 144 et suiv.

(2) *V*. *Ibid.*

(3) *V*. *Ibid.*

(4) *V*. nos 119 à 125.

Il faut, autant que possible, retenir les prénoms, noms, professions et domiciles des parties lésées, des personnes inculpées, des témoins, des hommes de la force publique, et des experts, afin qu'en procédant à l'instruction, on puisse les trouver et les appeler facilement. *V*. nos 67, 68.

(5) *V*. nos 140 et suiv., 147 et suiv.

(6) *V*. nos 155 et suiv.

(7) *V*. nos 24, 139. — Art. 227 du *Cod. d'Inst. crim.*

(8) *V*. nos 122, 125.

(9) *V*. no 127 et les notes.

d'ailleurs être incapables de rédiger convenablement un procès-verbal (1).

176. Cependant on admet ordinairement une exception à l'égard des officiers de santé (2): ils ont l'habitude de cette sorte de rédaction; d'un autre côté il arrive souvent qu'ils aient besoin de temps et de réflexion pour rédiger leur rapport, qui doit devenir dans la discussion l'une des pièces les plus importantes, en sorte qu'ils ne peuvent le remettre, ni donner leur avis, à l'instant même (3).

Quoique les médecins ou officiers de santé dressent eux-mêmes leur rapport, nous croyons qu'il est convenable et utile que l'officier de police judiciaire mentionne dans son procès-verbal, autant que cela est possible, leur avis, sauf à n'en rapporter que les observations principales, le résultat succinct, les conclusions sommaires; auquel cas, l'officier de police judiciaire indique que les médecins ou officiers de santé ont rédigé séparément leur rapport, qui sera annexé (4).

(1) *V.* CARNOT, *de l'Inst. crim.*, t. I, p. 257. — CARRÉ, *Droit français...*, t. IV, p. 355. — LEGRAVEREND, *Lég. crim.*, t. I, p. 216.

(2) Autrefois, il était même de rigueur que le rapport des médecins fût rédigé séparément du procès-verbal du juge.

(3) Il peut même arriver que les officiers de santé aient à faire plusieurs visites, plusieurs rapports successifs; par exemple, au cas où il s'agit de constater le fait d'un accouchement, ou d'apprécier les résultats de coups, de blessures.

Les opérations ultérieures se font alors en vertu de leur premier serment, et du même ou d'un subséquent réquisitoire.

(4) Quoique les officiers de santé dressent eux-mêmes leur rapport, l'officier de police judiciaire peut, et doit même, consigner dans son procès-verbal toutes les observations que son expérience et la nature de ces sortes d'opérations lui suggèrent relativement à la présomption, à l'intention et à la volonté, qu'on peut tirer de l'arme ou de l'instrument dont le coupable s'est servi, de la situation, de la direction, et de la gravité des blessures qui ont causé la mort.

Si les médecins ou officiers de santé sont prêts et dis-
posés à dicter leurs remarques et leur opinion au cours
du procès-verbal de l'officier de police judiciaire, il conviendrait de les y insérer en entier (1).

177. Au reste, le rapport des officiers de santé étant
leur œuvre, dans tous les cas, l'officier de police judiciaire ne peut s'y immiscer en rien, ni pour l'approuver,
ni pour le contester : il ne peut que le recevoir tel qu'ils
ont cru devoir le faire.

Néanmoins, s'il s'aperçoit que les médecins ou officiers de santé omettent quelques particularités intéres-
santes, il est de son devoir d'appeler leur attention sur
ces points, et de provoquer de leur part des explications
plus étendues à ce sujet.

Mais là se borne son droit. Si les experts, ne voyant
que des faits insignifians dans les particularités qu'il leur
signale, refusent de s'en occuper, il ne peut les forcer
à le faire, sauf à lui de consigner ses observations et interpellations dans son procès-verbal, s'il le juge à propos.

Il est toutefois une observation essentielle, commune
à tous les experts, que l'officier de police judiciaire devra faire aux médecins ou officiers de santé qui rédige-
raient eux-mêmes leur rapport, et qu'il n'oubliera pas en
dressant son propre procès-verbal : c'est que les actes
faits en présence du corps du délit ont particulièrement
pour objet de conserver des faits périssables, de les retenir avec une exactitude telle, que la lecture de ces actes
fasse connaître tout ce qu'il était possible d'apprendre à
la vue des circonstances matérielles du fait incriminé.

D'après cela, les officiers de santé ne rempliraient
donc que très imparfaitement le but de leur commission,

---

(1) *V.* n° 181, Formule de procès-verbal de constat.

s'ils se bornaient à déposer dans leur rapport seulement leur avis ou leurs conclusions. Ils doivent encore consigner par écrit le détail exact, minutieux et complet de tout ce qui leur est apparu, d'où puissent être tirées des inductions favorables ou contraires, sur la réalité ou sur l'absence du crime, et relativement à son auteur dénommé ou inconnu, quelle que doive être, en définitive, leur opinion personnelle.

Autrement, il serait impossible de discuter, à l'audience, la valeur de leurs conclusions, qui pourraient cependant être mal déduites ou erronées ; tandis que les faits étant relevés et conservés dans toutes leurs parties, les docteurs en médecine que la justice croirait devoir appeler pour opiner sur le corps du délit se trouveront l'avoir, pour ainsi dire, sous les yeux, en examinant le rapport, s'il est détaillé et bien fait, et pourront conclure et donner leur avis en connaissance de cause, soit pour confirmer, soit pour contredire le jugement porté par les médecins ou officiers de santé employés primitivement (1).

178. Quant aux pièces de conviction, il importe, dit M. Carré (2), de remarquer qu'il est nécessaire de dresser séparément un procès-verbal de la saisie de ces pièces ; l'auteur ajoute (3), et encore sans donner de motifs, que le procès-verbal de saisie des pièces de conviction

---

(1) C'est parce qu'il peut arriver qu'un second examen des faits soit nécessaire, et que le premier rapport paraisse insuffisant, qu'il est recommandé, par les médecins légistes, aux officiers de santé qui ont procédé à une autopsie cadavérique de rétablir ou de mettre, autant que possible, les parties à explorer, dans un état tel, que, l'exhumation étant ordonnée, il soit possible de retrouver et de revoir les points sur lesquels tombe la difficulté. *V.* no 252.

(2) *V. Droit français...,* t. IV, p. 259.

(3) *V. Ibid.,* t. IV, p. 329.

ne doit pas être confondu avec celui par lequel le corps du délit est constaté.

Nous ne pensons pas qu'il soit indispensable de consacrer un procès-verbal spécial à cet objet. Les pièces de conviction participent de la matérialité du délit ; nous estimons que la description à en faire trouve naturellement sa place dans le procès-verbal de constat. Que si l'article 35 du Code d'Instruction criminelle exige qu'il soit rédigé procès-verbal de la saisie des pièces de conviction, il ne parle pas d'un procès-verbal spécial : le but de la loi nous semble rempli, dès que les formalités qu'elle prescrit à ce sujet ont été accomplies dans le procès-verbal de constat. Opérer suivant l'avis de M. Carré serait, selon nous, multiplier les écritures, les procès-verbaux, non seulement sans nécessité, mais même bien souvent au détriment de la célérité des opérations.

Un procès-verbal spécial et séparé ne nous paraît nécessaire que pour le cas où la saisie des pièces de conviction aurait fait, seule, l'objet du transport (1), ou lorsque ces pièces n'auraient été découvertes qu'à la fin des opérations, et après la rédaction des autres procès-verbaux, dans lesquels on aurait pu décrire ces pièces et mentionner leur saisie (2).

179. Aux termes de l'article 42 du Code d'Instruction criminelle, chaque feuillet (3) du procès-verbal doit

---

(1) *V.* Chap. XI.

(2) *V.* nos 195, 223, 224.

Cependant, si les pièces de conviction étaient très nombreuses et d'une longue description, il pourrait paraître convenable d'en dresser un état à part, pour ne pas alonger outre mesure et en quelque sorte encombrer le procès-verbal des opérations par un volumineux inventaire.

(3) M. Carnot, *de l'Inst. crim.*, t. I, p. 233, estime que l'on fera plus sagement de signer et de faire signer le procès-verbal ainsi qu'il est ordonné par l'article 76 pour le cahier d'information, quoiqu'il n'y eût pas irrégularité

être signé par l'officier de police judiciaire et par les personnes qui y auront assisté ; en cas de refus ou d'impossibilité de signer de la part de celles-ci, il en doit être fait mention.

Il faut remarquer que cette disposition finale se rapporte à celles qui précèdent (1) ; d'où il suit que le procès-verbal doit être signé ainsi seulement par l'officier de police judiciaire, le greffier, le commissaire de police, le maire ou l'adjoint, ou par les témoins qui le remplacent, et par le prévenu ou son fondé de pouvoir (2).

Les experts signent leur déclaration au corps ou à la fin du procès-verbal. Les officiers de santé, alors même qu'ils rédigent un rapport séparé, doivent signer le procès-verbal, parce qu'il contient nécessairement mention de leur commission, de leur acceptation et de leur serment, et en outre, le plus ordinairement, un précis de leurs opérations, avec indication sommaire des résultats (3).

La signature des autres personnes en présence desquelles on a opéré, sans en être *assisté*, serait inutile. Tels seraient les manouvriers, les artisans, qui n'ont eu à s'occuper que d'un travail manuel, sans avoir d'avis à donner, et les agens de la force publique (4).

à ne signer qu'à chaque feuillet, puisque l'article 42 n'exige pas strictement davantage.

Dans la pratique, on opère généralement comme le conseille M. CARNOT. *V.* no 99.

(1) *V.* no 120.

(2) *V.* nos 146, 150, 151.

(5) *V.* nos 127, 181.

(4) Cependant, en l'absence d'autres personnes qui nous assistassent, nous avons quelquefois fait signer nos procès-verbaux par les chefs de la force armée, et même par de simples gendarmes, pour que leurs noms fussent retenus, et que leur témoignage pût être invoqué au besoin.

180. Suivant M. Levasseur (1), toutes les opérations du juge de paix doivent se terminer dans une seule séance, à la fin de laquelle il ne lui resterait que le droit d'apposer les scellés, parce que passé cette première séance il n'y aurait plus cas de flagrant délit.

Nous estimons, au contraire, que le juge de paix pourrait opérer plusieurs jours de suite, pourvu qu'il eût commencé en cas de flagrant délit. Autrement, dans une affaire grave et compliquée, le juge de paix appelé à recueillir les traces fugitives du crime, se verrait arrêté au moment où ses recherches, faisant entrevoir la vérité, auraient pu la dévoiler entièrement, si elles eussent été continuées ; tandis que la cessation de ses investigations, le temps perdu dans l'attente d'un autre magistrat, assureraient l'impunité au coupable. Telle n'a pu être l'intention de la loi.

Mais il est bien entendu que reconnaître ce droit au juge de paix, ce n'est pas l'engager à en user sans discrétion et sans besoin, et à remettre au lendemain ce qu'il pourrait faire sur-le-champ.

Si, à la fin d'une première séance, le juge de paix, par précaution ou par mesure de sûreté, avait apposé les scellés sur des papiers ou sur des meubles, il pourrait les lever, de sa propre autorité, s'il le jugeait convenable, sans attendre le juge d'instruction, comme le voudrait M. Levasseur.

Le cas échéant, le procès-verbal, dans sa clôture après les premières vacations, ferait mention de la cause qui nécessiterait la suspension et la remise des opérations ; et, à cela près, il serait clos et signé de la même manière que si tout était terminé.

La suite des opérations serait reprise par un *advenant*,

----

(1) *V. Manuel des Juges de paix*, p. 209, 231.

aux lieu et heure fixés dans le renvoi, et avec continuation des mêmes formalités que devant.

181. Le procès-verbal de constat est un acte du plus haut intérêt. Il importe que cette pièce introductive détermine exactement les faits ; que cette base de la procédure soit solidement établie : c'est d'ailleurs un acte qui comporte beaucoup de détails, et qui exige une extrême attention ; on ne saurait y donner trop de soins.

Nous ne croyons pas pouvoir mieux faire que de proposer pour exemple, avec de légères modifications, le modèle donné par M. le procureur du roi de la Seine, dans son instruction à ses auxiliaires (1).

L'an   , le   , heure   (2),

Nous   (3), juge de paix du canton de   , arrondissement de   , département de   , officier de police judiciaire auxiliaire de M. le procureur du roi, écrivant N... (4), notre greffier (5),

Instruit par la dénonciation à l'instant faite devant nous, par le sieur Jacques M... (6), qu'un homicide venait de se commettre sur la personne du sieur A..., domicilié dans une maison sise à..., en cette commune (7),

(1) *V.* Instruction du procureur du roi de la Seine, p. 59.
(2) Avant ou après midi. *V.* nos 136, 137, 138.
(3) Prénoms et nom du juge de paix.
(4) Prénoms et nom du greffier.
(5) *Ou,* écrivant (prénoms, nom, qualité, demeure de l'individu appelé à remplacer le greffier — *V.* no 63), auquel nous avons momentanément confié les fonctions de greffier (Cause du remplacement — *V.* no 63), et dont nous avons reçu le serment de se bien et fidèlement acquitter de ces fonctions.
(6) *Ou* par l'avis qui nous a été donné...; *ou* par la clameur publique...
(7) *Ou* sise en cette ville de   , rue   , no...

Procédant en cas de flagrant délit, conformément aux articles 32 et 49 du Code d'Instruction criminelle (1),

Nous sommes transporté dans ladite maison, dont nous avons fait garder l'extérieur et les issues, avec défense [32] à qui que ce fût de sortir de la maison et de s'éloigner du lieu jusqu'après la clôture de notre procès-verbal, sous les peines portées par l'article 34 du même Code (2).

Monté au premier étage, par un escalier à droite au fond de la cour, nous avons été introduit dans un appartement de cinq pièces, donnant sur la cour et sur un jardin (3), où nous avons trouvé réunis : 1° le nommé Jean E..., domestique du sieur A...; 2° les sieurs Louis G... et Jean H..., voisins, demeurant dans la maison ; 3° et un individu que l'on nous a désigné comme étant celui qui a été arrêté par Jacques M..., dénonciateur, et par son domestique (4).

Sur notre interpellation, cet individu nous a déclaré se nommer Nicolas B... (5).

Nous l'avons remis entre les mains de la force publique, en recommandant de veiller à ce qu'il ne communiquât avec personne, et ne jetât ou ne détruisît rien de suspect (6).

En présence tant de cet individu (7), que des personnes

(1) Ces deux lignes pourraient être supprimées ; et elles devraient l'être s'il s'agissait d'un fait reconnu dès l'abord comme constituant un simple délit correctionnel. *V.* n° 55.

(2) On pourrait supprimer: *sous les peines*, etc. *V.* n°s 140, 141.

(3) *V.* n° 154.

(4) *V.* n°s 152, 175 aux notes.

(5) Il convient d'établir la qualité ou profession, la demeure, et tout ce qui peut concourir à désigner l'individu de la manière la plus exacte.

(6) *V.* n° 146.

(7) *V.* n°s 144 et suiv.

ci-dessus (1), nous avons constaté le corps du délit et ses circonstances (2) ainsi qu'il suit :

Dans une troisième pièce donnant sur le jardin, et servant de chambre à coucher, nous avons vu sur un lit, dont les draps, la couverture et les matelas étaient inondés de sang, un cadavre du sexe masculin, que le nommé E..., domestique, et les sieurs G.. et H..., voisins, nous ont déclaré être celui dudit sieur A... (3).

L'inculpé a reconnu l'identité du sieur A... (4).

Ce cadavre était couché sur le dos, vêtu d'une simple chemise, et coiffé d'un bonnet de coton ; la chemise et le bonnet sont ensanglantés ; la chemise est de plus percée de plusieurs trous, dans la partie antérieure.

Le sang avait jailli jusque sur la muraille, du côté de la ruelle.

A terre, et à peu de distance du lit, était un poignard à manche de bois d'ébène, dont la lame est de... centimètres de longueur et ne porte aucun nom ou marque de fabricant ; ce poignard était teint de sang (5).

Sur une commode placée à droite en entrant dans la chambre à coucher, était posée une lanterne sourde, toute neuve, en fer-blanc, et garnie d'un verre, lequel se cache au moyen d'une plaque de fer-blanc, qui se

(1) *V.* nos 120, 152.
(2) *V.* no 159.
(3) *V.* nos 168, 245, 246.
(4) *V.* no 168.
(5) *V.* nos 155, 156, 157.

Si l'on découvre le marchand qui a vendu le poignard, on l'entend dans sa déposition, et on lui confronte l'inculpé.

Ce marchand se trouvant dans le cas de l'article 314 du Code pénal, on fera chez lui perquisition des armes prohibées qu'il posséderait. On en rédigera un procès-verbal séparé.

Il ne faudrait constater les perquisitions par le même procès-verbal qu'autant que l'individu qui aurait procuré les armes aurait su l'usage que l'on voulait en faire, ce qui le constituerait complice.

rabat par-dessus; dans cette lanterne était un bout de bougie éteint et presque consumé.

Requis par nous de procéder à l'examen des causes de la mort du sieur A..., les sieurs... (1), docteurs, l'un en médecine, l'autre en chirurgie, ont prêté entre nos mains le serment de faire leur rapport et de donner leur avis en leur honneur et conscience (2).

Leur examen terminé (3), ils nous ont rapporté (4) : qu'inspection faite du cadavre (5), ils ont reconnu... Qu'ouverture fait du cadavre (6), ils ont trouvé.....

Qu'ayant, sur notre réquisition, rapproché de telles et telles blessures (7) les coupures de la chemise dont est vêtu le défunt, ils ont reconnu que ces coupures correspondaient à ces blessures, par leur situation et leur direction; qu'elles avaient la même longueur, et étaient faites par le même instrument tranchant;

Qu'ayant également, sur notre réquisition, rapproché des mêmes plaies et coupures la lame du poignard (8)

---

(1) *V.* nos 123, 124.

(2) *V.* no 127.

(3) L'examen doit être fait en présence du juge de paix, qui mentionnera son assistance. *V.* nos 128, 236, 231.

(4) *V.* no 176.

(5) *V.* nos 247, 248.

(6) *V.* nos 251, 252.

Il ne faut pas oublier que, hors le cas de mort évidente, l'ouverture ne doit se faire qu'après un délai de vingt-quatre heures depuis le décès.

A moins d'urgence, il convient d'attendre les instructions du procureur du roi, à qui l'on a dû donner avis du crime sans perte de temps; d'autant plus que dans beaucoup de cas, surtout en matière d'homicide, d'empoisonnement, d'infanticide, les officiers auxiliaires n'ont pas toujours les mêmes moyens que le procureur du roi ou le juge d'instruction pour constater ces crimes : il n'y a pas toujours dans les campagnes des experts assez habiles pour aider la justice dans ses investigations. *V.* no 118.

(7) *V.* no 235.

(8) *V. Ibid.*

trouvé dans chambre, ils ont reconnu que la largeur de la lame était de la longueur des plaies et coupures ;

Que, d'après toutes ces observations, ils estiment que telles et telles blessures n'étaient pas mortelles ; que telles et telles blessures étaient essentiellement mortelles, et ont causé une mort très prompte ;

Que telles et telles blessures, ainsi que telles coupures de la chemise, ont été produites par le même instrument tranchant, et que cet instrument est le poignard en question ;

Que le nombre des blessures, et surtout la multitude des écorchures qui se voient au visage et aux mains du défunt, font présumer que la victime a cherché à se défendre contre son assassin.

Nous avons requis les hommes de l'art de visiter l'inculpé arrêté (1) ; ce qu'ayant effectué, ils nous ont rapporté : que son visage, ses mains, son habit, son gilet, sa chemise et sa cravate sont ensanglantés, ce que nous avons nous-même vérifié ; qu'il existe à sa main droite et à son poignet gauche plusieurs écorchures, et à tels et tels doigts de la main des traces de morsures ; que ces écorchures et morsures sont tellement récentes, qu'elles sont encore sanguinolentes.

Ce rapport terminé (2), nous avons observé qu'il n'existait dans les divers objets et meubles de l'appartement aucune effraction, aucun dérangement, qui pût faire présumer qu'on y eût volé, ou qu'on eût eu le temps d'y voler (3).

Voulant constater comment on avait pénétré dans

(1) *V*. n⁰ 168.

(2) *Ou* les experts nous ayant déclaré qu'ils ne pourront nous remettre qu'ultérieurement leur rapport, qui sera rédigé par écrit et annexé au présent procès-verbal, etc. *V*. n⁰ 176.

(3) *V*. n⁰ˢ 153, 154.

14

l'appartement (1), nous avons remarqué qu'il n'existait à la porte d'entrée aucune trace d'effraction ; une clef était dans la serrure à l'extérieur : cette clef (2) n'étant ni neuve ni nouvellement limée, et s'ajustant d'ailleurs très bien à la serrure, qui est une serrure de sûreté, nous avons présumé que cette clef était la véritable clef de la serrure.

Instruit qu'une porte qui donne du jardin sur la rue avait été entr'ouverte, et présumant que l'assassin était entré par ce côté dans la maison, le jardin n'étant séparé de la cour que par un mur d'appui, dans lequel est une porte fermant seulement au loquet, nous nous sommes rendu à la porte de ce jardin, par l'extérieur, pour ne point effacer ni confondre les empreintes de pas qu'aurait pu laisser l'assassin, dans l'intérieur du jardin.

La rue étant pavée, nous n'avons rien vu au dehors ; mais, dans une des allées qui conduisent intérieurement de la porte du jardin à la maison, nous avons remarqué, sur la terre amollie par la pluie qui est tombée hier, des empreintes de pas qui se dirigeaient de la porte à la maison : ces empreintes, toutes de la même grandeur, appartenaient à deux souliers différens, les unes portant la trace de trente clous au talon, les autres ne portant au talon que vingt-huit clous, et une trace de clou manquant au milieu du talon (3) ;

Nous avons fait déchausser Nicolas B..., et nous avons vu que le soulier de son pied gauche s'adaptait parfaitement aux empreintes où se voit la trace de trente clous, et que le soulier de son pied droit s'adapte aussi parfaitement aux empreintes où est la trace des vingt-huit

(1) *V.* n° 154.
(2) *V.* nos 18 aux notes, 154.
(3) *V.* n° 154.

clous; qu'à ce soulier il manque un clou, à la même place qu'à ces dernières empreintes (1).

Nous avons ensuite fait fouiller Nicolas B...; il ne s'est trouvé sur lui qu'un passe-partout, que nous avons essayé (2) à la porte du jardin, et qui l'ouvre avec peu de difficulté.

En présence de l'inculpé, nous nous sommes emparé, pour servir de pièces de conviction (3), de la chemise, du bonnet de coton, des draps et de la couverture du lit du défunt, du poignard, de la lanterne, de la clef de l'appartement, du passe-partout saisi sur Nicolas B..., de l'habit, du gilet et des souliers de l'inculpé, à qui nous en avons fait fournir d'autres par le sieur..., marchand fripier, demeurant rue... (4).

Nous avons renfermé lesdits objets, par nous saisis, dans un sac de toile (5), que nous avons fermé au moyen d'une corde sans nœuds, aux deux bouts de laquelle nous avons adapté une feuille de papier, au moyen de cire à cacheter rouge, que nous avons scellée de notre sceau. Sur notre interpellation, Nicolas B..., inculpé, a signé et paraphé avec nous cette bande de papier (6).

Personne ne pouvant nous donner les renseignemens nécessaires pour la rédaction de l'acte de décès du sieur

---

(1) Dans le cas où l'inculpé n'est pas arrêté, on prend la dimension des pas avec une feuille de papier qu'on découpe dessus, et, avec de l'encre, on y figure l'empreinte des clous. Cette feuille est comparée avec la chaussure de l'inculpé, s'il est arrêté ultérieurement.

On a employé aux mêmes fins, en Angleterre, un autre procédé, qui consiste à couler du plomb fondu dans les empreintes.

(2) *V.* nos 18, 154, 155, 465 aux notes.

(3) *V.* nos 156, 157.

(4) Dans ce cas, les vêtemens sont payés, sur mandat du juge, comme frais urgens. *V.* art. 133, 134 du décret du 18 juin 1811. — No 339.

(5) *V.* la note précédente.

(6) *Ou* a déclaré ne vouloir signer et parapher, ce dont nous avons fait mention sur ladite bande. *V.* no 157.

A..., et étant instruit par le sieur G..., l'un des voisins présens, que l'acte de naissance du sieur A... était renfermé dans son secrétaire, nous avons ouvert le meuble, à l'aide de la clef que nous avons trouvée dans la poche du pantalon du défunt, et nous avons trouvé, dans un des tiroirs, ledit acte de naissance, duquel il résulte que le sieur A... portait les prénoms de...; qu'il est né à..., le..., du sieur... et de la demoiselle..., son épouse.

Les sieurs G... et H... nous ont déclaré que le défunt n'a jamais été marié, et que son père et sa mère sont décédés, sans pouvoir indiquer le lieu ni le temps de leur décès.

Nous avons immédiatement apposé les scellés, pour la conservation des droits de qui il appartiendra, et nous avons constaté par un procès-verbal spécial ladite apposition de scellés (1).

Nous avons rédigé le présent procès-verbal en présence de... (2).

Lecture faite du procès-verbal à l'inculpé et aux personnes y dénommées, ils l'ont signé avec nous et notre greffier (3).

Signatures (4).

(1) *V*. n° 183.

(2) Maire, *ou* adjoint, *ou* commissaire de police, *ou* des sieurs N... et N..., tous les deux domiciliés dans cette ville ou commune, requis par nous de nous assister; *ou encore*, sans assistance de témoins, n'ayant pu nous en procurer sur-le-champ. *V*. n° 120.

(3) *Selon le cas :* excepté N..., qui a déclaré ne savoir, ne pouvoir, ou ne vouloir signer, de ce interpellé. *V*. n°s 179, 310.

Si les opérations étaient telles, qu'elles ne pussent être mentionnées toutes dans le même procès-verbal, il faudrait dresser un procès-verbal particulier des opérations séparées, en observant pour chaque procès-verbal les mêmes formalités, et en évitant d'y confondre ce qui doit être consigné dans la plainte ou dénonciation, dans l'information, et dans les interrogatoires.

(4) A toutes les pages. *V*. n° 179.

Nous nous sommes transporté de suite , heure de... (1), dans le domicile de Nicolas B..., rue..., et là , en sa présence , nous avons fait une perquisition dans tous les lieux qui dépendent de sa location, et nous n'y avons rien trouvé, si ce n'est un billet sans signature , portant son adresse, qui était caché derrière la glace , et qui contient ces mots : « Retardez jusqu'à demain soir ; je vous en dirai la raison, demain matin , à notre rendez-vous ordinaire. »

Sur notre réquisition, Nicolas B... a signé et paraphé le billet , dont nous nous sommes saisi (2).

Nous avons rédigé le présent procès-verbal, etc.

Lecture faite... etc.

D'après l'interrogatoire de Nicolas B..., rédigé séparément du présent procès-verbal (3), des soupçons graves s'élevant contre Jacques D..., neveu du défunt, nous juge de paix nous sommes transporté sur-le-champ, lesdits jour et an, heure de... (4), à son domicile, rue...; cet individu étant absent, nous avons fait ouvrir la porte de son logement par le sieur..., serrurier, rue..., par nous requis ; nous avons fait, dans tous les lieux dépendans de la location de D..., une perquisition par l'effet de laquelle nous n'avons rien trouvé de suspect.

Jacques D... ayant été arrêté en vertu de notre mandat d'amener, pendant le cours de nos opérations (5), immédiatement après son interrogatoire nous l'avons confronté (6) au cadavre de son oncle , dans le domicile duquel nous sommes retourné. A la vue de ce cadavre, il a pâli et s'est troublé ; nous lui avons demandé s'il le recon-

---

(1) *V*. nos 129 et suiv.
(2) *V*. no 158.
(3) *V*. no 174.
(4) *V*. nos 129 et suiv.
(5) *V*. nos 144 et suiv.
(6) *V*. no 168.

naissait ; il nous a déclaré, en balbutiant, que c'était celui
de son oncle, et que ses assassins étaient bien criminels.

Nous avons dressé le présent procès-verbal, etc.

Lecture faite..., etc.

Et attendu que Nicolas B... est inculpé d'être l'auteur
de l'assassinat du sieur Jean-Baptiste A...; que Jacques
D... est inculpé de s'être rendu complice de ce crime,
en provoquant par promesses B... à le commettre, et en
lui procurant les instructions et moyens de le consommer, nous avons ordonné qu'ils resteront sous la main
de justice, en état de mandat d'amener (1).

Fait à   , etc. (2).

182. L'article 45 du Code d'Instruction criminelle
exige que le procureur du roi qui a procédé en cas de
flagrant délit transmette, sans délai, au juge d'instruction
les procès-verbaux, actes, pièces et instrumens dressés
et saisis en vertu des articles précédens.

Lorsque c'est le juge de paix qui a procédé, soit comme
officier de police judiciaire auxiliaire du procureur du roi,
soit comme délégué du juge d'instruction, il doit pareillement, pour l'accomplissement des dispositions de l'article 45 du Code d'Instruction criminelle, adresser sans délai
les procès-verbaux, actes, pièces et instrumens au procureur du roi, pour le mettre en état de les communiquer
au juge d'instruction, en requérant ce qu'il appartiendra(3).

Après cet envoi (4) effectué, comme nous l'avons

---

(1) *V.* n° 225.

(2) Cette partie du procès-verbal n'est signée que du juge et du greffier.
En tant qu'ordonnance du juge, elle pourrait même n'être signée que par
lui. *V.* n° 62.

(3) *V.* art. 53 du *Cod. d'Inst. crim.*

(4) L'envoi comprend nécessairement l'information et l'interrogatoire,
dont nous parlerons aux chapitres VI et VII.

énoncé précédemment (1), le juge de paix dessaisi n'a plus qualité pour continuer l'instruction ; il ne pourrait que faire des actes d'urgence, en cas d'absolue nécessité (2), et prendre ou recevoir des renseignemens qu'il adresserait au procureur du roi.

183. Les premières opérations, celles qui sont du ressort de la police judiciaire, étant terminées, il peut rester au juge de paix des obligations à remplir pour la conservation des intérêts civils.

Si la personne homicidée n'est pas de la commune où son cadavre est trouvé, le juge de paix devrait transmettre de suite à l'officier de l'état civil les renseignemens qu'il aura pu recueillir sur les prénoms, nom, âge, profession, lieu de naissance, filiation et domicile de la personne décédée, pour la rédaction de l'acte de décès (3).

De plus, et dans tous les cas, si les héritiers sont mineurs ou absens, ou enfin si les intérêts de tiers l'exigeaient, le juge de paix devrait apposer les scellés sur les meubles, effets, papiers, etc., de la personne homicidée (4). Cette apposition de scellés est constatée par un procès-verbal spécial (5), dont il est fait mention au procès-verbal de constat.

---

(1) *V.* no 54.

(2) *V.* no 55.

(3) *V.* art. 81, 82 du *Cod. civ.*

(4) *V.* art. 907 et suiv. du *Cod. de procéd. civ.*
De même, dans le cas où un particulier est arrêté, en vertu d'un mandat d'amener ou de dépôt, et que ses meubles et effets se trouvent à la merci de ses domestiques, ou sans gardiens, il convient d'y apposer les scellés.
Il n'y a pas à s'occuper de ces mesures conservatoires, lorsque la personne intéressée a confié à quelqu'un le soin de ses affaires.

(5) *V.* art. 914 et suiv. du *Cod. de procéd. civ.* — Formule de procès-verbal de constat ci-dessus.

CHAPITRE VI.

DE L'INFORMATION SUR FLAGRANT DÉLIT.

184. Il y a des crimes dont le corps de délit ne peut se constater, ni par le procès-verbal du juge, ni par le rapport des experts, soit parce que ces crimes n'ont pas laissé de traces après eux, soit parce que les traces qu'ils ont laisssées ont dépéri ou cessé d'exister par les manœuvres de l'auteur même du crime, lequel a eu soin d'en dérober la connaissance, en les faisant disparaître. Alors, comme il est de l'intérêt public que les crimes ne demeurent point impunis, la preuve du corps du délit peut être suppléée et s'acquérir par une information.

Dans tous les cas, le procès-verbal de constat ne peut contenir que la description ou le récit des faits qui tombent sous les sens extérieurs lors de la descente de justice, et l'information est indispensable pour compléter les documens que renferme le procès-verbal de constat, pour faire connaître les coupables, la date, le mode de l'accomplissement du fait, et ses circonstances immatérielles.

185. Aussi, il entre, comme nous l'avons écrit précédemment (1), dans les attributions du juge de paix qui constate un flagrant délit, à titre d'officier de police auxiliaire, de recevoir les déclarations des personnes qui auraient été présentes ; il peut encore, à cet effet, appeler à son procès-verbal les parens (2), domestiques ou voisins présumés en état de fournir des éclaircissemens sur le fait.

Mais le juge de paix, en ce cas, n'a pas le droit de citer à comparaître devant lui des personnes qui ne se trouveraient pas sur les lieux, ou qui ne s'y présenteraient pas volontairement; ce droit est réservé au juge d'instruction, ou à son délégué.

Il n'y a d'exception que pour les parens, domestiques ou voisins.

Encore, d'après l'interprétation donnée à l'expression *voisins* par M. Levasseur (3), il ne faudrait comprendre sous cette dénomination que les personnes qui se trouvent sur le lieu même du délit, ou tout au plus dans la même maison.

Mais, selon nous, c'est trop restreindre le sens du mot *voisins*, que de ne comprendre sous cette qualification que les habitans de la maison où le crime aurait été commis. En rigueur, cela se concevrait pour Paris et les grandes villes ; mais à la campagne et dans les petites villes, où chaque famille occupe une maison tout entière, l'on ne peut évidemment trouver de voisins qu'au dehors; alors, les *voisins* sont donc les habitans des maisons voisines, des maisons les plus rapprochées :

(1) *V.* nos 47, 174. — Art. 32 du *Cod. d'Inst. crim.*

(2) Il y a ici dérogation formelle aux dispositions des art. 156 et 322 du Code d'Instruction criminelle.

(3) *V. Manuel des Juges de paix*, p. 229.

en un mot, la valeur du terme *voisins*, dont la loi s'est servie, est relative et n'est nullement absolue.

186. Le juge de paix peut retenir les personnes trouvées sur les lieux (1) : chaque citoyen doit à la justice le tribut de ses connaissances sur ce qui intéresse la société.

187. Quant aux parens, domestiques ou voisins qu'il n'aurait pas trouvés sur les lieux, il peut les faire appeler devant lui par un simple avertissement, et, en cas de mauvaise volonté ou de résistance de leur part, les faire citer à comparaître, par l'huissier qui l'accompagne, ou par un agent de la force publique (2).

188. Le juge de paix entendra les personnes lésées, si elles n'ont pas encore porté plainte, ou si elles ont de nouvelles explications à fournir.

Il recherchera, et entendra dans leurs déclarations, surtout les personnes qui, dans des instans rapprochés du délit, auraient rencontré ou vu rôder le prévenu dans les lieux où le délit a été commis.

Il appellera, et entendra dans leurs déclarations, les personnes qui pourraient déposer de la possession qu'aurait eue, de l'usage qu'aurait fait le prévenu des objets saisis comme pièces de conviction; celles de qui il les aurait tenus; celles qui les auraient vus entre ses mains, peu d'instans avant le délit.

Il recueillera des hommes de la force publique qui ont été appelés sur les lieux, ou qui ont concouru à l'arrestation, ou de toutes autres personnes, les aveux ou discours suspects qui seraient échappés au prévenu, sur le

(1) *V.* art. 34 du *Cod. d'Inst. crim.* — No 140.
(2) *V.* nos 119, 125. — Art. 105 du *Code* du 3 brumaire an IV.

lieu du délit, lors de son arrestation, ou depuis, n'importe en quel endroit.

Il se fera donner par les plaignans, dénonciateurs ou témoins, et il consignera dans l'information, le signalement exact et détaillé de la personne et des vêtemens des inculpés non arrêtés, afin de faciliter leur recherche, et de donner plus de poids à la reconnaissance ultérieure des inculpés par ces diverses personnes.

Enfin, il fera en sorte d'obtenir, de reconnaître, et il consignera soigneusement tous les indices, tous les renseignemens relatifs à la passion ou à l'intérêt qui auraient déterminé à commettre le crime.

189. Le juge de paix doit tout d'abord s'informer des relations des témoins soit avec la personne qui est victime du crime, soit avec celle qui est présumée en être l'auteur (1).

Il doit engager les témoins à lui donner les renseignemens les plus développés et les plus détaillés ; à déclarer par quelle voie la connaissance du fait et des circonstances leur est parvenue ; à indiquer s'ils ont été à portée de bien apercevoir tous les actes qui se sont passés, et s'ils ont été dégagés de toute illusion des sens par l'organe desquels ils s'en sont aperçus (2).

Il doit montrer au témoin soit les contradictions qui pourraient se trouver entre sa déposition et celle des autres témoins, soit la désharmonie de ses indications sur le fait et les circonstances, et exiger de lui une déposition réitérée et plus claire (3).

Les témoins doivent déposer sommairement, d'après

(1) *V*. n° 289.
(2) *V*. n° 291.
(3) *V*. n° 292.

l'ordre de leurs idées ; le juge de paix doit s'abstenir de leur poser des questions sur le fait, et de préparer par cela non seulement le résultat de leurs dépositions, mais aussi la concordance entre les dépositions respectives. Il ne s'agit ici que de la vérité, qui n'a pas besoin de secours étrangers pour éclater (1).

Le procès-verbal doit contenir les propres expressions du témoin, afin que tout tiers puisse concevoir cette déposition de la même manière que l'officier qui a procédé à l'information, et afin que toute falsification involontaire des pensées du témoin soit prévenue (2).

190. Les déclarations de ces témoins du fait et de ses circonstances, qui auront puissamment aidé les recherches du juge de paix, ou qui les auront complétées, ne doivent point être consignées dans son procès-verbal de constat, mais dans un acte spécial et séparé (3).

191. Il est à observer que les témoins doivent faire leurs déclarations séparément, hors de la présence du prévenu, devant le juge de paix et son greffier seuls (4).

192. Au reste, ces témoins sont entendus de la manière la plus expéditive.

La célérité que le juge de paix doit apporter dans cette première partie de l'instruction ne lui permettant pas de remplir exactement toutes les formalités des informations ordinaires, il se borne à recevoir des *déclarations*, sauf ensuite au juge d'instruction à faire *déposer* les

(1) *V.* nos 292, 293.
(2) *V.* no 296.
(3) *V.* nos 174, 312, 313, 314.
(4) *V.* art. 73 du *Cod. d'Inst. crim.* — Nos 282, 283, 284.

mêmes témoins par devant lui, ou sur commission rogatoire, suivant qu'il le jugera nécessaire.

Lors que le juge de paix constate le flagrant délit, il
ne s'agit encore que de recueillir de simples renseignemens, d'autant plus précieux néanmoins qu'ils sont donnés par des témoins encore frappés de ce qui vient de se
passer et qu'aucune suggestion n'a pu atteindre, enfin,
envers lesquels on prend des assurances qu'ils ne trahi-
ront pas plus tard la vérité, à la découverte de laquelle
ils auront eu les moyens de contribuer.

Ces déclarations n'ayant pour objet que d'obtenir les
premiers éclaircissemens sur les faits, et de faciliter les
recherches de l'officier de police judiciaire, elles peuvent
être exigées des parens, domestiques et voisins, en un
mot de tous les témoins, sans qu'il soit besoin de leur
faire prêter serment, la loi ne les y assujétissant pas, en se
servant du mot *déclarations*, qui exprime un témoignage
non assermenté.

Cependant M. Levasseur (1) enseigne qu'il faut remplir à cet égard toutes les formalités prescrites pour
l'audition des témoins, et notamment leur faire prêter
serment.

C'est évidemment une inadvertance de l'auteur. Le juge
de paix remplaçant le procureur du roi ne reçoit, comme
lui, que de simples *déclarations*, et non pas des *dépositions* proprement dites, que le juge d'instruction seul, ou
l'officier par lui commis, a le droit de recevoir ; M. Levasseur semble le reconnaître lui-même, puisqu'à l'alinéa
suivant de la même page, il écrit : qu'il ne s'agit point ici
de *témoignages ;* et à la page suivante : qu'il n'est pas
nécessaire, en conséquence, d'observer les formes des
dépositions.

_____

(1) *V. Manuel des Juges de paix*, p. 228.

M. de Molènes (1) enseigne que les officiers de police auxiliaires peuvent et doivent faire prêter serment aux témoins, s'ils procèdent en cas de flagrant délit, non hors ce cas. Cette distinction, fondée sur des raisonnemens laborieux, nous paraît paradoxale.

193. Les témoins signeront leurs déclarations, après lecture, et en cas d'impossibilité ou de refus, il en sera fait mention (2).

Le juge de paix et son greffier signent aussi la déclaration de chaque témoin, et de plus ils doivent signer le cahier d'information au bas de chaque page (3).

Il ne doit pas être fait d'interlignes. Les ratures et renvois seront approuvés (4).

Ces formalités ne doivent pas être négligées; car les personnes qui auraient fait leurs déclarations, et qui ne les auraient pas signées, pourraient varier dans la suite, et exténuer, par ce moyen, les preuves que l'on prétendrait faire résulter de leurs premiers témoignages (5).

194. Les témoins entendus dans le cas de flagrant délit, bien que n'étant pas assignés, le plus ordinairement, et quoique comparaissant sur un simple avertissement, ont droit à la taxe de comparution, qui doit leur être accordée, *s'ils la réclament.* Ils peuvent se prévaloir des dispositions de l'article 82 du Code d'Instruction criminelle, et prétendre à un juste dédommagement pour l'abandon de leurs occupations habituelles, et pour la perte de leur temps (6).

(1) *Des Fonctions d'Officiers de police judiciaire,* p. 27.
(2) *V.* art. 33, 76, du *Cod. d'Inst. crim.* — N° 302.
(3) *V.* art. 53, 76 du *Cod. d'Inst. crim.* — N°s 302, 309.
(4) *V.* art. 78 du *Cod. d'Inst. crim.* — N° 310.
(5) *V.* CARNOT, *de l'Inst. crim.,* t. I, p. 234.
(6) *V.* art. 82 du *Cod. d'Inst. crim.* — N°s 263, 306, 339.

Mais, dans la pratique, il est rare que l'indemnité soit réclamée et que le juge de paix ait à taxer des témoins pour quelques instans qu'ils ont perdus.

195. Plus loin, nous développerons davantage les règles à suivre pour l'audition des témoins et pour la rédaction du procès-verbal d'information; nous croyons devoir nous abstenir d'y insister ici, et nous préférons renvoyer à notre Chapitre X, toutes les règles tracées dans ce Chapitre étant applicables au cas de flagrant délit, à cela près seulement de ce qui a rapport à la citation et au serment des témoins.

Mais, comme le cadre de l'information sur flagrant délit est plus simple que celui de l'information sur commission rogatoire, il ne sera pas superflu d'en donner un modèle.

Les déclarations dont parle l'article 32 du Code d'Instruction criminelle se reçoivent en la forme suivante :

L'an   , le   , heure   ,

Nous (1)   , juge de paix du canton de   , arrondissement de   , département de   , officier de police judiciaire auxiliaire de M. le procureur du roi, étant assisté de   (2), notre greffier (3), et procédant en cas de de flagrant délit, par suite de notre procès-verbal de ce jour,

Avons fait comparaître devant nous à   , en la maison de   , où nous nous sommes transporté, les personnes ci-après nommées, à nous indiquées comme

(1) Prénoms et nom.
(2) Prénoms et nom.
(3) *Ou* de (prénoms, nom) à qui nous avons confié temporairement les fonctions de greffier, qu'il a juré de bien et fidèlement remplir, par serment prêté entre nos mains. *V*. nᵒˢ 63, 286.

pouvant donner des renseignemens sur   (1); elles nous ont fait successivement, et séparément les unes des autres, hors de la présence du prévenu, les déclarations suivantes :

1° Jean Antoine, âgé de   , marchand de drap, demeurant à   , non domestique, parent ni allié du prévenu (2),

Déclare : Je... (3).

Représentation faite du prévenu (4), avec interpellation de..., il déclare : Je...

A déposé entre nos mains, tels objets (5).

Lecture faite, a persisté et a signé avec nous et notre greffier (6).

Signatures.

2° —

3° —

Fait et clos à   , le   , et nous avons signé avec notre greffier (7).

Signatures.

(1) Spécifier la nature du crime.

(2) En cas de parenté ou d'alliance, on fait connaître le degré.

S'il y a partie civile en cause, on exprime les rapports du témoin avec cette partie.

(3) *V.* n° 296.

(4) *Ou* de telles pièces de conviction.

(5) La pièce déposée devrait être décrite et scellée. *V.* n°s 157, 158. Si c'était un écrit, le témoin devrait le signer et parapher à toutes les pages avec le juge et le greffier, ou du moins il serait interpellé de le faire. *V.* n° 158.

(6) *Ou* a déclaré ne pouvoir, ne savoir, ou ne vouloir signer, de ce requis, et nous avons signé avec notre greffier.

(7) Cette clôture s'établit au-dessous de la signature de la dernière déposition.

Elle n'est pas rigoureusement nécessaire.

CHAPITRE VII.

===

DE L'INTERROGATOIRE.

196. Il arrive le plus ordinairement que le juge de paix qui s'est transporté pour constater un flagrant délit découvre l'auteur présumable du crime et ses complices, s'il en a, soit parce qu'ils lui auront été désignés par la dénonciation, par la plainte, par la clameur publique, ou autrement, soit parce que les opérations entreprises pour constater le corps du délit, le rapprochement des circonstances, la réunion des pièces de conviction, les renseignemens recueillis, les lui auront fait connaître.

C'est parce qu'il est possible que l'auteur du crime se rencontre et vienne à être découvert parmi les personnes qui ont été trouvées sur les lieux, autant que pour prévenir la disparition des témoins et tout concert entre eux, que l'officier de police judiciaire est autorisé par l'article 34 du Code d'Instruction criminelle à défendre que qui que ce soit sorte de la maison ou s'éloigne du lieu, jusqu'après la clôture du procès-verbal (1).

(1) *V.* nº 140.

Nous avons déjà eu occasion de rappeler (1) que d'après les termes de l'article 40 du Code d'Instruction criminelle, au cas de flagrant délit, et si le fait est de nature à entraîner une peine afflictive ou infamante, l'officier de police judiciaire doit faire saisir les prévenus présens, contre lesquels il existerait des indices graves; et que, si le prévenu n'est pas présent, il y a lieu alors de décerner contre lui un mandat d'amener, en remarquant toutefois que la dénonciation seule ne constitue pas une présomption suffisante pour décerner ce mandat contre un individu ayant domicile (2).

Le même article 40 veut que l'officier de police judiciaire interroge sur-le-champ le prévenu saisi ou amené devant lui. Il est très important d'accélérer ce premier interrogatoire, pour mettre le prévenu dans le cas de se justifier sur-le-champ, s'il est innocent, et pour ne pas lui laisser le temps ni la faculté de combiner un système de dissimulation et de mensonge, de préparer une défense artificieuse, ou de se concerter avec ses complices, s'il est coupable.

197. Mais quelles sont les règles, quelle est la forme de l'interrogatoire ?

L'ordonnance du mois d'août 1670, régulatrice des procédures criminelles dans notre ancien droit, avait un titre spécial sur les interrogatoires des accusés.

Dans le système actuel d'instruction criminelle, les interrogatoires des prévenus ne sont sujets à aucune formalité : la loi a cru devoir en laisser la forme à l'arbitraire des officiers et magistrats.

Cependant cet acte est fort important; et, de peur que,

(1) *V.* nos 144, 147.
(2) *V.* néanmoins, no 55.

dans le silence du Code d'Instruction criminelle sur cette matière, les juges de paix, pour qui nous écrivons, ne viennent à s'égarer, nous rapporterons à cet égard les préceptes des criminalistes, et nous retracerons les règles qui découlent de l'ordonnance de 1670, à laquelle, sur ce point, renvoient nos auteurs.

198. Chaque affaire, comme chaque prévenu, a, pour ainsi dire, une physionomie particulière, dont il faut bien se pénétrer pour interroger avec fruit.

199. L'officier de police judiciaire chargé de procéder à un interrogatoire ne doit en remettre le soin à personne : les questions doivent être faites par lui (1) ; le ministère du greffier se borne à recueillir, sous sa dictée, les demandes et les réponses qui y sont faites.

200. Il ne doit permettre que le prévenu soit assisté d'aucun conseil : le prévenu, de quelque qualité qu'il soit, doit répondre par lui-même, de vive voix.

Néanmoins, les étrangers, et tous ceux qui n'entendent pas la langue française, peuvent répondre par un interprète assermenté (2).

---

(1) Il doit même empêcher que qui ce soit n'adresse des questions au prévenu, avant l'interrogatoire, comme les hommes de la force publique et des personnes attirées par l'événement ont quelquefois l'indiscrétion de le faire. Ces questions ont le double inconvénient de dévoiler des faits qui doivent être tenus secrets, et de mettre le prévenu sur la voie des questions qui peuvent lui être adressées par le juge, ce qui le prépare à y répondre d'une manière évasive ou mensongère.

(2) *V.* art. 332 du *Cod. d'Inst. crim.*

Il faudrait employer un interprète, si le prévenu, bien que Français, ne parlait qu'un patois ou idiome local trop distinct de la langue française pour être bien compris généralement sans une traduction.

On ne doit jamais prendre l'interprète parmi les témoins nécessaires pour

Les sourds-muets peuvent répondre par écrit, ou par un interprète de leurs signes, également assermenté (1).

201. S'il y a plusieurs prévenus, chacun d'eux doit être interrogé séparément (2). On empêchera qu'ils ne se parlent et qu'ils ne puissent concerter leurs réponses.

Toutefois le juge instructeur peut, et doit même souvent, pour la recherche et la manifestation de la vérité, les confronter les uns aux autres.

202. La partie publique ni la partie civile ne peuvent assister à l'interrogatoire.

Si cela arrivait, le prévenu pourrait se prévaloir de cette circonstance pour soutenir qu'il aurait été intimidé, gêné dans ses réponses, forcé à des aveux, ou entraîné à des contradictions (3).

203. L'ordonnance de 1670 prescrivait que l'accusé prêtât serment avant d'être interrogé, et qu'il en fût fait mention, à peine de nullité. Cette disposition n'avait été conservée dans l'ordonnance qu'après de vives discussions; la pratique et l'usage avaient là-dessus prévalu sur la raison, qui ne permet pas qu'un homme soit placé entre le cri de sa conscience, entre un parjure, et le sentiment de sa liberté ou de sa conservation. Cette formalité inhumaine et immorale a été heureusement écartée

constater les faits; parce que l'interprète ne peut ensuite être entendu comme témoin aux débats du jugement, d'après l'art. 332 du Cod. d'Inst. crim.

(1) *V.* art. 333 du *Cod. d'Inst. crim.*

(2) Il convient d'interroger, le premier, celui des prévenus dont on croit voir plus facilement tirer la vérité.

(3) En ce qui concerne la partie publique, il faut distinguer les cas de flagrant délit, dans lesquels le procureur du roi pourrait lui-même interroger, de ceux où le juge de paix opère par délégation du juge d'instruction, ou d'un autre magistrat supérieur.

de notre procédure criminelle par l'article 12 de la loi des 8 et 9 octobre 1789 (1).

204. Le juge de paix interrogera d'abord le prévenu sur ses prénoms, nom, âge (2), état, profession, demeure, lieu de naissance (3), et, au besoin, sur tout ce qui tend à éclairer sa qualité et sa réputation, par exemple, à faire connaître s'il a déjà été poursuivi et condamné (4).

Le prévenu sera interrogé, suivant les circonstances, s'il connaît la cause pour laquelle il a été arrêté; s'il sait que tel crime a été commis; sur la manière dont il l'a appris; sur ce qu'il en sait; sur l'emploi de son temps à l'époque, au jour et à l'heure de l'exécution du crime; sur la part qu'il y aurait prise comme auteur ou comme complice, etc. On vérifiera sur-le-champ ses réponses (5).

Si le prévenu nie avoir la moindre connaissance du crime ou de son auteur, on lui représentera que *tels* soupçons pèsent sur lui, d'une manière générale, c'est-à-dire sans lui faire connaître les noms des témoins qui déposent contre lui, ni leurs dépositions.

(1) Ce serait un abus de pouvoir que d'exiger qu'un prévenu prêtât serment lors de son interrogatoire. *V.* Arr. cass. du 12 messidor an XI.

(2) On se fera représenter, s'il est possible, et l'on annexera aux pièces l'acte de naissance, dans le cas où le prévenu se donnerait moins de seize ans ou plus de soixante-dix ans. *V.* no 14.

Ou du moins on insisterait pour connaître le temps et le lieu précis de la naissance, afin de faciliter la recherche de l'acte de naissance.

On prendrait des renseignemens sur les mêmes points, auprès des personnes qui pourraient en fournir.

(3) Si le prévenu refusait de décliner son nom et sa qualité, il y aurait lieu de rédiger un procès-verbal d'identité, avec assistance de deux témoins.

(4) *V.* no 23.

(5) Si le prévenu refusait de répondre, il en serait fait mention, et l'interrogatoire serait momentanément suspendu.

Si le prévenu exprimait les motifs de son refus de répondre à une question ou à toutes les questions de l'interrogatoire, sa déclaration devrait être consignée au procès-verbal d'interrogatoire.

205. L'interrogatoire adressé au prévenu ne doit pas porter sur des faits étrangers à la prévention de crime dont il est l'objet, ni à la fois sur plusieurs circonstances ou sur plusieurs faits réunis : le prévenu ne doit être ni exposé à se tromper, ni aidé à deviner l'intention du juge, pour y approprier un système de défense qui lui assure l'impunité.

Il faut éviter les questions complexes : toutes les questions adressées au prévenu doivent être claires, précises, sans équivoque.

206. On ne doit point arracher des aveux en promettant de l'indulgence ou une modération de peine (1).

207. Que le juge de paix ait toujours devant les yeux que ce n'est pas déterminément un coupable qu'il doit chercher dans le prévenu, mais la vérité du fait de son innocence ou de son crime.

Qu'il se rappelle sans cesse que ce n'est point par des moyens captieux que la loi charge les magistrats de rechercher les coupables, de les atteindre ; et que, si la présence d'esprit, l'adresse, sont des qualités importantes dans le juge qui interroge, la ruse et la surprise dégraderaient la dignité de son caractère.

208. Il ne faut pas confondre cependant avec les questions captieuses, les exhortations, les représentations qui, faites avec prudence, pourraient disposer ou décider à un aveu.

Le juge peut inviter le prévenu à confesser la vérité, il doit même l'en presser ; et lorsqu'il a des indices,

---

(1) *V.* néanmoins, pour cas exceptionnels, les art. 108 et 138 du Code pénal.

lorsque le prévenu se contredit, il doit le lui faire remarquer, pour tâcher d'obtenir de lui des aveux et des
détails.

Mais on ne doit employer ni menaces, ni contrainte,
ni violences envers un prévenu pour extorquer un aveu.
Il ne faut pourtant pas confondre avec cette défense
d'user de moyens coercitifs, le droit de réprimander soit
le refus obstiné du prévenu de répondre à des questions, soit les mensonges qui sont à découvert.

Au reste, si le prévenu adopte, pour s'y renfermer,
un système de mensonges et de dénégations, rédigez
d'abord fidèlement son plan; démontrez lui ensuite clairement la fausseté des points sur lesquels il se fonde, en
lui faisant des représentations circonspectes, et il se trouvera réduit à dire la vérité.

209. La confrontation du prévenu avec ses complices, avec la partie lésée ou les témoins; la représentation
qui lui sera faite des pièces de conviction, sur lesquelles
il sera interpellé de s'expliquer, et qu'il sera requis de
signer et parapher, ou dont il aura à signer et parapher
les enveloppes, si cela n'a été fait au moment où l'on
a constaté le délit, auront souvent d'utiles résultats.

210. Les explications essentielles, les aveux, seront
consignés soigneusement.

Le juge de paix ne doit pas se contenter d'un *aveu
général :* il faut qu'il en recherche avec soin les raisons
et les causes, et qu'il tâche de recueillir, par des questions sagement posées, toutes les circonstances spéciales
du fait sur lequel l'aveu est fondé (1).

_____

(1) Quoique l'aveu du prévenu serve à le convaincre du crime, néanmoins,
quand on peut avoir la preuve du crime par des dépositions de témoins ou

Quand le prévenu a fait un aveu, il faut que cet aveu soit rédigé en termes précis, clairs, affirmatifs; s'il y a rétractation, il en sera fait mention ainsi que des motifs.

211. Si le prévenu a dû avoir des complices, la demande lui en sera faite, en termes généraux, et sans indication des personnes, ses réponses en général ne devant pas être suggérées, et encore moins alors qu'elles constitueraient une dénonciation.

Quand les complices désignés par un prévenu ne sont pas arrêtés, que leurs noms et demeures ne sont pas connus d'une manière certaine, on se fait donner par lui, et l'on consigne dans ses interrogatoires, le signalement de leurs personnes et de leurs vêtemens, l'indication des lieux qu'ils fréquentent, des individus avec lesquels ils sont en relation, et, dans tous les cas, le détail circonstancié de la part qu'ils ont prise au crime.

Au reste, ce n'est pas assez encore que le prévenu ait fait la déclaration de ses complices sans suggestion, spontanément, librement et avec précision, pour que l'on doive attacher de l'importance aux désignations qu'il a données : il faut examiner la moralité des personnes désignées, les motifs de haine, de passion ou de vengeance qui auraient déterminé le prévenu, auquel on ne peut ajouter foi avec sécurité qu'autant qu'on a acquis des preuves de sa sincérité, par la vérification des circonstances qu'il

par tous autres moyens indépendamment de l'aveu, il faut entendre les témoins, ou réunir les autres élémens de preuves, parce qu'il est possible que l'aveu soit rétracté, et que d'ailleurs c'est une maxime générale, en matière criminelle, que le juge, pour le bien de la justice, doit mettre en usage toutes les preuves qu'il peut avoir au procès. Ainsi, en matière de faux, l'aveu ne dispenserait pas de la vérification des écritures par experts; en matière d'empoisonnement, l'aveu ne dispenserait pas de rechercher le poison, d'en constater l'existence, et d'en faire reconnaître les effets par les médecins, etc.

a indiquées, ou par la mauvaise réputation des complices dénoncés, et par l'absence de toute réponse plausible de la part de ceux-ci pour repousser les inculpations dirigées contre eux.

212. La vérité et la justice étant le but de toute instruction criminelle, le juge de paix doit rédiger exactement les circonstances que le prévenu allègue en sa faveur, entendre les témoins qu'il indique à sa décharge, et rassembler toutes les autres preuves de l'innocence, afin qu'elles ne dépérissent pas, et que le prévenu ne soit pas exposé, par leur perte, à un combat inégal.

Tels sont l'alibi ; l'allégation de n'avoir jamais eu le costume, les instrumens, les armes, etc., que l'on a remarqués en la possession du coupable, ou de les avoir perdus, un ou plusieurs jours avant le crime ; la méprise des noms ou des personnes, à raison des ressemblances ; l'indication du véritable auteur du fait, avec offre de preuve ; l'allégation d'être venu sur les lieux pour mettre la paix ou pour défendre la victime ; le consentement de la personne lésée ; l'existence de la personne prétendue assassinée ; la bonne foi de la détention d'un objet volé ; la prétention que la chose volée n'a pas existé en la possession du plaignant, qu'elle avait seulement été égarée et a été retrouvée par le propriétaire ; l'obéissance à des ordres légitimes, la légitime défense, la démence au temps de l'action, etc. (1).

Les officiers de police judiciaire, dont la compétence est bornée, doivent recueillir au moins des indications, des élémens pour la procédure à édifier par le juge

_____

(1) *V.* art. 444 du *Cod. d'Inst. crim.* — Art. 64, 114, 190, 321 à 329 du *Cod. pén.*

d'instruction, à l'égard de tout ce qu'ils ne peuvent vérifier par eux-mêmes.

Quoique le procès-verbal dressé sur l'interrogatoire ne serve que de simple renseignement, quoique le juge d'instruction puisse le refaire, le juge de paix ne devrait cependant rien négliger pour donner à l'interrogatoire toute la rectitude, la régularité, la clarté, et toute l'étendue dont il est susceptible. Autrement, si le prévenu changeait plus tard ses déclarations, on n'aurait rien de démonstratif ou de sûr pour le convaincre de mensonge.

213. Le juge de paix devra mentionner dans son procès-verbal l'état du prévenu au moment de l'interrogatoire : s'il jouissait d'une entière liberté d'esprit ; s'il n'était point insensé, furieux ou ivre ; sa contenance plus ou moins ferme ; la conduite qu'il a tenue ; le trouble et les mouvemens de l'âme ; les changemens du visage, de la voix, l'embarras ou l'hésitation à répondre, qu'il aura observés.

214. Le juge doit toujours conserver le calme et la modération en présence du prévenu ; sa conduite pendant l'interrogatoire ne doit respirer ni la dureté ni la sensibilité ; elle doit être celle d'un homme impartial qui ne considère que son ministère et ses devoirs. Il ne doit pas regarder cet acte comme un moyen de faire briller son talent ; il ne doit ni faire éclater sa joie, si ses hypothèses se confirment, ni s'emporter s'il les trouve contredites ou infirmées par le prévenu.

215. Il faut faire mention complète des questions adressées au prévenu, et rendre ses réponses textuellement, dans ses propres termes, telles qu'il les a faites.

Le juge ne doit pas plus se permettre de les modifier, de les traduire, que de les suggérer. C'est ce qu'a pensé le prévenu, ce sont ses déclarations, ses aveux, ses dénégations, ses doutes, ses hésitations, ses tergiversations, ses contradictions, ses retours sur lui-même, qu'il importe de recueillir et de conserver; et une froide analyse de ses réponses serait loin d'atteindre ce but.

Bien que nous recommandions de ne pas traduire les réponses du prévenu, ce n'est pas à dire pourtant que l'on doive s'astreindre à conserver les locutions d'un idiôme local, les termes de patois (1), ou les incorrections de langage qu'elles contiendraient. Il est entendu que c'est particulièrement à la pensée que l'on doit s'attacher, en ne s'écartant de l'expression que le moins possible.

216. La rédaction de l'interrogatoire doit être précise, claire, lisible, sans interlignes (2).

217. Lecture doit être donnée au prévenu de son interrogatoire, et il doit lui être demandé s'il persiste dans ses réponses, s'il veut y ajouter ou modifier quelque chose. Si le prévenu veut y faire quelque changement, il en sera fait mention à la suite de l'interrogatoire (4).

Avant la signature, les mots rayés sont comptés et rejetés. Les renvois sont approuvés et signés par le prévenu,

---

(1) Encore vaudrait-il mieux conserver les mots de patois dont le sens ne pourrait pas être très exactement et très fidèlement rendu en meilleurs termes, de même que les expressions auxquelles le prévenu attacherait une acception spéciale, sauf à souligner, et à donner la traduction entre parenthèses, afin de laisser entières les explications à fournir ultérieurement par le prévenu ou contradictoirement avec lui.

(2) Argument de l'art. 78, du *Cod. d'Inst. crim.*

(3) *V.* art. 76, *Ibid.*

par le juge et par le greffier, ainsi que l'interrogatoire lui-même (1).

Si le prévenu ne sait, ne peut ou ne veut signer, il en est fait mention.

218. L'ordonnance de 1670 exigeait que l'interrogatoire fût coté et paraphé par le juge, à toutes les pages.

Cette formalité qui fut introduite dans l'intérêt des prévenus, qu'elle avait pour but de garantir contre toute interpolation d'écritures, n'est pas prescrite par le Code d'Instruction criminelle, qui ne s'est point occupé de la forme des interrogatoires, et elle n'est pas suivie dans la pratique : l'on se borne généralement à signer le procès-verbal d'interrogatoire avec le prévenu et le greffier.

Quant à nous cependant, nous sommes dans l'usage de signer l'interrogatoire, avec le greffier, au bas de chaque page, par analogie de ce qui est prescrit pour les informations, par la dernière disposition de l'article 76 du Code d'Instruction criminelle. L'identité des motifs nous semble devoir entraîner l'identité des formes.

M. Carré (2) enseigne que l'interrogatoire doit être signé du prévenu et des personnes qui y auront assisté. Ces expressions un peu vagues contiendraient une erreur, si l'on devait en induire que l'auteur entendît parler d'autres personnes que du juge et du greffier (3).

219. Pour plus de commodité, et afin de pouvoir insérer dans les interrogatoires les interpellations et les réponses au fur et à mesure de l'instruction, on rédige chaque interrogatoire sur un cahier séparé (4).

---

(1) *V.* n° 310.
(2) *V.* CARRÉ, *Droit français...*, t. IV, p. 346.
(3) *V.* n°s 200, 201, 202.
(4) *V.* art. 65 du *Code* du 3 brumaire an IV. — Art. 341 du *Cod. d'Inst. crim.*

220. L'interrogatoire peut être fait à diverses reprises, dans une même séance ou en plusieurs. Il est clos à la fin de chaque séance.

221. Il peut être répété autant de fois que cela est jugé convenable.

L'interrogatoire devrait surtout être réitéré si on avait oublié d'interroger sur quelque fait important, ou s'il était survenu de nouvelles charges depuis le dernier interrogatoire : le prévenu devrait être mis à même de s'expliquer.

222. L'inculpé pourrait-il demander, au commencement de chaque séance, la lecture de ce qu'il a répondu dans la précédente ? On ne l'estime pas.

223. Au surplus, voici la formule ordinaire d'un interrogatoire :

L'an   , le   , heure   (1),

Nous (2)   , juge de paix du canton de   , arrondissement de   , département de   , officier de police judiciaire auxiliaire de M. le procureur du roi, assisté de (3), notre greffier (4),

Etant à   , et procédant en cas de flagrant délit, par suite de notre procès-verbal de ce jour (5),

(1) Du matin ou du soir.

(2) Prénoms et nom.

(3) Prénoms et nom.

(4) *Ou de* N..., que nous avons pris temporairement pour greffier, à cause d'empêchement de notre greffier ordinaire, et auquel nous avons fait prêter serment de bien et fidèlement remplir ces fonctions.

(5) *Ou* procédant sur la réquisition de N.   , chef de maison. *V.* chap. VIII.

Ou procédant en vertu de la commission rogatoire de M.   , juge d'instruction de   , en date du... *V.* nos 59, 313.

Dans ce dernier cas, on n'exprime pas la qualité d'officier de police auxiliaire du procureur du roi, mais seulement d'officier de police judiciaire.

Avons fait subir l'interrogatoire suivant au dénommé ci-après, prévenu de... (1), trouvé et arrêté sur les lieux (2) :

DEMANDE : Quels sont vos prénoms, nom, âge, état (3), profession, domicile et lieu de naissance ?

RÉPONSE :

D.

R. Je...

Lecture faite, a persisté, et a signé avec nous et notre greffier (4).

Rejeté *tant* de mots rayés. Approuvé... (5).

Signatures.

224. Dans le cas où l'interrogatoire serait continué après une première clôture, on demande de nouveau au prévenu ses prénoms, nom, etc., pour constater son identité, et l'on commence ainsi la reprise du procès-verbal :

Et reprenant l'interrogatoire ci-dessus (6), nous juge de paix susdit, assisté comme dit est, avons fait les questions et retenu les réponses qui suivent :

D. Quels sont vos prénoms, nom, etc.

R.

Représentation faite au prévenu de tels objets...,

(1) Déterminer le fait succinctement.

(2) *Ou* se présentant volontairement, *ou* conduit devant nous en vertu de notre mandat d'amener du...

(3) Suivant le cas, on demande au prévenu s'il est célibataire, marié ou veuf; s'il a des enfans; s'il sait lire et écrire. Ces renseignemens sont utiles au procureur du roi.

(4) *Ou* a déclaré ne savoir, *ou* ne pouvoir, *ou* ne vouloir signer, de ce requis, et nous avons signé avec notre greffier.

(5) *V.* n° 217.

(6) *Ou* de l'autre part.

Il est entendu que cet interrogatoire est écrit à la suite du précédent.

avec interpellation d'expliquer..., le prévenu a répondu : Je...

Lecture faite..., etc. (1).

225. Que deviendra le prévenu après son interrogatoire ?

M. Carnot (2) estime que, dans tous les cas, il devra être gardé sous la main de justice, en état de mandat d'amener, conformément à l'article 45 du Code d'Instruction criminelle ; qu'il n'appartient pas à l'officier de police auxiliaire, ni même au procureur du roi, de le relaxer.

M. Bourguignon (3), dont l'opinion a été adoptée par d'autres auteurs, nous semble mieux interpréter la loi, en enseignant que l'article 45 du Code d'Instruction criminelle n'a pour but que d'exprimer la prohibition de convertir le mandat d'amener en mandat de dépôt, ce qui n'appartient qu'au juge d'instruction ; mais que, si les circonstances qui ont provoqué l'arrestation s'évanouissent ; s'il est reconnu qu'il n'existe ni crime ni délit ; enfin, si les indices qui s'élevaient contre le prévenu sont entièrement dissipés, l'état d'arrestation provisoire doit cesser, et le prévenu doit être laissé en liberté (4).

Les officiers de police judiciaire ne doivent être ni plus sévères ni plus indulgens que la loi ; ils ne doivent faire arrêter un prévenu qu'autant qu'il s'élève des charges contre lui, et que ces charges sont *graves;* ils ne doivent non plus le relaxer qu'autant qu'il s'est pleinement justifié : par exemple, si le véritable coupable avait été

(1) Pour la clôture, mêmes formalités qu'au n° 223.
(2) *V.* CARNOT, *de l'Inst. crim.*, t. I, p. 261.
(3) *V.* BOURGUIGNON, *Jurisp. des Cod. crim.*, t. I, p. 149, 150.
(4) *V.* Loi en forme d'Instruction du 29 septembre 1791. — Art. 66, 67 du *Cod.* du 3 brumaire an IV.

arrêté ; si le crime avait disparu : comme si la personne
prétendue assassinée était saine et sauve ; si l'objet prétendu volé n'avait été qu'égaré et avait été retrouvé ; ou
dans d'autres hypothèses également favorables.

Mais il est évident que, dans de telles circonstances,
retenir encore, après sa justification complète, dans les
liens d'un mandat d'amener, et envoyer devant le juge
d'instruction, sous l'escorte de la gendarmerie, la personne
qui aurait eu le malheur d'être injustement et peut-être
très inconsidérément soupçonnée, ce serait porter gratuitement une atteinte déplorable à la liberté d'un citoyen.

Abordant la difficulté, M. Levasseur avait cherché à
la résoudre par un moyen terme.

Si l'innocence paraissait évidente, dit-il (1), et que le
prévenu fût domicilié, le juge de paix pourrait, du moins
je le pense, renvoyer sous mandat de comparution,

C'est là un non sens.

Si le prévenu ne s'est pas disculpé, s'il existe toujours
contre lui des charges tellement graves qu'elles aient dû
provoquer son arrestation, il faut le retenir sous la main
de justice, en état de mandat d'amener ; c'est la loi (2).

S'il est innocent, ou s'il paraît tel à défaut de charges,
pourquoi le laisser sous le coup d'un mandat quelconque ?

Renvoyer sous mandat de comparution serait faire un
acte abusif, car la loi ne l'autorise pas.

Ce serait faire un acte inutile, si l'on avait en vue des
moyens de prévoyance et de précaution. Car mettre
sous mandat de comparution ou renvoyer purement et
simplement sont la même chose, puisque le mandat de
comparution, ne gênant en rien la liberté du prévenu,
ne le prive pas de la faculté de s'évader.

---

(1) *V.* LEVASSEUR, *Manuel des Juges de paix*, p. 208.
(2) *V.* art. 45 du *Cod. d'Inst. crim.*

Il y a plus : ce moyen n'est pas praticable. En effet, le mandat de comparution doit indiquer les lieux, jour et heure auxquels le prévenu sera tenu de se présenter, pour que le juge d'instruction l'interroge *de suite* (1). Or, comment le juge de paix, ou tout officier de police judiciaire autre que le juge d'instruction lui-même, saurait-il assigner l'instant où le juge d'instruction pourra et devra procéder à l'interrogatoire?

M. Levasseur conseille donc un acte imprudent ou vexatoire : imprudent, s'il laisse la possibilité de fuir à un prévenu contre lequel s'élèvent des charges ; vexatoire, s'il suspend et arrête sur la tête d'un innocent les angoisses d'une prévention toujours funeste et quelquefois infamante.

Dans notre opinion, dit M. Carré, après avoir examiné la proposition de M. Levasseur (2), cette marche serait vicieuse. Tel est aussi notre avis, par les motifs que nous venons d'exposer.

(1) *V*. art. 93 du *Cod. d'Inst. crim.*
(2) *V*. CARRÉ, *Droit français...*, t. IV, p. 347 à 351.

CHAPITRE VIII.

==

DES RÉQUISITIONS DE CHEFS DE MAISON.

226. La nécessité de protéger spécialement et promptement les citoyens dans leur domicile a dicté les dispositions de l'article 46 du Code d'Instruction criminelle.

Cet article porte : « Les attributions faites ci-dessus au procureur du roi (1), pour le cas de flagrant délit, auront lieu aussi toutes les fois que, s'agissant d'un crime ou délit commis dans l'intérieur d'une maison, le chef de cette maison requerra le procureur du roi (2) de le constater. »

Pour que ce texte reçoive son application, il n'est pas besoin qu'il y ait flagrant délit, ni que le fait soit de nature à emporter une peine afflictive ou infamante (3).

La raison, dit M. Bourguignon (4), qui a fait admettre les visites pour simples délits, dans ce cas particulier et

---

(1) Ajoutez : et à ses auxiliaires, d'après l'art. 49 du Code d'Instruction criminelle.

(2) Ou l'un de ses auxiliaires.

(3) *V.* art. 52, 41 du *Cod. d'Inst. crim.*

(4) *V.* BOURGUIGNON, *Jurisp. des Cod. crim.*, t. I, p. 142.

exclusif, est qu'une pareille perquisition ne saurait présenter le plus léger inconvénient, puisqu'elle est faite à la réquisition de celui-là seul qui a le droit de permettre ou d'interdire l'entrée de sa maison, tandis que dans les cas déterminés par les articles 32 et 36 du Code d'Instruction criminelle, c'est la partie adverse du prévenu qui s'introduit d'autorité et malgré lui dans son domicile.

Il suffit donc, pour exciter la vigilance et motiver la descente de l'officier de police judiciaire, 1° que le fait ait le caractère d'un crime, ou d'un simple délit de police correctionnelle ;

2° Qu'il soit ou qu'il ait été commis dans l'intérieur d'une maison ;

3° Que l'auteur de la réquisition soit le chef de cette maison.

227. Or, que faut-il entendre par ces mots *chef de maison?*

Il semble qu'ils ne devraient signifier qu'un chef de famille, de telle sorte qu'il y aurait dans une maison autant de *chefs* qu'elle contiendrait de familles ou de locataires particuliers.

L'ordonnance royale du 29 octobre 1820, relative au service de la gendarmerie, désigne comme chef de maison : le *propriétaire,* le *principal locataire* et le *locataire de chaque appartement* (1).

Mais, en général, un propriétaire ou principal locataire n'a pas le droit de faire faire une perquisition dans le domicile d'un locataire particulier, sous le prétexte d'un crime ou délit qui y aurait été commis, ou d'un délit qui s'y commettrait actuellement: du moins si le fait dénoncé n'était pas vrai, il s'exposerait à une

_____

(1) *V.* art. 171 de cette ordonnance.

demande en dommages-intérêts. Bien plus, et malgré la possibilité d'une réparation pour les inconvéniens qui résulteraient de la visite, l'officier de police judiciaire devrait, selon nous, s'abstenir de cette visite, sur une telle dénonciation, s'il lui était possible de référer sans retard au juge d'instruction, par l'intermédiaire du procureur du roi, à moins qu'il n'y eût urgence, ou grave présomption de la perpétration d'un fait qui aurait les symptômes d'un flagrant délit caractérisé.

Car, pour nous, il est évident que l'article 46 du Code d'Instruction criminelle a été porté dans l'intérêt unique de celui qui habite le local dans lequel le crime non flagrant a été commis, ou dans lequel le délit qui fait l'objet de la plainte se commet actuellement. Cette opinion, au surplus, s'étaie de l'autorité de nombreux auteurs.

228. Ajoutons, avec MM. Carnot et Bourguignon (1), qu'il ne faut pas conclure des dispositions restrictives de ce même article 46 du Code d'Instruction criminelle, que lorsque les cris partis d'une maison pour appeler du secours à raison d'un délit ou d'un crime qui s'y commet actuellement, seraient proférés par tout autre que le chef de famille ou de maison, le procureur du roi ne puisse pas y accourir ainsi que ses auxiliaires; ils peuvent, ils doivent se transporter, pour empêcher, s'il en est temps, la consommation du délit, faire saisir les prévenus, dresser des procès-verbaux, etc.

Il est vrai qu'ils n'agissent plus alors en vertu de l'article 46 du Code d'Instruction criminelle textuellement appliqué; mais ce droit leur est attribué, cette obligation leur est imposée, par l'article 32 du même Code, attendu

---

(1) *V.* Bourguignon, *Jurisp. des Cod. crim.*, t. I, p. 156. — Carnot, *de l'Inst. crim.*, t. I, p. 262, 263.

qu'il s'agirait d'un véritable flagrant délit, ou d'un fait qui pourrait avoir ce caractère.

229. Dans ce cas, pourrait-on déférer à une réquisition faite la nuit?

Si la gendarmerie est autorisée par l'article 131 de la loi du 28 germinal an VI, réfléchi dans l'article 162 de l'ordonnance royale du 29 octobre 1820, à pénétrer dans l'intérieur d'une maison, même pendant la nuit, dans le cas de réclamation venant de l'intérieur, conformément à l'article 76 de la Constitution de l'an VIII, à plus forte raison le procureur du roi et ses auxiliaires doivent-ils avoir cette autorisation.

MM. Ortolan et Ledeau (1) ont abordé cette question, et ils l'ont laissée indécise sous le rapport de l'application de l'article 131 de la loi du 28 germinal an VI. Pour nous, disent-ils, abstraction faite de cette loi, nous pensons que la circonstance d'une réquisition *faite par le chef de maison* suffit pour donner à l'officier de police le droit d'entrer. La maison d'un citoyen est un asile inviolable pendant la nuit, porte la loi (2); mais il est clair que ce n'est pas violer l'asile d'un citoyen que d'y entrer à sa prière. Nous croyons donc pouvoir dire, ajoutent MM. Ortolan et Ledeau, que le droit qu'ont les officiers de police d'agir dans le cas de l'article 46 est entièrement indépendant de la circonstance de l'heure.

Mais notre question est complexe; elle doit être divisée.

En l'envisageant sous l'aspect où MM. Ortolan et Ledeau l'ont considérée, il ne peut sans doute y avoir de difficulté, et la solution de ces auteurs est rigoureusement nécessaire.

---

(1) *V.* ORTOLAN et LEDEAU, *Traité du Minist. pub.*, t. II, p. 72.
(2) *V.* n° 136. — Art. 76 de la Constitution de l'an VIII.

En supposant, au contraire, que la réquisition fût faite par une autre personne que le chef de maison, on pourrait trouver matière à douter. Nous croyons toutefois que, dans les deux cas, la décision doit être la même, tant parce que l'article 131 de la loi du 28 germinal an VI autorise cette opinion (1), que parce qu'une solution différente aurait de graves inconvéniens, et conduirait même à l'absurde. En effet, si l'on ne pouvait, pendant la nuit, répondre à l'appel de secours fait médiatement ou immédiatement de l'intérieur d'une maison, par une voix autre que celle du chef de maison, il pourrait s'en suivre que, si le chef de maison lui-même était l'auteur de la violence, du crime ou du délit, il lui serait loisible de consommer le forfait tout à son aise, sans redouter aucun obstacle du dehors. La possibilité que cette circonstance se reproduise souvent nous paraît décisive.

250. Au reste, les visites domiciliaires que les auxiliaires du procureur du roi sont autorisés à faire sur-le-champ, dans les deux cas de flagrant délit et de réquisition de chefs de maison, ainsi que la loi le détermine, ne doivent être effectuées que dans le lieu même où a été commis le crime ou le délit, ou dans le domicile du prévenu, et l'on doit prendre garde de donner à ce droit une extension contraire à la loi (2); si l'instruction de la procédure exige d'autres visites, c'est au juge d'instruction qu'il appartient de les faire, par lui-même ou par délégation (3).

Cependant si, lorsque les auxiliaires du procureur du

---

(1) Cette loi, comme l'art. 76 de la Constitution de l'an VIII, permet l'entrée sans distinction, en cas de *réclamation* de l'intérieur.

(2) *V.* nos 129 et suiv.

(3) *V.* no 133.

roi font des actes de procédure, dans les cas où ils y sont autorisés, ils étaient informés que les instrumens ou les produits du crime ou du délit et les pièces de conviction existent, ou viennent d'être transportés à l'instant même, dans un lieu quelconque, ils pourraient et devraient s'y rendre de suite, ou déléguer un autre officier pour les suppléer dans cette opération : car cette circonstance serait caractéristique du flagrant délit; et la loi charge expressément les auxiliaires du procureur du roi de faire, dans le premier moment, tous les actes qui peuvent servir à préparer la manifestation de la vérité (1).

231. Toutes les opérations prescrites pour le cas de flagrant délit le sont pour celui de transport sur réquisition d'un chef de maison.

La manière de constater le fait, de recevoir les déclarations des personnes qui auraient été présentes ou qui auraient des renseignemens à donner, de faire saisir ou arrêter et d'interroger le prévenu, est la même (2).

Toutefois, il faut remarquer spécialement que, dans le cas de l'article 46 du Code d'Instruction criminelle, l'officier de police judiciaire doit mentionner à ses procès-verbaux la réquisition qui lui a été faite, et de laquelle dérive son droit; autrement, on pourrait lui reprocher d'avoir agi en dehors et au-delà des pouvoirs qui lui sont conférés par la loi.

232. La réquisition peut être faite en forme de plainte : il y a lieu, pour ce cas, de suivre les formalités que nous avons retracées plus haut, dans notre chapitre IV (3).

(1) *V.* nos 47, 129.
(2) *V.* art. 46 du *Cod. d'Inst. crim.*
(3) *V.* nos 91 et suiv., 111, 112.

Mais, si le temps a manqué, s'il est urgent que le magistrat descende sur les lieux, nous estimons qu'une simple réquisition verbale suffit: la relation qui en est faite au procès-verbal, dans lequel sera mentionnée la signature du plaignant ou l'interpellation de signer qui lui aura été adressée, constate d'une manière satisfaisante la démarche, la qualité et les griefs du requérant, ainsi que le droit d'intervention de l'officier de police judiciaire.

253. Le procès-verbal de constat se dresse ainsi :

L'an   , le   , heure   (1),

Nous (2)   , juge de paix du canton de   , arrondissement de   , département de   , officier de police judiciaire auxiliaire de M. le procureur du roi, assisté de   (3), notre greffier (4).

Procédant, en vertu des articles 32, 46 et 49 du Code d'Instruction criminelle, sur la réquisition du sieur   (5), plaignant, lequel (6) nous a exposé... (7), et nous a requis de nous transporter immédiatement sur les lieux, pour constater les faits et en recueillir les preuves,

Nous sommes transporté dans une maison sise à... (8);

Nous avons été introduit par le sieur   (9);

---

(1) Avant ou après-midi.

(2) Prénoms et nom.

(3) Prénoms et nom.

(4) *Ou* de N. (prénoms, nom, qualité, demeure), auquel, à défaut de notre greffier ordinaire absent, *ou* malade, *ou* empêché, nous avons confié momentanément les fonctions de greffier, et dont nous avons reçu le serment de se bien et fidèlement acquitter de ces fonctions. *V.* no 63.

(5) Prénoms, nom, qualité, demeure.

(6) Par sa plainte du   , *ou* verbalement.

(7) Précis des faits.

(8) Le lieu. — *Ou* sise en cette ville, rue   , no   .

(9) Prénoms, nom, qualité, demeure de la personne, et description des lieux.

Nous avons vu , etc., (1).

Le reste du procès-verbal sera rédigé comme au cas de flagrant délit (2).

De même, en ce qui concerne les procès-verbaux d'information et d'interrogatoire , on suivra les formules des chapitres VI et VII (3), sauf à insérer , dans l'intitulé, la mention des réquisitions et la relation des articles du Code d'Instruction criminelle qui régissent cette procédure , comme nous l'avons indiqué.

(1) Détail des faits.
(2) *V*. n⁰ 181.
(3) *V*. n⁰ˢ 195, 223, 224.

CHAPITRE IX.

=

DES LEVÉES DE CORPS.

234. Ce sont, en général, l'actualité des faits et leur criminalité appréciée d'après les circonstances et selon la loi, qui déterminent la compétence et provoquent les investigations des officiers auxiliaires de police judiciaire (1).

Mais, toutes les fois que le corps d'un homme a été trouvé privé de vie, quelque soit le temps écoulé depuis qu'il l'a perdue, si la mort a été violente, si la cause en est inconnue et suspecte, il suffit de la possibilité, de l'appréhension d'un crime, pour exciter toute la sollicitude, toute la vigilance des officiers de police judiciaire, quel que soit leur rang dans la hiérarchie (2).

(1) *V.* nº 47. — Art. 32, 41 du *Cod. d'Inst. crim.*

(2) *V.* nº 51.

Ici encore, il y a assimilation au cas de flagrant délit.

Il n'y a pas lieu à l'intervention de la police judiciaire, 1º si une personne est tombée du toit ou de la fenêtre d'une maison; — 2º si une personne passant devant une maison a été écrasée par un morceau de bois, ou par une pierre qui s'en détachait; — 3º si quelqu'un, sous les yeux de beaucoup de

Déjà le Code civil, dans ses articles 81 et 82, répétant les dispositions de la législation antérieure, avait statué : « Lorsqu'il y aura des signes ou des indices de mort violente, ou d'autres circonstances qui donneront lieu de le soupçonner, on ne pourra faire l'inhumation qu'après qu'un officier de police, assisté d'un docteur en médecine ou en chirurgie, aura dressé procès-verbal de l'état du cadavre et des circonstances y relatives, ainsi que des renseignemens qu'il aura pu recueillir sur les prénoms, nom, âge, profession, lieu de naissance et domicile de la personne décédée. — L'officier de police sera tenu de transmettre de suite à l'officier de l'état civil du lieu où la personne sera décédée tous les renseignemens énoncés dans son procès-verbal, d'après lesquels l'acte de décès sera rédigé. »

Ces articles, d'après leur rubrique, avaient principalement en vue d'assurer et de faciliter la rédaction de l'acte de décès; mais ils avaient, en même temps, un autre objet : car M. Siméon, dans son rapport au tribunat, leur assignait aussi pour motif, « que s'il y a un délit, il faut saisir le dernier moment qui reste pour le constater. »

Le Code d'Instruction criminelle a pris des précautions dans le même but. Son article 44, qui doit être conféré avec l'article 104 du Code du 3 brumaire an IV, porte : « S'il s'agit d'une mort violente, ou dont la cause soit inconnue et suspecte, le procureur du roi (1) se fera assister d'un ou de deux officiers de santé, qui feront leur rapport sur la cause de la mort et sur l'état du cadavre. »

L'article 359 du Code pénal, à son tour, prononce

monde, a péri dans les ondes, dans les flammes... ; — 4° si la foudre est tombée sur une personne, et l'a tuée, etc.

Tous ces cas et beaucoup d'autres où l'on peut reconnaître tout d'abord un accident, un effet de pur hasard, sont du ressort de la police administrative.

(1) Ajoutez : ou l'un de ses auxiliaires.

des peines sévères pour le seul fait d'avoir recélé ou caché le cadavre d'une personne homicidée ou morte des suites de coups ou blessures.

Enfin, l'article 179 de l'ordonnance du 29 octobre 1820, conformément à l'article 125 n° 16 de la loi du 28 germial an VI, enjoint aux gendarmes de dresser des procès-verbaux de tous les cadavres trouvés sur les chemins, dans les campagnes, ou retirés de l'eau.

235. L'attention soutenue du législateur à s'occuper de cette matière, si sérieuse par elle-même, atteste tout l'intérêt qu'elle doit exciter.

Ce serait donc une erreur grave de croire que les levées de corps soient des opérations de pure forme, et que l'officier de police judiciaire qui en est chargé fût excusable d'y avoir procédé avec incurie ou précipitation.

Nous estimons que cet acte est un des plus délicats, des plus difficiles bien souvent, de la police judiciaire.

Dans les cas ordinaires de flagrant délit, on a, pour se guider, quelquefois les déclarations de la victime, presque toujours des dépositions de témoins et des indices formels d'un crime commis. Que si l'on doit néanmoins alors se livrer à des recherches scrupuleuses, pour constater le corps du délit, pour s'assurer de l'existence réelle et de la nature du crime, on a du moins, en général, de grandes facilités pour arriver à un résultat positif; et l'éveil donné à la justice, la dénonciation d'un crime réputé non douteux, frappent assez l'attention du magistrat pour qu'il se rappelle toutes ses obligations, et pour qu'il songe à recourir aux moyens les plus minutieux afin de pénétrer la vérité.

Dans notre hypothèse, au contraire, le fait est le plus souvent entouré d'une obscurité profonde; il existe moins de ressources pour écarter le voile qui couvre la vérité:

il faut donc, en quelque sorte, un examen plus sévère,
des perquisitions plus actives.

236. Mais une grande partie des lumières dont le
magistrat a besoin sont d'un ordre tel, que rarement il
les possédera par lui-même ; et son embarras en peut être
augmenté.

Ici, le magistrat et le médecin auront à se prêter un
mutuel secours. La supputation des circonstances, des
faits extérieurs, les inductions à en tirer, concourront
avec les données de l'autopsie cadavérique, toujours nécessaire en pareil cas, pour déterminer une conclusion
aussi certaine, ou du moins aussi probable, que possible (1).

Comme l'officier de police judiciaire doit présider aux
explorations médico-légales, il est utile sans doute qu'il
sache ce qui doit s'y pratiquer, sur quoi l'attention doit
se porter principalement, et enfin qu'il soit en état de
soumettre à l'expert les questions générales et les observations qu'il y aurait lieu de lui adresser, suivant l'occurrence. Nous croyons donc nécessaire d'exposer ici
quelques observations que nous avons puisées dans les
ouvrages des docteurs les plus distingués parmi ceux qui
ont écrit sur les matières de médecine légale.

237. Lorsqu'on trouve un corps mort, on doit examiner : 1° si la mort n'est point due à un accident interne ;
2° si elle n'est point l'effet d'un accident externe ; 3° si
les violences observées ne sont pas plutôt un produit du
suicide que de l'homicide.

Ces premières données exigent quelques explications
générales.

(1) *V.* art. 43, 44 du *Cod. d'Inst. crim.*

238. *Premièrement :* la rupture subite d'un anévrisme, dans les cavités thorachique ou abdominale (1), la rupture d'un kyste purulent (2), qui s'est formé lentement dans l'un des principaux viscères, sont des causes fréquentes de destruction.

Une très forte constitution, un embonpoint extraordinaire, la grosseur ou la briéveté du cou, des tumeurs qui compriment les vaisseaux de cette partie, un excès de colère, l'intempérance du vin, de la bonne chère, des plaisirs de l'amour, l'impression violente des rayons du soleil, chez un homme d'ailleurs très robuste : tous ces accidens, réunis en totalité ou en partie, sont des causes connues de mort inopinée, par les congestions sanguines qu'elles produisent rapidement dans le cerveau ou dans les poumons, ce qui détermine l'apoplexie foudroyante.

L'apoplexie nerveuse et l'apoplexie séreuse, accompagnées de la pâleur du visage et de la résolution des membres, sont moins brusques, laissent moins de traces, mais peuvent être indiquées comme causes de mort inattendue, en l'absence de toutes traces de violences exercées soit au dehors, soit au dedans (par le poison).

On peut ranger encore parmi les causes de mort tenant à un accident intérieur, les combustions spontanées, dont les phénomènes sont faciles à distinguer de la combustion ordinaire, que le crime aurait employée.

239. *Secondement :* La mort peut-être la suite d'asphyxie ou de suffocation causée par les gaz non respirables, par des corps étrangers introduits dans la trachée-artère.

---

(1) Les cavités de la poitrine ou du ventre.
(2) Sorte de dépôt.

La suffocation pourrait être également déterminée par l'effet d'une disposition du sujet, d'une affection morbide, d'une passion, comme d'une violente colère, d'une joie excessive : la colère surtout cause des mouvemens si désordonnés dans les fonctions vitales et animales, qu'il en résulte quelquefois des hémorragies, des dilatations du cœur, et même des apoplexies foudroyantes et mortelles.

La mort causée par le froid (par congélation), ou par une trop grande chaleur (par insolation), espèce d'asphyxie, ne peut laisser aucun doute, quand le corps ne porte d'ailleurs aucune trace de violence.

D'autrefois, on peut reconnaître que la mort provient d'inanition.

Les accidens extérieurs sont pour ainsi dire innombrables : tel périt d'une chute ; tel est enfoui sous des décombres, écrasé par l'écroulement d'un mur, froissé par une voiture, entraîné par les eaux, etc., etc. (1).

240. *Troisièmement :* la mort pourrait être le résultat d'un suicide.

Les causes occasionnelles du suicide les plus ordinaires sont les suivantes : des affections morales fortes et pénibles, telles que le désespoir, un chagrin profond et prolongé, l'amour contrarié, les humiliations de l'amour-propre et de l'orgueil, les mécomptes de l'ambition, les revers de fortune inattendus, etc.; le dégoût physique et moral, l'apathie intellectuelle sans espoir de guérison, état fâcheux qui suit souvent l'abus prématuré des jouissances de toutes sortes ; le passage trop brusque d'une vie active et laborieuse à une oisiveté complète, les excès prolongés des plaisirs vénériens et des boissons alcooliques ; la crainte de réprimandes ou de punitions sévères chez

(1) *V.* n⁰ 234, note 2ᵉ, p. 250.

les jeunes gens; des maladies longues et douloureuses, des infirmités dégoûtantes, pour lesquelles le malade n'a pu obtenir de soulagement; les sensations bizarres et pénibles des hypocondriaques; le délire des maladies aiguës, et l'aliénation mentale.

Lors donc qu'aux circonstances qui éloignent l'idée d'un crime commis sur la personne d'un individu trouvé mort, on peut joindre l'existence d'une ou de plusieurs des causes ordinaires du suicide, on ne sera pas embarrassé pour porter un jugement.

Souvent même la personne trouvée morte a laissé quelqu'écrit annonçant la résolution de s'arracher la vie, elle a parlé du désir qu'elle avait de se tuer, ou elle a fait déjà quelques tentatives; on a observé que depuis telle époque elle était soucieuse, morose, préoccupée, inattentive, privée d'appétit ou de sommeil; qu'elle maigrissait et perdait de sa fraîcheur... Quelquefois cependant il est difficile d'acquérir la connaissance des chagrins qui ont précédé le suicide, ou même de les soupçonner.

241. *Quatrièmement :* Enfin, la mort pourrait être l'effet d'un crime.

Nous nous occuperons plus tard des spécialités relatives aux genres de mort violente les plus communs : nous parlerons de la submersion, de la strangulation et de la suspension, des mutilations, de la mort par blessures, de l'empoisonnement, de l'avortement, du viol, de l'infanticide.

242. Mais, avant d'aller plus loin, nous croyons devoir poser un principe applicable à tous les cas.

Que la mort soit naturelle ou accidentelle, qu'elle soit l'effet du suicide ou de l'homicide, cette question, qui surgira sans cesse, doit être examinée avec un esprit dégagé de toute prévention : que l'on ne se laisse point égarer ou séduire par des apparences fallacieuses ; que l'on ne se préoccupe point de l'idée fixe d'un crime commis ou non existant.

Le devoir du magistrat pourrait être formulé ainsi : procéder avec autant de vigilance, d'exactitude et de soin que s'il y avait certitude de rencontrer un crime et occasion de le constater, alors même que non-seulement il n'y a aucune apparence de crime, mais encore qu'il y a tout lieu de croire à l'inexistence d'un crime : — douter du crime jusqu'à ce qu'il soit constaté qu'il existe.

La prévention, quelque soit le sentiment qui l'inspire, conduit à l'erreur ; et, en matière criminelle, toute erreur est déplorable, soit qu'elle ait entraîné des rigueurs injustes, soit qu'elle ait produit une impunité imméritée.

243. Nous avons eu l'exemple d'un décès attribué formellement à une cause naturelle par des officiers de santé qui, dans la préoccupation de cette pensée, ne s'étaient livrés qu'à un examen superficiel et fort abrégé : ce décès fut plus tard l'objet d'une instruction pour assassinat qui produisit les charges les plus graves ; mais dans laquelle on eut à regretter que les premières opérations eussent été faites avec trop de légèreté, et qu'au lieu d'un rapport insignifiant, on n'eût pas consigné dans le procès-verbal de visite une description exacte, détaillée et complète de l'état du cadavre.

Dans l'espèce, on avait eu le tort très grave de ne pas faire l'ouverture du cadavre ; cependant l'autopsie est presque toujours nécessaire, si l'on considère que les médecins-légistes la recommandent expressément dans les circonstances suivantes :

1° Lorsque, dans tous les cas, la cause de la mort n'est nullement indiquée.

2° Lorsque, à la suite d'une violence reçue, on est dans le doute si la mort, survenue ensuite, est l'effet de cette violence. La mort a pu en effet provenir de toute autre cause que du coup qui a été porté ; ou bien, lors même que le coup reçu serait reconnu pour première cause de la mort, cette mort aurait pu ne pas avoir lieu, si le blessé avait été secouru convenablement.

3° Il est plusieurs causes de mort violente qui sont cachées, et dont on ne peut absolument découvrir aucune trace par la simple inspection extérieure.

4° Il est des cas de mort violente tellement compliqués, que, sans les lumières anatomiques, il est impossible de décider à laquelle de plusieurs lésions mortelles la mort doit être réellement attribuée. Par exemple, si un homme avait reçu deux blessures graves, de deux individus différens, à des temps divers, l'anatomie seule peut apprendre quelle blessure a donné la mort, et, par là, quel est le coupable.

5° Lorsque les cas sont tellement évidens qu'ils semblent exclure toute idée de la nécessité d'ouvrir un cadavre, l'ouverture n'en doit pas moins avoir lieu. Si on trouve, par exemple, un homme décapité, ou percé de plusieurs coups, mortels de leur nature, ce n'est que par l'inspection et la dissection anatomique que l'on constatera s'il a été percé ou mutilé encore vivant ou déjà mort. N'est-il pas possible en effet qu'on ne l'ait traité ainsi que pour cacher la véritable cause de la mort, par exemple, le poison ?

On en doit dire autant du cas où un homme a été trouvé mort dans une chambre où le feu a pris, et que l'on supposerait tout naturellement asphyxié, ou mort des suites de la combustion : l'on n'en devrait pas moins faire l'examen anatomique, parce qu'il est possible que l'on découvre, par ce moyen, qu'il a été assassiné ou empoisonné, et que ses meurtriers ont ensuite mis le feu à la chambre, pour cacher leur forfait.

Les mêmes observations s'appliquent aux noyés et aux pendus.

6° Pour rechercher si la mort est l'effet de l'homicide ou du suicide.

244. Dès que le juge de paix est informé de la découverte d'un cadavre dans son canton (1), il doit se transporter *immédiatement* sur les lieux, étant assisté de son greffier, de quelques agens de la force publique (2), et en se faisant accompagner d'un ou de deux docteurs médecins ou officiers de santé, suivant les circonstances (3).

En effet, qu'il s'agisse d'une blessure, de l'asphyxie par submersion, d'un empoisonnement, etc., on court risque, en différant la visite de quelques heures seulement, de ne plus pouvoir constater le délit, s'il en existe un; on perd souvent les moyens d'établir l'identité d'un individu, parce que la putréfaction a exercé de tels ravages, que les formes sont devenues méconnaissables.

245. C'est surtout à la reconnaissance de l'individu dont le cadavre a été trouvé, que le magistrat doit donner ses premiers soins.

Toutes les fois, dit le docteur Biessy, qu'une personne a été trouvée morte, et qu'on est parvenu à la reconnaître, on a bientôt découvert également les circonstances précises de sa mort : et, si celle-ci a été l'effet

(1) *V.* n° 51.

(2) Il nous paraît prudent que le juge de paix se fasse toujours accompagner de son greffier et de la force publique, parce que leur concours peut lui devenir nécessaire, s'il venait à être découvert que la mort fût le résultat d'un crime.

(3) *V.* n°s 123, 124, 125. — Art. 44 du *Cod. d'Inst. crim.*

d'une cause criminelle, on est promptement remonté jusqu'aux auteurs de ce crime.

On s'adressera pour cette reconnaissance aux parens, amis, ou voisins du défunt, et aux personnes qui ont eu des relations avec lui.

246. Si l'individu est inconnu dans le canton, on relèvera exactement son signalement, quand bien même il porterait sur lui des papiers indiquant son nom et sa profession; car ces papiers peuvent avoir été substitués, ou déposés dans les vêtemens du défunt, par les assassins, pour donner le change. La taille du cadavre est mesurée avec soin; on observe son embonpoint, les taches ou marques extérieures propres à le faire reconnaître; on décrit les traits; on note la couleur des cheveux, leur épaisseur ou leur rareté; on indique le sexe; on détermine l'âge, au moins d'une manière approximative, et spécialement par l'état de la face et des dents.

On décrit également, avec soin, le costume, les divers vêtemens, les papiers quels qu'ils soient, enfin tous autres objets trouvés sur le cadavre ou auprès de lui, et qui, étant conservés, pourraient en amener la reconnaissance.

247. Il est extrêmement essentiel, lorsqu'il s'agit d'un blessé, de pouvoir examiner le corps dans la même position où il a reçu le coup et dans laquelle il est mort; c'est pourquoi il convient de faire la première visite dans l'endroit même où il a été trouvé, de peur que le transport ne dérange l'attitude des membres ou les traits du visage, ne change l'état de la plaie, ou d'une fracture, ou d'un engorgement des vaisseaux, ou ne déplace un instrument qui aura causé la mort d'une manière extraordinaire.

248. Dans tous les cas, rendu auprès du cadavre on doit examiner si le lieu où le corps a été trouvé est éloigné ou non de la voie publique, et quelle est la distance ou la proximité des habitations ; si c'est une mare, une fosse d'aisance, un endroit sec, humide, chaud, ou froid ; quelles traces ou marques se trouvent à la surface du sol ; si le cadavre était dans l'eau ou sous terre ; si l'on voit auprès de lui des lacets, des cordes, de la charpie, de l'étoupe, des substances malfaisantes, des machines ou instrumens meurtriers ; quelle est la situation de l'instrument par rapport au corps : s'il est placé dans l'une des mains du cadavre, il faudra s'assurer s'il a bien été saisi par le défunt, ou s'il n'a été placé qu'après coup, circonstance fort importante pour distinguer l'homicide du suicide, et qui peut être singulièrement éclaircie par le degré plus ou moins marqué de contraction des doigts sur le corps vulnérant.

S'il y a du sang répandu dans le voisinage, les traces en seront suivies, et la quantité qui a pu s'écouler des blessures sera approximativement calculée. Si ces traces de sang font présumer que le défunt ait été attaqué ou tué dans un lieu, qu'il ait fui ou qu'il ait été traîné dans le lieu où gîsait le cadavre, on le constatera.

Si, avant l'arrivée de l'officier de police, le cadavre et les meubles ou autres objets qui étaient à sa proximité ont été dérangés ; si les armes, instrumens, effets ou papiers dont il était porteur, ou qui se sont trouvés près de lui, ont été enlevés, on doit s'empresser de faire rétablir les choses dans leur premier état, de les faire replacer, s'il est possible, par les personnes mêmes qui les ont dérangées, et si cela est impossible, de faire expliquer ces personnes sur l'état où elles se trouvaient. On constatera le tout.

On notera l'heure précise à laquelle le cadavre aura été

découvert, sa position, son attitude; s'il est enveloppé, on recherchera si les vêtemens offrent des traces de sang ou de tout autre fluide, s'ils sont déchirés, coupés, percés en quelques endroits, mouillés, salis par du sang, par des excrétions, de la boue, de la poussière....

On le déshabillera avec précaution, et on examinera avec la plus grande attention quelle est la couleur des différentes parties du corps; si la peau est couverte d'un enduit sébacé (1); si l'épiderme se détache. Si on observe des contusions, des excoriations, des piqûres ou autres blessures, on en indiquera la situation, la forme, la longueur, la largeur et la profondeur: on aura soin de déterminer si les taches livides que l'on remarque sont des ecchymoses (2), des lividités cadavériques, ou des vergetures.

Pour ne rien laisser à désirer à cet égard, on étudiera successivement toutes les parties du corps, décrivant leur état au fur et à mesure de l'examen de chacune d'elles.

L'état de putréfaction du cadavre, plus ou moins avancé, sera soigneusement remarqué, et on devra avoir égard aux circonstances de température, de climat, de localité, qui ont pu avancer cette désorganisation.

On déterminera aussi, par approximation, le temps qui s'est écoulé depuis la mort.

249. Mais, après ces premières considérations, qui ne sont qu'un aperçu général, si la nature peu favorable de l'endroit où le corps a été trouvé ne permet point d'en faire l'ouverture, et que le transport soit jugé indispensable, on n'abandonnera pas un moment le cadavre, et on éloignera la foule importune, en empêchant que personne y porte la main; on aura soin que, dans cette

----

(1) C'est-à-dire ressemblant à du suif.
(2) Sang amassé sous la peau par infiltration ou par congestion.

opération de la translation, rien ne puisse l'endommager, ou en augmenter les lésions. Le médecin au surplus aura à prendre, ou à indiquer, les précautions exigées suivant les circonstances. Ce sera lui encore qui désignera le local le plus propice pour le dépôt du cadavre; qui fera disposer les lieux de la manière la plus convenable ; enfin qui pourvoira aux mesures à prendre pour prévenir la putréfaction du cadavre, s'il y avait lieu de discontinuer l'examen.

Le corps étant arrivé au lieu de sa destination, il faudra, si l'on croit devoir faire un nouvel examen des blessures, chercher à le mettre dans la même position que celle où il aura été trouvé.

250. Il convient d'écarter du lieu choisi pour la visite la foule incommode des curieux, qui troublent et fatiguent par leurs colloques, leurs questions indiscrètes, leurs raisonnemens prématurés, et de n'y admettre que les personnes dont la présence est nécessaire.

251. La manière de procéder à l'ouverture du cadavre regarde l'expert. A cet égard pourtant il est quelques règles que le magistrat est intéressé à connaître, et que dès lors nous devons énoncer.

1° Avant de procéder à l'ouverture du corps, on s'assurera que la mort n'est pas seulement apparente, mais bien réelle. Il faudra même déterminer approximativement l'instant auquel l'individu a cessé de vivre, en ayant égard à la température du corps, à la rigidité ou à la flexibilité des membres, à l'état de putréfaction plus ou moins avancé, etc.

On ne doit, en général, faire l'ouverture du corps que vingt-quatre heures après le décès (1).

(1) Argument de l'article 77 du Code civil.

Cependant, après certaines maladies, lorsque la mort est bien assurée, le magistrat peut aussitôt, de l'avis du médecin, faire procéder à l'opération; mais, avant de commencer, il est toujours prudent d'éprouver par différens moyens si la vie est complétement et irrévocablement éteinte.

2° La visite, l'ouverture d'un cadavre, pouvant intéresser la tranquillité publique, l'ordre social, l'honneur et la vie des citoyens, rien, dans ces actes, ne doit être négligé pour parvenir à la vérité; et, comme les recherches anatomiques que l'on fait n'ont d'autre but que de voir, de bien voir, de reconnaître et constater l'état des parties, le degré, la nature de leurs altérations, tous les procédés opératoires doivent tendre à ce but et être déterminés par quelque motif d'utilité.

Tous les médecins légistes donnent à ce sujet des explications qu'il serait superflu de rapporter ici : l'expert doit les connaître; elles ne sont pas du ressort du magistrat.

3° Il faut toujours faire l'ouverture des trois cavités splanchniques ou principales du corps (1). Ainsi, quoique l'on ait trouvé dans l'une de ces cavités les lésions qui paraissent être les causes de la mort, on doit visiter les autres cavités, pour s'assurer s'il n'y a pas, comme on l'a vu souvent, quelqu'altération morbide et profonde qui aurait ajouté à la violence extérieure, et qui même seule eût pu suffire pour déterminer la mort.

Il est toujours indispensable, écrit M. Orfila, d'ouvrir les trois cavités splanchniques; la plupart des rapports pourraient être frappés de nullité, si on avait négligé ce précepte. L'homme de l'art qui n'aurait point rempli

_____

(1) *Splanchniques*, c'est-à-dire contenant des organes. Ce sont : le crâne, le thorax ou la poitrine, l'abdomen ou le ventre.

cette formalité serait beaucoup plus coupable encore, s'il se permettait de décrire l'état des organes renfermés dans une des cavités qu'il n'aurait pas ouverte.

On ne doit donc point, sous aucun prétexte, se borner à l'examen de la partie blessée, encore moins à l'inspection extérieure du corps, d'après les motifs déduits plus haut, et parce que les lésions extérieures auraient pu être faites pour masquer la nature du crime.

4° La visite doit être faite en présence du magistrat, précaution qui, en assurant l'exactitude de la visite, maintient l'ordre et la tranquillité.

5° Le médecin requis pour une opération judiciaire doit noter et écrire soigneusement ce qu'il observe, afin d'avoir à sa disposition toutes les données nécessaires pour rédiger convenablement le rapport; il serait blâmable s'il négligeait de prendre des notes à mesure que les faits se présentent, ceux-ci pouvant être nombreux et difficiles à retenir.

252. Après que l'expert a fait sur le cadavre toutes les recherches jugées nécessaires pour reconnaître et constater le genre et les causes de la mort, il reste encore à prendre quelques précautions qu'il ne faut point négliger.

1° On doit rassembler, rapprocher, remettre dans leur situation première, toutes les parties du cadavre; on fait ensuite coudre à grands points toutes les incisions; puis, après avoir lavé, nettoyé, essuyé le corps, on l'enveloppe dans un suaire ou grand drap, que l'on fait coudre, et sur lequel l'officier de police doit apposer son sceau (1), pour prévenir toute altération frauduleuse, et

---

(1) C'était sur le front même du cadavre que le magistrat devait apposer son sceau, pour prévenir toute substitution, d'après une déclaration du 5 septembre 1712.

pour s'assurer, en cas de besoin, que le corps n'a point été touché; enfin, on le dépose dans un cercueil, dont on confie le soin à la municipalité.

2° On ne doit pas, sous le prétexte d'absorber le sang ou d'empêcher l'effusion des liqueurs, comme le conseillent quelques-uns, remplir les cavités splanchniques avec du son, des cendres, de la sciure de bois, et encore moins avec de la chaux ou du plâtre, parce que, s'il était nécessaire par la suite de vérifier quelque point du rapport, on ne pourrait plus, ou qu'avec grande peine, faire de nouvelles recherches sur le cadavre.

3° On ne doit pas, sans nécessité bien démontrée, séparer, emporter un viscère, une partie du cadavre, et s'il y a quelque motif pour emporter une pièce, il faut en faire mention dans le procès-verbal.

4° Si, pour faire des recherches ultérieures plus suivies, on a détaché du cadavre l'estomac ou quelque autre partie, il faut l'envelopper dans un linge que l'on attache bien, ou le déposer dans un vase que l'on bouche exactement, et n'en confier le transport qu'à des personnes sûres et connues, afin que la pièce ne disparaisse pas, comme cela est arrivé.

Il sera même prudent, dans tous les cas, pour prévenir les substitutions, que l'officier de police judiciaire appose son sceau sur l'enveloppe de l'objet distrait pour être soumis à un nouvel examen. Cette observation s'applique également à ce qui suit.

5° S'il convenait, soit pour l'instruction de l'affaire, soit pour objet de vérification, de conserver une partie molle du cadavre, il faudrait, après l'avoir lavée et nettoyée, la mettre dans un bocal de capacité suffisante, que l'on remplirait d'alcool ou esprit de vin, et que l'on boucherait fort exactement.

6° Lorsque l'on trouve un poison dans l'estomac, il

convient d'en partager la quantité en deux parties ; l'une est soumise aux expériences convenables, pour constater la présence et la nature de la substance vénéneuse ; l'autre est conservée comme moyen de vérification (1).

7° L'ouverture du cadavre, les recherches et expériences qui sont quelquefois nécessaires pour déterminer l'existence, la nature du poison, doivent toujours être faites en présence du magistrat.

Si elles n'étaient pas terminées dans une séance, l'officier de police judiciaire doit renfermer dans un endroit convenable les pièces d'examen, après y avoir mis un scellé, dont on vérifiera l'intégrité avant de continuer les opérations commencées.

8° Souvent le médecin, après avoir fait la visite, dicte aussitôt son rapport au greffier, qui l'inscrit et l'insère dans l'acte même de constat ; d'autrefois cependant le médecin écrit son rapport sur un papier détaché, et il le remet ensuite au magistrat, qui en fait une mention expresse dans son procès-verbal, et l'y annexe.

Outre les observations générales que nous avons indiquées jusqu'ici, les divers genres de mort peuvent donner lieu à des remarques particulières, dont il convient de nous occuper : ce sera l'objet des numéros suivans.

253. *De l'asphyxie par submersion.* L'individu que l'on trouve noyé était-il vivant au moment de son immersion dans l'eau ?

---

(1) Lorsqu'il s'agit d'empoisonnement, il convient, en général, de s'abstenir de faire faire sur les lieux l'analyse des substances suspectes ; il est bien préférable de conserver ces substances, de faire extraire les viscères qui les renferment, et de les envoyer, avec les précautions d'usage, aux magistrats qui doivent instruire, et qui probablement auront les moyens de s'entourer de plus de lumières pour faire cette importante opération de l'analyse avec beaucoup plus de chances de succès. — Instruction du Ministre de la justice du 23 novembre 1824. — *V.* n° 118.

Telle est la première question à examiner dans l'espèce ; question qui, le plus souvent, est toute du ressort de l'homme de l'art. Les médecins légistes indiquent les signes qui peuvent conduire à une solution probable ou certaine ; nous croyons superflu de les énumérer : c'est à l'expert à les connaître ; c'est à lui de décrire exactement tout ce qu'il aura remarqué à ce sujet, pour que les conclusions de son rapport puissent être examinées et vérifiées au besoin.

Après avoir résumé ces signes fournis par l'autopsie, et avoir apprécié leur valeur, M. Orfila ajoute : Mais le médecin ne doit point borner là ses recherches; il examinera, avec le plus grand soin, si l'individu n'aurait pas été assassiné avant de tomber dans l'eau, et si les meurtriers n'auraient pas eu recours à la submersion pour mieux faire prendre le change ; il déterminera en conséquence s'il ne découvre point de traces d'empoisonnement, d'étranglement, d'asphyxie par les gaz délétères, de blessures, etc. : souvent il trouvera sur le front, aux tempes et sur quelques autres parties du corps, des contusions, des plaies contuses, des ecchymoses ; il s'attachera alors à décider si elles ont été faites avant ou après la mort. Si tout porte à croire que l'individu a été blessé avant la mort, on recherchera, d'après la forme des blessures, celle de l'instrument qui les a produites, en se rappelant toutefois que des lésions de ce genre peuvent être le résultat de la violence avec laquelle l'individu qui est tombé à l'eau a heurté contre des corps durs, qui se trouvaient au fond du liquide, ou de la chute d'un lieu élevé, pendant laquelle le corps aurait frappé contre des pierres, des rochers, etc.

Ces observations ne sont pas étrangères au magistrat, et il aurait soin, au besoin, de les rappeler à l'expert.

Une seconde question à éclaircir est celle-ci : Lorsqu'un

individu vivant a été submergé, est-il tombé dans l'eau par accident, s'y est-il précipité, ou bien a t-il été noyé par une main homicide?

M. Orfila avoue que, dans beaucoup de circonstances, l'art ne possède aucun moyen de résoudre le problême. Il s'en remet au magistrat pour découvrir, dans les considérations générales propres à chaque cas, la solution de la difficulté.

Il faut avoir égard à la nature du lieu où l'on a trouvé le noyé; distinguer si c'est un torrent ou une rivière, la mer ou un étang, un puits ou un fossé; si l'eau est stagnante ou agitée; si le lit est uni, formé uniquement de sable, de gravier ou de vase, ou s'il est inégal, pierreux et raboteux; si les bords de l'endroit d'où le sujet s'est jeté, est tombé ou a été précipité, sont élevés ou s'ils sont bas; s'il n'a fallu qu'être lancé pour atteindre les eaux, ou si on n'a pu s'y précipiter qu'en montant sur un mur, sur un parapet, etc.; si l'endroit de la submersion est un lieu habité ou désert, fréquenté ou abandonné.

Suivant la saison, on pourrait avoir à s'enquérir si le sujet ne se serait pas noyé en nageant, ou en prenant un bain.

On recherchera si les occupations ou les besoins du défunt l'appelaient sur le lieu, et pouvaient l'exposer à des accidens.

On invoquera le secours des signes commémoratifs pour savoir si la personne décédée avait la vue courte; si elle était sujette à des accès d'épilepsie, d'hystérie; si elle n'éprouvait point des vertiges, des tournoiemens de tête, en regardant en bas d'un lieu élevé; si elle avait donné des signes de démence; si elle était tourmentée du dégoût de la vie, assiégée par un noir chagrin ou par la crainte d'un mal à venir.

Dans le cas où quelqu'un a été jeté dans l'eau par des

mains étrangères, il est possible, s'il s'est débattu, de trouver sur son corps des traces de violences, et d'en apercevoir sur ses vêtemens. C'est pourquoi on examinera si ses pieds ou ses mains n'ont point été liés, et si son corps ne porte aucun vestige de meurtrissures ou de contusions.

On ne pourra néanmoins tirer aucune induction bien concluante de ces traces, si le sujet a été trouvé dans une eau courante dont le lit est inégal, rempli de pierres, de cailloux, de morceaux de bois, etc., contre lesquels il a pu heurter, ou qui ont pu déchirer ses vêtemens.

Après avoir discerné et estimé la valeur de ces indices et autres amenés par les circonstances, on cherchera, au moyen de l'autopsie cadavérique, si le corps ne décèle point quelques-unes de ces lésions qui déterminent à un acte de désespoir.

La solution du problème ne présentera aucune difficulté, s'il s'agit d'un nouveau-né qui a été submergé vivant; car il est évident qu'il aura été noyé par une main homicide.

254. *De l'asphyxie par strangulation* ou *par suspension.* Un individu que l'on a trouvé étranglé ou pendu a-t-il été mis en cet état avant ou après la mort? Cette question, dont la solution peut être fort difficile, est la première dont on doive s'occuper.

L'expert aura à rechercher, comme dans le cas du numéro précédent, si la suspension ou la strangulation n'a point été simulée pour masquer un autre genre de mort: par exemple, un empoisonnement, ou des blessures non apparentes.

La considération des lieux, des circonstances environnantes, des faits commémoratifs, et enfin l'exploration anatomique, détermineront les conclusions.

On en viendra ensuite à l'examen de cette seconde question, à l'égard de laquelle les motifs de décider la première ne seront pas sans influence : si la strangulation ou la suspension a eu lieu pendant la vie, est-elle l'effet du suicide ou de l'homicide ?

Il faut admettre comme un fait reconnu, qu'il est possible qu'une personne s'étrangle avec une corde, avec une cravate, qu'elle aura serrée et maintenue serrée à l'aide d'un bâton ou de tout autre objet : quant à la possibilité de la suspension de la part du sujet lui-même, elle ne saurait être révoquée en doute.

On ne doit guères compter, pour résoudre notre question, sur le nombre, la direction, ou la profondeur des sillons. Toutefois, il faudra, comme on doit toujours le faire dans des circonstances même moins difficiles, présenter l'instrument à la plaie, pour juger l'une par l'autre, c'est-à-dire remettre la corde dans ces sillons, et rechercher le point où le nœud était appliqué, afin de s'assurer qu'ils ont été faits par elle.

On examinera minutieusement toutes les parties du corps, pour voir si elles ne portent point des marques de violences, et si la mort a pu être l'effet de la strangulation ou de la suspension simple.

Viendra ensuite la dissection des cavités.

L'autopsie cadavérique est particulièrement indispensable pour ajouter aux présomptions morales que l'on peut avoir du suicide. Par-là on découvrira si le sujet n'était point tourmenté par quelque maladie qui porte avec elle l'ennui de la vie et le désir ardent de la voir finir.

On ne devra négliger aucune des circonstances accessoires aux indices physiques déjà obtenus ; on remontera aux signes commémoratifs, aux maladies, à la vie, aux mœurs, aux passions, aux chagrins de l'individu, à son état mental : on constatera si le mort a été trouvé dans

un lieu ouvert ou fermé ; si les portes ou les fenêtres
étaient fermées en dedans ou en dehors; on examinera l'ar-
rangement ou le désordre de ses membres, de ses cheveux,
de ses vêtemens; les moyens dont on a pu ou dont il a dû
se servir pour commettre l'attentat ; la possibilité ou l'impossibilité d'une strangulation ou d'une suspension volontaire ; les écrits qu'aurait laissés le sujet, qui annonçait
l'intention de se suicider, etc.

Les coups et les marques extérieures de violences,
comme les contusions, les blessures, les habits déchirés,
le sang répandu, sont des indices d'assassinat; il n'est cependant pas impossible que le sujet, cherchant un autre
genre de mort, se soit blessé ou maltraité lui-même,
avant de s'étrangler ou de se pendre.

255. *De la mort par blessures* ou par *mutilation.*
Quels signes peuvent faire distinguer si les blessures sont
le résultat d'un accident, d'un meurtre ou d'un suicide ?

Les magistrats parviennent souvent à résoudre ce problême sans le secours de l'homme de l'art; ils basent
leur jugement sur l'état des lieux où le cadavre a été
trouvé, sur la situation du corps, sur la position de ses
membres, sur le désordre des vêtemens, sur les objets
qui entourent le cadavre, sur la quantité de sang répandu
à terre ou sur les vêtemens, sur la présence d'un instrument vulnérant dans le voisinage du blessé, sur son état
de démence, sur les haines et les inimitiés, et particulièrement sur la déposition des témoins.

Toutefois, il serait difficile que les ministres de la justice parvinssent à décider la question, dans un très grand
nombre de cas, s'ils n'étaient éclairés par le rapport des
médecins. Il faut donc étudier attentivement les circonstances qui doivent servir de bases à ces rapports.

On examinera si le corps présente des signes de vio-

lence : s'il est vrai qu'une personne peut avoir été assassinée sans avoir opposé la moindre défense, parce qu'elle
était endormie, parce qu'elle a été prise au dépourvu ou
qu'elle a été assaillie par plusieurs assassins , il est incontestable que , dans tous les autres cas, elle aura pu se
débattre pour chercher à éviter le coup, et la lutte qui
aura précédé l'assassinat pourra être marquée par des
meurtrissures sur différentes parties du corps , par des
signes d'étranglement avec les mains ou avec un lien quelconque , par le dérangement de la coiffure, l'arrache-
ment des cheveux , etc.

L'homme de l'art déterminera d'abord si les violences
dont il s'agit , ainsi que les blessures, ont été faites pendant la vie ou après la mort, puis il cherchera à reconnaître si elles ne seraient pas le résultat naturel de la
chute de l'individu du haut d'un rocher , etc.

On notera la situation des blessures , leur nature , leur
profondeur et leur direction.

Situation : Il est assez ordinaire que les personnes qui
veulent se suicider portent vers la partie antérieure ou
latérale du tronc l'instrument piquant ou tranchant dont
elles font usage, tandis que , pour les armes à feu ,
elles choisissent assez souvent la bouche, le dessous du
menton, l'oreille , l'œil , le front, les parties latérales ou
antérieures de la poitrine. Rarement le suicide dirige
l'instrument meurtrier sur la partie postérieure du corps.

La situation et la direction de certaines blessures de
la partie postérieure du tronc sont quelquefois telles, qu'il
est impossible qu'elles soient l'œuvre du suicide. On sen-
tira donc facilement l'importance, dans les cas de ce
genre, de remettre l'instrument vulnérant successivement
dans les deux mains du cadavre, de l'amener jusqu'à la
plaie , afin de juger s'il y a eu suicide ou homicide.

Nature des blessures : L'expérience prouve que la

18

plupart des individus qui veulent attenter à leurs jours par le moyen des blessures emploient les armes à feu ou les instrumens tranchans et piquans, soit pour pénétrer dans les cavités thorachique et abdominale, soit pour ouvrir des vaisseaux sanguins considérables, parce qu'ils regardent ces lésions comme devant amener nécessairement une mort prompte ; ils se gardent bien de faire usage d'instrumens contondans, dont l'effet ne leur paraît ni assez prompt, ni assez sûr.

La *profondeur* des blessures peut, dans des circonstances à la vérité fort rares, faire soupçonner l'homicide plutôt que le suicide, parce qu'il est permis de supposer, d'après la situation et la direction de certaines plaies, qu'elles n'auraient pas pu être aussi profondes s'il n'y avait pas eu assassinat.

Direction des blessures : On observe assez généralement dans le suicide, que les plaies faites par un instrument piquant sont dirigées obliquement de droite à gauche, et de haut en bas, tandis que celles qui sont produites par un instrument tranchant se dirigent ordinairement de gauche à droite, transversalement ou obliquement, de haut en bas ou de bas en haut : toutefois, on remarque à cet égard une foule de variétés provenant de la longueur de l'instrument et de la manière dont il est tenu. La direction serait nécessairement l'inverse de celle qui vient d'être décrite, si l'individu qui veut se suicider était gaucher.

Le premier devoir de l'homme de l'art, dans des questions de ce genre, est de comparer la forme de la plaie à l'instrument que l'on présume avoir été employé. Après en avoir armé la main du cadavre et avoir amené le bras vis-à-vis de la blessure, il déterminera si l'espace qu'il a parcouru, dans une direction donnée, est en rapport avec la longueur du bras et avec la direction que la main a dû suivre pour porter le coup ; s'il n'en est pas ainsi, il remettra l'arme meurtrière dans l'autre main.

On aura égard au *nombre* des blessures.

Il est assez ordinaire de n'observer sur les cadavres des suicides qu'une seule blessure, celle qui a déterminé la mort. Il arrive cependant quelquefois le contraire : la personne qui veut mettre un terme à son existence commence par porter atteinte à des parties dont la lésion est mortelle, ou qui, d'après un préjugé vulgaire, passe pour telle ; néanmoins elle ne périt point ; alors elle a recours à des moyens infaillibles, et succombe. Nul doute que dans le cas d'homicide il ne puisse y avoir aussi, outre la blessure qui a occasionné la mort, des lésions de quelques autres parties du corps ; mais ces lésions peuvent très bien ne pas occuper les régions du corps dont les blessures sont mortelles ou passent pour l'être.

L'existence de plusieurs blessures mortelles, dont une seule aurait dû causer la mort *immédiatement,* serait une preuve d'homicide. Il y aurait doute hors ce cas ; car un homme blessé, si la blessure, quelque grave qu'elle soit, ne détermine la mort qu'au bout d'un temps quelconque, a pu attenter de nouveau à ses jours, et léser un organe dont la blessure serait également mortelle.

La question qui nous occupe doit être considérée sous un point de vue fort important, le voici : On trouve un cadavre au fond d'un puits, d'une rivière, au pied d'un rocher, d'une montagne, d'un endroit escarpé, au bas d'un précipice ; il s'agit de reconnaître *si l'individu était vivant ou mort au moment de la chute,* et, s'il était vivant, de déterminer *s'il s'est précipité volontairement ou s'il a été poussé ?*

On pourra supposer qu'une personne était morte au moment de la chute, si on trouve des traces non équivoques d'étranglement, de plaies régulières faites par des instrumens tranchans ou piquans, ou par des armes à feu, et si on peut établir que les blessures existaient avant la mort. Ici, tout annonce que la personne a été assassinée, et que, pour faire prendre le change, le meurtrier a jeté le cadavre de haut en bas : sans doute que le corps mort pourra offrir des déchirures et d'autres blessures qui seront le résultat des inégalités, des saillies, des pointes, contre lesquelles il aura pu heurter pendant la chute, ou de l'écrasement opéré par les pierres qui auront roulé en même temps que lui ; mais ces blessures, irrégulières comme les corps qui les auront produites, ne présenteront aucun des caractères que l'on remarque dans celles qui ont été faites avant la mort.

Si la personne a été assassinée par un des moyens énoncés, et que la blessure n'ait pas été mortelle sur-le-champ, il pourrait se faire que l'individu fût encore vivant au moment où il a été précipité : dans ce cas, on trouverait, outre les marques d'une lésion régulière faites par une corde, les mains, un sabre, un poignard, un pistolet, etc., des contusions, des déchirures, des fractures, des blessures irrégulières et très étendues, dont quelques-unes auraient été faites pendant la vie et d'autres après la mort, et qui seraient le résultat du choc du corps sur les inégalités du sol, sur des branches d'arbres rompues, sur des racines, etc.

Si l'assassinat n'a point précédé la chûte, et si l'individu était vivant au moment où il a commencé de tomber, toutes les blessures pourront présenter le caractère de lésions faites avant la mort ; à moins que, l'individu ayant péri au milieu de sa chute, il y ait des lésions, faites après la mort, qui n'aient point ce caractère. L'irrégularité, l'étendue, la forme, le nombre des blessures, et l'intensité des ecchymoses qui les accompagnent, seront en rapport avec les aspérités, les éminences et les angles des corps; il faudra donc comparer attentivement les effets aux causes présumées , et voir si réellement, d'après l'espace parcouru par le corps, et d'après les obstacles contre lesquels il a heurté , la mort est le résultat de la chute.

Mais, en supposant que l'on ait prouvé que la personne était vivante au moment de la chute , est-il aisé de démontrer que celle-ci est plutôt volontaire que le résultat d'un accident, ou d'un attentat criminel? Comment distinguer, par exemple, si un tel individu a été précipité par un assassin , s'il s'est lancé lui-même, dans le dessein de se suicider, ou bien si la chute ne tiendrait pas à ce qu'il aurait perdu involontairement l'équilibre , par suite de vertiges, d'une attaque d'apoplexie ou d'épilepsie , de l'ivresse, etc. ?

Ce problême est, sans contredit, un des plus difficiles à résoudre , lorsque les dépositions testimoniales ne viennent point éclairer les magistrats. L'attention doit plus particulièrement se fixer , en pareil cas , sur l'existence de certaines lésions du cerveau et des viscères gastriques qui pourront faire soupçonner une apoplexie, l'ivresse, et quelquefois l'épilepsie ; sur les signes commémoratifs, qui apprendront peut-être que l'individu dont il s'agit était sujet à des vertiges, à des accès d'épilepsie ou d'histérie, ou bien qu'il était hypocondriaque ; sur l'habitude qu'il avait pu contracter de s'énivrer ; sur le dérangement habituel de ses facultés intellectuelles , etc.

256. *De l'empoisonnement.* Cette matière est des plus épineuses.

D'une part, on ne peut, généralement, *affirmer* que le sujet est mort empoisonné, qu'après avoir constaté la présence du poison, parce que la plupart des symptômes et altérations de tissus déterminés par les poisons, peuvent se remarquer dans un grand nombre de maladies, telles que le choléra-morbus, la gastrite, etc.

D'un autre côté, on ne peut *affirmer* qu'il n'y a pas eu empoisonnement, à défaut d'avoir découvert le poison, parce que certaines substances vénéneuses s'absorbent en entier, se décomposent, et que souvent il peut être difficile, sinon impossible d'en constater l'existence.

Dans cette perplexité, il faudra procéder avec une attention soutenue, et ne conclure qu'avec une prudente réserve.

L'examen extérieur du cadavre aura fait découvrir les taches ou lividités qui existeraient à la surface; il aura donné lieu de remarquer l'état convulsif des membres, les contractions des traits, l'état des lèvres et de l'intérieur de la bouche. A ces indications se joindront les circonstances concomitantes et environnantes du lieu, des objets trouvés sur le cadavre ou près de lui, des matières contenues dans un vase, dans une fiole, etc., des déjections dont la couleur révélatrice peut faire naître des conjectures; dès lors il sera permis de soupçonner la présence et les effets du poison.

L'ouverture du corps et l'exploration de tout le tube digestif feront reconnaître les lésions de tissus, les altérations des organes que causent les toxiques; l'analyse des liquides et des substances solides recueillis dans le corps du sujet et autour de lui déterminera une opinion de probabilité ou de certitude.

Nous avons déjà indiqué, au n° 252, quelques précautions à prendre dans ce cas; nous y renvoyons.

La présence du poison, non accompagnée des lésions qui en sont ordinairement la suite, pourrait conduire à des conclusions erronées; on devra donc se tenir en garde contre les méprises, et examiner soigneusement si le poison n'aurait pas été introduit frauduleusement, après la mort, dans certaines parties du corps, comme la bouche, l'estomac, le rectum.

Etant bien reconnu que le sujet a été empoisonné, il faudra rechercher s'il l'a été par lui-même ou par autrui.

Ici s'appliquent les considérations générales sur le suicide (1). On examinera si le sujet avait quelque motif d'attenter à ses jours; s'il a laissé quelqu'écrit annonçant ses ennuis et sa détermination d'y mettre un terme; s'il a recherché ou refusé le secours des médecins et des remèdes; enfin, on s'enquerra de toutes les circonstances qui pourraient expliquer le fait.

On recherchera si aucune des personnes avec lesquelles le décédé vivait, ou qu'il fréquentait, ou avec lesquelles il avait un rapport quelconque, n'avait intérêt à ce qu'il cessât de vivre et aurait acheté ou préparé des poisons, sans pouvoir justifier d'un but vraisemblable auquel on aurait voulu les employer; si les poisons trouvés en la possession de cette personne sont de la même nature que ceux que l'on aurait découverts dans le cadavre; si cette personne, convaincue d'avoir acheté des poisons de même nature, en niait l'achat; avec qui et de quelle manière le défunt avait passé les derniers momens de sa vie.

Des restes de poison trouvés sur le sujet ou auprès de lui sont des signes équivoques, qui peuvent appartenir au suicide comme à l'homicide.

Comme en toute autre occurrence, l'essentiel est de préparer les voies pour arriver à la vérité, et de constater exactement ce qui est: s'il reste des doutes, on acquerra peut-être, avec le temps, les moyens de les dissiper.

Nous terminerons par une réflexion importante. Nous

(1) *V.* n° 240.

avons dit précédemment, pour divers genres de mort,
que les causes apparentes qui les auraient déterminés
auraient pu être employées pour dissimuler la cause véritable du décès. Mais, dans notre hypothèse, un homme
peut s'être empoisonné, et, tourmenté par des douleurs
atroces, avoir hâté le moment de la catastrophe, en
choisissant un moyen plus prompt de destruction, comme
un coup de feu ou de poignard, la pendaison, ou l'immersion dans l'eau. Les signes commémoratifs détermineront, à l'occasion, le mérite et la valeur de cette
remarque, qui souvent n'aura pas été étrangère à la rectitude de la conclusion applicable aux faits constatés. .

257. *Des cadavres des personnes du sexe.* Si le cadavre trouvé était celui d'une personne du sexe, on aurait,
outre les explorations dont nous nous sommes occupés
dans les numéros précédens, à rechercher spécialement,
par la visite et l'examen des organes génitaux, si la mort
ne serait point survenue à la suite d'un avortement ou
d'un accouchement; si elle ne serait point le produit
du viol.

La femme pourrait avoir péri sous les efforts successifs
et répétés de plusieurs hommes; elle pourrait même
avoir succombé à la brutalité d'un seul, si l'auteur de l'attentat avait employé une violence grave pour subjuguer
la victime, et pour étouffer ses cris : elle aurait pu trouver la mort dans l'épuisement de sa résistance; enfin, le
ressentiment profond de l'injure reçue aurait pu éteindre
en elle le principe de la vie.

Des meurtrissures à la vulve, aux seins, aux cuisses,
aux bras; des empreintes de liens qui auraient retenu les
mains; des corps étrangers introduits dans la bouche,
pour empêcher la femme de crier; des traces d'une dé-
floration récente et forcée; des taches laissées sur le

linge, sur les parties sexuelles d'une personne saine, et provenant d'un écoulement vénérien, sont autant d'indices qui peuvent concourir à éclairer la justice et à déceler la vérité.

Le lieu où le corps est trouvé, son attitude, l'état des vêtemens, le souvenir des relations habituelles de la défunte et de ses dernières démarches, fourniront quelquefois des indications précieuses qu'il ne faudra pas négliger de recueillir.

258. *Des cadavres des enfans nouveau-nés.* Lorsque l'on a découvert le cadavre d'un nouveau-né inconnu, et abandonné dans un champ, une rue, une place publique, etc., on doit l'examiner avec autant d'attention que dans le cas où la mère serait connue, parce que l'on peut toujours conserver l'espoir que sa reconnaissance n'échappera pas aux recherches de la police judiciaire.

Après avoir noté tout ce qui est relatif aux objets qui entourent le cadavre, à sa situation, au lieu où il a été trouvé, et aux circonstances que nous avons indiquées au n° 173; avoir examiné attentivement le poids, la longueur de l'enfant, l'état des diverses parties de son corps, tout ce qui peut déterminer son âge au moment de la naissance; avoir tenu compte des lésions extérieures, de l'état plus ou moins avancé de putréfaction, l'on procède enfin à l'autopsie, sans omettre, dans aucun cas, l'ouverture des trois cavités splanchniques.

On cherche à découvrir les causes de la mort.

Le nouveau-né a pu périr avant de sortir de l'utérus : pour s'en assurer, on ne devra pas négliger les secours de la docimasie pulmonaire, bien qu'elle ne fournisse pas toujours des données concluantes.

Le nouveau-né a pu périr pendant l'accouchement,

s'il a été laborieux, s'il a été provoqué ou accompagné par des tentatives criminelles.

Il a pu périr après sa naissance, pour cause de débilité, par vice de conformation, parce qu'il a manqué des secours nécessaires, parce qu'on a exercé envers lui des actes de violence, que l'on peut rapporter aux blessures, à l'asphyxie, à l'empoisonnement par le gaz, etc.

On s'attachera à déterminer depuis quand l'enfant est né ; et, s'il a vécu, quelles ont été la durée de sa vie et l'époque de sa mort. On pourrait retirer de ces remarques des moyens de découvrir à quelle femme appartient le nouveau-né, en supputant l'époque de tel ou tel accouchement, dont le fruit a disparu, et qui a laissé des soupçons de crime.

La plus grande part des investigations appartient, en cette matière, à l'homme de l'art, d'après les détails succints que nous venons de retracer ; mais nous devions mettre l'officier de police judiciaire en état d'exercer une utile surveillance, en l'éclairant sur ce sujet.

259. Quelle que soit l'hypothèse, l'examen et les autres opérations nécessitées par l'événement étant terminés, ou après chaque séance, si plusieurs vacations sont nécessaires, le juge de paix rédigera procès-verbal de tout ce qui aura été fait, remarqué ou appris, et il suivra, soit pour la procédure, soit pour la saisie et la conservation des pièces de conviction, soit enfin pour la rédaction, les formes indiquées précédemment au chapitre V (1).

C'est ainsi qu'il mentionnera dans son procès-verbal le serment des experts (2) ; qu'il y insérera leur rapport,

---

(1) *V*. n⁰ˢ 174, 175.

(2) *V*. n⁰ˢ 127, 175, 176. — Art. 44 du *Cod. d'Inst. crim.*

ou qu'il y annexera ce rapport détaillé et motivé, loin de se contenter d'un simple certificat contenant des conclusions sans exposition des faits, ce qui rendrait impossible toute vérification ultérieure (1).

260. On a dû remarquer que, dans ce chapitre, nous avons supposé la possibilité de la découverte d'un crime, ne nous occupant que de la constatation des faits en eux-mêmes, et faisant abstraction des actes d'information à dresser, des diligences à entreprendre envers les coupables.

C'est que, dans le cas où un crime serait constaté, si les auteurs en étaient indiqués par les circonstances du fait, par des témoins, ou par la clameur publique, il y aurait alors véritablement cas de flagrant délit ; et comme nous avons tracé, aux chapitres V, VI, VII, les règles à suivre en pareille occurrence, nous devions nous borner à y renvoyer, pour éviter d'inutiles redites : nous nous référons donc, pour ce cas, à ce que nous avons écrit sur le flagrant délit et sur l'instruction qu'il comporte.

(1) *V.* n°s 128, 176, 177.

CHAPITRE X.

—

DE L'INFORMATION SUR COMMISSION ROGATOIRE.

261. Nous avons défini ailleurs la commission rogatoire, son emploi et ses règles (1); nous ne nous occuperons dans ce chapitre que des commissions rogatoires afin d'entendre des témoins, et des divers actes d'exécution qui incombent aux juges de paix.

262. Le juge de paix investi d'une commission rogatoire régulièrement déférée doit la remplir avec diligence et exactitude (2). Son premier soin, dès qu'il l'aura reçue, devra être d'en étudier attentivement toutes les

---

(1) *V.* nos 56, 57, 58, 59, 60.

(2) Le juge de paix n'a pas le droit de différer l'exécution d'une commission rogatoire soit parce qu'il n'en reconnaitrait pas l'opportunité ou la nécessité, soit parce qu'il aurait fait lui-même une information comme auxiliaire du procureur du roi...

— Les informations préparatoires faites par les officiers auxiliaires et par le procureur du roi ne contiennent que des *déclarations*; elles ne servent que de simples *renseignemens*, et ne peuvent servir de base à une mise en prévention ou en accusation. Lettre du procureur-général de Poitiers du 15 mai 1831.

dispositions, de s'en bien pénétrer, afin d'accomplir utilement, et sans rien omettre, tout ce que l'on attend de sa coopération.

263. Avant que de recevoir les témoignages qui font l'objet de la commission rogatoire, le juge de paix aura à prendre des mesures préliminaires, à faire des dispositions préparatoires, qu'il convient d'expliquer tout d'abord.

Dans toute information, il est de principe général qu'un témoin ne peut être entendu sans citation préalable (1).

Cette règle ne souffre d'exception que dans le cas de flagrant délit, où l'intérêt et la nécessité qu'il y a de réunir, sans perte de temps, les renseignemens et les preuves, ont fait introduire des formes de procéder plus simples et plus hâtives (2).

264. Les articles 71 et 72 du Code d'Instruction criminelle indiquent de quelle manière les témoins sont évoqués (3).

Le juge commis rend une ordonnance ou cédule, dans laquelle il relate la commission d'où émanent ses pouvoirs ; il y désigne les témoins par leurs prénoms, noms, surnoms, professions, qualités, demeures (4), en un mot, le plus nettement et avec le plus de précision qu'il est possible, pour éviter les erreurs ; il fixe les jour, heure et lieu auxquels il ordonne qu'ils seront assignés à comparaître par un huissier, ou par un agent de la force publique (5).

---

(1) *V.* art. 3 du Code du 3 brumaire an IV. — Art. 71, 74 du *Code d'Instruction criminelle.*

(2) *V.* art. 115 du *Code* du 3 brumaire an IV. — Art. 33 du *Cod. d'Inst. crim.*

(3) *V.* art. 112 du *Code* du 3 brumaire an IV.

(4) Il est quelquefois obligé de s'en enquérir, le juge d'instruction n'ayant pas été à même de les lui faire connaître exactement.

(5) *V.* nos 269, 270, 271, 273.

Le juge de paix n'est pas obligé d'énoncer dans sa cédule les causes de la procédure qu'il a à suivre, c'est-à-dire la nature du délit et le nom de l'inculpé; il convient au contraire de s'abstenir de ces énonciations.

Il y a souvent beaucoup d'inconvénient à ce que les témoins sachent à l'avance pour quel motif ils sont assignés. Ils sont moins exposés à être circonvenus, ils ont moins de facilité à créer des dépositions mensongères, à se concerter entre eux pour altérer ou déguiser la vérité, s'ils ne sont pas instruits, avant d'arriver devant le juge, de l'objet sur lequel leur témoignage est requis.

A la vérité, l'huissier a besoin personnellement de connaître la nature et la qualification du crime ou délit, pour inscrire sur ses états de frais à quelle occasion il a instrumenté; mais cette connaissance peut assurément ne lui être donnée qu'après l'émission de l'exploit; ou du moins, si on l'en informait plutôt, ce ne devrait être qu'en lui rappelant la discrétion que lui commande son caractère d'homme public, et les indications qui lui sont nécessaires lui seraient communiquées en dehors de la cédule.

265. Dans les commissions rogatoires afin d'informer, des témoins sont désignés : ceux-là doivent tous, sans exception, être appelés en témoignage, s'ils se trouvent momentanément ou s'ils ont leur demeure habituelle dans le ressort du juge commis.

Souvent le juge de paix est, de plus, invité à faire citer à comparaître devant lui *tous autres témoins qu'il découvrirait* (1), *et dont l'audition paraîtrait utile à la manifestation de la vérité.*

(1) Il est entendu que ces témoins résideraient ou se trouveraient dans son canton ; autrement, il ne pourrait que les signaler au juge d'instruction.

Le juge de paix délégué se méprendrait étrangement, s'il considérait comme une phrase banale de protocole cette recommandation indéfinie, dont il est facile de concevoir les motifs.

Plus rapproché que le juge d'instruction du lieu du délit, des personnes qui en ont vu ou appris les circonstances, il est plus à portée de connaître les témoins qui sont à même d'éclairer la justice par les renseignemens qu'ils possèdent; d'un autre côté, l'information à laquelle il aura procédé aura pu révéler des témoins importans ignorés jusque là : ce serait de sa part remplir très imparfaitement sa mission, que de négliger d'entendre ces témoins inconnus du juge d'instruction, et de laisser la vérité douteuse et incertaine, lorsqu'il aurait pu en porter la manifestation jusqu'à l'évidence.

Il y a plus : le juge de paix ne doit même pas attendre que le hasard lui décèle des témoins; il doit s'enquérir s'il n'en existerait pas d'autres que ceux qui auraient été dénommés dès le principe, pour choisir parmi eux ceux dont les dépositions mériteraient d'être retenues (1).

266. Le juge commis peut, de prime abord, ajouter, sur sa cédule, à la liste des témoins donnée dans la commission rogatoire les noms de ceux qu'il connaîtrait personnellement comme devant fournir d'utiles documens sur le fait en instruction.

S'il n'apprend que par l'audition des premiers témoins que d'autres personnes auraient des révélations importantes à faire à la justice, ou qu'un témoin entendu et qui s'est déjà éloigné connaît certains faits à constater, dont

---

(1) Ce serait un abus que de faire citer des témoins dont on ne pourrait espérer, avec quelque certitude, retirer des renseignemens profitables. On doit éviter l'inconvénient d'augmenter les frais sans utilité. *V.* Circulaire du Ministre de la justice du 9 avril 1825.

il n'a pas déposé, il donne une seconde, une troisième cédule, suivant les circonstances.

Au surplus, si les témoins indiqués par la commission rogatoire ou connus par le juge délégué, étaient trop nombreux pour être entendus le même jour, le juge délégué aurait à les faire assigner à tels jours différens qu'il le jugerait convenable; sauf à ne pas prolonger mal à propos l'information, et à ne pas en reculer abusivement le terme (1).

267. Il importe toutefois de remarquer que la faculté laissée ou l'invitation adressée au juge commis d'entendre des témoins, outre ceux qui lui sont primitivement indiqués, ne l'autoriserait pas à appeler légèrement d'autres personnes.

Par exemple, il ne devrait pas faire citer des témoins qui seraient présumés n'avoir rien à dire sur le fait ou sur ses circonstances, et qui ne pourraient que déposer de la bonne ou mauvaise moralité du prévenu, parce que les dépositions de tels témoins n'auraient rien de concluant. Mais, évidemment, il ne faut plus comprendre dans cette prohibition les témoins qui auraient à déposer de faits propres à établir la justification du prévenu ; à prouver soit que le crime ou délit n'existe pas, soit que le prévenu n'a pu s'en rendre coupable, ou qu'il en est complètement innocent: l'instruction doit toujours se faire à *décharge* comme à *charge*.

---

(1) Lorsque les occupations du juge de paix ne lui permettent pas d'entendre, le même jour, tous les témoins qui doivent déposer dans la même affaire, les citations, quoiqu'elles indiquent des jours différens pour la comparution, n'en doivent pas moins être données en même temps, et être constatées par un seul original, pour tous les témoins qui résident dans la même commune ou dans des communes voisines. — Instruction du 30 septembre 1826, p. 69. — Décision du Ministre de la justice du 15 mars 1828.

Ce n'est aussi qu'avec beaucoup de circonspection qu'à la liste des témoins désignés dans la commission rogatoire le juge de paix pourrait ajouter les noms de certaines personnes, que leur état éloigne ou dispense de rendre témoignage à l'égard de faits particuliers ou dans des circonstances données.

Nous devons, à ce sujet, entrer dans quelques explications.

1° Ainsi, les prêtres ne sont pas tenus, en général, de révéler à la justice ce qu'ils n'ont appris que par le secret de la confession sacramentelle (1).

2° Mais ils doivent déposer de ce qu'ils ont appris par une autre voie, la foi sacerdotale n'ayant pas plus de priviléges que la foi naturelle (2).

Or, on a prétendu vainement que celui qui n'a connaissance d'un crime que parce qu'on le lui a confié sous le sceau du secret n'est pas tenu de déposer (3).

3° Il est sans difficulté que la qualité de membre d'une congrégation religieuse ne dispenserait pas de l'obligation de rendre témoignage (4).

4° L'article 378 du Code pénal prononce des peines contre les médecins, chirurgiens et autres officiers de santé, les pharmaciens, les sages-femmes et toutes autres personnes dépositaires, par état ou profession, des secrets qu'on leur confie, qui, hors le cas où la loi les oblige de se porter dénonciateurs auront révélé ces secrets.

Dès lors, suivant plusieurs auteurs, les médecins, chirurgiens, pharmaciens et sages-femmes, ne peuvent être forcés de révéler les faits relatifs aux maladies qu'ils ont

(1) *V*. Arr. cass. du 30 novembre 1810.

(2) *V. Ibid.*

(3) *V*. Arr. cass. des 30 novembre 1820 (affaire Madier-Montjau) et 8 mai 1828; et arrêt de la chambre des Pairs (affaire du colonel-Fabvier).

(4) Art. 5, tit. VI, de l'Ordonnance de 1670.

traitées, et pour lesquelles on leur a recommandé le secret.

Nous ne pensons pas que l'on puisse inférer de l'article cité la dispense de déposer en justice, particulièrement en matière criminelle. La Cour de cassation nous semble avoir fixé le véritable sens de la loi, par des motifs irréfragables, dans son dernier arrêt sur cette matière.

Ces motifs sont : que l'article 378 du Code pénal est placé sous la rubrique des *calomnies*, *injures* et *révélations de secrets*; qu'il a pour objet de punir les révélations indiscrètes, inspirées par la méchanceté et le dessein de diffamer ou de nuire; mais qu'il ne s'en suit pas que les personnes qui exercent les professions dénommées dans cet article, doivent être dispensées de faire à la justice la révélation des faits qui sont à leur connaissance, lorsqu'elles sont entendues comme témoins, et que, dans l'intérêt de l'ordre public, leurs dépositions sont jugées nécessaires pour parvenir à la vérité (1).

5° Les avocats et les avoués sont dispensés de déposer contre leurs clients de ce qu'ils en ont appris confidentiellement dans leur cabinet, à moins qu'ils n'eussent été consultés frauduleusement pour empêcher leur audition comme témoins.

Il résulte des arrêts anciens et nouveaux, et de l'avis de tous les auteurs, que les avocats ou avoués qui sont conseils ou défenseurs d'une partie ne sont point tenus de déposer des faits qui leur sont confiés sous le sceau du secret, dans leurs conférences avec leurs clients; mais qu'ils ne peuvent refuser de rendre témoignage des faits qui sont parvenus à leur connaissance de toute autre manière.

6° Les notaires revendiquent les mêmes droits d'abstension.

(1) *V*. Arr. cass. du 23 juillet 1830.

La Cour de cassation (1) a repoussé cette prétention, par les motifs : que si quelques auteurs ont pensé que les notaires ne devraient point être interrogés ni entendus dans les enquêtes, sur ce qui aurait été dit par les parties pour s'accorder sur les conditions des actes qu'ils ont reçus, opinion qui ne paraît fortifiée par aucun monument de jurisprudence, il ne s'agit toutefois, dans l'opinion de ces auteurs, que d'intérêts civils entre personnes privées, et qu'il n'en pourrait être rien induit en matière criminelle et contre l'action de la vindicte publique ; — que si les avocats et même les avoués sont dispensés de déposer des faits qui sont à leur connaissance, *en leur qualité seulement*, dans les procès de leurs clients, cette dispense exceptionnelle est une mesure d'ordre public, établie par la jurisprudence en faveur du droit sacré de la défense, qui prédomine tous les autres, et qui ne peut ni ne doit être étendue aux notaires, dont la profession ne les appelle pas à exercer cette défense (2).

7° Aux termes des articles 156 et 322 du Code d'Instruction criminelle, ne pourront être reçues devant les tribunaux les dépositions des ascendans ou descendans des prévenus ou accusés, de leurs frères et sœurs, des alliés aux mêmes degrés, du mari ou de la femme, même après le divorce prononcé (3).

(1) *V*. Arr. cass. du 25 juillet 1830, déjà cité.

(2) C'est de la discrétion que l'on attend, dit DALLOZ, *Rép.*, au mot *Témoins*, t. XII, p. 590, d'un notaire et d'un médecin ; ils ne sont pas indiscrets en obéissant à justice. C'est le silence qu'on attend d'un défenseur : il y aurait violation du droit sacré de la défense, si l'avocat pouvait être forcé de trahir la confiance qui a été placée en lui.

(3) On ne pourrait pas entendre contre le prévenu son enfant adultérin, ni le fils naturel de son conjoint (Arr. cass. du 6 avril 1809) ; mais on pourrait entendre ses neveux et nièces (Arr. cass. du 11 juin 1807) ; de même, ses oncles (Arr. cass. du 15 janvier 1820) ; la femme de son beau-frère ou le mari de sa belle-sœur, parce que *l'affinité ne produit pas l'affinité*. (Arr. cass. du 5 prairial an XIII).

Ces dispositions s'appliquent à l'instruction écrite aussi bien qu'à l'instruction orale (1).

Mais les raisons de s'abstenir n'existent pas à l'égard des tiers qui viendraient apporter à la justice les renseignemens qu'ils tiennent d'un témoin incapable de les transmettre personnellement aux magistrats; dès lors, l'intérêt de la vérité reprend tout son empire, et le témoignage de ces tiers doit être néessairement admis, comme il peut être exigé (2).

8° Il convient de s'abstenir, en général, d'appeler en témoignage le plaignant devenu partie civile, sa femme ou ses enfans (3): cependant la loi ne défend pas de les entendre (4).

9° Les dénonciateurs non salariés pour le fait de leur dénonciation peuvent, sans aucun doute, être entendus en témoignage.

Quant aux dénonciateurs salariés, leur déposition est repoussée du débat oral (5); mais nous pensons qu'ils peuvent être entendus dans la procédure écrite, pour en recevoir des renseignemens qu'eux seuls souvent pourraient fournir (6).

---

(1) *V.* CARNOT, *de l'Inst. crim.*, t. I, p. 348. — DALLOZ, *Rép.*, au mot *Témoins*, t. XII, p. 589. — DE MOLÈNES, *des Fonctions d'officier de police judiciaire*, p. 30. — Arr. de la Cour royale de Rennes du 8 décembre 1836.

(2) *V.* Arr. cass. des 30 mai 1818, 11 avril 1811 et 19 mars 1829.

(3) *V.* Arr. cass. du 21 thermidor an XIII.

(4) *V.* Arr. cass. des 5 octobre 1833 et 19 janvier 1837.

S'il est vrai que personne n'est témoin *idoine* (apte, recevable) dans sa propre cause, il faut remarquer que c'est le ministère public, non la partie civile, qui est l'adversaire du prévenu. D'ailleurs, il ne faut pas s'exposer à écarter les seuls témoins du fait.

(5) *V.* art. 323 du *Code d'Instruction criminelle*.

La même prohibition n'atteint pas leurs parens.

(6) En tout cas, on ne doit pas considérer comme dénonciateurs salariés les agens de police, bien que leur emploi soit rétribué, que leur mission soit de dénoncer les crimes et délits, et qu'ils soient intéressés à faire preuve de zèle.

10° Le fonctionnaire public qui a rédigé un procès-verbal, par suite duquel une procédure a été instruite, peut être entendu comme témoin, pour donner des explications et renseignemens sur les faits énoncés en cet acte, ou pour déposer de faits qui n'y sont point contenus (1).

Mais on doit user d'une grande réserve pour appeler en témoignage les maires, adjoints, et en général tous les fonctionnaires non rétribués, que la crainte de trop fréquens déplacemens pourrait éloigner de faire des rapports ou écarter de leurs fonctions.

11° Les étrangers, à n'en pas douter, peuvent être entendus comme témoins, de même qu'ils peuvent être nommés interprètes.

Nous terminerons par une observation générale : c'est qu'en cas d'hésitation, le juge de paix délégué devrait consulter le juge d'instruction de qui il tiendrait la commission rogatoire.

268. Lorsque parmi les témoins à assigner se trouvent des gendarmes ou des militaires présens à leur corps, le juge de paix qui fait donner l'assignation doit en écrire à leur chef, 24 heures au moins avant la notification de la citation, et inviter le chef à ordonner aux militaires ou gendarmes de se rendre aux lieu, jour et heure qui leur seront dénoncés dans l'exploit (2).

269. Bien que l'art. 8 de la loi du 28 floréal an X permette aux juges de paix de résider dans une commune autre que celle du chef-lieu de leur canton, c'est dans celle-ci seulement qu'ils peuvent faire les informations dont ils sont chargés par le juge d'instruction.

(1) *V.* Arr. cass. des 12 juillet 1810, 31 octobre 1817, 3 février 1820, 8 mars 1821 et 1er mars 1822.

(2) *V.* Circulaire du ministre de la justice du 15 septembre 1820.

Une circulaire de M. le procureur-général de Poitiers, du 27 août 1824, contient à cet égard les instructions suivantes: « M. le garde-des-sceaux me fait observer, à ce sujet, que la loi du 28 floréal permet, il est vrai, aux juges de paix de résider ailleurs qu'au chef-lieu, mais que c'est par tolérance, et que cette tolérance ne doit point aller jusqu'à nuire au trésor ni aux justiciables; que cependant les témoins seraient obligés à des voyages quelquefois onéreux, et que le trésor aurait fréquemment des frais de déplacement à payer, si les informations ne se faisaient point au 'chef-lieu ; qu'il en résulte que c'est là qu'on doit y procéder ; et qu'au surplus on ne pourrait le faire dans une autre commune sans ôter à l'administration tout moyen de contrôler les taxes des témoins, puisque les seuls tableaux des distances sur lesquels elle règle leur déplacement ne présentent que la distance de chaque commune au chef-lieu, et ne font pas connaître les distances des communes entre elles. »

270. Le jour de la comparution des témoins doit être peu reculé (1), tout en leur laissant un délai suffisant pour comparaître; et l'heure devra en être fixée, autant que possible, de manière qu'ils aient le temps de retourner chez eux, ou au moins de recevoir le montant des indemnités qui leur auront été taxées (en supposant qu'il y ait un bureau d'enregistrement au chef-lieu du canton), le jour même où ils auront déposé (2).

271. Si l'huissier du canton était malade ou empêché, on pourrait faire donner la citation par un autre

---

(1) L'expédition des affaires criminelles et correctionnelles peut avoir lieu les jours fériés. *V*. art. 2 de la loi du 17 thermidor an VI. — Art. 25 du *Cod. pén.* — Arr. cass. des 27 août 1807 et 14 avril 1815.

(2) *V.* n°s 329, 333, 334.

huissier de l'arrondissement, qui ne serait taxé que comme l'eût été celui du canton (1), les juges de paix n'ayant pas le droit de donner des mandemens exprès (2).

Ou bien encore la citation pourrait être donnée par un agent de la force publique (3).

Les agens de la force publique appelés en concurrence avec les huissiers, pour donner les citations, sont particulièrement les gendarmes, les agens de police, les gardes champêtres et les gardes forestiers (4).

Mais les gendarmes ne peuvent être employés à porter des citations que dans le cas d'une nécessité urgente et absolue (5).

Nous pensons que cette disposition doit être entendue dans ce sens, qu'il ne faut pas sans nécessité détourner les gendarmes de leurs fonctions habituelles; mais, lorsqu'on peut les employer sans déranger leur service ordinaire, sans les déplacer, au cours d'une tournée qu'ils ont à faire, ou dans le cas où ils escortent la justice, il n'y a pas à hésiter à les charger de cette mission, au défaut de l'huissier du lieu; puisque d'ailleurs c'est un moyen, dans tous les cas, de procurer au trésor une épargne de frais, les gendarmes n'étant pas payés à raison des citations, notifications et significations dont ils sont chargés par les officiers de police judiciaire (6).

(1) *V*. Circulaire du ministre de la justice du 25 septembre 1812.

(2) *V*. art. 84 du Décret du 18 juin 1811. — Instruction du ministre de la justice du 30 septembre 1826, p. 87. — Art. 28 du Décret du 14 juin 1813. — Même Instruction, p. 85.

(3) *V*. art. 72 du *Cod. d'Inst. crim.*

(4) *V*. art. 67 de l'Ordonnance royale du 29 octobre 1820. — Art. 84 du Décret du 18 juin 1811. — Lois des 9 floréal an XI et 5 pluviose an XIII.

(5) *V*. art. 68 de l'Ordonnance royale du 29 octobre 1820.

(6) *V*. art. 72, 77 du Décret du 18 juin 1811.

Remarquez que les gardes-champêtres, les gardes forestiers et les agens de·

272. N'ayant pas auprès de lui, comme le juge d'instruction, d'officier du ministère public pour faire exécuter ses ordonnances (1), le juge de paix pourvoit lui-même à l'exécution de sa cédule, en la remettant à l'huissier ou à l'agent de la force publique qui devra en remplir l'objet.

Il veillera à ce que l'huissier établisse régulièrement la taxe de ses exploits, et à ce qu'il porte exactement en marge de ses actes le détail de cette taxe (2).

Il s'assurera également si l'huissier a fait enregistrer ses exploits dans les quatre jours de leur notification (3).

police ne sont pas non plus payés dans les mêmes cas, en tant qu'agens de a force publique.

(1) *V.* art. 28, 72 du *Cod. d'Inst. crim.*

(2) Ce qui est nécessaire pour la vérification des taxes. — Circul. du Ministre de la justice du 9 avril 1825.

(3) *V.* art. 20 de la loi du 22 frimaire an VII.

Remarques : 1° Que l'exploit soit donné par un huissier, par un gendarme ou par un garde, les formalités en sont les mêmes ; 2° quand c'est un gendarme ou un garde qui procède, les frais sont seulement de 35 centimes pour visa en debet de l'original de l'exploit, et de 35 cent. pour le visa en debet de chaque copie, enfin de 1 fr. 10 c. pour l'enregistrement en debet de l'original : il n'y a point de salaire pour l'agent qui notifie l'exploit ; 5° l'original et les copies peuvent être établis sur papier non visé pour timbre ; le receveur, en enregistrant l'original, le vise pour timbre, et tient note du papier employé pour les copies ; 4° les gendarmes peuvent exploiter dans tout le canton ; les gardes, seulement dans le territoire où ils exercent leurs fonctions ordinaires ; 5° l'exploit et les copies peuvent être écrits, *gratuitement*, par le greffier ou par tout autre ; il suffit qu'ils soient signés par l'agent qui instrumente.

MODÈLE D'EXPLOIT.

L'an..., le..., à la requête de M. le procureur du roi de l'arrondissement de..., en vertu de la cédule de M. le juge de paix du canton de..., en date du...

Je soussigné... *(prénoms, nom, qualité et demeure)*, ai à... *(prénoms, nom, profession)* demeurant à..., en son domicile, en parlant à...

Donné assignation à comparaître en personne, le..., heure.., par-devant M. le juge de paix de..., à..., pour déposer sur les faits dont il sera enquis ; lui enjoignant de comparaître, sous les peines de droit.

273. Les cédules ou ordonnances de citation de témoins sont toujours écrites sur papier libre ; elles sont exemptes d'enregistrement ; leur rédaction n'entraîne aucuns frais (1).

Il est inutile que l'huissier les notifie aux témoins ; il suffit de les relater dans les actes de citation (2).

L'ordonnance dont nous nous occupons se rédige habituellement dans la forme suivante :

Nous (3)   , juge de paix du canton de   , arrondissement de   , département de   , agissant en vertu de la commission rogatoire de M. le juge d'instruction de   , en date du   (4) ;

Mandons et ordonnons à tous huissiers ou agens de la force publique d'assigner , à la requête de M. le procureur du roi (5) :

Et j'ai délaissé audit N..., copie du présent exploit , dont le coût est de un franc quatre-vingts centimes.

DÉTAIL :   *Signature.*

Papier. « f. 70 c.
Enreg^t. 1   10
Total. 1   80

La copie est la répétition de l'exploit, avec la seule différence que le délaissé est libellé ainsi : « Et j'ai délaissé audit N..., la présente copie de « l'exploit, dont le coût est de... »

Quand il y a plusieurs témoins, ils sont tous compris dans le même original d'exploit, avec un numéro d'ordre. La rédaction est du reste la même, en substituant le pluriel au singulier , et en mettant dans le délaissé sur l'original : « Et j'ai à chacun des sus-nommés délaissé... » — Chaque copie ne doit, toutefois, contenir que le nom du témoin à qui elle est destinée , et elle est libellée comme si l'original ne comprenait qu'un seul témoin.

(1) *V.* n° 105 , aux notes.

(2) *V.* Pour analogie, Instruction du 30 septembre 1826 , n° 68 , § II, p. 71.

(3) Prénoms et nom du juge de paix ou du suppléant. *V.* n° 60.

(4) *Ou* de la commission rogatoire de M.   , en date du   , à nous transmise le   , par M. le juge d'instruction de   .

(5) L'assignation qui est donnée aux témoins, doit leur être donnée à la requête du procureur du roi de l'arrondissement où le procès criminel s'instruit.

1°... (1).

2°...

A comparaître le   , heure   (2), par-devant nous, en notre cabinet, situé à   , pour y déposer en personne sur les faits et circonstances dont il leur sera donné connaissance ; leur déclarant qu'à défaut de comparaître, ils y seront contraints par corps.

Fait à   , le

Sceau.   *Signature.*

274. Toute personne citée pour être entendue en témoignage est tenue de comparaître et de satisfaire à la citation, c'est-à-dire de déposer (3).

275. Cependant une personne assignée a pu se trouver être absente au moment où la citation lui a été laissée, et n'être pas de retour au jour fixé pour sa comparution. Lorsque le juge en est informé, il peut se borner à faire donner une nouvelle citation (4), si le retour du témoin doit être prochain ; autrement, il y aurait lieu d'avertir le juge d'instruction, qui déciderait s'il convient de suspendre la clôture de l'information, pour obtenir le témoignage de l'absent.

Il y aurait lieu de réassigner purement et simplement,

---

(1) Prénoms, nom, surnom, qualité ou profession, lieu d'habitation et commune du témoin.

(2) Date précise par indication du jour de la semaine, quantième du mois, et heure du matin ou du soir.

(3) *V.* n° 267. — Art. 3, tit. VI, de l'Ordonnance de 1670. — Loi du 11 prairial an IV.

Remarquez que si des témoins qui peuvent s'abstenir de déposer étaient assignés, ils devraient néanmoins comparaître, pour obéir aux art. 80 et 304 du Code d'Instruction criminelle, sauf à présenter leur excuse.

(4) Ajoutez : en vertu d'une nouvelle cédule.

si le délai donné pour la comparution était reconnu insuffisant.

276. Si le témoin était dans les liens de la contrainte par corps, il faudrait lui expédier un sauf-conduit (1). Au reste, la durée du sauf-conduit ne devrait pas être étendue jusqu'au complément de la procédure en instruction; il ne devrait être donné et conserver effet que pendant le temps strictement nécessaire pour la comparution, l'audition et le retour du témoin dans son domicile, sauf à le renouveler en cas de besoin (2).

277. D'un autre côté, un témoin a pu fournir une *exoine*, c'est-à-dire un certificat d'un officier de santé attestant l'impossibilité où serait le témoin d'obtempérer à la citation (3).

Dans ce cas, le juge de paix devrait se rendre au domicile du témoin, pour recevoir sa déposition.

Il ne serait pas nécessaire que la commission rogatoire contînt à ce sujet des instructions ou une délégation expresses. L'article 83 du Code d'Instruction criminelle a posé le principe : il s'applique virtuellement au juge délégué.

278. Mais, si le témoin auprès duquel le juge commis se serait transporté n'était pas réellement atteint de

---

(1) *V.* Loi du 15 germinal an VI, tit. 3, art. 8. — Art. 782 du Code de procédure civile.

(2) *V.* Circulaire du Ministre de la justice du 22 brumaire an VIII.

(3) *V.* art. 118 et suiv. du *Cod.* du 3 brumaire an IV.

Ce certificat doit être sur papier timbré; il est exempt d'enregistrement. Il doit être annexé à la procédure, sinon le juge de paix qui se rendrait auprès du témoin pour recevoir sa déposition perdrait son droit à une indemnité de voyage, quand même il se serait transporté à plus de cinq kilomètres de sa résidence. — SUDRAUD-DESISLES, *Notes d'un Juge d'Instruction*, p. 33. — DE DALMAS, *Commentaire* du Décret du 18 juin 1811, p. 254.

l'indisposition ou de la maladie qui aurait été attestée l'avoir constitué dans l'impossibilité de comparaître sur la citation qu'il aurait reçue, il y aurait lieu de décerner un mandat de dépôt à la maison d'arrêt contre le témoin et contre l'officier de santé qui aurait délivré le faux certificat(1); le témoin et l'officier de santé seraient, en outre, passibles de l'amende infligée par l'article 80 du Code d'Instruction criminelle.

Nous avons dit plus haut (2) qu'il n'appartient pas au juge de paix de décerner, en ce cas, le mandat de dépôt, et qu'il a seulement à constater la fausseté de l'excuse, par un procès-verbal qui doit servir de base au mandat de dépôt que décernera le juge d'instruction et à l'amende qu'il prononcera, sur le réquisitoire du procureur du roi.

Quant à l'amende, la loi explique trop formellement qu'elle sera prononcée par le juge d'instruction et sur les conclusions du procureur du roi, pour que le juge de paix, dont l'incompétence est évidente, puisse croire qu'il lui appartienne de prononcer cette peine.

C'est au juge d'instruction de son arrondissement que le juge de paix doit dénoncer la fraude, quand même il opérerait pour l'exécution d'une commission rogatoire d'un autre juge d'instruction à lui transmise; parce que c'est le juge d'instruction du lieu de la demeure du témoin et de l'officier de santé qui applique les peines encourues (3).

279. Le juge de paix qui se transporte au domicile d'un témoin non comparant d'après son ordonnance et excusé par une exoine, ou qui a été commis spéciale-

---

(1) *V*. art. 86 du *Cod. d'Inst. crim.*
(2) *V*. n° 58.
(3) *V*. art. 80, 86 du *Cod. d'Inst. crim.*

ment pour suppléer le juge d'instruction en pareille occurrence, aux termes de l'article 83 du Code d'Instruction criminelle, peut trouver bien portant le témoin
supposé malade, soit parce qu'il est guéri, soit parce
qu'il a fait attester faussement une maladie dont il n'a pas
été atteint.

Quoi qu'il en soit, nous estimons que le juge de paix
peut toujours recevoir la déposition du témoin, soit qu'il
y ait lieu de sévir contre lui, en cas de maladie faussement alléguée, soit que le témoin eût pu être réassigné à
se rendre auprès du juge, vu sa guérison.

Cependant M. Carnot (1) enseigne que le juge de paix
délégué dans cette circonstance, et pour ce cas spécial,
n'aurait pas le droit de recevoir la déposition, car il n'est
commis que pour le cas d'impossibilité constatée; il en
serait autrement, ajoute M. Carnot, si c'était le juge
d'instruction qui se fût transporté, parce qu'il a caractère
inhérent à sa qualité pour entendre des témoins.

Nous répondons que le juge de paix délégué soit pour
procéder à une information, soit pour recevoir la déposition d'un témoin empêché ou malade, puise dans la
commission rogatoire, quant à l'audition des témoins, et
sauf les restrictions expresses qu'elle contiendrait, les
mêmes droits dont le juge d'instruction commettant est
investi directement par la loi.

Ainsi, relativement aux témoins assignés sur sa propre
cédule, il doit procéder comme procéderait le juge d'instruction dans son canton (2).

Que s'il était délégué pour entendre un témoin présumé malade, d'après l'exoine par lui fournie, il n'y
aurait aucun inconvénient à ce qu'il entendît ce témoin

(1) *V*. Carnot, *de l'Inst. crim.*, t. I, p. 371.
(2) *V*. art. 83 du *Code d'Inst. crim.*

trouvé bien portant ou guéri, puisqu'il avait aptitude à être commis pour l'entendre avant l'exoine donnée; puisque d'ailleurs le but de la commission est que le témoin soit entendu par le juge de paix; qu'enfin il serait encore loisible au juge d'instruction de faire réassigner le témoin, pour l'entendre lui-même de nouveau, s'il le jugeait convenable et nécessaire.

A la vérité, l'exoine aura été la cause de la délégation et, par suite, du transport du juge de paix.

Or, si l'exoine était sincère, on ne peut reprocher au témoin revenu à la santé, et qui pouvait être réassigné, le transport inutile du juge.

Si l'exoine était fausse, le témoin subira la peine de sa supercherie (1).

Est-ce donc à dire que l'on doive, en outre, suspendre le cours de l'information, aux risques du dépérissement des preuves déjà acquises ou que l'on pourrait tirer de la déposition même du témoin récalcitrant? Nous ne le pensons pas.

S'il y a lieu, la désobéissance du témoin sera punie; mais il faut songer à remplir, sans différer, l'intention de la loi, qui est de mener à fin avec autant de célérité que d'exactitude les procédures commencées. Le prévenu, qui est peut-être en état de détention; la société, qui peut-être a besoin d'un exemple prompt; la justice, qui réclame qu'incessamment l'innocence du prévenu soit proclamée ou que son crime soit déclaré et réprimé,

---

(1) Les témoins qui auront allégué une excuse reconnue fausse seront condamnés, outre les amendes prononcées pour non comparution (V. art. 80, 86 du Cod. d'Inst. crim.) à un emprisonnement de six jours à deux mois. V. art. 236 du Cod. pén.

Le témoin qui ne comparaît pas, et qui, en outre, allègue une fausse excuse, doit être condamné cumulativement à l'emprisonnement et à l'amende. V. Arr. cass. du 29 novembre 1811.

ne peuvent pas souffrir de retardement à raison de l'état sanitaire du témoin ou de sa mauvaise volonté.

Cependant la prohibition d'entendre le témoin, prohibition non exprimée dans la loi, peut faire perdre un temps précieux ; tandis que l'audition de ce témoin par le juge de paix ne vicie pas l'instruction préparatoire écrite.

Nous persistons donc à penser qu'à moins de défense contenue dans la commission rogatoire, pour le cas où le témoin ne serait pas trouvé malade ou valablement empêché de se transporter, le juge de paix, dans notre hypothèse, devrait recevoir la déposition.

280. Si un témoin ne comparaît pas, sans qu'il produise d'excuse, ou si, comparaissant, il refuse de prêter serment ou de déposer, le juge de paix doit en faire mention dans son procès-verbal d'information, et en référer de suite au juge d'instruction, seul chargé de statuer sur cette désobéissance à justice et sur les moyens de contraindre le témoin à satisfaire à la citation (1).

Au reste, il ne peut y avoir doute sur l'assimilation de ces deux cas du défaut de comparaître et du refus de prêter serment ou de déposer.

Celui qui, en comparaissant, refuse le serment, sans lequel il n'y a pas de déposition, ou refuse de déclarer tout ce qu'il sait, et qui par conséquent désobéit à la justice en face, est bien plus coupable que celui qui ne comparaît pas. Le motif de la loi qui punit le témoin défaillant est : que tout citoyen doit à la justice vérité ; qu'entière soumission est due à la loi ; que tout moyen d'en suspendre l'effet est un délit. Et certainement ce motif s'applique tout aussi bien au témoin refusant de déposer en comparaissant, qu'au témoin refusant de

(1) *V.* art. 80 et 304 du *Cod. d'Inst. crim.*

comparaître. Donc l'un et l'autre sont également coupables et encourent les mêmes peines (1).

4. Il serait à propos de mettre ces considérations sous les
yeux du témoin qui s'obstinerait à garder le silence.

281. Quand, de plusieurs témoins assignés, les uns
s'abstiennent de se présenter, c'est après avoir entendu
les témoins présens, et dans la clôture du procès-verbal
d'information, que le juge mentionne les exoines, les
absences motivées ou sans excuse (2).

Ces cas se présentent assez rarement. Il convenait pourtant d'en parler, et nous nous en sommes occupé dès
l'abord, pour n'avoir pas à interrompre par des digressions
ce que nous avons à dire sur l'audition des témoins com-
parans, et sur la forme du procès-verbal d'information.

282. Les témoins sont entendus séparément les uns
des autres, hors la présence du prévenu, par le juge
assisté de son greffier (3).

La raison en est, dit Bornier, parce qu'on croit que le
témoin dépose plus véritablement lorsqu'il est ouï en
secret, que s'il venait déposer en présence des parties,
dont la crainte ou la considération pourrait retenir ou
corrompre son témoignage.

La loi devait ordonner et elle a voulu que chaque
témoin déposât isolément et secrètement, pour obvier à
tout concert, pour éloigner toute crainte, toute influence.

---

(1) *V.* nos 267, 274. — Art. 304, 355 du *Cod. d'Inst. crim.*
Toutefois, il est bien entendu que les personnes dont parlent les articles
156 et 522 du Code d'Instruction criminelle, les confesseurs et les avocats
ne sont astreints qu'à comparaître, et ne peuvent être forcés de déposer,
s'ils s'y refusent, d'après les explications que nous avons données plus haut,
no 267.

(2) *V.* no 313.

(3) *V.* art. 73 du *Cod. d'Inst. crim.*

Si l'on opérait autrement, un témoin pourrait craindre de se compromettre en déposant en sens contraire des témoignages déjà reçus en sa présence ; rectifier ses idées sur celles des témoins dont il aurait entendu la déposition ; être tenté de dissimuler des circonstances qu'il aurait remarquées, lorsque d'autres témoins, présens comme lui à la consommation du crime, ne les auraient pas révélées.

283. Le ministère public et la partie civile ne doivent pas assister à l'information, parce que leur présence pourrait gêner le témoin.

284. Le témoin doit déposer sans armes, debout et découvert, à moins que le juge n'ait permis qu'il en soit autrement. Il est d'usage de faire asseoir le témoin.

Tout témoin a droit à des égards, quels que soient son rang, son état, sa profession ; s'il se saisit, si son trouble rend sa déposition embarrassée et le fait tomber dans une apparente contradiction, le juge le rassurera et l'encouragera, en lui parlant avec douceur et honnêteté.

285. Il est de rigueur que la déposition soit reçue par le juge, *qui dicte*, et par le greffier, *qui écrit :* chacun de ces officiers doit remplir sa mission, et s'y renfermer.

Il y aurait une négligence coupable de la part du juge à ce qu'il abandonnât la rédaction au greffier, quelqu'habile qu'il fût.

Et il y aurait également abus à ce que le juge écrivît les dépositions des témoins : aucune préoccupation ne doit détourner son attention de ce qui fait l'objet de l'information à laquelle il se livre.

Le juge ne peut d'ailleurs se dispenser, sous aucun prétexte, d'employer son greffier ; la loi est formelle :

c'est une garantie de plus qu'elle a voulu donner au prévenu de la droiture et de l'impartialité de la procédure (1).

286. Si le greffier était malade ou empêché ; s'il était lui-même témoin, ou parent du prévenu aux degrés fixés par les articles 156 et 322 du Code d'Instruction criminelle, le juge devrait le faire remplacer momentanément par une personne ayant au moins vingt-cinq ans, et dont il recevrait, au préalable, le serment de se bien et fidèlement acquitter de ces fonctions (2).

287. Avant d'être entendus, les témoins doivent représenter la citation qui leur aura été donnée pour déposer ; il en sera fait mention dans le procès-verbal (3).

Tout témoin volontaire est suspect de partialité pour ou contre le prévenu : c'est pour cela que la citation doit précéder l'audition (4).

Selon M. Levasseur (5), quoique le juge de paix se transporte auprès du témoin pour l'entendre, celui-ci ne doit pas moins être assigné, et le juge doit se faire représenter copie de l'assignation.

Nous estimons qu'une seconde assignation, au cas de l'article 83 du Code d'Instruction criminelle, serait inutile et frustratoire.

(1) *V*. art. 75 du *Cod. d'Inst. crim.*
(2) *V*. n° 63.
(3) *V*. art. 74, 77 du *Cod. d'Inst. crim.*
Un témoin assigné peut être entendu avant ou après l'échéance de l'assignation. Le vœu de la loi serait rempli bien que l'assignation fût fautive.
Si le témoin avait perdu sa copie de citation, on devrait néanmoins l'entendre, après avoir vérifié sur l'original de l'exploit que ce témoin a été assigné. Le témoin, dans ce cas, conserve son droit à la taxe. *V*. n°s 529, 552.
(4) *V*. n° 265.
(5) *Manuel des Juges de paix*, p. 241.

Tout témoin volontaire est suspect, avons-nous dit (1) ; par suite, tout témoin à entendre doit être assigné. Mais un témoin assigné n'a pu comparaître : à quoi bon lui donner une assignation nouvelle, le plus souvent pour l'entendre dans son lit ?

Il doit suffire (2) de se faire représenter et de relater la première assignation, afin de constater que le témoin a déposé, non pas spontanément, mais pour obéir à justice.

Il en serait autrement, si le témoin auprès duquel le juge de paix se transporte n'avait pas encore été assigné : nous avons indiqué le motif de différence et la raison de décider dans cette dernière hypothèse.

288. Les témoins prêtent serment de dire *toute la vérité, rien que la vérité* (3). Le juge prononce la formule du serment, et le témoin répond : *Je le jure.*

Les termes du serment sont sacramentels ; mais la forme peut varier : chaque témoin peut prêter serment suivant le rit de son culte.

Les enfans de l'un ou de l'autre sexe, âgés de moins de 15 ans, peuvent être entendus par forme de *déclaration* et sans prestation de serment (4). Il en est de même des sourds-muets qui ne savent pas écrire (5).

Doivent aussi être entendus sans prestation de ser-

---

(1) *V.* n° 265, cas exceptionnels.

Un témoin qui se présenterait volontairement pour déposer devrait être préalablement cité.

(2) Surtout quand c'est sur l'ordonnance du juge de paix que le témoin a déjà été assigné.

(3) *V.* art. 75, 77 du *Cod. d'Inst. crim.*

(4) *V.* art. 79 du *Cod. d'Inst. crim.* — On peut leur faire prêter serment (Arr. cass. du 27 mai 1825) ; mais il vaut mieux s'en abstenir.

(5) *V.* Arr. cass. du 13 août 1812.

ment, et ne sont reçus qu'à donner de simples renseignemens (1) :

1° Les personnes mortes civilement (2) ;

2° Quiconque aura été condamné à la peine des travaux forcés, du bannissement, de la réclusion, du car-
can, ou de la dégradation civique, et n'aura pas été
réhabilité (3) ;

3° Enfin, ceux qui auront été condamnés pour calom-
nie, larcin, escroquerie, abus de blanc-seing, tenue de
maison de jeu, pourvu que le jugement ait prononcé
l'interdiction de porter témoignage en justice (4).

289. Le juge demandera aux témoins quels sont leurs
prénoms, noms, âge, état, profession, demeure ; s'ils sont
domestiques (5), parens ou alliés des parties (6), et à
quel degré ; il sera fait mention de la demande du juge,
et des réponses des témoins (7).

Cette disposition de la loi a pour objet : 1° de mettre

(1) Sous la simple promesse de dire vérité. *V.* Arr. cass. des 30 mai 1818
et 31 mai 1827. Mais si leur position avait été ignorée, leur audition dans
les formes usitées pour les témoins en général ne vicierait pas l'information.

(2) *V.* art. 25 du *Code civil.*

(3) *V.* art. 28, 34, 42 du *Code pénal.*
Les condamnés à des peines afflictives et infamantes sont désignés ordinairement par la dénomination de *repris de justice. V.* Circulaire du Ministre
de la Justice du 7 octobre 1818. Cette qualification ne s'applique pas à ceux
qui n'ont subi que des peines correctionnelles.

(4) *V.* art. 374, 401, 405, 407, 408, 410 du *Code pénal.*

(5) Le Code d'Instruction criminelle entend par *domestique*, tout ce que
l'Ordonnance de 1670 entendait par *serviteur* ou *domestique*, c'est-à-dire tous
ceux qui sont attachés au service de la personne ou du ménage, ou qui occupent un emploi dans la maison.

(6) C'est-à-dire des prévenus, et des parties civiles, s'il y en a en cause.

(7) *V.* art. 75, 77 du *Cod. d'Inst. crim.* — Si la plainte est rendue contre
des inconnus, ou contre des inconnus et contre des personnes dénommées,
il suffit que le témoin déclare s'il est ou non domestique, parent, allié des
parties nommées dans la plainte ou de lui connues, et qu'il dise qu'il ne
connaît point les autres.

la chambre du conseil et celle d'accusation en état de fixer leur opinion sur la foi due aux témoins ; 2° de mettre le ministère public à même de n'appeler à l'audience que des témoins dont l'audition soit recevable d'après le vœu des articles 156 et 322 du Code d'Instruction criminelle.

Toutes les demandes de l'article 75 du Code d'Instruction criminelle, énoncées plus haut, doivent être faites et mentionnées, ainsi que les réponses, quels que soient la qualité et le rang du témoin, la loi ne distinguant pas.

290. Après ces questions générales, le juge cesse d'interroger. Il rappelle au témoin, s'il le croit nécessaire, qu'il doit dire *toute la vérité*, *tout ce qu'il sait*, après lui avoir fait connaître l'objet de l'information indiqué à la commission rogatoire (1).

Le témoin peut consulter des notes, mais il doit déposer de vive voix (2), par lui-même, s'il est capable de s'exprimer en français, et avec l'assistance d'un interprète, s'il ignore la langue : dans ce cas l'interprète prête serment comme le témoin, et il signe la déposition (3). Les sourds-muets ont seuls la faculté de remettre une déposition écrite, laquelle doit même être faite en présence du juge (4). Si le témoin sourd-muet ne sait pas écrire, on emploie un interprète de ses signes (5).

(1) *V*. art. 83 du *Cod. d'Inst. crim.*

(2) Un témoin ne peut déposer par procureur, c'est-à-dire par un fondé de pouvoir, ni envoyer ou apporter une déposition écrite, qui serait remise au juge.

L'art. 95 du Code de Procédure civile ne permet même pas de consulter des notes.

(3) *V*. art. 332 du *Cod. d'Inst. crim.*,

Le ministère d'interprète peut être rempli par une femme : *V*. Arr. cass. du 16 avril 1818 ; — par un étranger : *V*. Arr. cass. du 2 mars 1827.

(4) *V*. art. 333 du *Cod. d'Inst. crim.*

(5) *V*. art. 332, 333, *Ibid.*

Dans ce cas, le sourd-muet n'est entendu qu'à titre de renseignemens.

291. Le témoin raconte ce qu'il a vu, ce qu'il a entendu, ce qu'il a ouï dire ; il fait un récit exact et circonstancié ; il rend compte de tout ce qui peut servir à prouver la culpabilité ou l'innocence du prévenu ; il rend raison de la manière dont il sait ou dont il a appris ce qu'il déclare. La cause du délit, l'instrument, le jour, l'heure, le lieu, les distances ; la qualité, l'âge, le sexe, la moralité du prévenu, c'est-à-dire sa bonne ou mauvaise réputation ; ses habitudes, ses démarches, ses paroles, les menaces qu'il aurait faites ; ses propositions de transaction, s'il y en a eu ; ses relations d'amitié ou de haine avec la partie lésée ; ses motifs d'animosité ; en un mot, tout ce qu'il a dit ou fait avant ou depuis la perpétration du crime ou délit, tout ce qui tendrait à conviction ou à décharge ; le nombre des auteurs et des complices du fait incriminé ; la part que chacun d'eux y a prise : tout doit être déterminé avec clarté et précision.

292. Lorsque le témoin a cessé de parler ; quand il a positivement affirmé, sur l'interpellation du juge, qu'il a déclaré tout ce qu'il sait ; si sa déposition paraît obscure, si elle renferme des contradictions, le juge pourra l'interroger pour éclaircir ce qui est ambigu, douteux ou inconciliable ; mais il devra prendre garde de défigurer le sens de la déposition du témoin, et surtout de lui adresser des questions qui puissent l'embarrasser et lui faire oublier de rendre hommage à la vérité.

Si le témoin n'avait pas déposé d'un ou de plusieurs faits, ou seulement de certaines particularités, dont le juge est informé que ce témoin doit avoir connaissance, il devrait être interpellé de dire ce qu'il sait à cet égard.

En faisant expliquer le témoin sur les circonstances aggravantes du fait, on aura soin de les lui faire qualifier dans le langage ordinaire, et non en droit, car il peut ignorer le sens légal des mots : *effraction, escalade*, etc.

Mais en aucun cas la réponse ne doit être suggérée.

293. On ne tirerait pas une conséquence juste de l'article 83 du du Code d'Instruction criminelle, si l'on voulait en induire que le juge de paix délégué doit *interroger* le témoin sur les notes et pièces qui lui auraient été transmises ; il doit se borner à recevoir sa déposition. Aussi l'article 83 ne dit-il pas que le juge de paix donnera connaissance au témoin des faits sur lesquels il devra l'*interroger*, mais des faits sur lesquels le témoin devra *déposer*. L'interrogatoire fait au témoin aurait des inconvéniens graves : il pourrait être captieux ; le juge pourrait y insinuer la réponse à faire ; la déposition ne serait plus vraiment celle du témoin ; elle serait en quelque sorte celle du juge, dont les fonctions doivent se borner à recevoir les témoignages.

Toutefois, c'est dans ce sens seulement que le juge doit s'abstenir de toute suggestion, et qu'il doit laisser le témoin déposer librement, avant de l'interroger, que l'on a admis la maxime : *les dépositions ne doivent pas être reçues par interrogatoire;* car Daguesseau écrivait : « On reproche au juge..... d'avoir interrogé les témoins, au lieu de recevoir simplement leurs dépositions! Mais il n'y a pas de bon juge qui ne le fasse, et l'on peut dire que la faute des officiers de Châtillon n'est pas de l'avoir fait, mais de l'avoir écrit (1). »

_____

(1) DAGUESSEAU, 51ᵉ plaidoyer, affaire de la Pivardrière.

JOUSSE, *Traité de la Just. crim.*, t. II, p. 85, après avoir établi qu'on ne doit pas informer par interrogatoire, ajoute : Au surplus il faut observer que les réglemens n'empêchent pas le juge qui instruit de pouvoir interroger le témoin pour éclaircir sa déposition et expliquer les circonstances du fait. Au contraire, cette précaution est prescrite aux juges-commissaires par

294. Au reste, cette défense d'écrire les questions faites aux témoins, ou de les entendre par interrogatoire, ne s'applique pas aux témoins militaires, puisque, d'après la loi du 18 prairial an II, les commissions rogatoires relatives à ces témoins doivent expressément contenir les questions sur lesquelles ils auront à répondre, et qui, par conséquent, doivent leur être adressées.

Il est même de pratique, dans ce cas, que le juge, après avoir établi le préambule de son procès-verbal d'information, y transcrive immédiatement et consécutivement toutes les questions posées dans la commission rogatoire, et qu'il les signe avec le greffier, avant de recevoir et de consigner les dépositions des témoins.

Remarquez pourtant que ce mode de procéder n'est pas formellement prescrit par la loi, dont l'objet, à notre avis, serait également rempli (mais avec moins d'avantage, en ce que les dépositions seraient moins concises, moins suivies et moins claires, et que le procès-verbal serait inutilement alongé), si chaque question et la réponse étaient établies successivement, au fur et à mesure de la déposition de chaque témoin.

295. L'information doit être faite à charge et à décharge, c'est-à-dire que les procès-verbaux doivent être rédigés avec soin et impartialité ; les dépositions des témoins doivent l'être de manière qu'aucun fait ne soit altéré, et que le prévenu puisse y trouver sa justification, comme il pourrait y trouver la conviction du crime ou du délit dont on l'accuse.

l'ordonnance du mois de mars 1498, art. 15, et par celle du mois d'octobre 1555, Ch. VII, art. 6 ; autrement, la plus grande partie des dépositions des témoins seraient obscures et inintelligibles ; mais le juge doit éviter d'user en cela d'aucune suggestion. — DENIZART, *Coll. de Jurisp.*, au mot *Information*, enseigne la même doctrine

296. La déposition des témoins doit être énoncée en termes clairs et précis, sans aucune équivoque, en conservant sa physionomie de manière à faire connaître si le témoin affirme positivement certains faits ou s'il se borne à les présenter comme douteux. La manière de présenter un fait, d'exprimer une pensée, peut changer, en quelque sorte, aggraver ou modifier la déposition du témoin. Il faut donc que le juge pèse sur chaque mot, et qu'il fasse bien expliquer la personne dont il reproduit le langage : on voit, aux assises, des témoins affirmer que ce qu'ils paraissent avoir dit est le contraire de ce qu'ils ont voulu dire.

La forme de la déclaration appartient à l'arbitraire du magistrat; mais, en faisant parler le témoin directement, la déposition est infiniment plus claire et plus précise.

297. Si le témoin, lors de sa déposition, représente quelque chose qui puisse servir à conviction ou à décharge, le juge doit en dresser procès-verbal, ou en faire mention dans la déposition.

De même, si le juge avait par devers lui des pièces de conviction, il les représenterait au témoin, avec telles interpellations que les circonstances comporteraient.

En matière de faux, les pièces représentées aux témoins doivent être signées et paraphées par eux (1).

298. On peut aussi, mais avec une grande discrétion, confronter les témoins avec le prévenu, pour le reconnaître, quand il est sur le lieu de l'information; comme l'on peut confronter les témoins entre eux, pour éclaircir les points obscurs ou contradictoires de plusieurs dépositions.

(1) *V.* art. 457 du *Cod. d'Inst. crim.* — No 162, aux notes.

299. On peut encore rappeler un témoin, lorsque ceux qui ont été entendus après lui ont fait découvrir qu'il doit avoir eu connaissance de faits dont il n'a pas déposé, et sur lesquels il est utile de l'interpeller.

300. La déposition doit être écrite devant le témoin : ce serait agir contre toutes les règles que de se borner à prendre des notes sous la dictée du témoin, surtout quand il ne sait pas signer, pour rédiger ensuite, à loisir, le procès-verbal d'audition.

301. Ainsi que nous l'avons dit plus haut (1), le juge ne doit point abandonner la rédaction au greffier, quelque habile qu'il soit ; mais on peut laisser un témoin dicter sa déposition (2).

302. Chaque déposition sera signée du juge, du greffier et du témoin, après que lecture en aura été faite, et que le témoin aura déclaré y persister ; si le témoin ne veut ou ne peut signer, il en sera fait mention (3).

Lecture est faite aux témoins, dit Bornier, afin qu'ils soient par là plus particulièrement avertis de bien penser à ce qu'ils ont déposé, et, après que les dépositions leur

---

(1) *V.* n° 285.

(2) *V.* Circulaire du procureur général de Poitiers du 4 mars 1830.

Lorsque le juge reçoit la déposition d'un témoin, il doit lui faire circonstancier tout ce qu'il a vu ou entendu, et écrire d'après sa déposition, sans renvoyer, pour abréger, à aucun acte de la procédure.

Ainsi, on doit dicter la déposition du témoin telle qu'il l'a faite, quand même une autre déposition déjà retenue contiendrait le même récit. Il serait irrégulier de se borner à énoncer que le témoin a déposé dans le même sens, ou dans les mêmes termes, que tel ou tel autre ; comme d'énoncer qu'il s'en réfère aux détails insérés dans tel procès-verbal, ou dans tel acte antérieur de la procédure.

(3) *V.* art. 76, 77 du *Cod. d'Inst. crim.*

En cas de refus, il faudrait en exprimer le motif, s'il avait été donné.

ont été répétées, de ne pas se dédire ni varier plus tard,
ce qui les exposerait à une peine.

Dans le système de notre législation actuelle, la déposition orale, c'est-à-dire celle qui est faite à l'audience,
est la seule qui puisse compromettre le témoin, s'il tra-
hissait la vérité (1). Le témoin conserve donc la liberté
de changer à l'audience la déposition qu'il a faite dans
l'instruction écrite. Mais il n'en est pas moins avantageux
que la lecture de la déposition écrite ait stimulé la sincérité du témoin : quand tous les moyens ont été employés
dans l'instruction préliminaire pour amener le témoin
à dire la vérité ; quand il a persisté dans son témoignage,
après en avoir pesé les expressions, il y a pour lui obligation morale à persévérer dans ses premiers dires, **ou**
dans les rectifications qu'il y a fait introduire (2).

303. Quoiqu'un témoin déclare qu'il ne sait rien, il
ne faut pas moins mentionner dans sa déposition qu'il lui
en a été donné lecture, qu'il y a persisté et qu'il l'a signée, ou qu'il a déclaré ne savoir, ne pouvoir ou ne
vouloir signer, de ce requis.

304. Les mêmes formalités sont à remplir à l'égard
des réponses faites, sur l'interpellation du juge, par le
témoin qui est appelé à compléter sa déposition.

305. Lorsqu'après la lecture le témoin a quelques
additions à faire à sa déposition, on les inscrit à la suite.

S'il s'agit de changemens ou de rectifications, on raie
les mots ou les phrases qui ne rendent pas la pensée du
témoin, ou encore l'on renvoie soit en marge, soit à la

_____

(1) *V.* art. 317, 330 du *Cod. d'Inst. crim.* — Art. 361 et suiv. du *Code
pénal.*

(2) *V.* Loi en forme d'instruction du 29 septembre 1791.

fin de la déposition, les explications données, les rétrac-
tations du témoin, suivant le cas.

Pour éviter tout embarras, il faut avoir soin de faire
lire la déposition avant d'en dicter la clôture sur le procès-verbal.

306. Chaque témoin qui demandera une indemnité
sera taxé par le juge (1).

C'est après avoir fait mention de la lecture de la déposition et de la déclaration du témoin, qu'il convient
d'établir au procès-verbal si le témoin a requis taxe et
quelle est la somme qui lui a été allouée.

Le chiffre de la taxe doit, de plus, être porté en
marge de la clôture de la déposition, pour faciliter les
relevés et la confection des états de frais.

307. Aux termes de l'article 82 du Code d'Instruction
criminelle et de l'article 26 du Décret du 18 juin 1811,
un témoin ne peut être taxé qu'autant qu'il l'a requis (2).

Cependant la plupart des témoins peuvent ignorer leur
droit à la taxe et le moment de s'en prévaloir. Si le juge
ne les en prévenait, en leur demandant s'ils requièrent
taxe (3), il arriverait que des témoins perdissent l'indem-

---

(1) *V.* art. 82 du *Cod. d'Inst. crim.* — Ci-après, chap. XII.

On ne pourrait refuser d'allouer la taxe requise, sous le prétexte que le
témoin comparant n'a pas été entendu, s'il survenait des motifs de discontinuer l'information : par exemple, une maladie subite du juge, la mort du
prévenu, etc.; ni sous le prétexte que l'audition aurait eu lieu un jour
férié; ni parce que le témoin, par mauvaise volonté, aurait fait une déposition insignifiante. *V.* DE DALMAS, *Commentaire du Décret du 18 juin 1811,*
p. 63, 64.

(2) *V.* nº 329.

(3) L'article 271 du Code de Procédure civile enjoint au juge qui procède à
une enquête de demander à chaque témoin s'il requiert taxe.

MUYART DE VOUGLANS, *Lois crim.*, t. II, p. 131, met au nombre des
devoirs du juge qui procède à une information, de demander au témoin *s'il
requiert salaire.* — De même, CARNOT, *de l'Inst. crim.*, t. I, p. 366.

nité qu'ils auraient eu l'intention de se faire payer, ou qu'ils ne la demandassent qu'après la signature de leur déposition, ce qui dérangerait l'économie des écritures.

Néanmoins, comme il est interdit, dans l'intérêt du trésor, d'accorder aucune taxe qui ne soit exigée, on ne doit ni presser un témoin de requérir taxe, ni même l'y inviter. Seulement, dans l'intérêt de l'équité, on ne doit pas dissimuler ou laisser ignorer au témoin, surtout s'il est pauvre et inexpérimenté, son droit de réclamer une allocation qui lui est légitimement acquise, et qui, quelquefois, ne l'indemnise pas intégralement des dépenses, des pertes de temps et des fatigues que lui a occasionnées l'obligation où il a été constitué de venir déposer.

308. La taxe s'inscrit au dos de la copie de la citation de chaque témoin requérant. Si le témoin avait perdu cette copie, étant justifié d'ailleurs, par l'original de l'exploit, qu'il a été assigné, le juge pourrait lui faire une taxe spéciale et séparée, dans laquelle il mentionnerait la perte de la copie d'assignation (1).

309. Indépendamment de ce que nous venons de dire pour chaque déposition, il existe quelques formalités générales auxquelles la loi soumet le procès-verbal d'information.

Chaque page du cahier d'information sera signée par le juge et par le greffier (2).

Ici, le motif du législateur a été de donner au prévenu une garantie que les dépositions des témoins ne pourraient pas être substituées ou amplifiées après-coup.

Il serait sans doute superflu de faire remarquer que

(1) *V.* nº 329.
(2) *V.* art. 76, 77 du *Cod. d'Inst. crim.*

c'est *au bas* de chaque page, que doivent être apposées les signatures prescrites, si nous n'avions eu sous les yeux plus d'un cahier d'information que le juge et son greffier avaient signé en marge et en tête de chaque page, ce qui n'était pas rationnel et ne remplissait point le but de la loi.

310. Aucun interligne ne pourra être fait: les ratures et les renvois seront approuvés et signés par le juge, par le greffier et par le témoin : les interlignes, les ratures et renvois non approuvés, sont réputés non avenus (1).

Lorsque le témoin, comme nous l'avons déjà dit (2), après avoir entendu lecture de sa déposition, veut y faire quelques additions, ou des rectifications importantes et d'une certaine longueur, on les écrit à la suite de la déposition ; s'il veut seulement faire quelques changemens qui exigent des ratures ou renvois, les mots à supprimer sont rayés et numérotés, les renvois sont portés en marge.

Chaque renvoi est approuvé et signé (3) par le juge, par le greffier et par le témoin ; ou les mots renvoyés en marge, s'ils sont en petit nombre, sont entièrement transcrits et approuvés, à la suite de la déposition, immédiatement avant la signature.

Les mots serrés, retouchés ou surchargés doivent être approuvés de la même manière.

Il ne suffirait pas d'énoncer le rejet *des mots rayés,*

(1) *V.* Ordonnance de 1670, tit. VI, art. 12. — Art. 77, 78 du *Cod. d'Inst. crim.*

(2) *V.* nº 303.

(3) Suffirait-il que les renvois fussent paraphés? non, suivant M. Bour-guignon, *Jurisp. des Cod. crim.*, t. I, p. 187. Cependant, il n'y aurait pas nullité, si l'on avait seulement paraphé au lieu de signer, suivant un arrêt de la Cour de cassation du 23 juillet 1824.

Autrefois, la signature était rigoureusement exigée, d'après les termes de l'Ordonnance de 1670, tit. VI, art. 12.

sans en indiquer la quotité ; d'écrire, par exemple, *rejeté les ratures*, ou *rejeté les mots rayés;* les mots rayés doivent être comptés, et rejetés *en nombre*, avant la signature : c'est le seul moyen de s'assurer que les ratures et les renvois sont du fait du témoin, et que l'on peut y avoir confiance (1).

Au surplus, d'après le contexte et la ponctuation de l'article 78 du Code d'Instruction criminelle, tout interligne est défendu d'une manière absolue, et demeurerait comme non avenu malgré l'approbation qui en serait faite. L'article 12, titre VI, de l'Ordonnance de 1670 fournirait, par sa rédaction plus précise, un moyen d'interprétation en ce sens, s'il en était besoin.

311. Toutes les formalités prescrites par les articles 74, 75, 76, 78 du Code d'Instruction criminelle (2), seront remplies à peine de cinquante francs d'amende contre le greffier, même, s'il y a lieu, de prise à partie contre le juge, porte l'article 77 du même Code.

Cette disposition rigoureuse atteste l'importance que le législateur a attachée à l'accomplissement des formalités dont il s'agit. Si, d'après de hautes considérations, il n'a pas prononcé la peine de nullité pour les infractions de la loi qui seraient commises, au moins n'a-t-il pas voulu que ces infractions demeurassent impunies; et le zèle, l'attention des magistrats et des greffiers seront stimulés par cette pensée, en même temps qu'ils seront soutenus par le sentiment de leurs devoirs.

312. Après avoir analysé les dispositions du Code d'Instruction criminelle relatives à l'audition des témoins, il reste à dire comment doivent être agencés les

(1) *V.* n° 313, formule.
(2) *V.* n°s 287, 288, 289, 302, 309, 310.

procès-verbaux destinés à constater que le vœu de la loi
a été rempli.

Le juge doit présider avec beaucoup d'attention à la
dresse du procès-verbal d'information ; et nous allons
entrer à cet égard dans des détails qui, au premier aspect, pourront paraître minutieux, mais que nous ne
devions pas négliger, dans un livre de pratique, dès que
l'expérience nous a fait reconnaître la nécessité de les
mettre sous les yeux des juges de paix.

En tête et à la marge du procès-verbal, on fera établir,
par le greffier, sa date et l'indication de son objet, pour
la facilité des recherches dans la procédure (1).

Le procès-verbal doit indiquer d'abord sa date, le lieu
de l'information, les prénoms et nom du juge, la délégation en vertu de laquelle il procède, et qui est le fondement de sa compétence et de son pouvoir, les prénoms
et nom du greffier, l'objet de l'information, la date de
la cédule et de la citation, le nom de l'huissier, l'énon-
ciation de l'accomplissement des formalités générales
prescrites pour l'audition des témoins, afin de n'avoir
pas à répéter cette mention en tête de chaque déposition.

Après avoir reçu de chaque témoin ses réponses aux
questions générales qui lui sont adressées en vertu de
l'article 75 du Code d'Instruction criminelle (2), on renverra à la ligne pour la déposition.

Chaque fois qu'un témoin déposera d'un fait nouveau
ou différent, ou d'une circonstance aggravante du fait,
racontée avec détail, on renverra à la ligne.

---

(1) *V*. Circulaire du procureur général de Poitiers du 23 novembre 1821.

Cette mention s'établit ainsi : *Du 1er septembre* 1834, — et au-dessous,
Procès-verbal d'information.

La même règle, par les mêmes motifs, est à observer pour tous les actes
des juges de paix, en matière d'instruction préjudiciaire.

(2) *V*. n° 289.

Il en sera de même pour les interpellations faites au témoin, dont les réponses seront immédiatement établies.

De même encore pour la mention de la clôture de chaque déposition.

La taxe allouée au témoin, et relatée dans la clôture de sa déposition, devra être reportée, en chiffres, à la marge et vis-à-vis de cette clôture (1).

Le greffier devra laisser entre chaque déposition assez d'intervalle pour prévenir toute confusion.

Enfin, il est bien de veiller à ce que le greffier écrive nettement et correctement.

Ainsi, les procès-verbaux d'information seront plus faciles à dépouiller, pour les divers magistrats qui sont appelés à s'en pénétrer afin de requérir, faire rapport, interroger ou discuter à l'audience.

313. Les procès-verbaux d'information se font toujours sur papier libre (2). En voici une formule :

L'an   , le   , heure ;

Pardevant nous (3), juge de paix du canton de   , arrondissement de   , département de   , agissant en vertu de la commission rogatoire de M. le juge d'instruction de   , en date du   (4), étant à   , assisté de   (5), notre greffier (6) ;

_____

(1) *V.* n° 306. — Si le témoin ne requiert pas taxe, on en fait mention.

(2) *V.* n° 404.

(3) Prénoms et nom.

(4) *Ou* en vertu de la délégation de M. le juge d'instruction de   , en date du   , pour l'exécution de la commission rogatoire de M.   , en date du... *V.* n° 59.

(5) Prénoms et nom.

(6) *Ou* de N. (prénoms, nom, profession, demeure), auquel nous avons confié momentanément les fonctions de greffier, pour cause d'absence, *ou* de maladie, *ou* d'empêchement de notre greffier ordinaire ; duquel N.   , nous avons reçu le serment de se bien et fidèlement acquitter desdites fonctions.

En conséquence de la citation donnée à la requête de
M. le procureur du roi de   , par exploit de   (1), huissier, du   (2), conformément à notre cédule du   ;

Ont comparu les témoins ci-après, chacun desquels
appelé successivement et séparément, hors de la présence
du prévenu, après avoir représenté la citation qui lui a été
donnée pour déposer; avoir reçu communication des faits
contenus dans la commission rogatoire sus-relatée, relative à   (3), imputé à   (4); avoir prêté serment de dire
toute la vérité, rien que la vérité, et enquis par nous de
ses nom, prénoms, âge, état, profession, demeure, s'il est
domestique, parent ou allié du prévenu, et à quel degré   (5), nous a répondu et a fait sa déposition ainsi
qu'il suit:

1° Jean Simon, âgé de trente ans, menuisier, demeurant à   , commune de   , non domestique, parent ni
allié du prévenu (6), dépose:

Tel jour, à telle heure, en tel lieu, j'ai vu..., j'ai
entendu...

J'ai appris, de telle manière...

Je sais de plus...

Interpellé d'expliquer tel fait, *ou* de déposer ce qu'il
sait sur telle circonstance, *ou* de faire connaître la moralité du prévenu, le témoin a répondu : Je...

Représentation faite de telle pièce de conviction, le
témoin a déclaré : Je connais tel objet... (7).

---

(1) Nom de l'huissier.

(2) Date de l'exploit.

(3) Nature du délit.

(4) Désignation du prévenu *ou* des prévenus.

(5) *Ou* des prévenus, ét encore, s'il y a lieu, *ou* de N.   , partie civile.

(6) On établit encore, s'il y a lieu, d'après la déclaration du témoin, ses
rapports avec la partie civile, ou l'on ajoute simplement : *ni de la partie civile.*

(7) Il ne suffirait pas de représenter les pièces au témoin ; il faut encore

Lecture faite, a persisté, a requis taxe, que nous avons allouée de la somme de   , a déclaré ne savoir signer, de ce requis, et nous avons signé avec le greffier (1).

Approuvé les mots   (2) renvoyés en marge ; et rejeté   (3) mots rayés nuls.

Signature du juge.   *Signature du greffier.*

2° Louis-Samuel Maurice, âgé de   , forgeron, demeurant à   , non domestique du prévenu, mais son allié au troisième degré (4), dépose :

Je...

Lecture faite, a persisté, n'a requis taxe, et a signé avec nous et le greffier.

Sign. du témoin. Sign. du juge. Sign. du greffier.

3° Jules David, âgé de douze ans, sans profession, demeurant à   , non domestique, parent ni allié du prévenu, parent au troisième degré de Pierre N...   , partie civile, entendu par forme de déclaration et sans prestation de serment, vu son âge, dépose :

Je...

Lecture faite, etc.

Signatures.

Tous les témoins assignés étant entendus, à l'exception seulement de Léon Martin, qui nous a fait présenter

que cette présentation et ses résultats soient mentionnés au procès-verbal, pour prouver que le juge a rempli cette formalité importante.

(1) *Ou*, s'il y a lieu, avec le greffier-commis.
(2) Les mots renvoyés en marge sont transcrits ici.
(3) Le nombre des mots rayés doit être spécifié.
(4) S'il y a partie civile, le témoin déclare ses rapports avec elle.

une exoine, ci-annexée, attestant qu'une fluxion de poitrine l'a mis dans l'impossibilité d'obéir à la citation et l'empêchera de pouvoir comparaître de longtemps (1); et de Louis Marc, qui n'a ni comparu ni fourni d'excuses, quoique valablement assigné, nous avons clos le présent procès-verbal, les jour, mois et an que dessus, et nous avons signé avec le greffier.

Signatures.

314. Si l'information dure plusieurs jours, le procès-verbal peut être continué ainsi :

Et l'an   , le   , heure   , par continuation,

Devant nous juge de paix susdit, agissant et assisté comme dit est, ont comparu les témoins ci-après, par suite de l'exploit sus-relaté (2);

Lesquels témoins, après l'accomplissement de toutes les formalités énoncées au commencement de notre présent procès-verbal, ont répondu et déposé comme suit:

4° (3).

5°... etc.

---

(1) Remarquez que ce modèle de clôture est fait pour le cas où les témoins excusés sont trop éloignés pour qu'on puisse les entendre sur-le-champ et consigner leurs dépositions, sans désemparer, à la suite des témoignages déjà reçus.

Mais, si les témoins malades demeuraient à la résidence du juge de paix, ou à sa proximité, en sorte qu'il pût se rendre immédiatement auprès d'eux pour les entendre, alors, ce modèle de clôture ne servirait pas. Il y aurait lieu d'expliquer que le juge s'est rendu de suite auprès des témoins, pour telle cause, et qu'il a reçu leurs dépositions, avec les formalités prémentionnées... *V.* nos 277 et suiv.

(2) *Ou*, en conséquence de l'exploit de N   , huissier, du   , en vertu de notre cédule du...

(3) Il est bien de continuer là série des numéros, parce que cela facilite les recherches et les moyens d'indiquer les témoins sans confusion, par leur ordre, quand on fait usage du cahier d'information.

Dans ce cas, la clôture du procès-verbal est renvoyée à la fin de la dernière séance ; et, s'il n'y a rien d'extraordinaire à y consigner, elle peut être faite simplement en ces termes :

Fait et clos à   , le   , et nous avons signé avec notre greffier.

Signature du juge.   *Signature du greffier.*

315. L'information terminée, le juge-commis doit renvoyer au juge d'instruction, directement ou par l'intermédiaire du procureur du roi (1), la commission rogatoire, les cédules, les originaux d'exploits, les exoines, le cahier d'information (2), les autres actes, s'il y en a, les pièces de conviction, s'il en a été remis, avec l'inventaire des actes et pièces et un état de frais (3). Enfin, dans la lettre d'envoi, le juge commis fait telles observations et donne tels renseignemens que les circonstances peuvent comporter.

Par exemple, si des manœuvres ont été employées pour suborner ou intimider les témoins ; s'il a appris qu'outre les témoins qui lui auront été désignés dans l'information, et dont les noms, prénoms, qualités et demeures auront été consignés dans son procès-verbal, des témoins résidant dans un autre canton sont utiles à entendre sur tel fait, sur telle circonstance ; si des témoins entendus sont suspects de partialité ou de mensonge, d'après leur moralité, leur conduite, leur incapacité, leurs rapports avec le prévenu, la partie civile ou les proches de l'un ou de l'autre ; si l'existence de pièces de conviction, ou de

(1) *V.* art. 28 et 85 du *Cod. d'Inst. crim.*
(2) Le tout en minute. *V.* art. 59 du décret du 18 juin 1811. — N° 103.
(5) *V.* art. 60 du décret du 18 juin 1811. — Loi du 13 germinal an VII, art. 4.

complices, lui a été révélée hors de l'instruction, etc., le juge de paix doit en instruire le procureur du roi.

316. Sur l'article 85 du Code d'Instruction criminelle, MM. Carré (1) et Carnot (2) font remarquer que ce ne sera pas au juge d'instruction qui l'aurait commis, pa suite d'une réquisition du juge d'instruction ou de tout autre fonctionnaire saisi de l'affaire, que le juge de paix devrait envoyer son procès-verbal, dans le cas prévu par la deuxième disposition de l'art. 84 : dans ce cas, comme dans celui où il aurait reçu la commission sans intermédiaire, dans l'espèce de l'article 83, il serait obligé de faire l'envoi du procès-verbal au juge d'instruction ou autre fonctionnaire saisi de l'affaire, et qui aurait donné la première délégation.

Cette marche aurait, en apparence, l'avantage de la célérité; et c'est un point que la loi a en vue.

Mais, dans la réalité, si l'on suivait toujours ce système, il arriverait souvent que, pour avoir voulu gagner du temps, on s'exposerait à en perdre. Car, en supposant que le juge de paix n'eût pas bien et complétement rempli la commission rogatoire (nul n'est infaillible), il faudrait alors la lui retourner de plus loin ; tandis que la commission revenant au juge d'instruction qui a saisi le juge de paix, ce magistrat examinera les pièces et pourvoira plus promptement, s'il y a lieu, à leur régularisation.

D'ailleurs, l'information aurait pu faire connaître des témoins résidant hors du canton du juge de paix, mais dans l'arrondissement, et que le juge d'instruction devrait faire entendre, s'il était besoin. De là ressort un motif de plus pour que les pièces lui reviennent.

(1) *V.* CARRÉ, *Droit français...*, t. IV, p. 560.
(2) *V.* CARNOT, *de l'Inst. crim.*, t. I, p. 570.

Nous estimons donc qu'à moins d'injonctions contraires, qui ne manqueraient pas d'être données s'il y avait
nécessité, le juge de paix commis opérera convenablement en renvoyant les pièces au juge d'instruction qui
lui aura adressé la commission rogatoire.

CHAPITRE XI.

=

DES PREUVES PAR ÉCRIT ET DES PIÈCES DE CONVICTION.

317. Les preuves par écrit sont de la plus grande importance dans les procès criminels : elles ne peuvent pas, comme les témoins, être suspectées de passion ou d'erreur; elles ne peuvent pas être récusées, une fois que les écritures ont été vérifiées ou reconnues; impassibles et persévérantes, elles obligent l'accusé à reconnaître la vérité, ou elles renversent au moins tous les systèmes qu'il aurait pu imaginer, elles déjouent toutes les ruses qu'il aurait pu combiner pour se soustraire à un juste châtiment, si elles ne doivent établir sa justification d'une manière irréfragable.

Les pièces dites *de conviction*, quoique moins formelles la plupart du temps, et bien qu'elles ne puissent souvent que fournir des indices et donner lieu à des inductions plus ou moins pressantes, sont aussi, en général, des élémens précieux de preuves.

C'est pourquoi la loi a voulu que les officiers de police judiciaire, procédant au cas de flagrant délit, s'emparassent des armes et de tout ce qui paraîtrait avoir servi ou avoir été destiné à commettre le crime, ou qui en serait le produit, ainsi que des papiers du prévenu qui pourraient mettre en lumière son innocence ou sa culpabilité (1).

318. Mais, protectrice attentive du domicile des citoyens, la loi, dans l'appréhension de l'arbitraire, et pour conjurer les écarts où le zèle et la prévention auraient pu entraîner les officiers de police judiciaire en général, ne leur a permis les recherches de cette nature que dans le cas exprès de flagrant délit, et ne leur a ouvert que le domicile de l'inculpé ou de ses complices.

Cependant il peut arriver que ces pièces si importantes à obtenir aient été transportées, dès les premiers momens, dans des mains étrangères; ou que ce ne soit qu'après les premières opérations terminées qu'on en connaisse l'existence et le dépôt.

La justice n'en demeurera pas privée; la loi ne la laissera pas impuissante et désarmée en présence du crime : un magistrat revêtu de ces pouvoirs qui avaient semblé exorbitans, le juge d'instruction, pourra exercer des recherches sans entraves, en tous lieux et à toutes époques; la loi s'en rapporte entièrement à sa prudence pour l'usage à faire d'un pouvoir qui n'admet pas de limites, mais qui, dans ses mains, ne devra jamais dégénérer en abus, en une tyrannie inquisitoriale et gratuitement vexatoire.

Tel a été l'esprit des articles 87, 88, 89 et 90 du Code d'Instruction criminelle.

319. Or, le juge d'instruction devra-t-il toujours se

---

(1) *V.* nos 155, 156, 157, 158. — Art. 123 du *Cod.* du 3 brumaire an IV. — Art. 35, 37 du *Cod. d'Inst. crim.*

livrer exclusivement et en personne aux recherches prescrites par ces articles ?

Nous estimons qu'il peut commettre le juge de paix pour le suppléer dans ces perquisitions, lorsqu'elles doivent avoir lieu dans son arrondissement, comme il pourrait requérir et déléguer par commission rogatoire le juge d'instruction dans l'arrondissement duquel elles devraient être faites ; sauf à donner au juge de paix commis les instructions que comporteraient les circonstances, et à lui recommander la réserve et la circonspection nécessaires en de telles opérations.

Il est reconnu que le droit de déléguer tient aux règles générales de la procédure criminelle ; que les dispositions du Code d'Instruction criminelle, articles 83 et 84, sont énonciatives et non limitatives : ces articles citent pour exemple une circonstance qui rend la délégation indispensable, mais ils ne contiennent aucune expression qui prive le juge d'instruction de la faculté de déléguer hors les cas indiqués, lorsqu'il l'estime convenable, par quelque motif légitime (1).

M. Carnot, sur l'article 87 du Code d'Instruction criminelle, soutient néanmoins que le juge d'instruction doit se transporter en personne, et qu'il n'a pas le droit de déléguer dans son arrondissement. Il ajoute pourtant, sur l'article 89, que les actes faits par l'officier de police judiciaire, par suite de commission rogatoire, ne seraient pas nuls et ne devraient pas être rejetés ; seulement, dit-il, ils inspireraient moins de confiance et ne feraient pas pleine foi contre les dénégations du prévenu.

Cette dernière assertion de M. Carnot reste sans justification ; et il est vrai de dire, au surplus, que du moment que l'on reconnaît la validité des actes, c'en est

_____

(1) *V.* n° 56.

assez pour que cette manière de procéder ne soit pas rejetée, s'il arrive qu'elle soit utile dans la pratique. Quant
à la preuve, elle tiendra moins sans doute à la qualité
du magistrat, qu'aux circonstances du fait et aux impressions que ces circonstances auront produites sur
l'esprit des jurés, pour lesquels il n'y a rien qui fasse
preuve par soi (1).

320. Au reste, les articles 87 et suivans du Code
d'Instruction criminelle ne tracent pas de procédure particulière à suivre pour leur exécution ; ils n'ont pour
objet que de déférer un droit plus étendu de recherches.

Il y a lieu, dans ce cas, d'opérer et de dresser les actes
en tout conformément aux règles établies précédemment
au chapitre V, DU FLAGRANT DÉLIT, nᵒˢ 174, 175.

(1) *V*. nᵒ 55. — Art. 342 du *Cod. d'Inst. crim.*

CHAPITRE XII.

=

DE LA TAXE ET DU PAIEMENT DES FRAIS DE JUSTICE CRIMINELLE.

321. La translation des prévenus, l'envoi des pièces servant à conviction ou à décharge, le déplacement et l'audition des témoins, le transport des magistrats, certaines opérations auxquelles ils ont à procéder, occasionnent des dépenses. Le taux de l'allocation et le mode de paiement de ces dépenses sont réglés par les Décrets du 18 juin 1811 (1) et du 7 avril 1813.

Nous transcrirons ici, en notant les explications auxquelles ils ont donné lieu, ceux des articles de ces décrets qui concernent particulièrement les juges de paix, comme officiers de police judiciaire, et nous ajouterons les modèles de taxe et d'états de remboursement fournis par les instructions ministérielles. Nous avons dû prendre ce parti, et dans l'intérêt des juges de paix taxateurs, et dans l'intérêt des citoyens à indemniser.

En effet, aucune loi n'attribue aux magistrats un pou-

(1) On désigne souvent le Décret du 18 juin 1811 par la dénomination de *Réglement* ou *Tarif des frais de justice criminelle*, ou de *Tarif criminel*, ou simplement de *Réglement*.

voir discrétionnaire sur la fixation des indemnités: ils ne
peuvent, en aucun cas, même du consentement de la
partie civile, les augmenter, sous quelque prétexte et par
quelque considération que ce soit, sans engager leur responsabilité, aux termes de l'article 141 du Réglement du
18 juin 1811; et la responsabilité pèserait sur les magistrats lors même qu'ils seraient dans l'impossibilité d'exercer aucun recours utile contre les parties prenantes, ou
que le trésor royal pourrait recouvrer le montant des
avances qu'il aurait faites (1).

D'un autre côté, les indemnités allouées par les réglemens ne seraient pas acquittées, si la taxe n'en avait été
régulièrement faite, ou si le mode tracé pour leur établissement, leur justification ou leur réclamation n'avait
pas été ponctuellement suivi (2).

322. « L'administration de l'Enregistrement conti-
« nuera de faire l'avance des frais de justice criminelle,
« pour les actes qui seront ordonnés d'office ou à la re-
« quête du ministère public; sauf à poursuivre, ainsi que
« de droit, le remboursement de ceux desdits frais qui
« ne seront point à la charge de l'Etat. » (*Art.* 1er *du*
« *Décret du* 18 *juin* 1811.)

Les frais faits à la requête ou dans l'intérêt des Administrations, des Communes, des établissemens publics (3),
sont avancés pour leur compte et sauf remboursement,
par la régie de l'Enregistrement, devant qui les parties
prenantes sont renvoyées à recevoir paiement.

---

(1) *V.* Décisions des 7 juin 1813, 11 mai et 29 juin 1819, 3 septembre
1822.

(2) *V.* Instruction générale sur les frais de justice criminelle, du 30 septembre 1826, p. 47.

(3) *V.* art. 158 du Décret du 18 juin 1811.

L'administration des Contributions indirectes fait elle-
même l'avance des frais des procédures qui la concernent ; d'où suit que, dans ces procédures, les témoins et
autres personnes taxées doivent être renvoyés par le
juge taxateur, qui le mentionne dans la taxe, pour recevoir paiement, devant le receveur de la régie des Contributions indirectes, non devant celui de la régie de
l'Enregistrement (1).

Nous nous occuperons, plus bas, du cas où il y a partie civile en cause (2).

Dans les affaires qui peuvent donner lieu à des peines
afflictives ou *infamantes,* les frais sont toujours avancés
par la régie de l'Enregistrement, au compte du ministère
de la justice (3).

Ces distinctions feront comprendre la nécessité où
sont les magistrats taxateurs d'expliquer, dans les taxes,
les causes des procédures ; d'énoncer à la requête ou
dans l'intérêt de qui elles sont suivies ; sinon la régie de
l'Enregistrement ne saurait sur quel compte en établir
les frais (4).

323. « Les prévenus ou accusés seront conduits à
« pied, par la gendarmerie, de brigade en brigade ;
« néanmoins ils pourront, si des circonstances extraordi-
« naires l'exigent, être transférés soit en voiture, soit à
« cheval, sur les réquisitions motivées de nos officiers de
« justice.

« Les réquisitions seront rapportées en original, ou
« par copies dûment certifiées par les officiers qui donne-

(1) *V*. Instruction du 30 septembre 1826, p. 19. — Circul. du Ministre
de la justice du 3 mars 1823.

(2) *V*. plus bas, art. 157 et suiv. du Décret du 18 juin 1811.

(3) *V*. Instruction du 30 septembre 1826, p. 19.

(4) *V*. ci-après les observations sur l'article 26 du Décret du 18 juin 1811.

« ront les ordres, à l'appui de chaque état ou mémoire
« de frais à fournir par ceux qui auront fait le transport. »
(*Art. 4 du Décret du* 18 *juin* 1811.)

« Lorsque la translation par voie extraordinaire sera
« ordonnée d'office, ou demandée par le prévenu ou ac-
« cusé, à cause de l'impossibilité où il se trouverait de
« faire ou de continuer le voyage à pied, cette impossi-
« bilité sera constatée par certificat de médecin ou de
« chirurgien.

« Ce certificat sera mentionné dans la réquisition et y
« demeurera joint. » (*Art.* 5, *ibid.*)

Le médecin doit être requis par écrit de procéder à la
visite. Il a droit à l'indemnité fixée par l'article 17 n° 2
du Réglement; mais ce n'est pas le juge de paix qui doit
le taxer (1).

Il sera fourni une paire de souliers à chaque prévenu
qui réclamera des moyens de transport *par la seule
raison qu'il est nuds-pieds*. Cette dépense sera payée
comme frais urgens, conformément à l'article 133 du
Décret du 18 juin 1811, en rappelant, dans le mandat,
la date de l'autorisation ministérielle en vertu de laquelle
elle aura été faite, qui est une décision du ministre de la
justice du 4 novembre 1820 (2).

« Dans le cas d'exception ci-dessus, la translation des
« prévenus ou accusés sera faite par les entrepreneurs
« généraux des transports et convois militaires, et au
« prix de leur marché.

« Dans les localités où le service des transports mili-
« taires ne sera point organisé, les réquisitions seront

(1) *V.* Décision du Ministre de la justice du 6 août 1832.
(2) *V.* n°s 345 , 346.

« adressées aux officiers municipaux, qui y pourvoiront
« par les moyens ordinaires et aux prix les plus modérés. »
(*Art.* 6 *du Décret du* 18 *juin* 1811.)

Il conviendra, dans ce dernier cas, que l'officier qui
aura fait la réquisition, ou le maire, établisse, au pied
de la réquisition, la somme stipulée pour le transport,
afin que l'on puisse taxer à l'arrivée (1).

« Les prévenus ou accusés pourront toujours se faire
« transporter en voiture, à leurs frais, en se soumettant
« aux mesures de précaution que prescrira le magistrat
« qui aura ordonné la translation, ou le chef d'escorte
« chargé de l'exécuter. » (*Art.* 7 *du Décret du* 18 *juin*
1811.)

324. « Les procédures ou les effets pouvant servir à
« conviction ou à décharge, seront transportés par les
« gendarmes chargés de la conduite des prévenus ou
« accusés.
« Si, à raison du poids ou du volume, ces objets ne
« peuvent être transportés par les gendarmes, ils le se-
« ront, d'après un ordre par écrit du magistrat qui or-
« donnera le transport, soit par les messageries, soit par
« les entrepreneurs de transports ou convois militaires,
« soit par toute autre voie plus économique, sauf les
« précautions convenables pour la sûreté des objets. »
(*Art.* 9 *du Décret du* 18 *juin* 1811.)

Les magistrats et les officiers de police judiciaire doivent prendre les précautions nécessaires pour que les

(1) *V.* n° 343.

pièces de conviction ne soient pas endommagées par le transport (1).

Ils devront aussi indiquer dans l'ordre de transport, *qui sera toujours joint au mémoire*, le poids des objets à transporter, le prix convenu, s'il y a lieu, et le jour où ces objets devront arriver à leur destination, afin que l'on puisse apprécier la nécessité des moyens de transport employés, et vérifier si l'entrepreneur n'aurait pas pu profiter, pour l'envoi des pièces, de la voiture sur laquelle il aurait transporté des prisonniers (2).

325. « Les alimens et autres secours nécessaires aux « prévenus ou accusés, pendant leur translation, leur « seront fournis dans les prisons ou maisons d'arrêt des « lieux de la route... Dans les lieux où il n'y aura point « de prisons, les officiers municipaux feront faire la four- « niture des alimens et autres objets... Dans ce dernier « cas, le remboursement en sera fait aux fournisseurs, « comme frais généraux de justice. (*Art.* 10 *du Décret du* 18 *juin* 1811.)

326. « Si, pour l'exécution d'ordres supérieurs, « relatifs à la translation des prévenus ou accusés, il est « nécessaire d'employer des moyens extraordinaires de « transport, tels que la poste, les diligences ou autres « voies semblables... Et si les gendarmes n'ont pas de « fonds suffisans pour faire les avances, il leur sera

---

(1) Toutes les dépenses qui sont indispensables pour la conservation des objets servant à conviction ou à décharge sont payées comme frais urgens. *V.* art. 133 du Décret du 18 juin 1811.

Il convient de joindre à l'ordre de transport un état détaillé des objets, lorsqu'ils ne sont pas renfermés dans une caisse ou une enveloppe, scellée, qui garantisse qu'aucune pièce ne pourra être égarée.

(2) *V.* Instruction générale du 30 septembre 1826, p. 31. — Ci-après modèles de réquisitions et de taxes, nos 344, 345.

« délivré un mandat provisoire de la somme présumée
« nécessaire, par le magistrat qui ordonnera le transport.
« — Il sera fait mention du montant de ce mandat sur
« l'ordre du transport (1). » (*Art.* 12 *du Décret du* 18
juin 1811.)

327. « Pour les frais d'exhumation de cadavres, on
« suivra les tarifs locaux... » (*Art.* 20, *Ibid.*)

C'est-à-dire que l'on taxera les hommes employés à
raison de la journée de travail qu'ils auraient pu gagner
suivant l'usage du lieu ; car il sera vraisemblablement
très rare qu'il existe des tarifs spéciaux pour fixer le prix
des exhumations.

Lorsqu'il n'y aura pas de tarif arrêté, le juge, pour
fixer le salaire, doit avoir égard à la durée du travail, à
ce qu'il a de pénible ; on peut le payer au double des travaux ordinaires qui auraient duré le même temps.

Cet article, du reste, sera sans doute fort rarement
appliqué par les juges de paix, qui ne peuvent avoir, à
moins de délégation, ou de circonstances tout-à-fait
extraordinaires, à faire opérer une exhumation.

Mais il contient un principe général à suivre quand on
aurait employé des hommes de journée, manouvriers ou
artisans, à autre titre que celui d'experts (2).

328. « Chaque expert ou interprète recevra, pour
« chaque vacation de trois heures... Il ne pourra être
« accordé, pour chaque journée, que deux vacations de
« jour et une de nuit. » (*Art.* 22 *du Décret du* 18 *juin* 1811.)

Les juges de paix ne taxent pas les personnes quali-

_____

(1) *V.* modèle de mandat, n° 347.
(2) *V.* n° 348. — Art. 134 du Décret du 18 juin 1811, et notes sur cet
article.

fiées experts (1), parce qu'il y a lieu, de leur part, à
fournir un état qui, après réquisitoire du procureur du
roi, est ordonnancé par le président du tribunal, par le
juge d'instruction, ou par tel autre juge délégué (2).

Mais lorsqu'ils auront occasion d'en employer, ils doivent prendre le soin de préciser dans leurs procès-verbaux, et au pied des réquisitions, la durée de l'exper-
tise, parce que cette mention servira de base à la taxe (3).

Par le même motif, ils auront soin de mentionner la
demeure et la commune des experts, la distance par eux
parcourue, pour l'établissement de la taxe de leurs frais
de voyage (4).

« Dans tous les cas où les médecins, chirurgiens (5),
« sages-femmes, experts et interprètes, sont appelés soit
« devant le juge d'instruction, soit aux débats, à raison
« de leurs déclarations, visites ou rapports, les indemni-
« tés dues pour cette comparution leur seront payées
« comme à des témoins, s'ils requièrent taxe. » (*Art.* 25
du Décret du 18 *juin* 1811.)

Dans ce cas, les médecins, etc., sont considérés,
abstraction faite de leur qualité ou profession, comme
tous autres témoins, et sont taxés à ce seul titre.

Les articles 17, 18, 22, 91 du Décret du 18 juin 1811

(1) Ils ne taxent pas non plus les médecins, chirurgiens, officiers de santé
et sages-femmes, quand ils sont appelés autrement que comme témoins, et
qui sont alors soumis, comme les experts, à fournir leurs états de frais.
C'est pourquoi nous n'avons pas transcrit les art. 16, 17, 18, 19 et 21 du
Décret du 18 juin 1811, qui les concernent. *V.* no 339.
(2) *V.* art. 3 de l'Ordonnance royale du 28 novembre 1838. — No 339.
(3) *V.* Instruction du 30 septembre 1826, p. 39. — No 125.
(4) *V.* art. 24 du Décret du 18 juin 1811. — No 125.
(5) Cet article est commun aux *officiers de santé.*

sont alors inapplicables (1) : l'on rentre dans le cas des articles 27, 28, 95 n° 2, 96 n° 2 du même décret.

Les taxes devront être faites conformément au modèle transcrit au n° 350, ci-après (2).

529. « Conformément à l'article 82 du Code d'Ins-
« truction criminelle, les témoins entendus lors de l'ins-
« truction et lors du jugement des affaires criminelles et
« de police, recevront, s'ils le demandent, une indemnité
« qui demeurera réglée ainsi qu'il suit : » (*Art.* 26 *du Décret du* 18 *juin* 1811.)

« Pour chaque jour que le témoin aura été détourné
« de son travail ou de ses affaires, il lui sera accordé,
« savoir : à Paris, *deux francs;* — dans les villes de qua-
« rante mille habitans et au-dessus, *un franc cinquante*
« *centimes;* — dans les autres villes et communes, *un*
« *franc.* » (*Art.* 27, *Ibid.*)

« Les témoins du sexe féminin admis à déposer, et les
« enfans de l'un ou de l'autre sexe au-dessous de l'âge de
« quinze ans, entendus par forme de déclaration, rece-
« vront, savoir : à Paris, *un franc vingt-cinq centimes;* —
« dans les villes de quarante mille habitans et au-dessus,
« *un franc;* — dans les autres villes et communes, *soixante-*
« *quinze centimes.* » (*Art.* 28, *Ibid.*)

Il est important de remarquer qu'aucune taxe ne peut être accordée aux témoins *qu'autant qu'ils la deman-
dent* (3) : et l'article 36 du Décret du 18 juin 1811 porte expressément que les officiers de justice énonceront, dans les mandats qu'ils délivreront au profit des témoins, *que la taxe a été requise.* Si la formalité prescrite par

(1) *V.* Décisions des 2 décembre 1820 et 18 janvier 1823.
(2) *V.* Instruction du 30 septembre 1826, p. 41.
(3) *V.* n° 307.

l'article 36 du Réglement n'était pas remplie, la taxe serait rejetée (1).

La taxe des témoins doit toujours être faite sur la copie de l'assignation (2). Cette formalité est de rigueur.

Si pourtant le témoin a égaré sa copie, la taxe mise à la suite d'un certificat donné par le juge de paix ou par le greffier pourrait valoir, et ce moyen n'a éprouvé aucune contradiction de la part de la Cour des Comptes.

Nous nous sommes plusieurs fois trouvé dans le cas de taxer des témoins qui avaient perdu leur copie de citation; nos taxes, faites suivant le dernier modèle du numéro 352, ci-après, que nous proposons pour exemple, ont toutes été acccueillies.

Les taxes sont écrites, à l'exclusion des huissiers, par le greffier, gratuitement (3), sous la dictée et l'inspection du juge (4), et sauf la responsabilité de celui-ci (5).

Les nom, qualité ou profession du témoin doivent être indiqués dans la taxe, s'ils ne le sont pas dans l'exploit, au pied duquel elle est faite, pour que l'on puisse reconnaître si le témoin a droit à la taxe, que la loi refuse aux militaires et à ceux qui reçoivent un traitement quelconque (6).

Il faut, suivant le cas, constater l'âge du témoin (7) et sa demeure (8).

La taxe doit indiquer que l'assignation a été donnée à

---

(1) *V*. Instruction du 30 septembre 1826, p. 47.

(2) *V*. art. 133 du Décret du 18 juin 1811. — Circulaire du Ministre de la justice du 30 octobre 1824.

(3) *V*. art. 63 du Décret du 18 juin 1811.

(4) *V*. Circulaire du Ministre de la justice du 16 juin 1823. — Instruction du 30 septembre 1826, p. 41.

(5) *V*. art. 141 du Décret du 18 juin 1811.

(6) *V*. art. 31 et 32, *Ibid*.

(7) *V*. art. 97, *Ibid*.

(8) *V*. art. 90, *Ibid*., et art. 2 du Décret du 7 avril 1813.

la requête du ministère public, quand il y a lieu, l'indemnité accordée aux témoins ne devant être acquittée par le trésor royal qu'autant qu'ils auraient été assignés à la requête du ministère public; et les témoins cités à la requête des prévenus ou des parties civiles devant recevoir *de ceux qui les ont appelés en témoignage* l'indemnité taxée par le juge (1).

Toutes les fois que la nature de l'affaire n'est pas indiquée dans la citation, ou ne l'est pas suffisamment, il faut nécessairement la rappeler dans la taxe, afin qu'on puisse reconnaître si les frais doivent être supportés par le Ministère de la justice, ou par quelques Administrations, par des établissemens publics ou par des Communes, conformément à l'article 158 du Réglement (2).

Il ne suffit pas de désigner la nature de l'affaire en termes généraux, tels que : *contravention de police ; délit rural ; vol de bois ; chemin ou voie publique ; injures ; violences ou voies de fait envers les préposés ; rébellion ; concussion ;* on doit le faire d'une manière particulière à chaque espèce (3).

Les sommes allouées aux témoins doivent être écrites en toutes lettres, dans le corps de la taxe ; les surcharges et ratures doivent être approuvées par le juge.

L'article de loi en vertu duquel la taxe est faite doit être relaté (4).

On doit indiquer dans les taxes s'il y a partie civile en cause, ou si elle a justifié de son indigence (5). Pour éviter toute méprise, les ordonnances et mandemens du

---

(1) *V.* art. 33 et 34 du Décret du 18 juin 1811.

(2) *V.* art. 158 du Décret du 18 juin 1811. — Circulaire du Ministre de la justice du 2 novembre 1816.

(3) *V.* Circulaire du Ministre de la justice du 3 mai 1825.

(4) *V.* art. 139 du Décret du 18 juin 1811.

(5) *V.* art. 161, *Ibid.*

juge doivent, le cas échéant, indiquer qu'il y a partie civile en cause, et la désigner (1).

La personne chargée de solder la taxe doit être désignée spécialement.

Le témoin n'étant payé que sur son acquit, la taxe doit énoncer si le témoin sait ou ne sait pas signer (2).

Les taxes doivent être datées (3); elles doivent être signées par le juge qui les a délivrées, à peine de rejet.

A la marge de la taxe, on doit toujours placer le décompte prescrit par les instructions (4). Ce décompte s'établit ainsi :

	fr.	c.		fr.	c.
(NOMBRE) myriamètres parcourus, à......................	»	»	l'un,	»	»
Id. jours de séjour forcé en route, à..............	»	»	l'un,	»	»
Id. jours de séjour au lieu de l'instruction, à...	»	»	l'un,	»	»
Total de la taxe......................				»	»

Toute taxe qui ne serait point rédigée conformément au modèle n° 14 de l'Instruction du 30 septembre 1826 serait rejetée (5).

Les taxes doivent être payées par le receveur de l'Enregistrement, tous les jours, à toute heure, depuis une heure avant le lever jusqu'à une heure après le coucher du soleil (6).

La taxe de comparution fixée par les articles 27 et 28 du Réglement est due à tout témoin qui n'est pas domicilié

(1) *V*. Circulaire du Ministre de la justice du 5 mai 1825. — Instruction du 30 septembre 1826, p. 137.

(2) *V*. Instruction du 30 septembre 1826, p. 43.

(3) *V*. Décision du 18 avril 1820.

(4) *V*. Circulaire du Ministre de la justice du 2 novembre 1816.

(5) *V*. n° 351.

(6) *V*. Décision du Ministre des finances du 24 septembre 1808. — Décision du Ministre de la justice du 16 avril 1825. — Instruction du 30 septembre 1826, p. 41.

à plus d'un myriamètre du lieu où il est entendu (1) ; et
on alloue une journée quand même le témoin n'aurait
été détourné de ses affaires que pendant quelques heures
ou même quelques instans.

Quand le témoin demeure au-delà d'un myriamètre du
lieu où il est entendu, les articles 27 et 28 du Réglement
cessent d'être applicables, et les témoins sont taxés à
raison du chemin parcouru (2).

Les gardes champêtres et forestiers, ainsi que les gendarmes, sont assimilés en tout aux autres témoins (3).

Quel que soit le nombre des affaires dans lesquelles un
témoin aura comparu le même jour, il ne doit être taxé
qu'une fois, ou du moins il ne doit obtenir qu'une seule
taxe entière ; car la taxe est accordée pour chaque jour,
et non pour chaque affaire (4).

De même, au cas de transport ou de déplacement du
témoin, il ne devrait lui être passé qu'un seul voyage,
quoiqu'il eût déposé dans plusieurs procédures.

Dans ces circonstances, nous avons l'habitude de diviser l'indemnité sur les diverses taxes que nous faisons
pour chaque témoin. Ainsi, un témoin ayant été entendu
dans deux affaires, nous indiquons que nous allouons
demi-taxe, parce que le témoin a été ou va être entendu,
le même jour, dans une autre affaire. Il résulte de là que
les frais sont plus équitablement cotés que si l'on faisait
d'abord une taxe entière, puis ultérieurement un refus
de taxe ; et que le prévenu qui serait condamné, ou le
trésor, en cas d'absolution, n'a à supporter, en définitive,
que les frais exactement faits pour chaque affaire jugée.

---

(1) *V*. néanmoins, plus bas, art. 32 du Décret du 18 juin 1811.
(2) *V*. art. 2 du Décret du 7 avril 1813.
(3) *V*. art. 3, *Ibid.*
L'art. 32 du Décret du 18 juin 1811 ne leur est pas applicable.
(4) *V*. Décisions des 16 août 1823 et 4 mai 1824.

« Les témoins qui comparaîtront en justice dans un
« état de maladie ou d'infirmité dûment constaté, auront
« droit au double de la taxe accordée aux témoins vali-
« des. » (*Art.* 29 *du Décret du* 18 *juin* 1811.)

Cet article a été abrogé (1). Néanmoins, s'il est indispensable d'appeler hors de son domicile un témoin in-
firme ou malade, et si ce témoin ne peut se transporter
devant le juge sans dépenser une somme plus forte que
celle qu'il doit obtenir pour sa déposition, on doit considérer les frais de ce voyage comme une dépense extraordinaire, et faire application des dispositions de l'art.
136 du Réglement (2).

« Si les témoins sont obligés de se transporter hors du
« lieu de leur résidence, il pourra leur être alloué des
« frais de voyage et de séjour, tels qu'ils seront réglés
« ci-après (art. 90 et suiv.). — Audit cas, les frais de
« séjour, tels qu'ils seront fixés par le n° 2 de l'article 96
« ci-après, leur tiendront lieu de la taxe déterminée dans
« les articles 27 et 28 ci-dessus. » (*Art.* 30 *du Décret du*
18 *juin* 1811.)

Cette disposition n'est applicable que lorsque les témoins se transportent à plus d'un myriamètre de leur
résidence (3).

« Les officiers de justice n'accorderont aucune taxe
« aux militaires en activité de service, lorsqu'ils seront
« appelés en témoignage. — Néanmoins il pourra leur

(1) *V.* art. Ier du Décret du 7 avril 1813.
(2) *V.* Décisions du garde-des-sceaux des 23 décembre 1817 et 27 juillet
1822.
(3) *V.* art. 2 du Décret du 7 avril 1813.

« être accordé une indemnité pour leur séjour forcé
« hors de leur garnison ou cantonnement, en se confor-
« mant, pour les officiers de tout grade, à la fixation faite
« par le n° 2 de l'art. 96 du présent Décret, en allouant
« la moitié seulement de ladite indemnité aux sous-offi-
« ciers et soldats. » (*Art.* 31 *du Décret du* 18 *juin* 1811.)

Mais les frais ne peuvent et ne doivent être alloués que
pour les jours que ces militaires sont obligés de passer
dans les villes où ils sont appelés en témoigange, et où
leur présence est nécessaire. On ne doit pas comprendre
dans la taxe le *jour de leur arrivée, ni celui du départ* (1).

Les militaires en retraite ou en non activité ont droit
aux mêmes indemnités que les simples particuliers, lorsqu'ils sont appelés en témoignage.

Les militaires en semestre ou en congé limité ont-ils
droit à l'indemnité de séjour accordée par notre article
31 ? Le ministre de la guerre, à qui la question a été pro-
posée, fait observer que, d'après une Ordonnance du 24
septembre 1823, ces militaires n'ont à prétendre aucune
indemnité sur les fonds de la guerre ; et quoique ceux,
dit-il, qui se trouvent dans cette position soient toujours
en activité de service, ils doivent néanmoins être indem-
nisés de leur déplacement sur les fonds généraux de justice criminelle (2) : en d'autres termes, ils doivent être
taxés comme les témoins ordinaires.

Tous ceux que les lois assimilent aux militaires n'ont
droit qu'à l'indemnité de séjour dans le lieu de l'instruction ou des débats : tels sont notamment les chirurgiens
attachés aux armées (3).

(1) *V.* Instruction du 30 septembre 1826, p. 45.
(2) *V.* Lettre du Ministre de la guerre du 7 août 1823.
(3) *V.* Décision du 1er mai 1824.

Suivant une lettre du ministre de la marine, du 26 juillet 1815, les marins voyageant seuls, et se rendant à une destination quelconque, en vertu d'ordres, reçoivent des indemnités de route, conformément à l'Arrêté du Gouvernement du 29 pluviôse an IX (18 février 1801); les dispositions de l'article 31 du Décret du 18 juin 1811 sont donc applicables aux officiers militaires, à ceux d'administration et autres, entretenus ou non entretenus, employés au service de la marine de l'Etat (1).

Les marins en disponibilité dans leurs quartiers, sont payés, quand ils le requièrent, comme les témoins ordinaires (2).

La prohibition de l'article 31 ne pèse plus sur les gendarmes (3).

La modification de l'article 3 du Décret du 7 avril 1813 ne peut être étendue à d'autres que les gendarmes, les gardes champêtres et les gardes forestiers (4).

Les préposés des Douanes ne sont pas compris dans l'application de l'article 31 du Décret du 18 juin 1811; mais ils rentrent dans la classe des individus à qui il est payé un traitement à raison d'un service public (5).

« Tous les témoins qui reçoivent un traitement quel-
« conque à raison d'un service public, n'auront droit
« qu'au remboursement des frais de voyage, s'il y a lieu
« et s'ils le requièrent, sur le pied réglé dans le Chapitre
« VIII, ci-après. » (*Art.* 32 *du Décret du* 18 *juin* 1811.)

On doit entendre par un traitement quelconque, tout

_____

(1) *V*. Décisions des 10 janvier 1816 et 23 février 1830.
(2) *V*. Décision du 14 août 1817.
(3) *V*. art. 3 du Décret du 7 avril 1813.
(4) *V*. Décision du 6 avril 1822.
(5) *V*. Décision du 26 octobre 1824.

ce qui est payé soit sur les fonds du trésor royal, soit sur les fonds départementaux, municipaux ou communaux, à quelque titre et sous quelque dénomination que ce soit (1).

Le motif de cet article 32 est que l'obligation de paraître en témoignage est une charge imposée à tous les citoyens; et si la loi accorde quelqu'indemnité aux témoins, elle n'a pour but que de rendre cette charge plus supportable aux individus qui vivent de leur travail journalier (2). Or, à défaut de déplacement, il n'y a pour les témoins salariés à raison de leurs fonctions que déperdition d'un temps payé (3).

Les témoins n'ont droit aux frais de voyage que *s'il y a lieu;* ces frais ne doivent leur être accordés que lorsqu'ils se sont transportés à plus d'un myriamètre, car il n'en est pas dû pour un moindre déplacement (4).

Ils n'ont droit non plus qu'*à des frais de voyage*, c'est-à-dire à l'indemnité des myriamètres parcourus et à

---

(1) *V.* néanmoins, pour les gendarmes, gardes champêtres ou forestiers, l'art. 3 du Décret du 7 avril 1813. — Instruction du 30 septembre 1826, p. 45.

Suivant l'opinion de M. DE DALMAS, *Comm. du Décret du* 18 *juin* 1811, p. 265, 266, les gardes et les gendarmes ne seraient exceptés de l'application de l'art. 32 du Décret du 18 juin, par l'art. 3 du Décret du 7 avril 1813, que pour le cas où ils sont appelés en témoignage sur des faits qu'ils avaient mission ou pouvoir de constater.

Ce sentiment nous paraît contestable : il est fondé sur une distinction qui ne résulte pas clairement du Décret du 7 avril 1813 ; il tend à retirer à des agens faiblement rétribués une faveur qui a été intentionnelle, et que le législateur n'a pas indiqué vouloir restreindre. Nous avons toujours admis dans toute sa latitude, au profit des gardes et des gendarmes, le bénéfice du Décret du 7 avril 1813 : jamais nos taxes n'ont été critiquées.

(2) *V.* Instruction du 2 novembre 1816.

(3) D'après les mêmes principes, il n'est accordé aucune indemnité aux témoins qui sont sous la main de justice, parce que l'État faisant les frais de leur transport et de leur nourriture, ils n'ont à supporter ni dépense, ni perte de temps, dès-lors aucun dédommagement à réclamer. *V.* Décision du 30 avril 1831.

(4) Art. 2 § 1er du Décret du 7 avril 1813. — No 333.

celle du séjour forcé en route. Les magistrats ne doivent donc leur allouer ni l'indemnité de journée, c'est-à-dire l'indemnité déterminée par les articles 27 et 28 du Décret du 18 juin 1811, ni l'indemnité de séjour dans le lieu de l'information, lorsqu'ils ont été entendus le jour fixé pour leur comparution (1).

330. « Dans les cas prévus par les articles 16, 35, « 37, 38, 89 et 90 du Code d'Instruction criminelle, il « ne sera accordé taxe pour la garde des scellés, que « lorsque le juge instructeur n'aura pas jugé à propos de « confier cette garde à des habitans de la maison où les « scellés auront été apposés.

« Dans ce cas, il sera accordé, par chaque jour, au « gardien nommé d'office : à Paris, *deux francs cinquante* « *centimes;* — dans les villes de quarante mille habitans « et au-dessus, *deux francs;* — dans les autres villes et « communes, *un franc.* » (*Art.* 37 *du Décret du* 18 *juin* 1811.)

« En matière criminelle et correctionnelle, les femmes « ne peuvent être constituées gardiennes de scellés, « conformément à la Loi du 6 vendémiaire an III (27 « septembre 1794), qui recevra, quant à ce, son exécu- « tion. » (*Art.* 38, *Ibid.*)

L'apposition et la levée des scellés, faites par les officiers de police judiciaire, n'entraînent aucuns frais autres que l'indemnité du gardien, quand il y a lieu.

331. « Les animaux et tous objets périssables ne « pourront rester en fourrière ou sous le séquestre, plus « de huit jours.

(1) Décision du 25 mars 1814.

« Après ce délai, la main-levée provisoire pourra en
« être accordée... ou ils seront vendus... » (*Art.* 39 *du*
Décret du 18 *juin* 1811.)

« La main-levée... sera ordonnée par le juge de paix
« ou par le juge d'instruction, moyennant caution et le
« paiement des frais de fourrière et de séquestre.

« Si les objets doivent être vendus... (1). » (*Art.* 40, *Ibid.*)

Nous pensons que si les objets saisis devaient servir
de pièces de conviction au procès, cette circonstance
écarterait, ou à tout le moins suspendrait, l'application
des articles 39 et 40 du Réglement, et que les objets devraient être conservés autant de temps qu'il y aurait
utilité. Dans le doute, le juge de paix devrait en référer
au juge d'instruction.

332. « Dans les cas prévus par les articles 32, 36,
« 43, 46, 47, 49, 50, 51, 52, 59, 60, 62, 83, 84, 87, 88,
« 90, 464, 488, 497, 501, 616 du Code d'Instruction
« criminelle, les juges et les officiers du ministère public
« recevront des indemnités, ainsi qu'il suit:

« S'ils se transportent à *plus de cinq kilomètres* de leur
« résidence, ils recevront, pour tous frais de voyage, de
« nourriture et de séjour, une indemnité de *neuf francs,*
« par jour.

« S'ils se transportent à *plus de deux myriamètres*, l'in-
« demnité sera de *douze francs*, par jour. » (*Art.* 88 *du*
Décret du 18 *juin* 1811.)

« L'indemnité du greffier ou commis assermenté qui
« accompagnera le juge ou l'officier du ministère public
« sera: dans le premier cas, de *six francs*, par jour ; dans

---

(1) *V.* pour les formes et les suites de la vente, ces deux articles et les
suivans dans le Décret du 18 juin 1811. — Instruction du 30 septembre
1826, p. 46, 47, 48.

« le second cas, de *huit francs*, par jour. » (*Art.* 89 *du Décret du* 18 *juin* 1811.)

L'indemnité accordée par ces articles est due dans tous les cas où les magistrats et les greffiers se transportent dans un lieu situé à plus de cinq kilomètres de la ville, siége du tribunal, où ils font leur résidence, quoique ce lieu dépende du territoire communal de la ville. Il en est autrement pour les autres parties prenantes, dont l'indemnité est fixée à raison de la distance parcourue, comme nous le verrons sous l'article suivant (1).

Le juge de paix qui se déplace, dans le cas de l'article 83 du Code d'Instruction criminelle, a droit à l'indemnité accordée par l'article 88 du Réglement, s'il parcourt les distances exprimées dans cet article (2).

D'après des circulaires du ministre de la justice des 23 septembre 1812, 12 décembre 1820 et 31 mai 1813, l'indemnité de transport ne devait être accordée aux juges de paix qu'autant qu'ils agissaient comme délégués du juge d'instruction. Mais une circulaire du même ministre, du 11 février 1824, de l'avis du comité de législation au Conseil d'Etat, a décidé : 1° qu'il est dû une indemnité de transport aux juges de paix, dans le cas de l'article 49 du Code d'Instruction criminelle, c'est-à-dire quand ils procèdent comme auxiliaires du procureur du roi : 2° que les juges de paix et les officiers du ministère public ont droit, dans les mêmes cas, de se faire accompagner d'un greffier, à qui est due l'indemnité fixée par l'article 89 du Réglement.

Nous relèverons ici une erreur dans laquelle nous avons vu tomber quelques juges de paix pour la réclama-

(1) *V*. Instruction du 30 septembre 1826, p. 91.
(2) *V. Ibid.*

tion de leurs indemnités, en présentant un état distinct pour chaque voyage, quoiqu'ils eussent à s'en faire payer plusieurs en même temps : nous ferons remarquer que l'état-modèle a une colonne de numéros d'ordre, ce qui indique, de reste, que plusieurs transports peuvent figurer sur un même état (1).

Il y a économie de temps et de frais à ne pas multiplier ces états, qui sont faits en double expédition, dont une sur papier timbré fourni, sans remboursement, par les parties prenantes.

Quelques remarques encore sont nécessaires :

1° Lorsque le juge de paix et le greffier se sont transportés ensemble, ils doivent rédiger collectivement leurs mémoires ; dans le cas de mémoires individuels, il est nécessaire d'indiquer que tel a renoncé à l'indemnité, ou qu'il a été payé séparément (2).

2° Le juge de paix ne peut requérir ni décerner aucun exécutoire à raison des indemnités qui sont dues à lui-même ou à son greffier ; il faut que l'exécutoire soit requis par un officier du ministère public et décerné par le président du tribunal ou par le juge d'instruction (3).

Il faut donc que l'état de ces indemnités soit envoyé au parquet, où on le fait régulariser.

3° Les indemnités doivent être réclamées dans l'année du transport, à peine de déchéance (4).

333. « Il est accordé des indemnités aux témoins, « gardes champêtres et forestiers, lorsqu'ils sont obligés « de se transporter à plus de deux kilomètres de leur

(1) *V.* n° 354.
(2) *V.* Instruction du 30 septembre 1826, modèle 21.
(3) *V.* Modèle cité. — Art. 140 du Décret du 18 juin 1811. — Art. 3 de l'Ordonnance royale du 28 novembre 1838.
(4) *V.* art. 5 de l'Ordonnance précitée.

« résidence, soit dans le canton, soit au-delà. » (*Art.* 90 *du Décret du* 18 *juin* 1811.)

Cet article a été modifié par l'article 2 § Ier du Décret du 7 avril 1813, en ce qui concerne les témoins, par rapport aux distances qu'ils ont à parcourir pour avoir droit au transport ; et par l'article 3 § Ier du même Décret, en ce qui concerne les gardes champêtres et forestiers, ainsi que relativement aux gendarmes, assimilés aux témoins, comme ces gardes, par le même article 3 §§ II et III.

Comme les distances se comptent du chef-lieu de canton au chef-lieu de la commune où se fait l'instruction, ou réciproquement, il s'ensuit qu'il n'est dû aucune indemnité aux parties prenantes désignées dans cet article qui ne sortent pas de la commune où elles résident, quelle que soit la distance qu'elles aient parcourue dans cette commune (1).

Ainsi, un témoin demeurant à trois lieues, ou un myriamètre et demi, du chef-lieu de canton, mais dans la même commune où est situé ce chef-lieu, devrait être taxé comme s'il ne s'était pas déplacé, et conformément aux articles 27 ou 28 du Réglement du 18 juin 1811.

Il en serait de même pour ceux qui demeureraient dans une autre commune, si, du chef-lieu de cette commune au chef-lieu du canton, il n'y avait pas plus d'un myriamètre, quoique le témoin demeurât au-delà du chef-lieu de sa commune et à plus d'un myriamètre du chef-lieu de canton.

Au contraire, dans le cas où la distance du chef-lieu de la commune du témoin au chef-lieu du canton serait de plus d'un myriamètre, le témoin serait taxé suivant cette

_____

(1) *V.* Instruction du 30 septembre 1826, p. 97.

distance, bien qu'il demeurât à moins d'un myriamètre du chef-lieu de canton.

La raison en est, que le juge taxateur, comme ceux qui sont chargés de vérifier les taxes, ne peuvent apprécier les distances qu'à l'aide de l'état dont il sera parlé à l'article 93 du Réglement, et que cet état ne donne les distances que de chaque chef-lieu de canton, d'arrondissement et de département, à chaque chef-lieu de commune, ou, comme on le dit vulgairement, *de clocher à clocher;* que hors delà toutes les supputations seraient donc arbitraires (1).

354. « Cette indemnité est fixée par chaque myria-« mètre parcouru en allant et en revenant, savoir:... » (*Art.* 91 *du Décret du* 18 *juin* 1811.)

Les dispositions de cet article ont été remplacées par celles de l'article 2 du Décret du 7 avril 1813, que nous transcrirons plus bas.

« L'indemnité sera réglée par myriamètres et demi my-« riamètres; les fractions de *huit* ou *neuf* kilomètres seront « comptées pour un myriamètre, et celles de *trois* à *sept* « kilomètres, pour un demi-myriamètre. » (*Art.* 92, *Ibid.*)

La réduction des kilomètres en myriamètres ne doit pas se faire isolément, d'abord sur les kilomètres parcou-

---

(1) En général, la distance doit être comptée non à partir du hameau ou village dans lequel les témoins résident, mais de la commune dont le hameau ou village fait partie, attendu que les indemnités fixées par myriamètres ne peuvent et ne doivent être réglées que conformément au tableau des distances. S'il en était autrement, on se jeterait dans des embarras inextricables, on donnerait lieu à une multitude d'abus, et il n'y aurait pas moyen de vérifier les allocations. *V.* Décisions des 14 janvier 1820 et 19 juillet 1825.

rus en allant, puis sur les kilomètres parcourus en revenant, mais sur les kilomètres *réunis, tant de l'aller que
du retour*. Ainsi, soit la distance, du chef-lieu de commune au chef-lieu de canton, de un myriamètre trois
kilomètres : on ne comptera pas un myriamètre et demi
pour aller et autant pour le retour ; mais, en additionnant
le tout, on obtiendra vingt-six kilomètres, ou deux myriamètres six kilomètres, et l'on comptera deux myriamètres et demi (1).

On doit faire attention que, quand la distance du
domicile du témoin au lieu où il est appelé n'excède pas
un myriamètre, il n'est dû aucuns frais de voyage ; mais
il en est dû quand la distance excède un myriamètre, ne
fût-ce que d'un kilomètre. La taxe alors doit indiquer
d'une manière exacte cette distance, et toujours en se
conformant au tableau des distances dressé en conformité
de l'article 93 ci-après du Réglement (2).

Y a-t-il lieu de compter les fractions de kilomètres ?
Non : le législateur n'a parlé que de celles du myriamètre.
Les fractions de kilomètres devront uniquement servir à
faire l'application des Réglemens qui n'accordent l'indemnité de voyage que lorsque l'on a parcouru plus de
telle distance déterminée (3).

Ainsi, dans le cas où le tableau mentionnerait des
fractions de kilomètres, celui qui aurait parcouru un
myriamètre et un demi kilomètre ou un quart de kilomètre, aurait droit à l'indemnité de transport, puisqu'il
aurait fait un trajet de plus d'un myriamètre.

Mais, si la distance était d'un myriamètre plus un

(1) *V*. Instruction du 2 novembre 1816, et Instruction du 30 septembre
1826, p. 99.

(2) *V*. Instruction du 30 septembre 1826, p. 99.

(3) *V*. Décision du 29 juin 1819.

kilomètre et demi, ce qui ferait, pour l'aller et le retour, deux myriamètres et trois kilomètres, comptant généralement pour deux myriamètres et demi, aux termes de notre article 92, faudrait-il, comme cela ressort, à la rigueur, de la décision du 29 juin 1819, taxer seulement deux myriamètres, au lieu de deux myriamètres et demi, comme le justifierait le tableau? Non, selon nous. Du moment qu'il est reconnu et vérifié que deux myriamètres et demi, ou l'équivalent légal, ont été parcourus; que l'indemnité se règle par myriamètre et par demi myriamètre; que si la loi n'a pas accordé de valeur aux fractions de kilomètres, elle a pris en considération les kilomètres complets; qu'il faut cumuler l'aller et le retour, pour faire la taxe; qu'ici on obtient, par le cumul, un myriamètre et trois kilomètres *entiers;* que dès-lors, par application de l'article 92 du Réglement, il faudrait solder deux myriamètres et demi : nous estimons que c'est ainsi que, dans notre hypothèse, la taxe devrait être faite.

355. « Pour faciliter le réglement de cette indem« nité, les préfets feront dresser un tableau des distances, « en myriamètres et kilomètres, de chaque commune « au chef-lieu de canton, au chef-lieu d'arrondissement « et au chef-lieu de département.

« Ce tableau sera déposé aux greffes des Cours roya« les, des tribunaux de première instance et des justices « de paix : il sera transmis à notre ministre de la jus« tice. » (*Art.* 93 *du Décret du* 18 *juin* 1811.)

Le tableau des distances est obligatoire pour tous les magistrats, et il ne doit jamais être accordé plus de kilomètres ou de myriamètres parcourus que ne le porte ce tableau; sauf, s'il y a des erreurs, à les indiquer aux officiers du ministère public, pour qu'ils en demandent la rectification (1).

336. « Lorsque les individus dénommés ci-dessus « seront arrêtés, dans le cours de leur voyage, par force « majeure, ils recevront en indemnité pour chaque « jour de séjour forcé, savoir : ceux de la deuxième classe « (les témoins, gardes champêtres et forestiers, et gen- « darmes), *un franc cinquante centimes.*

« Ils seront tenus de faire constater par le juge de paix « ou ses suppléans, ou par le maire, ou, à son défaut, « par ses adjoints, la cause du séjour forcé en route, et « d'en représenter le certificat à l'appui de leur demande « en taxe. » (*Art.* 95 *du Décret du* 18 *juin* 1811.)

Cette indemnité est due soit que le témoin ait été arrêté en se rendant de son domicile au lieu où se fait l'instruction, soit qu'il ait été arrêté à son retour. Mais une interruption de quelques heures dans le cours du voyage, et qui ne l'aurait pas nécessairement prolongé d'une journée, ne peut donner lieu à une indemnité de séjour en route.

Si le témoin ne représente pas le certificat, sa demande en taxe doit-elle être rejetée ? Nous le pensons : à moins que la cause du séjour forcé ne fût tellement notoire, qu'on ne pût la révoquer en doute ; et, dans ce cas, il faudrait qu'elle fût attestée dans la taxe.

Toute cause de séjour en route ne saurait motiver valablement l'allocation de l'indemnité : il faut qu'il y ait eu *force majeure,* telle que rupture de pont, inondation, et autres accidens de cette nature, relâches forcées de

(1) *V.* Instruction du 2 novembre 1816. — Instruction du 30 septembre 1826, p.99. — N° 355.

navires ou de bateaux , à bord desquels sont embarqués les témoins qui ont un trajet de mer à faire , etc. (1).

Le certificat dont parle l'article 95 du Réglement est considéré comme pièce justificative de la dépense ; il doit donc rester joint à la taxe, après avoir été visé par le juge.

Tous les témoins à qui il est dû des frais de voyage peuvent réclamer, s'il y a lieu, l'indemnité de séjour forcé en route ; et l'indemnité est la même pour tous, quels que soient leur âge , leur sexe ou leur qualité, sauf ce qui est statué aux articles 31 et 97 du Réglement. Cette observation s'applique à l'article 96 ci-après du Réglement.

357. « Si les mêmes individus, autres que les jurés, « huissiers, gardes champêtres et forestiers, sont obli- « gés de prolonger leur séjour dans la ville où se fera « l'instruction de la procédure , et qui ne sera point celle « de leur résidence , il leur sera alloué par chaque jour « de séjour, savoir : pour les témoins, à Paris, *trois* « *francs* ; — dans les villes de quarante mille habitans et « au-dessus, *deux francs* ; — dans les autres villes et « communes, *un franc cinquante centimes.* » (*Art.* 96 *du Décret du* 18 *juin* 1811.)

D'après cet article , il n'est alloué aux témoins *d'in- demnité de séjour* que lorsqu'ils sont obligés de prolon- ger leur séjour dans le lieu où ils ont été appelés.

L'indemnité n'est jamais accordée au témoin qui habite dans une commune dont le chef-lieu n'est pas à plus d'un myriamètre du chef-lieu de la commune où il doit déposer (2). Mais le témoin a droit à une taxe de compa-

(1) *V.* Circulaire du 10 janvier 1815.
(2) *V.* art. 2 du Décret du 7 avril 1815.

rution par chaque jour qu'il est retenu ou empêché de vaquer à ses affaires.

Toutes les fois que le témoin est entendu et qu'il peut recevoir sa taxe le jour même de sa comparution, à quelqu'heure que ce soit (1), il n'a droit à aucune indemnité de séjour. Cette indemnité ne peut être cumulée avec celle qui est allouée pour déposer ou accordée pour le jour de la déposition.

L'éloignement du domicile du témoin ne change rien à ce principe ; car il reçoit des frais de voyage proportionnés au nombre de myriamètres qu'il a parcourus.

Cependant, s'il arrive que l'audition du témoin ne soit terminée que très tard et après la clôture du bureau de l'Enregistrement, c'est-à-dire plus d'une heure après le coucher du soleil (2), comme il est forcé d'attendre au lendemain pour recevoir le montant de sa taxe, il peut être accordé un jour de séjour : mais il est indispensable d'énoncer dans la taxe la circonstance qui l'a motivée. Cette circonstance, au surplus, doit se présenter rarement ; et l'on remarquera que les explications que nous venons de donner sont pour le cas où le témoin est entendu dans le lieu où est placé le bureau de l'Enregistrement.

D'après l'article 3 du Décret du 7 avril 1813, les dispositions de l'article 96 ci-dessus sont applicables aux gendarmes, gardes champêtres et gardes forestiers, lorsqu'ils sont appelés en témoignage (3).

358. « La taxe des indemnités de voyage et de séjour « sera double, pour les enfans mâles au-dessous de « quinze ans, et pour les filles au-dessous de vingt-et-un

(1) *V.* Observations sous les art. 26, 27 et 28 du Réglement.

(2) *V.* Observations précédentes sur les art. 26, 27 et 28 du Réglement.

(5) *V.* Instruction du 2 novembre 1816. — Instruction du 30 septembre 1826, p 105.

« ans, lorsqu'ils seront appelés en témoignage et qu'ils
« seront accompagnés, dans leur route et séjour, par
« leur *père, mère, tuteur* ou *curateur*, à la charge par
« ceux-ci de justifier de leur qualité. » (*Art.* 97 *du Décret du* 18 *juin* 1811.)

Si les enfans mâles au-dessous de quinze ans et les filles
au-dessous de vingt-et-un ans ne sont pas accompagnés
par leur père, mère, tuteur ou curateur, *ou s'ils le sont
par d'autres personnes,* il ne doit leur être accordé que les
indemnités *simples* et ordinaires de voyage et de séjour.

Les femmes mariées ou veuves, quoique âgées de
moins de vingt-et-un ans, n'ont pas droit à la double taxe.

La double taxe n'est due que dans le cas de voyage,
c'est-à-dire de déplacement de plus d'un myriamètre,
prévu par l'art. 2 du Décret du 7 avril 1813, non pour
la simple comparution, au cas de l'art. 28 du Décret du
18 juin 1811.

Les magistrats doivent énoncer dans la taxe les nom,
qualité ou profession des père, mère, tuteur ou curateur,
et y attester que ceux-ci ont fait la justification prescrite.

C'est au juge qui fait la taxe que la justification doit
être fournie, d'une manière quelconque ; la loi s'en remet à sa prudence, et son attestation dans le mandat est
suffisante pour motiver le paiement.

L'âge du témoin doit aussi être constaté dans la taxe,
sans que l'on doive exiger la production de son acte de
naissance, ce qui entraînerait des frais et des difficultés.

339. « Le mode de paiement des frais diffère suivant
« leur nature et leur urgence ; il est réglé ainsi qu'il suit : »
(*Art.* 132 *du Décret du* 18 *juin* 1811.)

« Les frais urgens seront acquittés sur simple taxe et
« mandat du juge, mis au bas des réquisitions, copies

« de convocation ou de citation , états ou mémoires des
« parties. » (*Art.* 133, *Ibid.*)

On peut ajouter à cette disposition que lorsque les
parties prenantes n'ont été appelées que par un simple
avertissement, c'est au bas même de cet avertissement
que doivent être apposés la taxe et le mandat.

En cas de flagrant délit, les témoins peuvent être
entendus sans citation : s'ils comparaissaient même sans
avertissement écrit, mais sur un simple avertissement
verbal, et requéraient taxe, elle devrait leur être faite
snivant le modèle donné au n° 352 ci-après; sauf qu'on
n'aurait pas de citation à relater, et qu'on devrait, au
contraire, exprimer que le témoin a comparu sans citation, sur l'invitation du juge, l'information étant faite en
cas de flagrant délit (1).

Le ministre de la justice a décidé, le 10 novembre
1812, que l'expression *du juge* de cet article ne doit pas
être prise dans l'acception rigoureuse du terme, et que
l'on peut, sans inconvénient, en étendre la disposition
aux officiers du ministère public (nous ajouterons : aux
officiers de police auxiliaire), qui, dans les cas prévus
par les articles 32, 33, 43, 44 du Code d'Instruction
criminelle, peuvent avoir à taxer des frais urgens.

On doit joindre à la procédure ou un double des taxes,
ou des notes indiquant la nature et le montant des dépenses, lorsque ces dépenses doivent être portées plus
tard dans les états de liquidation de frais (2).

« Sont réputés frais urgens : 1° les indemnités des té-
« moins et des jurés; 2° toutes dépenses relatives à des
« fournitures ou opérations pour lesquelles les parties

---

(1) *V*. Circulaire du Ministre de la justice du 30 mai 1826. — N° 352.
(2) *V*. Instruction du 30 septembre 1826, p. 123.

« prenantes ne sont pas habituellement employées ; 3° les
« frais d'extradition des prévenus, accusés ou condam-
« nés. » (*Art.* 134 *du Décret du* 18 *juin* 1811.)

Selon M. Garnier-du-Bourgneuf, il faut mettre au
nombre des frais urgens, 1° les rétributions des interprètes et experts, et celles des gens qui facilitent leurs opérations, quand ils ne sont pas domiciliés au chef-lieu ; —
2° celles des fossoyeurs chargés d'une exhumation ; —
3° les frais de visite des officiers de santé et de salaire des
particuliers pour avoir retiré des cadavres de l'eau ; —
4° les indemnités des médecins et chirurgiens employés
accidentellement (1).

Cette solution est incontestable en ce qui concerne les
gens de travail ou de peine employés aux opérations (2).
Pour le surplus, elle nous paraît au moins de difficile
application.

Le garde-des-sceaux, dit M. Garnier-du-Bourgneuf (3),
sur la question de savoir si les médecins et chirurgiens
accidentellement employés en vertu de l'article 44 du
Code d'Instruction criminelle peuvent être payés sur
simple taxe du juge, a décidé le 10 décembre 1814, que
le n° 2 de l'article 134 du Réglement mettant au nombre
des frais urgens les opérations pour lesquelles les parties
prenantes ne sont pas habituellement employées, il y
avait lieu de faire payer sur simple taxe les indemnités
de cette espèce.

M. de Dalmas (4). indique cette marche comme pouvant être suivie dans des cas rares et exceptionnels ; il
ajoute que l'on doit, en général, se conformer à la règle

(1) GARNIER-DU-BOURGNEUF, *Appendice aux Codes criminels*, t. I, page 236.
(2) *V.* n° 327.
(3) *Appendice aux Codes criminels*, t. I, p. 196.
(4) *Commentaire du Décret du* 18 *juin* 1811, p. 56, 57.

ordinaire, d'après laquelle les frais des médecins et chirurgiens sont acquittés sur mémoires.

Il nous semble que l'Instruction du ministre de la justice du 30 septembre 1826, sur la taxe des frais de justice criminelle, qui n'est elle-même que le résumé des instructions sur la matière, et qui n'en mentionne aucune sur notre question, rapporte, au moins implicitement par son silence, les décisions antérieures relativement aux experts, médecins, chirurgiens, sages-femmes et interprètes, puisqu'elle déclare qu'ils seront payés sur mémoires, sans distinction, et qu'elle fournit les modèles des états qu'ils doivent produire, aussi sans distinction, pour se faire solder les indemnités qui leur sont dues (1).

Enfin, à l'appui de notre opinion, nous pouvons invoquer celle de M. Sudraud-Desisles (2), qui fait remarquer que les émolumens de ces sortes de parties prenantes sont considérés comme frais ordinaires.

Après tout, dès qu'il peut y avoir doute, et que les juges de paix ne se trouvent pas formellement dans l'obligation de taxer ces sortes de parties prenantes ; que, d'un autre côté, ces taxes, qui engageraient leur responsabilité, sont sujettes à difficultés, et peuvent, dans tous les cas, être faites par le président du tribunal de l'arrondissement ou par le juge d'instruction (c'est ainsi que l'on procède journellement), nous estimons qu'il est prudent que les juges de paix s'en abstiennent.

Cependant il faut distinguer ce qui est dû aux médecins et autres pour leurs soins, visites ou opérations, de ce qui leur est dû pour fournitures qu'ils auraient faites durant leur mission et pour en atteindre le but. Ces fournitures, dont il est parlé à l'article 19 du Réglement,

____

(1) *V.* Instruction du 30 septembre 1826, p. 39, et Modèles nos 11, 12, 13, *Ibid.*

(2) *Notes d'un Juge d'instruction,* p. 109, 176.

doivent être classées parmi les frais urgens, et payées sur simple mandat du juge, mis au bas du mémoire (1). Nous avons vu retrancher de tels frais des états fournis par des médecins, sur le motif qu'ils ne devaient pas être payés comme frais ordinaires.

« Lorsqu'un témoin se trouvera hors d'état de fournir « aux frais de son déplacement, il lui sera délivré par le « président de la cour ou du tribunal de sa résidence, et, « à son défaut, par le juge de paix, un mandat provisoire « à compte de ce qui pourra lui revenir pour son in- « demnité.

« Le receveur de l'Enregistrement qui acquittera ce « mandat fera mention de l'à-compte en marge ou au bas « de la copie de la citation. » (*Art.* 135 *du Décret du* 18 *juin* 1811.)

Ce mandat est rédigé conformément à la 7ᵉ taxe du modèle nº 14 de l'Instruction du 30 septembre 1826 (2).

La somme allouée à titre d'à-compte ne doit pas excéder l'indemnité qui est due pour aller (3).

Au surplus, le mot témoin n'est pas limitatif, et le bénéfice de l'article 135 du Réglement pourrait être appliqué à un expert qui se trouverait dans le cas qu'il prévoit.

« Dans le cas où l'instruction d'une procédure crimi- « nelle exigerait des dépenses extraordinaires et non « prévues par le présent décret, elles ne pourront être « faites qu'avec l'autorisation motivée de nos procureurs « généraux... » (*Art.* 136, *Ibid.*)

---

(1) *V.* plus bas, nº 348. — Ci-dessus, nº 327.
(2) *V.* nº 332.
(3) *V.* Instruction du 30 septembre 1826, p. 123.

Les articles 138 et 139 du Décret du 18 juin 1811 ont été abrogés par l'art. 7 de l'ordonnance royale du 28 novembre 1838, et remplacés par l'art. 3 de cette ordonnance, ainsi conçu :

« Les frais réputés non urgens continueront à être payés sur les états ou mémoires des parties prenantes ; ils seront taxés article par article, soit par les présidens et juges des cours et tribunaux, soit par les juges de paix, et ils seront payables aussitôt qu'ils auront été revêtus de l'ordonnance du magistrat taxateur.

« Cette ordonnance sera toujours décernée sur le réquisitoire de l'officier du ministère public, qui devra préalablement procéder à la vérification des mémoires.

« La taxe de chaque article rappellera la disposition législative ou réglementaire sur laquelle elle sera fondée. »

On doit joindre à la procédure, pour faciliter la confection des états de frais, des notes indiquant la nature et le montant des dépenses qui ne sont point constatées par des pièces de l'instruction (1).

« Les formalités de la taxe et de l'exécutoire seront « remplies, sans frais, par les présidens, les juges d'ins- « truction et les juges de paix, chacun en ce qui le « concerne...

« L'exécutoire sera décerné sur les réquisitoires du « ministère public, lequel signera la minute de l'ordon- « nance. » (*Art.* 140, *Ibid.*)

« Les juges, qui auront décerné les mandats ou exécu- « toires, et les officiers du ministère public qui y auront « apposé leur signature, seront responsables de tout abus « ou exagération dans les taxes, solidairement avec les

(1) *V.* Instruction du 50 septembre 1826, p. 125.

« parties prenantes, et sauf leur recours contre elles. »
(*Art.* 141, *Ibid.*)

« Les états ou mémoires seront rédigés de manière
« que nos officiers de justice... puissent y apposer leurs
« taxes, exécutoires, réglement et visa; autrement elles
« seront rejetées... » (*Art.* 144, *Ibid.*)

L'art. 145 du Décret du 18 juin est remplacé par l'art.
2 de l'ordonnance royale du 28 novembre 1838, ainsi
conçu :
« Il ne sera plus fait que deux expéditions de chaque
état ou mémoire des frais de justice non réputés urgens,
l'une sur papier timbré, l'autre sur papier libre.
« Chacune de ces expéditions sera revêtue de la taxe
et de l'exécutoire du juge.
« La première sera remise au receveur de l'Enregistrement, avec les pièces au soutien des articles susceptibles d'être ainsi justifiés.
« La seconde sera transmise à notre ministre de la
justice...
« Le prix du timbre, tant du mémoire que des pièces
à l'appui, est à la charge de la partie prenante. »

« Les états ou mémoires, qui ne s'élèveront pas à plus
« de dix francs, ne seront point sujets à la formalité du
« timbre. » (*Art.* 146 *du Décret du* 18 *juin* 1811.)
« Aucun état ou mémoire, fait au nom de deux parties
« prenantes, ne sera rendu exécutoire, s'il n'est signé de
« chacune d'elles; le paiement ne pourra être fait que
« sur leur acquit individuel, ou sur celui de la personne
« qu'elles auront autorisée spécialement, et par écrit, à
« toucher le montant de l'état ou mémoire.
« Cette autorisation et l'acquit seront mis au bas de

« l'état, et ne donneront lieu à la perception d'aucun
« droit. » (*Art.* 147, *Ibid.*)

« Les états ou mémoires, qui comprendraient des dé-
« penses autres que celles qui, d'après notre présent
« décret, doivent être payées sur les fonds généraux de
« justice criminelle, seront rejetés de la taxe et du visa,
« sauf aux parties réclamantes à diviser leurs mémoires
« par nature de dépenses, pour le montant en être ac-
« quitté par qui de droit. » (*Art.* 148, *Ibid.*)

Les art. 149 et 152 du Décret du 18 juin 1811 sont
remplacés par l'art. 5 de l'ordonnance royale du 28 novembre 1838, conçu en ces termes :

« Les mémoires qui n'auront pas été présentés à la taxe
du juge dans le délai d'une année à partir de l'époque à
laquelle les frais auront été faits, ou dont le paiement
n'aura pas été réclamé dans les six mois de leur date, ne
pourront être acquittés qu'autant qu'il sera justifié que
les retards ne sont point imputables à la partie dénom-
mée dans l'exécutoire.

« Cette justification ne pourra être admise que par
notre ministre de la justice, après avoir pris l'avis de nos
procureurs généraux, s'il y a lieu. »

540. « Toutes les fois qu'il y aura partie civile en
« cause, et qu'elle n'aura pas justifié de son indigence
« dans la forme prescrite par l'article 420 du Code d'Ins-
« truction criminelle, les exécutoires pour les frais d'ins-
« truction, expédition et signification des jugemens,
« pourront être donnés directement contre elle (1). »
(*Art.* 159 *du Décret du* 18 *juin* 1811.)

(1) *V.* art. 158 et 1er du Décret du 18 juin 1811. — Instruction du 30
septembre 1286, p. 151, 153 et 155. — Enfin nos observations sous les
art. 26 et 27 du même Décret, en ce qui concerne les Administrations,
les Communes et les Établissemens publics assimilés aux parties civiles.

L'article 420 du Code d'Instruction criminelle indique comme pièces justificatives à produire : 1° un extrait du rôle des contributions, constatant que la partie paie moins de six francs, ou un certificat du percepteur de sa commune, constatant qu'elle n'est point imposée ; 2° un certificat d'indigence à elle délivré par le maire de la commune de son domicile, ou par l'adjoint, visé par le sous-préfet, et approuvé par le préfet du département.

Dans le cas où la partie civile aurait fait les justifications prévues par notre article, les témoins sont taxés, et tous autres mandats sont décernés comme sur les poursuites d'office du ministère public ; mais alors il faut indiquer dans les taxes ou mandats qu'il y a partie civile en cause, et qu'elle a justifié de son indigence (1).

Il conviendrait même de désigner clairement la partie civile, parce que si, plus tard, elle devenait solvable, la régie de l'Enregistrement aurait à poursuivre contre elle le recouvrement des frais de la procédure (2).

« En matière de police simple ou correctionnelle, la « partie civile qui n'aura pas justifié de son indigence, « sera tenue, avant toutes poursuites, de déposer au « greffe, ou entre les mains du receveur de l'Enregistre-« ment, la somme présumée nécessaire pour les frais de « la procédure.

« Il ne sera exigé aucune rétribution pour la garde de « ce dépôt, à peine de concussion. » (*Art.* 160 *du Dé-cret du 18 juin* 1811.)

Quand il y a consignation, toutes les taxes, tous les exécutoires pour le paiement des frais, doivent être décernés directement contre la partie, conformément à

---

(1) *V.* Ci-après les modèles de taxes et de mandats.
(2) *V.* Décision du Ministre de la justice du 2 avril 1817.

l'article 159 du Réglement, et payés en son nom, par le greffier, sur les sommes consignées (1).

D'après le Réglement, la consignation de la partie civile pourrait être faite soit au greffe, soit entre les mains du receveur de l'Enregistrement; mais M. le garde-des-sceaux, ayant reconnu qu'une pareille alternative avait des inconvéniens, a prescrit aux greffiers, par sa circulaire du 3 mai 1825, de recevoir, dans tous les cas, la somme dont la partie civile fait le dépôt.

Au surplus, la consignation doit être évaluée d'après le montant présumé de la totalité des frais dont la partie civile est responsable; s'il s'élève un débat à ce sujet entre cette partie et le ministère public, il faut en référer au tribunal, pour qu'il fixe la somme qui doit être consignée (2).

« Dans les exécutoires décernés sur les caisses de l'ad-« ministration de l'Enregistrement, pour des frais qui ne « sont point à la charge de l'Etat, il sera fait mention « qu'il n'y a point partie civile en cause, ou que la partie « civile a justifié de son indigence (3). » (*Art.* 161 *du Décret du* 18 *juin* 1811.)

A défaut de cette indication, les préposés de l'Enregistrement pourraient refuser d'acquitter les taxes, et s'ils avaient acquitté des taxes non dues, le magistrat qui les aurait délivrées en serait responsable.

---

(1) *V.* Instruction du 30 septembre 1826, p. 137. — Plus bas, nos observations générales sur les taxes.

(2) *V.* Arr. cass. du 14 juillet 1831. — Circulaire du Ministre de la justice du 18 juillet 1832.

(3) *V.* la note sous l'art. 159, dont les citations sont à consulter pour le cas de l'article 161.

341. « Toutes les fois que le ministre de la justice
« reconnaîtra que des sommes ont été indûment allouées
« à titre de frais de justice criminelle, il en fera dresser
« des rôles de restitution, lesquels seront par lui déclarés
« exécutoires contre qui de droit, lors même que les
« sommes se trouveront comprises dans des états déjà
« ordonnancés par lui, pourvu néanmoins qu'il ne se soit
« pas écoulé deux ans depuis la date de ses ordon-
« nances (1). » (*Art.* 172, *Ibid.*)

342. *Le Décret du* 7 *avril* 1813 ayant apporté à celui
du 18 juin 1811 quelques changemens dans les allocations des taxes de témoins, nous en transcrivons les
principales dispositions, celles qui sont relatives à ces
taxes.

« Il ne sera plus accordé de double taxe aux témoins,
« dans le cas prévu par l'article 29 du Réglement du 18
« juin 1811. » (*Art.* 1er *du Décret du* 7 *avril* 1813.)

Les témoins qui ne seront pas domiciliés à plus d'un
« myriamètre du lieu où ils seront entendus, n'auront
« droit à aucune indemnité de voyage ; il ne pourra leur
« être alloué que la taxe fixée par les articles 27 et 28 du
« Réglement.

« Ceux domiciliés à plus d'un myriamètre, recevront
« pour indemnité de voyage, s'ils ne sortent point de
« leur arrondissement, *un franc* par myriamètre par-
« couru en allant, et autant pour le retour (2).

« S'ils sont appelés hors de leur arrondissement, cette
« indemnité sera d'*un franc cinquante centimes*.

« Dans les deux derniers cas, la taxe fixée par les arti-

---

(1) *V.* art. 173 et suiv. du Décret du 18 juin 1811. — Et l'art. 141 du
même Décret, transcrit plus haut, n° 339.

(2) *V.* art. 92 du Réglement, et nos observations sur cet article, n° 334.

« cles 27 et 28 sus énoncés ne sera point allouée, sans
« néanmoins rien innover à l'article 30 du dit Réglement,
« relatif aux frais de séjour. » (*Art.* 2, *Ibid.*)

Il n'est dû aucuns frais de voyage aux gardes cham-
« pêtres ou forestiers, tant pour la remise qu'ils sont
« tenus de faire de leurs procès-verbaux, conformément
« aux articles 18 et 20 du Code d'Instruction criminelle,
« que pour la conduite des personnes par eux arrêtées
« devant l'autorité compétente.

« Mais, lorsque ces gardes seront appelés en justice,
« soit pour être entendus comme témoins, lorsqu'ils
« n'auront point dressé de procès-verbaux, soit pour
« donner des explications sur les faits contenus dans les
« procès-verbaux qu'ils auront dressés, ils auront droit
« aux mêmes taxes que les témoins ordinaires.

« Il en sera de même des gendarmes. » (*Art.* 3, *Ibid.*)

« L'augmentation de taxe accordée par l'article 94 du
« Réglement, pour frais de voyage, pendant les mois de
« novembre, décembre, janvier et février, est également
« supprimée, tant pour les témoins que pour les autres
« parties prenantes désignées dans l'article 92. » (*Art.* 4,
Ibid.)

343. Après avoir exposé et expliqué la théorie de
cette matière, nous devons donner des modèles de rédaction qui aideront à saisir les principes et à les mettre en
pratique.

Modèle de réquisition pour translation de prévenus.
(*V.* article 6 du Décret du 18 juin 1811, ci-dessus,
page 335.)

Nous   , juge de paix du canton de   , arrondissement de   , département de   ,

Vu les art. 4, 5 et 6 du Décret du 18 juin 1811,

Vu le certificat ci-annexé de M.　, médecin (*ou offi-cier de santé*), demeurant à　, en date du　, attes-tant que N　, prévenu de　, est dans l'impossibi-lité de se rendre à pied à　, où il doit être conduit par la gendarmerie, devant M. le procureur du roi, en vertu de　(*ou devant M. le juge d'instruction, en vertu de mandat d'amener, ou de dépôt, du　, régulièrement notifié*);

Requérons M. le maire de la commune de　, de pourvoir à la translation dudit N.　, par tous moyens de transport et au prix le plus modéré qu'il sera possible.

A　, le　.

Sceau.

Le juge de paix ou le maire indiquera, au pied de la réquisition, le prix convenu avec le voiturier ou avec la personne qui devra opérer la transla-tion, et à qui cette réquisition est remise, pour y faire établir la taxe de paiement.

344. *Modèle de réquisition pour transport de pièces.* (*V*. art. 9 du Réglement, ci-dessus, p. 336.)

Nous　, juge de paix du canton de　, etc.

Vu l'article 9 du Décret du 18 juin 1811,

Requérons N　, voiturier (*ou commissionnaire de transports*), demeurant à　, de transporter au greffe du tribunal de première instance séant à　, une caisse, un ballot, un paquet ficelé, du poids de　kilogrammes, marqué des lettres　(*ou portant l'empreinte de notre sceau*), et contenant tels objets...., saisis dans l'affaire de N　, prévenu de　,

Moyennant la somme de　(*en lettres*), prix convenu

avec ledit voiturier (*ou moyennant le prix de son marché, si l'on s'adresse à un entrepreneur de transports*).

A   , le   .

    Sceau.

345. *Modèle de taxe* (nº 3 de l'Instruction du 30 septembre 1826) *pour transport de prévenus, ou de pièces de conviction, par toute autre voie que celles des convois militaires, des messageries royales ou des voitures publiques.*

Nous   , etc.

Avons taxé à N   , sur sa réquisition, en vertu de l'article 6 (*ou de l'article* 9) du Réglement du 18 juin 1811, la somme de   , pour avoir transporté le prévenu (*ou les objets*) désigné   dans la réquisition ci-dessus.

Et, attendu qu'il n'y a pas de partie civile en cause (*ou qu'elle a justifié de son indigence*), ordonnons que ladite somme sera payée sur les fonds généraux des frais de justice criminelle, par le receveur de l'Enregistrement au bureau de   .

Ledit N   a déclaré savoir (*ou ne savoir, ou ne pouvoir*) signer.

A   , le   .

    Sceau.

On doit joindre à cette taxe, quand il y a lieu, le certificat de l'officier de santé constatant la nécessité des moyens de transport. *V.* art. 5 du Réglement du 18 juin 1811, ci-dessus, p. 335.

346. *Modèle de mandat pour fourniture de souliers à*

un prévenu. (*V.* nos observations sous l'article 5 du Décret du 18 juin 1811, ci-dessus, p. 335.)

Nous   , juge de paix du canton de   , arrondissement de   , département de   ,

Vu l'article 133 du Décret du 18 juin 1811 ;

Vu la décision du ministre de la justice du 4 novembre 1820 ;

Attendu que N   , prévenu de   , qui a dû être transféré de   à   , se serait trouvé dans l'impossibilité de faire la route à pied, à défaut de chaussure ;

Avons fait fournir audit prévenu une paire de souliers, par N   , cordonnier, demeurant à   , moyennant la somme de   (*en lettres*); et, attendu qu'il n'y a pas de partie civile en cause (*ou que la partie civile a justifié de son indigence*), ordonnons que ladite somme soit payée audit N   , comme frais urgens de justice criminelle, par le receveur de l'Enregistrement au bureau de   .

Ledit N   a dit savoir (*ou ne savoir*) signer.

A   , le   .

     Sceau.

347. *Modèle de mandat pour faire payer aux gendarmes la somme présumée nécessaire pour les frais relatifs à la translation des prévenus.* (*V.* art. 12 du Réglement, ci-dessus, p. 337. — Instruction du 30 septembre 1826, Modèle n° 5.)

Nous   , etc.

Vu l'article 12 du Réglement du 18 juin 1811 ;

Attendu qu'il n'y a pas de partie civile en cause (*ou que la partie civile a justifié de son indigence*);

Mandons au receveur de l'Enregistrement établi à

de payer à　　, gendarme, la somme de　　, pour faire
l'avance des frais que nécessitera la translation de N　　,
prévenu de　　, et conduit à　　, devant　　, en
vertu de　　.

A　　, le　　.

Sceau.

Le receveur de l'Enregistrement fera mention du paiement de ce mandat,
sur l'ordre de transport remis au gendarme.

348. *Modèle de mandat pour frais d'exhumation de
cadavre.* (*V.* Instruction du 30 septembre 1826, Modèle
n° 10.)　.

Nous　　, etc.

Avons taxé à N　　, (*sa profession*), en vertu de l'article 20 du Décret du 18 juin 1811, la somme de　　,
conformément au tarif du　　(*ou conformément à l'usage
de la commune de　　*), pour　　(*indiquer l'opération*);

Et, attendu qu'il n'y a pas de partie civile en cause
(*ou que la partie civile a justifié de son indigence*), ordonnons que ladite somme sera payée sur les fonds généraux
des frais de justice criminelle, par le receveur de l'Enregistrement au bureau de　　.

Ledit N　　a déclaré savoir (*ou ne savoir, ou ne pouvoir*) signer.

A　　, le　　.

Sceau.

Dans nos observations sous l'article 20 du Réglement, nous avons dit
que ce cas pouvait servir d'exemple. On citerait, suivant l'occasion, les
articles 133 et 134 du Réglement du 18 juin 1811. *V.* ci-dessus, p. 338.
S'il s'agissait d'une taxe de frais urgens, à mettre au pied d'un réquisitoire
ou d'un mémoire, on pourrait la faire ainsi :

Nous, etc., faisons taxe à N , de la somme de , pour l'opération ci-dessus.

Attendu qu'il n'y a pas partie civile en cause *(ou qu'elle a justifié de son indigence)*, nous ordonnons que cette somme soit payée sur les fonds généraux des frais de justice criminelle, par le receveur de l'Enregistrement au bureau de .

Le sieur N a déclaré savoir *(ou ne savoir, ou ne pouvoir)* signer.

A , le .

Sceau.

349. *Modèle de réquisition pour mettre des animaux en fourrière.*

Nous, etc.

En vertu des art. 37 et 39 du Décret du 18 juin 1811,

Requérons N , aubergiste, demeurant à , de recevoir en fourrière, moyennant indemnité, qui sera ultérieurement allouée, un cheval, (*signalement de l'animal et de ses harnais*), saisi dans l'affaire de N , prévenu de ; de garder, nourrir et soigner ledit cheval, jusqu'à nouvel ordre, pour le représenter à toutes réquisitions de justice.

A , le .

Sceau.

L'habitude qu'ont les juges de paix d'apposer les scellés, nous dispensera de donner un modèle de procès-verbal pour cette opération.

Nous ne donnerons pas non plus de modèles de taxes pour les gardiens de scellés ou d'objets mis en fourrière, parce que les mémoires des gardiens ne sont pas taxés par les juges de paix, mais par le président du tribunal et sur réquisitoire du Ministère public. *V.* Instruction du 30 septembre 1826, Modèle n° 15.

350. *Modèle de taxe pour les médecins, chirurgiens, officiers de santé, experts, interprètes et sages-femmes, appelés à raison de leurs déclarations, visites ou rapports.*

(*V*. article 25 du Réglement ci-dessus, p. 339. — Instruction du 30 septembre 1826, Modèle n° 13.)

Taxé, sur sa réquisition, à N , (*profession*), demeurant à , appelé à comparaître à l'effet de , la somme de , pour jour , en vertu des articles 25 et 27 (*ou* 28) du Réglement du 18 juin 1811 (*et, suivant le cas, de l'art.* 2, § 1er, *du Décret du 7 avril* 1813);

Et, attendu qu'il n'y a pas de partie civile en cause (*ou qu'elle a justifié de son indigence*), ordonnons que ladite somme soit payée sur les fonds généraux des frais de justice criminelle, par le receveur de l'Enregistrement au bureau de .

A , le .

Le juge de paix.

Les médecins, chirurgiens, etc., appelés au cas de l'article 25 du Réglement ayant droit à toutes les indemnités qui peuvent être dues aux témoins ordinaires, la taxe doit toujours être faite d'après le présent Modèle, mais en ajoutant, suivant les circonstances, ce qui est indiqué aux 2e, 3e, 4e taxes du Modèle n° 14, ci-après.

351. *Taxes des Témoins.* (*V*. art. 26 et suivans du Réglement, ci-dessus. — Instruction du 30 septembre 1826, Modèle n° 14.)

Première Taxe. — *Témoin du sexe masculin entendu dans le lieu de sa résidence, ou dont la résidence n'est pas éloignée de plus d'un myriamètre du lieu où il a été entendu.*

Taxé, sur sa réquisition, à N (*indiquer la qualité ou profession*), témoin entendu dans la procédure dirigée à l'occasion de (*désigner, d'une manière spéciale, l'espèce du crime ou du délit*), la somme de (*en lettres*), pour (*nombre*) jour , en vertu de l'article 27 du Réglement du 18 juin 1811, (*et, suivant le cas, de l'article* 2, § 1er, *du Décret du 7 avril* 1813. — *S'il*

s'agit de gardes champêtres, gardes forestiers ou gendar-
mes, il faut ajouter l'article 3, § 2 ou 3, du même décret.)

Et, attendu que le témoin ne reçoit aucun traitement à raison d'un service public, et qu'il n'y a pas de partie civile en cause (*ou qu'elle a justifié de son indigence*), ordonnons que ladite somme sera payée sur les fonds généraux des frais de justice criminelle, par le receveur de l'Enregistrement au bureau de   .

Ledit témoin a déclaré savoir (*ou ne savoir, ou ne pouvoir*) signer.

A   , le   .

Le juge de paix.

DEUXIÈME TAXE. — *Témoin du sexe féminin, ou enfant de l'un ou de l'autre sexe, au-dessous de quinze ans, entendu dans le lieu de sa résidence, ou dont la résidence n'est pas éloignée de plus d'un myriamètre du lieu où il a été entendu.*

Taxé, sur sa réquisition, à N   , domicilié   à, témoin entendu dans la procédure dirigée à l'occasion de   (*spécifier le crime ou le délit*), la somme de   (*en lettres*), pour   (*nombre*) jour , en vertu de l'article 28 du Réglement du 18 juin 1811 , (*et, suivant le cas, de l'article 2, § 1er, du Décret du 7 avril* 1813).

Et, attendu qu'il n'y a pas de partie civile en cause (*ou qu'elle a justifié de son indigence*), ordonnons, etc.

(*Le reste comme à la première taxe.*)

TROISIÈME TAXE. — *Témoin qui s'est transporté à plus d'un myriamètre de sa résidence, mais dans son arrondissement.*

Taxé, sur sa réquisition, à N   (*qualité ou profession*), domicilié à   , témoin entendu dans la procé-

dure suivie à l'occasion de   (*spécifier le crime ou délit*),
la somme de   , pour (*nombre*) myriamètre   parcouru   ,
en vertu de l'article 2 du Décret du 7 avril 1813.

Et, attendu qu'il n'y a pas de partie civile en cause
(*ou qu'elle a justifié de son indigence*), ordonnons, etc.
(*Le reste comme à la première taxe.*)

Lorsqu'il y a lieu d'accorder des indemnités de séjour, la taxe doit être
motivée ainsi : Taxé, etc., la somme de   , savoir : » fr. » cent., pour
(*nombre*) myriamètres parcourus, en vertu de l'article 2 , § 2, du Décret du
7 avril 1813; » fr. » cent.   pour   (*nombre*) jours de séjour forcé en
route, constaté par le certificat ci-joint, conformément à l'art. 95 , no 2 , du
Décret du 18 juin 1811 ; et » fr. » cent. pour   (*nombre*) jours à   , où
l'instruction a eu lieu, conformément à l'art. 96 , no 2, du même Réglement.

S'il s'agit de gardes champêtres, gardes forestiers ou gendarmes, il faut
ajouter aux articles précédens, l'art. 3, § 2 ou 3, du Décret du 7 avril 1813.

Le décompte doit en outre être porté en marge de la taxe, comme nous
l'avons dit plus haut, p. 343.

CINQUIÈME TAXE. — *Enfant mâle au-dessous de quinze
ans, et fille au-dessous de vingt-et-un ans, lorsqu'ils se
transportent à plus d'un myriamètre de leur résidence, et
qu'ils sont accompagnés.*

Taxé, sur leur réquisition, à N   , domicilié à   ,
témoin (*âge et sexe*) entendu dans la procédure dirigée
à l'occasion de   (*spécifier le crime ou le délit*), et à
N   (*désigner la qualité de père, mère, tuteur ou
curateur*) du témoin, qui l'a accompagné, etc.

(*Le reste comme aux première et troisième taxes, en citant de plus l'article 97 du Réglement du 18 juin 1811.*)

SIXIÈME TAXE. — *Militaire en activité de service.*

Taxé, sur sa réquisition, à N   , soldat (*ou son
grade*) au (*numéro*) régiment de   (*désigner l'arme*),
en garnison (*ou en cantonnement*) à   , témoin entendu
dans la procédure dirigée à l'occasion de   (*spécifier le*

crime ou délit), la somme de   (*en lettres*) pour
(*nombre*) jour de séjour forcé, en vertu des articles 31
et 96, n° 2, du Réglement du 18 juin 1811.

    Et, attendu qu'il n'y a pas de partie civile , etc.

    (*Le reste comme à la première taxe.*)

    SEPT.ÈME TAXE. — *Taxe ou mandat qu'on peut déli-*
vrer, en vertu de l'article 135 du Réglement du 18 juin
1811 (V. ci-dessus, p. 364), au témoin qui se trouve hors
d'état de fournir aux frais de son déplacement.

    Nous   , juge de paix, etc.

    Vu la copie de citation délivrée à **N**   , pour com-
paraître en témoignage, par-devant la Cour (*ou le tribu-*
nal, ou le juge d'instruction) de   , arrondissement
de   , département de   ;

    Vu le certificat ci-joint délivré par le maire de la com-
mune de   , constatant l'impossibilité où se trouve le
témoin de fournir aux frais de son déplacement ;

    Vu l'article 135 du **Décret** du 18 juin 1811 ;

    Mandons au receveur de l'Enregistrement établi à   ,
de payer audit **N**   , la somme de   (*en lettres*).

    A   , le   .

        Sceau.

    352. *Taxe pour un témoin qui a perdu sa copie de*
citation.

    Nous   , juge de paix, etc.

    Vu l'exploit de **N**   , huissier, du   , enregistré
à   , le   , duquel il résulte que **N**   , profession
de   , demeurant à   , en ce canton, a été assigné à la
requête de M. le procureur du roi de   , conformé-

ment à notre cédule du   , à l'effet de comparaître devant nous ce jour, pour déposer dans la procédure dirigée à l'occasion de   ;

Attendu que N   a comparu et a fait sa déposition ;

Attendu que ledit N   a perdu la copie de citation qui lui a été donnée aux fins ci-dessus, ce qui nous met dans l'impossibilité de lui taxer sur cette copie d'assignation, conformément au Réglement, l'indemnité à laquelle il a droit ;

Avons, par le présent mandat, taxé, sur sa réquisition, audit N   , la somme de   , pour, etc.

(*Le reste comme aux taxes du numéro précédent.*)

Cette taxe doit être établie sur une demi-feuille de papier, de la dimension de 200 millimètres de largeur sur 265 de hauteur, suivant le format adopté pour les copies de citation par M. le garde-des-sceaux. (*V.* Circ. du ministre de la justice de 1824.)

OBSERVATIONS GÉNÉRALES.

L'article 159 du Réglement du 18 juin 1811, rapporté plus haut, veut que, dans le cas où il y aurait eu cause une partie civile, qui n'aurait pas justifié de son indigence, les exécutoires pour les frais d'instruction puissent être donnés directement contre elle.

La taxe alors peut être établie au pied des réquisitions, mémoires ou citations, d'une manière plus simple, et en ces termes :

« Taxé, sur sa réquisition, à N   , profession de   , demeurant à   ,
« la somme de de   , à payer par N   , partie civile, demeurant à   .
« (*Ou simplement* : Taxé au témoin, sur sa réquisition, la somme de...)

A   , le   •

Le juge de paix.

Si la partie civile a consigné, cette taxe sera payée, en son nom, par le greffier, sur les sommes déposées : la taxe l'indiquera. *V.* art. 160 du Réglement. — Instruction du 30 septembre 1826, p. 137.

Nous avons dit ailleurs que les sommes à taxer sont les mêmes, quelle que soit la partie qui paie. *V.* n° 321.

Les mandats et les taxes détachées peuvent être écrits sur papier libre.

353. Tarif des Taxes de Témoins.

ARTICLES (portant fixation de taxe) DU DÉCRET DU		DÉSIGNATION DES TÉMOINS et CAUSES DES TAXES.	MONTANT DES TAXES		
18 juin 1811.	7 avril 1813.		à Paris.	dans le villes de 40,000 âmes et au-dessus.	dans les autres villes et communes.
			fr. c.	fr. c.	fr. c.
27.	2 § 1.	**Première Taxe.** — *Témoin du sexe masculin entendu dans le lieu de sa résidence, ou dont la résidence n'est pas éloignée de plus d'un myriamètre du lieu où il est entendu :* Pour chaque jour que le témoin a été détourné de son travail ou de ses affaires..			
25, 27.	Idem.	Médecins, chirurgiens, experts, entendus comme témoins.	2 »	1 50	1 »
27.	2 § 1; 3 § 2 ou 3.	Gendarmes, gardes champêtres et forestiers, *idem*.			
28.	2 § 1.	**Deuxième Taxe.** — *Témoin du sexe féminin, ou enfant de l'un ou de l'autre sexe au-dessous de 15 ans :* Pour chaque jour.	1 25	1 » »	75
25, 28.	Idem.	Sages-femmes, *idem*.			
»	2 § 2.	**Troisième Taxe.** — *Témoin de l'un ou l'autre sexe qui s'est transporté à plus d'un myriamètre, mais dans son arrondissement.* — *Agens de police, en cas de transport.* (V. Instruct. du 30 sept. 1826, p. 166) Par chaque myriamètre parcouru en allant et en revenant.			
25.	Idem.	Id. Médecins, chirurgiens, experts, interprètes, sages-femmes	1 »	1 »	1 »
»	2 § 2; 3 § 2 ou 3.	Id. Gendarmes, gardes champêtres et forestiers.			
95, n. 2.	»	Témoins, pour chaque jour de séjour forcé en route.			
25, 95, n. 2.	»	Médecins, etc., *idem*..	1 50	1 50	1 50
95, n. 2.	3 § 2 ou 3.	Gendarmes, gardes, *idem*.			
96, n. 2.	»	Témoins, pour chaque jour de séjour dans la ville où se fait l'instruction, et qui n'est pas celle de leur résidence.			
25, 96, n 2.	»	Médecins, etc., *idem*..	3 »	2 »	1 50
96, n. 2.	3 § 2 ou 3.	Gendarmes, gardes, *idem*.			
		Quatrième Taxe — *Cas de transport hors de l'arrondissement (n'est pas applicable par les juges de paix, en tant qu'officiers de police auxiliaires, etc.).*			
97.	2 § 2.	**Cinquième Taxe.** — *Enfant mâle au-dessous de 15 ans, fille au dessous de 21 ans, lorsqu'ils se transportent à plus d'un myriamètre de leur résidence accompagnés de leur père, mère, tuteur ou curateur :* Par chaque myriamètre parcouru dans leur arrondissement.	2 »	2 »	2 »
95 n. 2, 97.	»	Par chaque jour de séjour forcé en route.	3 »	3 »	3 »
96 n. 2, 97.	»	Par chaque jour de séjour dans la ville où se fait l'instruction.	6 »	4 »	3 »
		Sixième Taxe. — *Militaires en activité de service :* Pour chaque jour de séjour forcé hors de leur garnison ou cantonnement, savoir :			
31, 96, n. 2.	»	Aux officiers de tout grade... . . .	3 »	2 »	1 50
Idem.	»	Aux sous-officiers et soldats.	1 50	1 »	» 75

354. *TABLEAU des Distances des Communes du Canton d   , au Chef-Lieu dudit Canton, conforme à l'État dressé pour le département d   , par M. le Préfet, en exécution de l'article 93 du Décret du 18 juin 1811.*

NOMS DES COMMUNES.	DISTANCE DES COMMUNES au Chef-Lieu de Canton.		TAXE pour CHAQUE COMMUNE.	
	myriam.	kilom.	francs.	cent.

Nous laissons ce tableau en blanc, pour que chaque juge de paix puisse y établir les communes de son canton, avec les distances de ces communes au chef-lieu, et la taxe de transport à allouer aux témoins. Ainsi rempli, ce tableau servira usuellement de régulateur.

On n'oubliera pas qu'il n'est dû des indemnités de voyage qu'aux témoins qui habitent les communes éloignées du chef-lieu de canton de plus d'un myriamètre. *V.* plus haut, p. 353, 354.

555.

FRAIS DE JUSTICE CRIMINELLE.

Mois d ——— 184 — .

MODÈLE 21, ART. 88, 89 DU DÉCRET DU 18 JUIN 1811.

MÉMOIRE des Indemnités de transport dues à N. , Juge de paix du canton d , arrondissement d , département d , et à N. , greffier de la même justice de paix.

Nos D'ORDRE	DATES des articles, des lois, décrets, ordonnances ou délégations, en vertu desquels le transport a eu lieu.	CAUSES DU TRANSPORT, et Désignation des opérations.	LIEU du TRANSPORT.	DATE ET DURÉE du TRANSPORT.			DISTANCE du lieu du TRANSPORT.	PRIX FIXÉ par le Règlement, ARTICLES				SOMMES DUES au				TOTAL.	
				journ.	myr.	kil.		88.		89.		Juge de paix.		greffier.			
								fr.	c.	fr.	c.	fr.	c.	fr.	c.	fr.	c.
										TOTAUX...							

Nous, soussignés, certifions véritable le présent Mémoire,

A , le

Signature du Juge de paix.   Signature du Greffier.

N. B. Lorsque le Juge de paix et le Greffier se sont transportés ensemble, ils doivent rédiger collectivement leur *Mémoire*. Dans le cas contraire, il est nécessaire d'indiquer que tel a renoncé à la taxe, ou qu'il a été payé séparément.

APPENDICE.

=

§ I.

DIVISION DES CRIMES ET DES DÉLITS PRÉVUS ET PUNIS PAR
LE CODE PÉNAL, LIVRE III, ET ANALYSE DE CE LIVRE.

TITRE PREMIER.

Crimes et Délits contre la Chose publique.

CHAPITRE PREMIER.

Crimes et Délits contre la sûreté de l'Etat.

CRIMES.	DÉLITS.
Port d'armes contre la France. — Machinations, intelligences et correspondances avec l'Etranger ou l'ennemi, pour attirer des hostilités, livrer une portion du territoire, une place.... favoriser l'ennemi. — Communication à l'ennemi ou à l'Etranger des secrets de l'Etat, de plans... par des fonctionnaires, agens ou préposés du Gouvernement, ou par tous autres *qui se seraient procuré les plans par de mauvaises voies.* — Recel d'espions. — Provocation de guerre contre l'Etat, ou de représailles contre des particuliers, par des actes hostiles	Livraison à l'ennemi ou à l'Etranger de plans, par des *particuliers* qui les auraient entre les mains, *sans emploi de mauvaises voies pour se les procurer.* (Art. 82, §§ 2 et 3.)

CRIMES.

non approuvés du Gouvernement. (Art. 75 à 85.)

Attentats et complots dirigés contre le Roi et sa famille. (Art. 86 à 90.)

Crimes tendant à troubler l'Etat par la guerre civile, l'illégal emploi de la force armée, la dévastation et le pillage public. (Art. 91 à 101.)

Provocation aux crimes ci-dessus. (Art. 102, remplacé par les art. 1 à 7 de la loi du 17 mai 1819.)

DÉLITS.

Offense commise publiquement envers la personne du Roi. (Art. 86, § 3.)

CHAPITRE II.

Crimes et Délits contre la Charte constitutionnelle.

CRIMES.

Entraves au libre exercice des votes *par suite d'un plan concerté pour être exécuté dans plusieurs localités*. (Art. 110.)

Falsification, addition, soustraction de bulletins, *par ceux qui sont chargés du dépouillement d'un scrutin*. (Art. 111.)

Attentats à la liberté individuelle, aux droits civiques des citoyens, par des fonctionnaires, agens ou préposés du Gouvernement. (Art. 114 à 122.)

Coalition de fonctionnaires, soit contre l'exécution des lois ou ordres du Gouvernement, soit contre la sûreté de l'Etat, soit pour donner des démissions qui entraveraient ou suspendraient l'administration de la justice ou un service quelconque. (Art. 124 à 126.)

Empiétemens des autorités administrative ou judiciaire sur le pouvoir législatif; ou de l'ordre judiciaire

DÉLITS.

Entraves au libre exercice des votes, *sans circonstances aggravantes*. (Art. 109.)

Falsification de scrutin, *par de simples particuliers*. (Art. 112.)

Achat et vente de suffrages. (Art. 113.)

Détention d'un citoyen dans une maison d'arrêt, de dépôt, de justice ou de peine, sans mandat, jugement ou ordre du Gouvernement. — Refus de représentation du prisonnier ou d'exhibition des registres. (Art. 120.)

Concert de mesures contraires aux lois, par des individus ou corps dépositaires de l'autorité publique. (Art. 123).

Jugement, par des magistrats de l'ordre judiciaire, d'une affaire revendiquée par l'Administration, avant

CRIMES.

envers l'Administration, et réciproquement. (Art. 127 à 130.)

DÉLITS.

la décision de l'autorité supérieure.
(Art. 128.)

Même fait de la part d'administrateurs, à l'égard d'une affaire judiciaire. (Art. 131.)

Mandats décernés, malgré les ré-
clamations de l'autorité administrative, contre ses agens, pour crimes
et délits commis dans l'exercice de
leurs fonctions. (Art. 129.)

CHAPITRE III.

Crimes et Délits contre la paix publique.

CRIMES.

Fausse monnaie par contrefaçon,
altération de pièces françaises ou
étrangères, ayant cours légal en
France; émission, exposition ou introduction en France de monnaie contrefaite ou altérée. (Art. 132 à 134.)

Contrefaçon des sceaux de l'Etat,
de billets de banque, des effets publics, de poinçons, timbres et marques. (Art. 139 à 143.)

Faux en écritures publiques ou
authentiques, de commerce ou de
banque; — en écritures privées;
— usage fait sciemment de la pièce
fausse. (Art. 145 à 151.)

Faux certificats *préjudiciables au
Trésor ou à des tiers.* (Art. 162.)

Délivrance faite *sciemment par un
officier public d'un passeport, sous un
nom supposé.* (Art. 155.)

DÉLITS.

Usage d'une pièce reçue comme
bonne, vérifiée et reconnue fausse
avant l'usage. (Art. 135.)

Faux certificats, *sans intention de
nuire.* (Art. 159 à 161.)

Passeport pris sous des noms supposés, et complicité. (Art. 154.)

Délivrance par un officier public
d'un passeport à un inconnu, sans attestation de deux témoins. (Art. 155.)

Fabrication d'un faux passeport,
ou altération d'un passeport originai-
rement véritable. (Art. 149, 153.)

CRIMES.

Faux commis dans une feuille de route, pour *recevoir du Trésor ce qu'il ne doit pas*, *ou au-delà de ce qu'il doit.* (Art. 156 , 157.)

Délivrance faite *sciemment* par un fonctionnare public , d'une feuille de route, *sous un nom supposé* , *pour léser le Trésor.* (Art. 158.)

Soustractions commises par des dépositaires publics. (Art. 169 , 170.)

Soustraction , suppression ou destruction de titres ou actes, par des juges , administrateurs , fonctionnaires ou officiers publics , agens ou préposés du Gouvernement , ou commis des dépositaires publics.(Art. 173.)

Concussion par des fonctionnaires publics. (Art. 174.)

Corruption des fonctionnaires publics. — Peines contre ceux-ci et contre les corrupteurs. (Art. 177 à 183.)

Abus d'autorité contre des particuliers. — Violence sans motifs légitimes , *suivant la gravité.* (Art. 186 à 198.)

Abus d'autorité contre la chose publique. (Art. 188 à 191.)

DÉLITS.

Fabrication d'une fausse feuille de route, ou altération d'une feuille de route véritable, pour tromper la surveillance publique. (Art. 156.)

Soustraction par un comptable public, de valeurs au-dessous de 3,000 f. ou *des fixations de l'art.* 170. (Art.171.)

Concussion par des commis ou préposés des fonctionnaires publics. (Art. 174.)

Délits des fonctionnaires qui se seraient ingérés dans des affaires ou commerces incompatibles avec leur qualité. (Art. 175 , 176.)

Tentative de corruption non suivie d'effet. (Art. 179.)

Violation de domicile. (Art. 184.)

Déni de justice. (Art. 185.)

Violences sans motifs légitimes envers des particuliers, par des fonctionnaires, officiers publics, agens du Gouvernement, dans l'exercice de leurs fonctions. (Art. 186 à 198.)

Violation du secret des lettres. (Art. 187.)

Tenue irrégulière des actes de l'état civil, et inexécution de la loi relativement à ces actes. (Art. 192 à 195.)

Exercice de l'autorité publique illé-

CRIMES.

DÉLITS.

Seconde récidive de célébration religieuse d'un mariage, avant l'acte civil. (Art. 200.)

Discours pastoral public, séditieux et *suivi d'effet.* (Art. 202, 205.)

Critiques, censures ou provocations dirigées contre l'autorité publique, dans un *écrit pastoral.* (Art. 204, 206.)

Correspondance non autorisée des ministres des cultes, avec les cours ou puissances étrangères, 'sur des questions ou matières religieuses, *accompagnée d'autres faits contraires aux lois ou aux ordonnances royales.* (Art. 208.)

Rébellion *par trois personnes armées, ou plus, jusqu'à vingt,* — ou dans les hospices et prisons par ceux qui y sont admis ou détenus. (Art. 209, 210, 211, 213 à 221.)

Provocation à la rébellion. (Art. 217, abrogé, et remplacé par la loi du 17 mai 1819.)

Voies de fait à l'audience d'une Cour ou d'un tribunal, envers un magistrat, dans l'exercice ou à l'occasion de l'exercice de ses fonctions. (Art. 228, 229.)

Violences envers les magistrats, officiers ministériels, agens de la force publique, citoyens chargés d'un service public, dans l'exercice ou à l'occasion de l'exercice de leurs fonctions, *suivies d'effusion de sang, de la mort, ou exercées avec intention de donner la mort.* (Art. 251, 253.)

Évasion favorisée de détenus *passibles de peines afflictives ou perpétuelles,*

galement anticipé ou prolongé. (Art. 196, 197.)

Célébration religieuse d'un mariage avant l'acte civil, et *première récidive* de ce délit. (Art. 199, 200.)

Discours pastoral public, séditieux et *non suivi d'effet.* (Art. 202.)

Discours pastoral public contenant la critique ou la censure des actes du Gouvernement, d'une loi, d'une ordonnance royale, ou d'un acte de l'autorité publique. (Art. 201.)

Correspondance non autorisée des ministres des cultes, avec les cours et puissances étrangères, sur des questions ou matières religieuses. (Art. 207.)

Rébellion *sans armes,* ou *par moins de trois personnes, avec armes* (Art. 209, 212, 218.)

Outrages par paroles, gestes ou menaces, envers les magistrats de l'ordre judiciaire ou administratif, les agens ministériels et les dépositaires de la force publique. (Art. 222 à 227.)

Voies de fait envers un magistrat, dans l'exercice ou à l'occasion de l'exercice de ses fonctions ; envers un officier ministériel, un agent de la force publique, ou un citoyen chargé d'un service public, dans l'exercice ou à l'occasion de l'exercice de leur ministère. (Art. 228, 229, 230.)

Refus d'un service légalement dû. (Art. 234 à 256.)

Évasion de détenus prévenus *de délits* ou *de crimes simplement infamans,*

CRIMES.

DÉLITS.

ou *de la peine de mort*, avec violence et bris de prison, — *en fournissant des armes*, — *corrompant les gardiens.* (Art. 239, 244, 246.)

même avec violence et bris de prison. (Art. 238, 241, 246, 247.)

Recel de criminels par d'autres que leurs ascendans ou descendans, époux, frères ou sœurs, ou alliés aux mêmes degrés. (Art. 248.)

Bris de scellés *apposés sur les papiers d'un prévenu de crime.* (Art. 251.)
Bris de scellés *avec violence.* (Art. 256.)
Soustraction de pièces dans les greffes, archives et dépôts publics. (Art. 256.)

Bris de scellés, *par suite de la négligence du gardien.* (Art. 249, 250.)
Bris de scellés, *en général.* (Art. 252.)
Soustraction de pièces... par suite de la négligence du gardien. (Art. 254.)
Dégradation de monumens publics. (Art. 257.)
Usurpation de titres ou fonctions. (Art. 258.)

Violences envers un ministre d'un culte *dans l'exercice de ses fonctions.* (Art. 263, 264.)

Entraves apportées au libre exercice des cultes; — outrages envers les objets d'un culte, *dans le lieu de sa célébration*, ou envers des ministres des cultes, *dans l'exercice de leurs fonctions.* (Art. 260, 262, 264.)

Associations de malfaiteurs. (Art. 265 à 268.)
Violences exercées envers les personnes par les vagabonds ou mendians. (Art. 279.)

Vagabondage. (Art. 269 à 273, 277, 278, 281, 282.)
Mendicité. (Art. 274 à 278, 281, 282.)
Délits commis par la voie d'écrits, images ou gravures sans noms d'auteurs, imprimeurs ou graveurs. (Art. 283 à 289.)
Délits des crieurs ou afficheurs de ces écrits, etc. (Art. 290, abrogé, et remplacé par la loi du 10 décembre 1830.)
Associations ou réunions de plus de 20 personnes non autorisées; — provocations aux crimes ou délits qui s'y commettraient; — logement fourni, sans autorisation de l'Autorité, à une réunion ou association

CRIMES.   DÉLITS.

même autorisée. (Art. 291 à 294. —
— Loi du 10 avril 1834.)

TITRE II.

Crimes et Délits contre les Particuliers.

CHAPITRE PREMIER.

Crimes et Délits contre les Personnes.

CRIMES.	DÉLITS.
Meurtre ou *homicide volontaire.* (Art. 295, 304.)	Homicide *involontaire*, par maladresse, imprudence, inattention, ou inobservation des réglemens. (Art. 319.)
Assassinat ou *meurtre commis avec préméditation ou de guet-apens.* (Art. 296, 302.)	
Parricide ou *meurtre des ascendans.* (Art. 299, 302.)	
Infanticide ou *meurtre d'un enfant nouveau-né.* (Art. 300, 302.)	
Empoisonnement. (Art. 301, 302.)	
Tortures et barbaries exercées par des malfaiteurs, pour commettre des crimes. (Art. 303.)	
Menaces *écrites* d'assassinat, d'empoisonnement ou d'autres attentats contre les personnes, qui seraient punissables de mort ou de peines perpétuelles, *faites avec ordres ou sous conditions.* (Art. 305.)	Menaces *écrites, sans ordres ni conditions.* (Art. 306.)
	Menaces *verbales, avec ordres ou sous conditions.* (Art. 307.)
Blessures volontaires ayant occasionné une maladie ou incapacité de travail de plus de vingt jours, ou la mort, sans qu'on ait eu l'intention de la donner. (Art. 309, 310.)	Coups et blessures simples. (Art. 311.) — Blessures par imprudence. (Art. 320.) — Maladie occasionnée en administrant des substances nuisibles. (Art. 317.)
	Débit de boissons falsifiées. (Art. 318.)

CRIMES.	DÉLITS.
Violences et blessures envers des ascendans. (Art. 312.)	
Violences et blessures par des réunions séditieuses. (Art. 313.)	Vente et port d'armes prohibées. (Art. 314.)
Castration. (Art. 316.)	
Avortement. (317.)	
Attentat à la pudeur , sans violence , *sur un enfant de moins de onze ans.* (Art. 331.)	Outrage public à la pudeur. (Art. 330.)
	Attentat aux mœurs, en excitant, facilitant ou favorisant habituellement la débauche ou la corruption de la jeunesse. (Art. 334 , 335.)
Viol. (Art. 332.)	
Attentat à la pudeur , *avec violence.* (Art. 332.)	
Attentat à la pudeur , par des ascendans ou par des personnes ayant autorité sur la victime de l'attentat. (Art. 333.)	
Bigamie. — Connivence de l'officier public qui a célébré le second mariage , connaissant l'existence du premier. (Art. 340.)	
	Adultère. (Art. 336 à 339.)
Arrestation illégale et séquestration de personnes. (Art. 341 , 342.)	Arrestation illégale, *si la séquestration n'a duré que dix jours, et a cessé avant toutes poursuites.* (Art. 343.)
Même crime à l'aide de faux costumes , faux noms ou faux ordres ; — avec menaces de mort. (Art. 344.)	
Recel , suppression , substitution , ou supposition de part. (Art. 345.)	Défaut de déclaration d'un accouchement par les assistans. (Art. 346.)
	Défaut de remise d'un enfant trouvé à l'officier de l'état civil. — Exception. (Art. 347.)
	Dépôt dans un hospice d'un enfant au-dessous de 7 ans, dont on s'était chargé. (Art. 348.)
Exposition d'un enfant, s'il a été mutilé ou s'il a péri. (Art. 351.)	Exposition d'un enfant au-dessous de 7 ans dans un lieu solitaire, et suites. (Art. 349 à 351.)
	Exposition dans un lieu non solitaire. (Art. 352 , 353.)

CRIMES.

Rapt ou *enlèvement ou détournement de mineur*. (Art. 354, 356.)

Faux témoignage en matière criminelle, correctionnelle, ou de simple police. — Subornation de témoins, suivie de déposition. (Art. 361 à 365.)
Faux serment en matière civile. (Art. 366.)

DÉLITS.

Rapt, si le ravisseur a moins de vingt et un ans. (Art. 356.)
Inhumation avant autorisation. (Art. 358.)
Recel de cadavre. (Art. 359.)
Violation de tombeaux et sépultures. (Art. 360.)

Calomnies, injures. (Art. 367 à 377, abrogés et remplacés par les lois des 17 mai 1819 et 25 mars 1822.)
Violation de secret. (Art. 378.)

CHAPITRE II.

Crimes et Délits contre les Propriétés.

CRIMES.

Vols *qualifiés*, c'est-à-dire commis avec des circonstances aggravantes. (Art. 381 à 386, 389.)

Extorsion de signatures, obligations ou décharges. (Art. 400.)

Altération de vins ou autres liquides, de la part des bateliers, voituriers ou leurs préposés, *par le mélange de substances malfaisantes*. (Art. 387.)
Contrefaçon et altération de clefs *par un serrurier*. (Art. 399.)
Banqueroute *frauduleuse*; — complicité. (Art. 402, 403, modifiés par

DÉLITS.

Vols dans les champs, dans les ventes de bois, dans les carrières, dans les étangs... (Art. 388.)
Vols *simples*, c'est-à-dire sans circonstances aggravantes. — Larcins et filouteries. (Art. 401.)
Destruction ou détournement d'objets saisis, par le saisi, gardien ou non à la saisie. — Recel des objets détournés. — Connivence des conjoints, ascendans ou descendans. (Art. 400.)
Altération... *par le mélange de substances non malfaisantes*. (Art. 387.)

Contrefaçon et altération de clefs. (Art. 399.)
Banqueroute *simple*. (Art. 402.)

CRIMES.

DÉLITS.

les articles 584 à 597 du Code de Commerce révisé.)

Faillite des agens de change et courtiers. (Art. 404.)

Escroqueries. (Art. 405.)

Abus d'un blanc seing *non confié*. (Art. 407, § 2.)

Abus d'un blanc seing *confié*. (Art. 407.)

Abus de confiance, à l'égard d'un mineur. (Art. 406.)

Abus de confiance par un domestique, élève, clerc, commis, apprenti-ouvrier, compagnon. (Art. 408, § 2.)

Détournement ou dissipation de valeurs ou objets confiés à titre de mandat, dépôt ou louage. (Art. 408.)

Soustraction de titres produits dans une contestation judiciaire. (Art. 409.)

Contraventions aux réglemens sur la police des maisons de jeu, les loteries et les maisons de prêt sur gages. (Art. 410, 411.)

Entraves apportées à la liberté des enchères. (Art. 412.)

Communication à l'Étranger ou à des Français résidant à l'Étranger, par un *directeur*, *commis*, *ouvrier*, des secrets de la fabrique où il est employé. (Art. 418.)

Violation des réglemens relatifs aux manufactures, au commerce et aux arts. (Art. 413 à 429.)

Crimes des fournisseurs. (Art. 432.)

Incendie *volontaire*. (Art. 434.)

Délits des fournisseurs. (Art. 433.)

Incendie par *imprudence* ou *inobservation des réglemens*. (Art. 458.)

Menaces écrites d'incendie, *avec ordres* ou *sous conditions*. (Art. 305, 436.)

Menaces écrites d'incendie, sans *ordres ni conditions*. (Art. 306, 456.)

Menaces *verbales d'incendie, avec ordres* ou *sous conditions*. (Art. 307, 436.)

Destruction d'immeubles, navires, etc., par l'effet d'une mine. (Art. 435.)

Destruction d'édifices ou constructions que l'on sait appartenir à autrui. (Art. 437.)

Opposition par voies de fait à la confection de travaux autorisés par le Gouvernement. (Art. 438.)

Brûlement ou destruction d'*actes de l'autorité publique*, *d'effets de commerce ou de banque*. (Art. 439.)

Brûlement ou destruction *de papiers privés*. (Art. 458.)

CRIMES.

Pillage ou dégât de denrées, marchandises, effets ou propriétés mobilières, *commis en réunions ou bandes, et à force ouverte.* (Art. 440, 442.)

DÉLITS.

Destruction de marchandises, de matières de fabrication, par des liqueurs corrosives. (Art. 443.)

Dévastation de récoltes sur pied, ou de plans. (Art. 444.)

Abatis ou mutilation d'arbres. — Destruction de greffes. (Art. 445 à 448.)

Section de grains ou fourrages, — de blés en vert. (Art. 449, 450.)

Rupture, destruction d'instrumens d'agriculture, de parcs de bestiaux, de cabanes de gardiens. (Art. 451.)

Destruction de chevaux, bêtes de monture ou de charge, bestiaux, poissons dans les étangs, animaux domestiques. (Art. 452 à 455.)

Destruction de fossés, de clôtures. (Art. 456.)

Inondation causée par le propriétaire d'un moulin, d'une usine, d'un étang, à défaut d'observation des réglemens. (Art. 457.)

Contravention des propriétaires ou gardiens de troupeaux infectés de maladies contagieuses. (Art. 459 à 461.)

§ II.

ARTICLES DU CODE D'INSTRUCTION CRIMINELLE AUXQUELS LES JUGES DE PAIX ONT PARTICULIÈREMENT A RECOURIR POUR L'EXERCICE DE LEURS FONCTIONS, COMME OFFICIERS DE POLICE JUDICIAIRE AUXILIAIRES DU PROCUREUR DU ROI, ET COMME DÉLÉGUÉS DU JUGE D'INSTRUCTION.

DE LA POLICE JUDICIAIRE.

8, 9, 10.

DE LA COMPÉTENCE DES PROCUREURS DU ROI, ETC.

22, 23, 24, 25.

MODE DE PROCÉDER DU PROCUREUR DU ROI DANS L'EXERCICE DE SES FONCTIONS , COMMUN AUX JUGES DE PAIX.

29 , 30 , 31 , 32 , 33 , 34 , 35 , 36 , 37 , 38 , 39 , 40 , 41 , 42 , 43 , 44 , 45 , 46.

DES OFFICIERS DE POLICE AUXILIAIRES DU PROCUREUR DU ROI.

48 , 49 , 50 , 51 , 52 , 53 , 54.

DES PLAINTES.

63 , 64 , 65 , 66 , 67 , 68.

DE L'AUDITION DES TÉMOINS.

71 , 72 , 73 , 74 , 75 , 76 , 77 , 78 , 79 , 80 , 81 , 82 , 83 , 84 , 85 , 86. — 156 , 322 , 325. — 329. — 332 , 333.

DES PREUVES PAR ÉCRIT ET DES PIÈCES DE CONVICTION.

87 , 88 , 89 , 90.

DES CHARGES NOUVELLES.

246 , 247 , 248.

DES MANDATS.

95 , 96 , 97 , 98 , 99 , 103 , 106 , 107 , 108 , 110 , 111 , 112.

DU FAUX.

448 , 449 , 450 , 452 , 453 , 454 , 456 , 457 , 461 , 464.

DE LA POLICE DES LIEUX D'OPÉRATION.

504 , 505 , 506 , 509.

DES MOYENS D'ASSURER LA LIBERTÉ INDIVIDUELLE CONTRE LES DÉTENTIONS ILLÉGALES OU AUTRES ACTES ARBITRAIRES.

615 , 616 , 617 , 618.

TABLE SOMMAIRE

DES CHAPITRES.

==

CHAPITRE PREMIER.

Dispositions générales et préliminaires.

CHAPITRE II.

De la Compétence.

CHAPITRE III.

Avis des Crimes ou Délits à donner au Procureur du roi.

CHAPITRE IV.

Des Denonciations et des Plaintes,

CHAPITRE V.

Du flagrant Délit.

CHAPITRE VIII.

Des Réquisitions de Chefs de maison.

CHAPITRE XI.

Des Preuves par Ecrit et des Pièces de conviction.

APPENDICE.

TABLE

ALPHABÉTIQUE ET ANALYTIQUE.

=

A.

de témoins, 127, 295. — Ils sont taxés comme les autres témoins, quand ils sont appelés à déposer, 382. — V. *Gardes*, *Gendarmerie*.

AGENS *de police* peuvent être employés à faire des notifications, 295. — Cités en témoignage, ils reçoivent la taxe des témoins ordinaires, 382.

ALIMENS à fournir aux prévenus transférés, 337.

ALLIANCE, **ALLIÉS**. V. *Parenté*.

AMBASSADEURS, ni les gens de leur suite, ne sont sujets à l'action publique, 50. — Leur domicile est impénétrable, *Ib.*

AMENDE encourue peut, d'après sa quotité, faire qualifier le fait contravention ou délit, 3. — Amende dont le greffier est passible, en cas d'inobservation des formalités prescrites pour les informations, 319; — qu'encourent les témoins qui ne satisfont pas à la citation, 300, 302, 303; — prononcée contre les manouvriers qui refusent leurs services requis, en cas de flagrant délit, 152; — encourue par les personnes qui s'éloignent malgré les défenses du juge, 144. — Ce que doit faire, en ces divers cas, le juge de paix, *Ib.*

AMNISTIE est une grâce anticipée, 33. — En quoi diffère-t-elle de la grâce? 36. — Elle éteint l'action publique, 33. — Diverses sortes d'amnisties, 36. — Comment doit-elle être exécutée? *Ib.* — Ne s'applique qu'à ceux qui y sont expressément compris, *Ib.* : — Distinction à cet égard, *Ib.*

ANIMAUX *domestiques* : c'est une circonstance aggravante que de les tuer sur le terrain de leur maître, 23.

ANIMAUX *saisis*. V. *Fourrière*.

APPRENTI. Sa condition peut être une circonstance aggravante, en cas de vol, 18.

ARBRES détruits ou abattus : leur nombre, le tems, le lieu, la cause de la destruction, influent sur la peine, et doivent être constatés, 27.

ARCHIVES sont assimilées à des maisons habitées, en cas de vols qui y seraient commis, 22.

ARMES. Ce que comprend ce mot dans sa signification légale, 24. — Leur emploi est souvent une circonstance aggravante, *Ib.* — Fournies pour commettre un crime ou délit, elles constituent la complicité, 12. — Quelles armes sont prohibées? 155 ; — celles-là doivent être saisies, alors même qu'elles n'auraient pas été employées ou destinées à commettre un crime ; — leur fabrication, leur débit et leur port, constituent des délits, *Ib.* — Les armes qui ont servi ou qui ont été destinées à commettre un crime ou un délit doivent toujours être saisies comme pièces de conviction, 153.

ARRESTATION des personnes qui s'éloignent du lieu où opère un officier de police judiciaire, malgré sa défense; motifs, 58, 143. — L'arrestation des prévenus présens peut avoir lieu sur un simple ordre verbal, en cas de flagrant délit, 58, 145 ; — celle des prévenus absens s'opère en vertu de mandats d'amener, *Ib.* — La durée de la détention influe sur la peine, en cas d'arrestation arbitraire, et doit être constatée, 27.

ARTISAN. V. *Gens de l'art*, *Manouvriers*.

ASPHYXIE. Cause de mort, qui peut être naturelle, accidentelle ou criminelle, 254, 267, 270.— Comment distinguer d'où elle provient, 254, 270. — Par strangulation ou par suspension, 270. — Par submersion, 267. — Moyen d'infanticide, 193, 282. V. *Cadavre.*

ASSASSINAT. V. *Homicide.*

ASSOCIATIONS. Leur constitution non autorisée est un délit, 27. — Elles doivent être surveillées, *Ib.* — Le logement fourni aux associations de malfaiteurs constitue complicité, 13.

ATTENTAT contre le Roi, sa famille ou l'Etat, donne lieu à des poursuites, dès qu'il y a complot formé, 8. V. *Complot.*

ATTENTAT à la pudeur et aux mœurs. V. *Viol.*

AUBERGISTE. Sa condition est une circonstance aggravante, en cas de vol, 19.

AUDITION de témoins. V. *Déclarations, Déposition, Information, Témoins.*

AUTEUR. Ce qu'on entend par auteur et par co-auteur d'un crime ou d'un délit, 11.

AUTOPSIE. V. *Cadavre.*

AUTORISATION nécessaire en certains cas pour poursuivre les auteurs de crimes ou délits, 30. V. *Action publique, Femme, Mineur.*

AUTORITÉ. V. *Abus.*

AVERTISSEMENT suffit pour appeler les experts, médecins, etc., et les témoins, en cas de flagrant délit, 151, 218. — Forme dans laquelle il doit être donné, 151. — Comment il est transmis, *Ib.* — En cas de besoin, il est remplacé par une citation ou sommation, 151, 218.

AVEU ne doit pas être extorqué, 230 et suiv. — Il doit être explicite et détaillé, 231. — Soins à donner à sa rédaction, 232. — Il ne dispense pas de rechercher des preuves, 189, 231.

AVIS des contraventions, à qui doit-il être donné par le juge de paix ? 45. — Avis des crimes et délits doit être donné au procureur du roi, 45, 92. — Il doit être instantané, 92, 125. — Comment on peut le faire parvenir, et en accélérer l'envoi, 92. — Ce qu'il doit contenir, 93, 94. — Il doit faire l'objet d'une lettre spéciale, 95. — L'avis donné ne dispense pas d'agir, 95, 126. — Toute personne, informée d'un crime ou d'un délit, est tenue d'en donner avis sur-le-champ au procureur du roi, 97. — Le juge de paix peut recevoir cet avis, sauf transmission au procureur du roi, 49 et suiv.

AVOCAT, AVOUÉ peut-il être cité comme témoin, et est-il tenu de déposer contre son client ? 290.

AVORTEMENT. Définition de ce crime, et procédure à suivre pour le constater, 184.

B.

BANDES. Définition légale, p. 174. — Les chefs de bandes subissent une aggravation de peine, 19, 174. — On se rend complice, en donnant sciemment asile à des bandes de malfaiteurs, 13.

C.

D.

E.

ils commettent des délits entre eux , à bord de leurs vaisseaux , dans les ports et rades de France , *Ib.* — Quels étrangers ne peuvent être poursuivis? *Ib.* — Les étrangers peuvent être témoins , et servir d'interprètes , 295 , 309. — Peuvent-ils porter plainte, et contre quelles personnes? 100. — L'étranger qui se rend partie civile est sujet à caution , 116.

EVASION d'un prévenu, favorisée, ne constitue pas la complicité, 15.

EVÉNEMENT concourt à caractériser un fait, et peut aggraver un délit, 27, 186.

EXCUSES atténuent le crime ou délit, sans le faire disparaître, 15. — Les excuses déterminées par la loi ont seules cet effet , *Ib.* — Quelles sont les excuses légales? *Ib.* — Leur existence n'empêche pas les poursuites , 40. — Le témoin qui a allégué une excuse fausse, pour ne pas comparaître , est punissable , 299 , 302.

EXÉCUTOIRE. Quand il y a en cause une partie civile , c'est contre elle que se délivrent les exécutoires de dépens, 367 et suiv. V. *Plainte.*

EXHUMATION. Comment en sont taxés les frais, 358 , 375.

EXPERTS. Cas où leur concours est utile ou indispensable , 129 , 150. Peuvent-ils s'abstenir sans motifs légitimes? 152. — Ils sont appelés par un simple avertissement , 151. — Ils prêtent serment avant d'opérer, 154. — Le juge de paix n'a pas besoin de rendre une ordonnance pour les faire opérer , 155. — Le juge assiste à toutes leurs opérations, *Ib.* — S'il y a partage d'avis , on nomme un tiers expert , 156. — Comment est rédigé et signé leur rapport, 198 , 203. — Ce n'est pas le juge de paix qui taxe leurs vacations, 358 , 362 ; — mais il taxe leurs fournitures, 363. — Mention à établir au procès-verbal et sur les réquisitoires, pour servir de base à la taxe, 151 , 359. — Appelés en témoignage, les experts sont taxés comme les autres témoins, 359.

EXPOSITION D'ENFANT. L'événement influe sur la qualification du fait , 27. — Explications, et procédure à suivre , à l'égard de ce crime , 186.

EXOINE. Définition , 299. — Si elle est fausse, on le doit constater, 82 , 299. — Elle doit être mentionnée dans la clôture du procès-verbal d'information, 388.

F.

FAITS constitutifs de crimes ou de délits , sous quels aspects peuvent être considérés, p. 11 , 13. — Les faits justificatifs allégués par un prévenu pour sa défense , doivent être vérifiés sur-le-champ , 253.

FAUSSE MONNAIE. V. *Monnaie.*

FAUSSES CLEFS. V. *Clefs.*

FAUX est plus punissable suivant la matière, 26. — Faux en écriture, définition et explications, 164 et suiv. — Procédure à suivre pour le constater, *Ib.* — Faux en matière de passe-ports, feuilles de route et certificats, 167.

FEMME peut-elle être établie gardienne de scellés? 349. — Elle peut servir d'interprète , 309. — Indemnité à laquelle elle a droit, comme témoin ,

G.

H.

J.

doit sur-le-champ donner avis au procureur du roi, 137. — Dans certains cas, on doit suspendre les opérations jusqu'à son arrivée, ou jusqu'à réception d'une délégation de sa part, 125, 138. — Il donne ou transmet des commissions rogatoires aux juges de paix, qui sont tenus de les exécuter, 80, 284. — Il peut commettre les juges de paix pour toutes sortes d'opérations, 81, 330. — Peut-il leur déléguer le droit de décerner des mandats? 81.— Il ne peut commettre directement les juges de paix d'un autre arrondissement, 84; — exception, au cas de flagrant délit, 136, 246. — Il doit être consulté, en cas de difficulté pour l'exécution de ses commissions rogatoires, 293. — En cas d'excuse fausse, produite par un témoin, il doit en être référé au juge d'instruction, qui peut, seul, donner le mandat de dépôt, et prononcer la peine, 82, 299. — Dans ce cas, le seul juge d'instruction compétent est celui de l'arrondissement du juge de paix, 300. — A quel juge d'instruction doivent être renvoyées la commission rogatoire transmise, et les pièces d'exécution, 326. — L'envoi et le retour des commissions se fait directement, ou par l'intermédiaire du procureur du roi, 325.

JUSTICE est distincte de la police, 37, 39, 41.

L.

LARCIN est une variété du vol, p. 174.

LECTURE des procès-verbaux doit être donnée avant la signature, 212; — il en est de même pour les déclarations et dépositions de témoins, 224, 314, 315, — pour les interrogatoires, 235, — pour les dénonciations et les plaintes, 107, 119.

LÉGITIME DÉFENSE. V. *Défense.*

LETTRES du juge de paix au procureur du roi doivent être spéciales, 95. — Les lettres concernant un prévenu peuvent être saisies à la poste, 158.

LEVÉES DE CORPS. Compétence des juges de paix, 55. V. *Cadavre.*

LIEU où a été commis un crime ou un délit peut être une circonstance aggravante, 21 et suiv. — L'état du lieu où un crime ou délit a été commis doit être constaté et décrit, 152. — Le juge de paix a le droit de retenir les personnes trouvées sur les lieux où il opère, 143, 218; — voies coercitives à cet effet, *Ib.* — Moyens du juge de paix pour maintenir l'ordre dans le lieu de ses opérations, 87.

LOIS pénales et d'instruction criminelle, leur objet, 1. — Ce qu'on doit entendre par loi, 2. — Les lois seules peuvent établir des peines, *Ib.* — Quand les lois pénales sont-elles obligatoires? *Ib.* — Comment elles doivent être entendues et appliquées, 3. — On ne peut être poursuivi pour des faits qu'aucune loi antérieure n'aurait commandés ou défendus, 2, 3. — On ne peut être puni que de peines légales, 3. — Les lois de compétence et d'instruction s'appliquent aux faits antérieurs, sans effet rétroactif, 2. — Le Code pénal, qui contient le droit commun, ne renferme point toutes les

lois pénales, 8. —Les lois pénales françaises atteignent les Français
en pays étranger, 30, 32. — Elles s'appliquent aux étrangers résidant en
France, 30. — Il faut toujours se reporter au texte de la loi pénale applicable, quand on constate un crime ou un délit, 160.

M.

MAIRE ou ADJOINT. Circonstance où le juge de paix en doit être assisté,
    p. 127. — Dénonciations et plaintes qui doivent lui être renvoyées, 45,
    49. V. *Compétence.*

MAISON. V. *Chef de maison.*

MAISON *habitée ou dépendance.* Définition, 22. — Elle est une circonstance
    aggravante du vol, *Ib.*

MAISON *d'instruction publique*, appartenant à l'Université ; autorisation néces-
    saire pour y pénétrer en cas de délit, 159.

MAISON *publique*, *de jeu*, *de prostitution.* Droit d'y pénétrer la nuit, 141.

MAISON *royale.* Des délits qui y auraient été commis, 159.

MALADIE de plus de vingt jours est une circonstance aggravante des coups
    et blessures, 27, 175.

MALADRESSE est punissable, quand elle occasionne des blessures ou la mort, 14.

MALFAITEURS. Ceux qui leur fournissent asile, les connaissant, se rendent
    leurs complices, 15. — Les barbaries qu'ils exercent aggravent leurs
    crimes, 28.

MANDATS. Le juge de paix peut décerner les mandats de dépôt et d'amener,
    dans quelques cas seulement, 58, 143. — Il ne peut jamais décerner le
    mandat de dépôt contre un prévenu, 239. — Le droit de décerner les
    mandats d'amener, de dépôt et d'arrêt, ne peut être délégué, 81. — Il
    en est autrement du mandat de comparution, 82. — Formalités du mandat
    de comparution, *Ib.* — Le juge de paix peut-il décerner le mandat de
    dépôt, au cas de l'article 86 du Code d'Instruction criminelle? *Ib.* — Aucun
    mandat, en général, ne peut être décerné contre un agent du Gouverne-
    ment, sans une autorisation préalable, 30. — Des mandats à décerner
    contre des militaires ou des gendarmes, 147. — Tout mandat doit être
    individuel, 144, 147. — Formalités du mandat de dépôt, 144, 145.
    — Formalités du mandat d'amener, 146, 147. — Mode d'exécution,
    144, 147.

MANDEMENT-EXPRÈS. Le juge de paix n'a pas le droit d'en délivrer, 295.
    — Comment on y supplée, *Ib.*

MANOUVRIERS. Le juge de paix s'en fait assister, au besoin, 129. — Com-
    ment ils sont appelés, 131, 152. — Ils ne prêtent pas serment comme les
    experts, 134. — Ils ne signent pas les procès-verbaux, 205. — Comment
    ils sont taxés, 338, 362, 375.

MARINS, appelés en témoignage, comment sont-ils taxés? 347, 379.

MATÉRIALITÉ d'un fait ; ce qu'on entend par là, 13. — Elle suffit pour entraîner une peine, en cas de contraventions, et de certains délits fiscaux, 14.

MATIÈRE du crime ou délit est à considérer, 26.

MÉDECINS. Nécessité de leur concours, en cas de flagrant délit et autres, 130. — Leur assistance est nécessaire, en cas de levées de corps, 255, 259. — Il peut y avoir lieu à faire visiter, par eux, les prévenus à transférer, 355. — Peut-on appeler indifféremment des docteurs en médecine ou en chirurgie et de simples officiers de santé? 131. — De quelle manière ils sont convoqués, *Ib.* — Sont-ils tenus d'obtempérer à la réquisition? 152. — Ils prêtent serment avant d'opérer, 154. — Il est inutile que leur opération soit précédée d'une ordonnance spéciale, 135. — Ils opèrent en présence du juge, 155, 265, 267. — Des observations à leur adresser, 200. — En cas de contrariété d'avis, on appelle un tiers, 156. — En quel nombre, en général, doivent-ils être appelés? 130. — Ils dictent leur rapport au greffier, ou le rédigent séparément pour être annexé au procès-verbal du juge, 199, 267; — dans ce dernier cas, on doit mentionner au procès-verbal le résultat succinct des opérations médico-légales, 199. — En tout cas, les médecins signent le procès-verbal du juge, 203. — Ils ne sont pas taxés par le juge de paix, pour les honoraires de leurs opérations, 355, 359, 362. — Mention à établir sur les réquisitions et au procès-verbal, pour servir de base à la taxe, 152, 359. — Le juge de paix taxe leurs fournitures, 363. — Appelés en témoignage, ils sont assimilés aux autres témoins, 359; — mais la taxe qui leur est faite est formalisée d'une manière spéciale, 376.

MÉMOIRES de frais, en général, 365 et suiv. — Mémoire à fournir par le juge de paix et son greffier, en cas de transport, 551, 565, 584.

MENACES ne doivent pas être assimilées à la tentative, 8. — Écrites, ou faites sous condition, elles sont constitutives de crime ou de délit, *Ib.* — Quand elles ont été faites pour déterminer au crime, elles constituent la complicité, 12.

MENDIANT. Sa condition est une circonstance aggravante, en cas de coups et blessures, 174.

MEURTRE. V. *Homicide.*

MILITAIRES. On doit prévenir leurs chefs, à l'avance, quand on les fait citer en témoignage, 295. — Comment ils sont entendus sur une commission rogatoire qui les concerne exclusivement, 312. — Ils sont soumis à des règles particulières de taxe, 345, 379.

MINEUR émancipé peut rendre plainte sans autorisation, 100. V. *Enfans.*

MINUTE. Les actes et procédures doivent toujours être transmis en minute, 110, 325.

MODE. Le mode ou la manière dont une infraction a été commise influe sur l'appréciation du fait et sur la peine, 23.

MONNAIE FAUSSE. En quoi consiste le crime de fausse monnaie; — recherches à faire, procédure à suivre, pour le constater, 162 et suiv. V. *Matière.*

MORALITÉ des prévenus doit être vérifiée et constatée, parce qu'elle peut

O.

OFFICIER DE POLICE JUDICIAIRE. Les juges de paix ont cette qualité, p. 44. — Quelles sont les attributions des juges de paix, comme officiers de police judiciaire, 44 et suiv. V. *Concurrence, Juge d'Instruction, Police, Procureur du roi.*

OFFICIER DE SANTÉ peuvent-ils être appelés indifféremment comme les médecins, et concurremment entre eux ? 151. — Quand ils sont employés, ils sont taxés en tout comme les médecins, 359. — Toutes les règles relatives aux médecins leur étant applicables, V. *Médecins.*

ORDONNANCE. V. *Estafette.*

ORDONNANCE DU JUGE. Cas où elle est inutile, 119, 155.

ORDRE *verbal* suffit pour l'arrestation d'un prévenu, en cas de flagrant délit, 145. — *Ordre faux,* employé pour commettre un vol, constitue une circonstance aggravante, 25.

OUVRIER. Quand sa condition est une circonstance aggravante du vol, 18. V. *Manouvriers.*

P.

PAIEMENT des frais de justice criminelle. V. *Acquittement de frais, Taxes.*

PALAIS. V. *Maison royale.*

PAPIER. Tous les actes de procédure et les taxes peuvent être écrits sur papier libre, p. 111, 381. — En est-il de même des plaintes ? 110 et suiv.

PAPIERS. Définition, 158. — Comment on doit procéder à leur saisie, *Ib.*

PARC. Définition, 23. — Circonstance aggravante du vol, *Ib.*

PARENTÉ. Le vol entre parens et alliés à certains degrés n'est pas punissable, en général, 18. — Les circonstances du vol peuvent cependant le rendre punissable, *Ib.* — Le complice ne bénéficie pas de l'exception de parenté profitable à l'auteur principal, *Ib.* — Cas où la parenté ou l'alliance atténue ou aggrave le délit, *Ib.*—Les parens et alliés sont entendus comme témoins, en cas de flagrant délit, 217. — Les parens ou alliés, dispensés de déposer au débat oral, le seraient également lors de l'instruction écrite, 291. — Le tiers qui tiendrait les faits d'un témoin dispensé de déposer, devrait lui-même son témoignage, 292. — Degrés de parenté ou d'alliance qui dispensent de déposer, 291. — Demande à faire aux témoins, à ce sujet, 308.

PARLEMENTAIRE. V. *Ambassadeur.*

PARRICIDE. V. *Homicide.*

PARTIE CIVILE. V. *Plainte.*

PASSE-PARTOUT. V *Clefs.*

PASSEPORT faux, procédure à suivre, 167.

la valeur d'une plainte non signée, 109. — Les interlignes sont défendus , les ratures et les renvois doivent être approuvés, *Ib.* — La plainte doit-elle être affirmée? *Ib.* — Elle doit être écrite sur feuilles volantes , et non sur un registre, 110. — Peut-elle être écrite sur papier libre? *Ib.* — Doit-elle être enregistrée, avant que d'être envoyée au procureur du roi? 114. — Les parties ont droit de s'en faire délivrer copie, à leurs frais, *Ib.* — Les plaignans ne sont pas parties civiles de plein droit, et sans avoir déclaré prendre cette qualité, 115. — On ne doit pas engager les plaignans à se rendre parties civiles, *Ib.* — Ce qu'on entend par partie civile, *Ib.* — Cas où le plaignant, se portant partie civile, doit fournir caution, 116. — De l'élection de domicile à faire par le plaignant, *Ib.* — Du cas où la consignation des frais est exigible, 116 , 367. — Comment la partie civile doit justifier de son indigence pour s'eximer de la consignation, *Ib.* — En cas de consignation, les exécutoires de frais sont donnés contre la partie civile, et acquittés par le greffier consignataire, 367, 381. — De quel moment la plainte prend date , 117. — Droit du plaignant de se désister, et délai fixé pour le désistement, 115. — Formalités de réception ou de rédaction des plaintes et des désistemens , 117 et suiv. — Le désistement n'empêche pas l'envoi de la plainte, 120. — Le désistement de la partie civile ne préjudicie pas, en général, à l'action publique, 32 et suiv. — De l'envoi de la plainte et des pièces , 119. — S'il y a lieu au transport du juge de paix , il est inutile qu'il rende une ordonnance à cet effet, *Ib.* — Le plaignant, devenu partie civile , peut-il être entendu comme témoin? 292.

POISON. Recherches à faire, quand le crime a été commis par le poison, 156. V. *Empoisonnement.*

POLICE diffère de la justice par ses attributions, 37 , 39 , 41. — Quels sont et son objet et son but , 37. — Comment elle se divise, *Ib.* — Police administrative , son objet , 38. — Police judiciaire, sa mission , 39. — Devoirs généraux de la police judiciaire, 39 et suiv. V. *Officier de police judiciaire.*

PRÉMÉDITATION définie, 20. — Circonstance aggravante des coups et blessures et de l'homicide , *Ib.*

PRESCRIPTION éteint l'action publique, 33, 34. — Comment elle s'acquiert, en cas de crimes, 34, — en cas de délits, *Ib.*, — en cas de crimes ou délits successifs, ou complexes , *Ib.*, — en cas de délits régis par des lois spéciales, 35, — en matière de frais à payer par le Trésor, 367. — Elle doit être suppléée, au criminel, en faveur des inculpés, 34.

PRÊTRE peut-il être forcé de déposer des faits qui lui ont été confiés sous la foi de la confession sacramentelle? 289 ; — le peut-il, s'il excipe seulement d'un secret confié? *Ib.* — En cas de provocation au désordre, par un prêtre , dans ses fonctions, l'événement est à considérer pour la qualification du fait , 27.

PREUVES doivent être recherchées indépendamment de l'aveu, 231. — Cas où la preuve testimoniale n'est admissible qu'après un jugement au civil , 31. — Comment se fait la preuve de l'existence du corps du délit, 150, 216. — Importance des preuves par écrit, 328. — Le juge de paix peut

28

Q.

quant aux lieux publics, 141. — La visite, commencée le jour, peut être continuée la nuit, 140. — Qu'entend-on, en cette matière, par le jour et la nuit? 141. — Remarques, en cas de recherche de papiers, 158. — Le prévenu arrêté, qui se trouve sur les lieux, doit être interpellé d'assister à la visite, 148.

VOIES DE FAIT distinguées des violences, 174. — Les simples voies de fait sont-elles punissables? *Ib.*

VOISINS. Quelles personnes comprend cette dénomination, 217. — On doit prendre leurs déclarations, en cas de flagrant délit, *Ib.*

VOITURIER. Sa condition peut être une circonstance aggravante du vol, 18.

VOL. Définition expliquée, 169 — Il est simple ou qualifié, *Ib.* — Variétés du vol, 174. — Entre parens, il n'est pas punissable, en général, mais seulement d'après les circonstances, 18. — Circonstances qui aggravent le vol, 171 et suiv.; — explication de ces circonstances, 18 et suiv. — — Explications générales sur le vol, et procédure à suivre pour le constater, 169 et suiv.

VOYAGE. Indemnités dues aux juges de paix et aux greffiers, en cas de voyage ou de transport sur les lieux, à des distances déterminées, 350 et suiv. — Etat ou mémoire à fournir à cet effet, 351, 565 et suiv., 384. — Il est alloué une indemnité aux experts et aux témoins, en cas de voyage, 345, 352; — pour cela, quelle doit être la distance parcourue par les experts ou témoins, 345, 353, 370. — La distance doit être calculée sur l'aller et le retour, 354 et suiv.; — on doit la fixer d'après le tableau des distances dressé par le préfet, 356; — mode de computation des myriamètres et kilomètres, 354 et suiv. — Il n'est pas dû d'indemnité de voyage au témoin qui ne sort pas de sa commune, ou qui ne se transporte pas à plus d'un myriamètre de sa commune, 345, 353; — cette règle ne s'applique pas aux juges de paix et aux greffiers, 351. — L'augmentation de l'indemnité de voyage, pendant les mois d'hiver, est supprimée, 345, 370. — Les enfans ayant droit à des frais de voyage reçoivent double taxe, quand ils sont accompagnés de leur père, mère, tuteur ou curateur, 359. — Les témoins infirmes peuvent avoir droit à une taxe de voyage extraordinaire, 345. — Avance de frais de voyage à laquelle ont droit les témoins indigens, 364, 380. — Avances auxquelles ont droit les gendarmes qui voyagent extraordinairement pour la conduite des prévenus, 357, 574. — Les militaires et les marins au service de l'Etat, n'ont pas droit à la taxe d'indemnité de voyage, 345 et suiv.; — il en est autrement pour les gendarmes, les militaires en semestre ou en congé, et les marins en disponibilité dans leurs quartiers, 346, 347.